Helma Lutz · Maria Teresa Herrera Vivar · Linda Supik (Hrsg.)

Fokus Intersektionalität

Geschlecht & Gesellschaft
Band 47

Geschlechterfragen sind Gesellschaftsfragen. Damit gehören sie zu den zentralen Fragen der Sozialwissenschaften; sie spielen auf der Ebene von Subjekten und Interaktionen, von Institutionen und Organisationen, von Diskursen und Policies, von Kultur und Medien sowie auf globaler wie lokaler Ebene eine prominente Rolle. Die Reihe „Geschlecht & Gesellschaft" veröffentlicht herausragende wissenschaftliche Beiträge, in denen die Impulse der Frauen- und Geschlechterforschung für die Sozial- und Kulturwissenschaften dokumentiert werden. Zu den Veröffentlichungen in der Reihe gehören neben Monografien empirischen und theoretischen Zuschnitts Hand- und Lehrbücher sowie Sammelbände. Zudem erscheinen in dieser Buchreihe zentrale Beiträge aus der internationalen Geschlechterforschung in deutschsprachiger Übersetzung.

Helma Lutz
Maria Teresa Herrera Vivar
Linda Supik (Hrsg.)

Fokus Intersektionalität

Bewegungen und Verortungen eines vielschichtigen Konzeptes

VS VERLAG

Bibliografische Information der Deutschen Nationalbibliothek
Die Deutsche Nationalbibliothek verzeichnet diese Publikation in der Deutschen Nationalbibliografie; detaillierte bibliografische Daten sind im Internet über <http://dnb.d-nb.de> abrufbar.

1. Auflage 2010

Lektorat: Frank Engelhardt

VS Verlag für Sozialwissenschaften ist eine Marke von Springer Fachmedien.
Springer Fachmedien ist Teil der Fachverlagsgruppe Springer Science+Business Media.
www.vs-verlag.de

Umschlaggestaltung: KünkelLopka Medienentwicklung, Heidelberg
Umschlagfoto: Raul Gschrey
Gedruckt auf säurefreiem und chlorfrei gebleichtem Papier
Printed in Germany

ISBN 978-3-531-17183-8

Inhalt

Danksagung

Dieses Buch ist mit der Unterstützung vieler HelferInnen zustande gekommen.

Unser Dank geht an Christine Grote für die tatkräftige Unterstützung bei der Redaktionsarbeit. Bei der Planung, Organisation und Durchführung der Tagung „Celebrating Intersectionality – Debates on a Multi-Faceted Concept in Gender Studies" (http://www.cgc.uni-frankfurt.de/intersectionality/index.shtml) haben Stefan Fey, Barbara Kowollik, Stefanie Mielast, Anke Ptak, Lieselotte Rahbauer, Cecilia Scheid, Greta Wagner und Nele Zimmermann mit großem Einsatz geholfen; auch ihnen gilt unser Dank. Raul Gschrey stellt freundlicher Weise das Foto der Mikadostäbe als Coverbild zur Verfügung, mit dem er auch das Konferenzplakat gestaltete. Nicht zuletzt sei dem internationalen Tagungspublikum für die große Resonanz gedankt. Für die gute Zusammenarbeit auf dem Weg zum Buch danken wir Frank Engelhardt und Cori Mackrodt beim VS-Verlag.

Helma Lutz, Maria Teresa Herrera Vivar und Linda Supik,
Frankfurt im Juni 2010

Fokus Intersektionalität – eine Einleitung

Helma Lutz, Maria Teresa Herrera Vivar, Linda Supik

Die Debatte über Intersektionalität hat in Deutschland Hochkonjunktur (siehe feministische studien 1, 2009; Klinger, Knapp und Sauer 2007; Klinger und Knapp 2008; Knapp und Wetterer 2003; Walgenbach et al. 2007; Bührmann 2009; Casale und Rendtorff 2008). Mit unserer Tagung „Celebrating Intersectionality? Debates on a Multi-Faceted Concept in Gender Studies", die am 22. und 23. Januar 2009 an der Frankfurter Goethe Universität stattfand und mit 300 TeilnehmerInnen ausgezeichnet besucht war, hatten wir offenbar einen Nerv der Zeit getroffen. Der vorliegende Sammelband ist das Resultat der in Frankfurt geführten Debatten. Er versucht, die angestoßenen Kontroversen und Übereinstimmungen aufzunehmen und neben einer Bestandsaufnahme auch zukünftige Entwicklungslinien aufzuzeigen. Wir beginnen deshalb mit einem Rückblick, der die Frage nach den Anfängen der Debatte noch einmal aufgreift, in der Absicht, frühe Forschungen sichtbar zu machen, die in der aktuellen Debatte in der Regel vernachlässigt werden (Gründungsnarrative); im Anschluss folgt die Darstellung der unterschiedlichen (europäischen) Verortungen und disziplinären Felder, in denen Intersektionalität auftaucht (Stand der Debatten), und schließlich werden unsere Vorstellungen zu zukünftigen Entwicklungen und möglichen Bewegungen der feministischen Intersektionalitätsforschung diskutiert. Die Einleitung schließt mit kurzen Vorstellungen der einzelnen in diesem Band versammelten Beiträge.

Gründungsnarrative

Die Suche nach einer angemessenen Theoretisierung des Ineinandergreifens und der Wechselwirkungen zwischen verschiedenen sozialen Strukturen hat eine längere Geschichte als in der gegenwärtigen Diskussion des Intersektionalitätskonzepts in Deutschland zur Kenntnis genommen wird. Zu diesen Interventionen zählen zum Beispiel: die Versuche marxistisch-feministischer Theoretikerinnen, den Zusammenhang zwischen kapitalistischer Vergesellschaftung und Geschlechterverhältnisse zu analysieren (Barrett 1983; Barrett und McIntosh 1982); die Einwürfe aus der Perspektive des *(weißen*[1]*)* lesbischen Feminismus (Radicallesbians 1970; Johnston 1973; Rich 1980) oder die Arbeiten, die zu den Verbindungen zwischen Gender und Disability vorgelegt wurden (Morris 1989).

Vor diesem Hintergrund variiert die Einschätzung darüber, inwiefern mit der Verbreitung und Akzeptanz von „Intersektionalität" eine *neue* Agenda für die Frauen- und Geschlechterforschung einhergeht. Gegen das Argument, Intersektionalität sei „alter Wein in neuen Schläuchen", lässt sich argumentieren, dass, auch wenn die o. g. Impulse die damaligen Debatte prägten und sie als Vorläufer des Intersektionalitätskonzepts verstanden werden können, diese noch keine intersektionelle Perspektive widerspiegelten. In der durch „Intersektionalität" auf einen Begriff gebrachten, vielfach vorbereiteten Diskussion wurden Energien frei, von einem intersektionell gedachten Ausgangspunkt weiter zu denken. Gleichzeitig, so Nina Lykke, lassen sich in der Debatte implizite, explizite sowie alternative Ansätze der Intersektionalität unterscheiden (Lykke 2010: 68–69).

Im Rahmen der Analysen der spezifischen sozioökonomischen Situation Schwarzer Frauen wird erstmals von der Gleichzeitigkeit und wechselseitigen Ko-Konstitution verschiedener Kategorien sozialer Differenzierung ausgegangen und die Spezifität der durch diese Wechselwirkungen geprägten Erfahrungen hervorgehoben. Unter dieser Prämisse, lassen sich die Ursprünge der Intersektionalitätsdebatte auf die Analysen die vom Schwarzen Feminismus[2] bzw. die im Rahmen der Schwarzen Frauenrechtsbewegung in den USA geleistet wurden, zurückführen. Die kritischen Konsequenzen dieser Erweiterung der Kategorie Geschlecht und deren Tragweite für feministische Theorie und Politik fasst Kathy Davis pointiert wie folgt zusammen: „Intersektionalität thematisiert *das* zentrale theoretische und normative Problem in der feministischen Wissenschaft – die Anerkennung von Differenzen zwischen Frauen. Es berührt das drängendste Problem, dem sich der Feminismus aktuell gegenübersieht – die lange und schmerzliche Geschichte seiner Exklusionsprozesse" (Davis in diesem Band: S. 58).

Im Mittelpunkt der Auseinandersetzungen um „Intersektionalität" stand der Vorwurf Schwarzer Feministinnen an den *weißen*, bürgerlichen Feminismus, lediglich die Unterdrückungserfahrungen *weißer* Mittelschichtfrauen zu thematisieren und diese zum Maßstab feministischer Politik zu machen und so die Bedürfnisse/ Lebensrealität aller anderen Frauen, u. a. Schwarzer Frauen, zu ignorieren. Da-

---

[1] *‚weiß'* und ‚Schwarz' bezeichnen kein phänotypisches Differenzierungsmerkmal, sondern zugeschriebene sozial-historische Positionen. Wichtig ist, dass beide Kategorien sich nicht auf ‚natürliche', sichtbare Pigmentierungen beziehen, sondern es dabei um ideologische Konstruktionen von „Hautfarben" geht (Arndt 2005; Walgenbach 2005 a, b; Wollrad 2007).

[2] Auch *der* Schwarze Feminismus stellt keine homogene Bewegung dar. So wird das Spannungsverhältnis zwischen der Selbstpositionierung als Feministin und als Protagonistin der (gemischtgeschlechtlichen) Schwarzen Befreiungsbewegung – bei gleichzeitiger Kritik der darin vorhandenen sexistischen Tendenzen – sehr unterschiedlich eingeschätzt (Roth 2004).

gegen stellten sie ihren Versuch, die Mehrdimensionalität und Komplexität ihrer Erfahrungen analytisch zu fassen. Patricia Hill Collins Modell einer „matrix of domination" etwa beinhaltet solch einen Gegenentwurf, der sowohl eindimensionale (single-axis) Analysen im *weißen* Feminismus kritisiert als auch die darin formulierte additive Konzeption des Zusammenwirkens verschiedener Unterdrückungsverhältnisse (z. B. das triple-oppression oder das double-jeopardy Modell von Frances Beale 1979). Collins dagegen beschreibt „Rasse"[3], Klasse und Geschlecht als „interlocking systems of oppression" (Collins 1990). Auch das sozialistische, lesbische Combahee River Collective wies auf die Notwendigkeit hin, „Rasse", Klasse und Geschlecht in ihrer gegenseitigen Wechselwirkungen zu verstehen: „Wir denken, dass Geschlechterpolitik unter dem Patriarchat ebenso prägend ist wie Klassen- und „Rassen"-politik. Uns fällt es oft schwer, die drei Unterdrückungsformen nach „Rasse", Klasse und Geschlecht auseinander zuhalten, denn in unserem Leben treten diese oft gleichzeitig auf" (The Combahee River Collective 1981: 213, Übers. d. Hrsg.). Während Aktivistinnen des lesbischen Feminismus die Marginalisierung der Perspektiven und Anliegen lesbischer Frauen im heterosexuell dominierten feministischen *Mainstream* kritisierten, wurden sie selbst zum Ziel einer ähnlichen Kritik. In „This Bridge Called My Back: Writings by Radical Women of Color" (1981) legten Cherrie Moraga und Gloria Anzaldúa dar, dass auch der lesbische Feminismus nicht in der Lage gewesen sei, die Mehrdimensionalität der sozialen Situation von Frauen *of Color* zu berücksichtigen und stattdessen rassistische Strukturen perpetuiere. Die Queer Studies, die als Weiterentwicklung dieses Strangs feministischer Politik und Theoriebildung gelten, werden heutzutage mit einer ähnlichen Kritik konfrontiert (siehe Beitrag von Kira Kosnick in diesem Band).

Für den europäischen Kontext sind die grundlegenden Arbeiten von Floya Anthias und Nira Yuval-Davis (1992) und Avtar Brah (1996)[4] zu nennen, die für die Integration anderer Kategorien sozialer Differenzierung in die feministische Theoriebildung plädierten und damit der akademischen Debatte um „Differenzen zwischen Frauen" entscheidende Impulse verliehen. Diese Positionen, die vom *Mainstream* der feministischen Forschung dem Bereich der Rassismus- und Migrationsforschung zugerechnet wurden, blieben lange Zeit marginal.

Während für die US-amerikanische Diskussion feststeht, dass die ersten intersektionellen Analysen im Rahmen der Schwarzen Frauenrechtsbewegung geleistet wurden, wird für den deutschsprachigen Raum das *Fehlen* einer Pioniergeschichte oder eines *Gründungsmythos*, wie Bührmann (2009: 31) sagt, konstatiert. Da-

[3] In diesem Sammelband kennzeichnen die Herausgeberinnen die soziale Konstruiertheit von „Rasse" durch eine Schreibweise in Anführungszeichen. Damit soll zudem der problematische Charakter des Begriffs verdeutlicht werden, zu dessen Verwendung wir bislang keine Alternative sehen (siehe unten).
[4] Für Deutschland siehe Helma Lutz 2001.

gegen lässt sich mit Katharina Walgenbach (2007) einwenden, dass es über die vergangenen Jahrzehnte auch in Deutschland immer wieder Interventionen von Migrantinnen, Schwarzen Deutschen und Jüdinnen gab, die vergleichbare Anliegen vorgebracht haben, dass diese allerdings in der Geschichte der deutschen Debatte nach wie vor unsichtbar bleiben. Aus der Rekonstruktion der „vielfältigen Genealogien" von Walgenbach (a. a. O.) ist jedoch abzuleiten, dass und wie diese Einmischungen den Boden für die aktuelle Rezeption von Intersektionalität vorbereitet haben. Walgenbach verdeutlicht, dass die Charakterisierung von Intersektionalität als „US-Import" eine Reduktion ist, die außer Acht lässt, dass soziale Bewegungen und soziale Theorien sich bereits seit langer Zeit im internationalen Austausch herausbilden. Der Schwarze Feminismus in Deutschland war von der anglo-amerikanischen Debatte beeinflusst[5] und daher vergleichbar mit Aktivistinnen der ersten und zweiten Frauenbewegung, die sich durch Aktionen aus dem Ausland inspirieren ließen – etwa beim Kampf um Wahl- und Bildungsrechte, der bereits im 19. Jahrhundert Forderungen, Manifeste und Aktionsformen aus dem angelsächsischen Raum übernahm.[6] Durch die Gründung der Gruppe „Afro-Deutsche Frauen" (Adefra) und die Publikation des Bandes „Farbe bekennen" wurde der Prozess der Erarbeitung eines gemeinsamen politischen Standpunkts und der Organisierung als „Schwarze Frauen" in Deutschland vorangetrieben.[7]

Im Gegensatz zu anderen Autorinnen, die das Fehlen eines singulären „Gründungsnarrativs" im deutschsprachigen Raum als einen Mangel an „glaubwürdigen Quellen" (Bührmann 2009: 31) bezeichnen, sehen wir darin kein überzeugendes Argument, die deutsche Variante der Intersektionalitätsforschung zu diskreditieren. Im Gegenteil: multiple Genealogien sind potentiell auf die Inklusion vielfältiger Narrative angelegt, während singuläre Mythenbildung tendenziell immer zur Exklusion derjenigen beiträgt, die ungenannt bleiben. Die Nachzeichnung der „vielfältigen Genealogien" stellt eine wichtige Herausforderung für die theoretische Begründung von Intersektionalität dar, deren Stärke darin liegt, die Mehrstimmigkeit (sozialer Bewegungen) hörbar zu machen, sowie die Multidimensionalität (von Identitäten und sozialen Platzanweisern) sichtbar zu machen. Intersektionalität, so unsere These, hat das Potential, fortwährend für neue mögliche Auslassungen, Entnennungen und Exklusionen sensibel zu bleiben (siehe auch Lutz 2001; Lutz und Wenning 2001). Zugleich unterliegt jede Sichtbarmachung, Einbeziehung und Berücksichtigung minorisierter Perspektiven einem Repräsentationsdilemma. Damit sind die Fallstricke einer nicht-essentialistischen

[5] Im Band „Farbe bekennen. Afro-Deutsche Frauen auf den Spuren ihrer Geschichte" wird explizit darauf hingewiesen (Oguntoye 1985).

[6] Auch die Initialzündung der zweiten Welle der Deutschen Frauenbewegung, die Selbstbezichtigungskampagne „Wir haben abgetrieben" war aus Frankreich importiert worden.

[7] Für eine Darstellung siehe Oguntoye 1985; Ani 2004; Wiedenroth-Coulibaly 2007.

Selbst-Repräsentation marginalisierter Frauen und die Unmöglichkeit umfassender Repräsentation auf der Grundlage nicht ausgrenzender Identitätsbildung gemeint (Spivak 1988; Castro Varela und Dhawan 2005). Davis (in diesem Band: S. 60) merkt in diesem Zusammenhang an, dass Intersektionalität eine Chance bietet, zwei Strömungen, die der poststrukturalistischen feministischen Theorie (oder der antikategorialen Ansätze) sowie die der „kritischen feministischen Theorie über die Folgen von Sexismus, Klassismus und Rassismus" (etwa die Standpunkttheorie Schwarzer Frauen oder andere identitätspolitische Bezugnahmen auf Kategorien), die zentrale Impulse zur Dezentrierung des Kollektivsubjekts „Frau" geleistet haben, miteinander zu versöhnen.

Viele Publikationen gingen dem von der US-amerikanischen Juristin Kimberlé Crenshaw formulierten Intersektionalitätsansatz voraus. Wissenschaftsgeschichtlich interessant ist die Tatsache, dass Crenshaws (1991) Metapher der Intersektion [intersection = Straßenkreuzung] eine schnelle Verbreitung erfuhr und Eingang in unterschiedliche Forschungsfelder und Politikbereiche fand. Anderen (früheren) Begriffsbildungen, die das gleiche Ziel verfolgten, gelang dies nicht. Der von Collins generierte Terminus „interlocking systems" (1990) etwa, oder das von Floya Anthias und Nira Yuval-Davis entwickelte Konzept „racialized boundaries" (1992), mit deren Hilfe sie die Verflechtungen der Kategorien „Rasse", Nation, Geschlecht, Hautfarbe und Klasse demonstrierten, schafften es ebenso wenig, weltweit aufgegriffen zu werden, wie das von Deborah King formulierte Konzept „multiple jeopardies" (Mehrfachgefährdungen) (1988), mit dem sie multiple, soziale, wirtschaftliche und politische Bedrohungen im Leben Schwarzer Frauen charakterisiert.[8]

Stand der Debatten

In Europa ist das Intersektionalitätskonzept ungleichzeitig aufgenommen und kontrovers diskutiert worden. Während es einen raschen Eingang in die englische Debatte fand, da es dort bereits eine lebendige Auseinandersetzung über die Anerkennung von „Differenzen" zwischen Frauen gab (Barrett und McIntosh 1982) und die Frage der Verknüpfung und wechselseitige Durchdringung von „race-class-gender" bereits als „intersection" diskutiert wurde (Anthias und Yuval-Davis 1983), kommt es seit Mitte der 1990er Jahre zu einer umfangreichen Rezeption von „intersectionality" in der kritischen Rassismus- und Nationalismusdebatte (siehe Lutz et al. 1995). Auf dem europäischen Festland[9] fiel das Konzept dort auf

[8] „... racism, sexism and classism constitute three, interdependent control systems. An interactive model, which I have termed multiple jeopardy, better captures those processes" (King 1988: 42).

[9] Für einen ausgezeichneten Überblick Kathy Davis 2008.

vorbereiteten Boden, wo die kritische Debatte über Migration, Ethnizität und Postkolonialismus zumindest ansatzweise aufgegriffen worden war, etwa in den Niederlanden (siehe Wekker 2004; Prins 2006; Verloo 2006, Buitelaar 2006; Saharso 2002). So hatten die Niederländerinnen Mieke Aerts und Sawitri Saharso bereits 1994 einen heftigen Disput mit einem Aufsatz ausgelöst, in dem sie die provokative These vertraten, dass eine Konzipierung von *Gender* als *Ethnizität* den Vorteil hätte, die Essentialisierung von Gender zu vermeiden und statt dessen die Kategorie Gender zu dynamisieren und kultursensibel zu untersuchen (Aerts und Saharso 1994). In diesem Ansatz ist bereits die Tendenz zur Dezentrierung von Gender sichtbar, die auch in einigen skandinavischen Ländern auf große Resonanz traf. Die Schwedin Anna Bredström (2006) hat auf die Notwendigkeit der Erweiterung von Gender um Sexualität aufmerksam gemacht, wobei der Blick insbesondere auf Heteronormativität zu richten sei. Andere schwedische Wissenschaftlerinnen, die sich im Wesentlichen um das Geschlechterforschungszentrum in Linköping gruppieren, haben ihre Analysen auf multiple Identitätskonstruktionen gerichtet und dabei die Reduktion von Identität auf Marginalisierungs- und Verletzlichkeitsdimensionen mit dem Hinweis auf die Nutzung „strategischer Vorteile" (Søndergaard 2005) von multiplen Identitäten konterkariert. Von Judith Butler und Michel Foucault beeinflusst haben andere auf die Subversion und Irritation hingewiesen, die von marginalisierten Ethnizitäten ausgehen kann: „ethnic trouble" (Knudsen 2006) habe die Potenz, machtvolle Bilder von Zugehörigkeit, Heimat, etc. in Frage zu stellen. Auch wurde auf die Notwendigkeit der ständigen Reflexion und Dekonstruktion von Macht, Wissen und Selbstverortung hingewiesen, die eine Dezentrierung von Gender impliziere (Lykke 2005; Staunæs 2003).

In Frankreich, wo die Debatte über Rassismus und Migration kaum Verbindungen zur Geschlechterforschungsdebatte kennt, ist Intersektionalität bislang nur marginal aufgegriffen worden (CIERA 2009). Ähnliches gilt auch für die Mittelmeerländer, die in ihrer Mehrzahl bislang nur in Ansätzen eine Debatte über die jeweilige Kolonialgeschichte (Italien[10] und Spanien) führen und traditionell eher Ansätze aus der französischen Debatte denn der englisch-sprachigen rezipieren.

Gegen unsere reduzierte und sicherlich selektive Wiedergabe europäischer Intersektionalitätsdebatten kann zu Recht eingewendet werden, dass Debatten und Wissensvermittlung und -konstitution ja keineswegs national einzugrenzen sind. Ganz offensichtlich lassen sich die hier zitierten Autorinnen international inspirieren oder sie kooperieren im europäischen Raum (etwa Lutz et al. 1995). Das ungleichzeitige Aufgreifen und die Weiterentwicklung von Intersektionalität in Europa macht jedoch deutlich, dass dieser Diskussion eine Rezeptionskluft zugrunde liegt: Länder, in denen eine stärkere Hinwendung zu englischsprachiger

[10] Eine Ausnahme bildet hier Laura Balbo (1998).

Lektüre vorhanden ist, haben die Debatte schneller geführt. Doch während die europäische Diversität der Wissenschaftssprachen durch Ungleichzeitigkeiten und Begrenzungen gekennzeichnet ist, schafft der zusammenwachsende Rechtsraum der Europäischen Union auf bemerkenswerte Weise auch Brücken.

Im Vergleich zu der Debatte in den USA, die insbesondere durch die Interventionen Crenshaws seit Ende der 1980er Jahre maßgeblich Impulse aus der Rechtswissenschaft erhielt, kam eine rechtliche Diskussion in Europa erst nach der Jahrtausendwende wirklich in Gang. Anders als in der sozialwissenschaftlichen Debatte (siehe Phoenix in diesem Band) lässt sich für den Europäischen Rechtediskurs konstatieren, dass es sich eher um eine top-down als um eine bottom-up Bewegung handelt: Über Gremien in den Vereinten Nationen, durch die intersektionelle Diskriminierung Eingang in verschiedene Konventionen fand (siehe Yuval-Davis 2006), gelang es der internationalen Frauenbewegung auf supranationaler Ebene, Institutionen ansatzweise zum Umdenken zu bewegen. Dieses Anliegen wurde in der Europäischen Union aufgenommen und über diese übergeordnete Politikebene beeinflusste es die Gesetzgebung der einzelnen Mitgliedstaaten.

Mit dem Ausbau der dritten, sozialstaatlichen Säule der Europäischen Union wurde die Antidiskriminierungspolitik auch in den Gesetzgebungen derjenigen Europäischen Nationalstaaten verankert, die sie bis dato kaum gekannt hatten – das Vereinigte Königreich bildet hier eine Ausnahme. Die Europäische Antidiskriminierungsrichtlinie wurde bis 2006 in nationales Recht transferiert; im gleichen Zuge begann die Diskussion um Mehrfachdiskriminierung (Schiek und Chege 2008, Schiek und Lawson im Erscheinen), die erstmals auch den Intersektionalitätsansatz einbezog, mit der Folge, dass ein bestimmter Typus der Mehrfachdiskriminierung heute als „intersektionelle Diskriminierung" bezeichnet wird (EU Kommission 2007). Diese Erfolge auf rechtlicher Ebene sind bemerkenswert angesichts fehlender oder marginaler sozialer Bewegungen in den meisten EU-Mitgliedsstaaten.[11]

Zwischen den Rechts- und Sozialwissenschaften gibt es bislang noch kaum Dialoge zu diesem Thema und es fragt sich deshalb, worin die interdisziplinären Übersetzungsschwierigkeiten bestehen. Möglicherweise spielt dabei eine Rolle, dass im rechtswissenschaftlichen Diskurs eher vom Einzelfall aus gedacht wird, während die Soziologie Strukturkategorien zu erfassen versucht. Diese Erklärung scheint allerdings angesichts der großen Zahl empirischer intersektioneller Studien im Bereich der Mikrosoziologie wenig plausibel. Der von Crenshaw (in diesem Band) behandelte Fall der Klage Schwarzer Frauen gegen General Motors aus den 1970er Jahren zeigt zudem, wie eine einzelne unternehmenspolitische

[11] Zurzeit beschäftigt sich im Auftrag der Europäischen Kommission die FRA (European Agency for Fundamental Rights) in verschiedenen Expertenrunden mit der Frage, wie die Kategorie „intersektionelle Diskriminierung" genau definiert werden sollte.

Entscheidung alle dort arbeitenden Schwarzen Frauen kategorisch betraf; bzw. zur kategorischen Nicht-Einstellung Schwarzer Frauen führte, was schwerlich als Einzelfall zu betrachten ist. Myra Marx Ferrees Rahmenanalyse (in diesem Band) der unterschiedlichen Verknüpfung von Frauenrechtsdiskurs in den USA (mit dem Bürgerrechtsdiskurs) und in Deutschland (mit der Arbeiterbewegung bzw. dem sozialdemokratischen Ungleichheitsdiskurs) liefert möglicherweise einen Erklärungsansatz, weshalb RechtswissenschaftlerInnen und sozialwissenschaftliche GeschlechterforscherInnen weniger Berührungspunkte finden, zumindest für den Fall Deutschlands.

Die Soziologie der sozialen Ungleichheit zeigt sich – zumindest in Deutschland – inzwischen ansatzweise zur Auseinandersetzung mit intersektionellen Ansätzen bereit (siehe u. a. Bieling 2007; Kohlmorgen 2007; Schwinn 2007). Möglicherweise wird aus ungleichheitssoziologischer Sicht jedoch zu wenig wahrgenommen, wie differenziert der Diskriminierungsbegriff ist und dass er nicht nur auf einzelne intentionale Exklusionshandlungen abzielt, sondern zwischen struktureller, institutioneller, intentionaler, direkter und indirekter Diskriminierung differenziert wird. Hier scheint es Übersetzungsprobleme zwischen dem Antidiskriminierungsdiskurs und dem Ungleichheitsdiskurs zu geben, bzw. Schwierigkeiten bezüglich der Verhältnisbestimmung von Ungleichheit und Diskriminierung zueinander. Unsere These wäre, dass eine künftige Auslotung von Gemeinsamkeiten und Unterschieden in den Perspektiven Vorteile für beide Diskurse bringen kann.

Von der Frauen- und Geschlechterforschung zur feministischen Intersektionalitätsforschung?

Um eine Antwort auf die Frage geben zu können, ob der Intersektionalitätsansatz die Zukunft feministischer Wissenschaft und Politik darstellt, scheint zunächst einmal wichtig festzustellen, dass seine Herausforderung nicht nur darin besteht, marginalisierte Perspektiven zu integrieren, sondern in der Notwendigkeit, Herrschaftsverhältnisse und Machtdifferenzen als ko-konstituiert und als ko-konstitutiv zu verstehen. Genau dieser Aspekt wird von Schwarzen Feministinnen in den Blick gerückt, um gegen einen ausschließlichen dekonstruktivistischen Umgang mit Kategorien (also im Sinne McCalls einen antikategorialen Umgang) zu argumentieren (hooks 1992; Mohanty 2003). Denn einerseits gehört zu den Erkenntnissen des Poststrukturalismus, dass Identitätskategorien (Geschlecht, „Rasse“ etc.) nicht essentialistisch verstanden werden können, zugleich haben sich die Machteffekte, die diese Kategorien generieren, geschichtlich und gesellschaftlich tief eingeschrieben und bilden in ihren vielfältigen Überschneidungen die Grundlage zur Hierarchisierung von Gruppen und zur Herausbildung sozialer Ungleichheitsverhältnisse.

Gayatri C. Spivak geht davon aus, dass sich politisches Handeln *strategisch* auf diese Kategorien beziehen muss und nennt diese paradoxe Bewegung „strategischen Essentialismus“ (Davis in diesem Band). Dieser widersprüchliche und umstrittene Rekurs scheint nur begründet, wenn beide Elemente (die strategische Bezugnahme und die damit verbundenen reifizierenden Effekte) als grundsätzlich unauflösbares Spannungsverhältnis betrachtet werden. Diese als aktivistische Position sowie als wissenschaftliche Perspektive denkbare Haltung ähnelt Stuart Halls Konzept der „dezentrierten Positionierung“ (Supik 2005), die immer nur einen vorläufigen Charakter hat („bis auf weiteres“) und „keine Garantien“ für feste Bündnisse und unveränderliche individuelle oder kollektive Identitäten bereitstellt.

In der Konsequenz ist damit eine Aufforderung verbunden, die jeweiligen unterschiedlichen sozialen Positionierungen von Frauen (und Männern) in den Blick zu nehmen und die jeweilige Teilhabe an der Reproduktion dieser Verhältnisse zu reflektieren. Intersektionalität dient dabei als Instrument zur Erfassung des komplexen Zusammenspiels von Benachteiligung und Privilegierung, eine Anforderung, die keineswegs ohne Widerspruch bleibt. So zeugt etwa die polemische Aussage von Tove Soiland (2008), mit dem Intersektionalitätsansatz würden „die Verhältnisse gehen und die Kategorien kommen“ von einer Rezeption, die den Intersektionalitätsansatz auf die Straßenkreuzungsmetapher reduziert und dabei die Verhältnisse, die in der Entwicklung des Ansatzes thematisiert werden, unberücksichtigt lässt.

Von den Rändern der feministischen Theorie und Praxis wird die zentrale Positionierung der Kategorie Geschlecht seit Jahrzehnten herausgefordert. Der einst von der bürgerlichen, *weißen*, westlichen Frauenbewegung formulierte Anspruch, *alle* Frauen zu repräsentieren, hat entscheidende Risse bekommen. Die Erkenntnis, dass die Lebensrealität und die Erfahrungen von Frauen nicht allein durch das Geschlecht, sondern auch durch andere soziale Platzanweiser geprägt werden, scheint mittlerweile ein Allgemeinplatz zu sein. Diejenigen, die in *dieser* Dezentrierung und Infragestellung eine Gefahr für die Disziplin sehen, haben insofern Recht, als Intersektionalität tatsächlich eine feministische wissenschaftliche Praxis infrage stellt, die die Geschichte der Exklusionen fortsetzt und sich gegen grundlegende Revisionen sträubt. Ein auf ein Mantra reduziertes Rezitieren von „Rasse/Klasse/Geschlecht“ birgt die Gefahr des latenten Zurückfallens in eine – diesmal intersektionell informierte – Eindimensionalität. Ohne die mit jeder Kategorie verbundenen Exklusionsprozesse und deren Verschränkung in den Blick zu nehmen, könnte Intersektionalität dann in eine über rhetorische Anrufung legitimierte Re-Zentrierung münden.

Die notwendige Übersetzung für den europäischen Kontext stellt uns vor theoretische und politische Probleme zugleich. Denn aus der Thematisierung der Erfahrungen Schwarzer Frauen und der damit einhergehenden Fokussierung auf die Überschneidungen und Verbindungen zwischen verschiedenen sozialen

Machtverhältnissen ist ein Ansatz entstanden, der von Leslie McCall (2005) als wichtigster Beitrag der Frauenforschung gepriesen wird.

Die Gefahr, dass der politische Impuls, der zur Formulierung des Konzepts führte, bei dessen Adaption im europäischen Kontext auf der Strecke bleibt, scheint insbesondere dort gegeben, wo die Trennung zwischen Aktivismus und Wissenschaft sehr strikt und es bislang kaum vorstellbar ist, dass etwa eine Subdisziplin wie die Black Feminist Studies in den Kanon feministischer Theorie aufgenommen wird. Wenn also der gegenwärtige „Hype" (Villa in diesem Band) der Intersektionalitätsdebatte dazu führt, dass der Ansatz schnell und oberflächlich *als Import* mitgenommen wird, dann muss befürchtet werden, dass die Diskussion sich nicht wirklich auf die Implikationen der Intersektionalität einlässt. Trotz der Überzeugungskraft des von Kathy Davis vorgebrachten Arguments, die Unabgeschlossenheit, Ambiguität und Vagheit von Intersektionalität seien als Vorteile zu betrachten, kann Intersektionalität nicht von seiner Geschichte als politisches Projekt abgekoppelt werden.[12]

Denn würden diese Überlegungen aufgegriffen und Ernst genommen, dann befände sich die Geschlechterforschung inmitten eines Quantensprungs: von der Differenz zwischen Frauen über die Dekonstruktion der Kategorie Geschlecht bis zur Verschränkung unterschiedlicher Ungleichheitsdimensionen – von der Mehrfachunterdrückung Schwarzer US-Amerikanerinnen zur „multiplen Positioniertheit" (Phoenix) aller Menschen. Dies sind sicher paradigmatische Aussagen, die *gleichzeitig* Gültigkeit beanspruchen und doch schwer miteinander vereinbar sind. Geht es hier also doch um einen Paradigmenwechsel, auch wenn er bislang als solcher nicht gesehen wird (Bührmann 2009)? In der (kontinental-)europäischen Debatte, soviel lässt sich feststellen, besteht derzeit das Problem einer Ungleichzeitigkeit zwischen vorhandenen gesellschaftlichen Kontextbedingungen sowie dem Stand der theoretischen Auseinandersetzung.

Eine Reihe von dringlichen Baustellen der Intersektionalitätsdebatte sollen hier genannt sein: Den Queer Studies geht es um die kritische Analyse von Heteronormativität in einer intersektionellen Analyse: „Wir möchten Queer Theory und Intersektionalität als zwei einander kontrollierende Perspektiven verstehen, die sich gegenseitig methodologisch reflektieren können", so etwa Gabriele Dietze et al. (2007: 136). Eine queere Intersektionalitätsforschung ergänzt die Bezugnahme auf Kategorien durch eine dekonstruktivistische Perspektive; sie stellt einen „antikategorialen" Ansatz im Sinne McCalls dar und misst der Kategorie „Sexualität", die in intersektionellen Analysen oft vernachlässigt wird, einen zentralen Stellenwert bei.

VertreterInnen der Disability Studies kritisieren die Vernachlässigung der Kategorie „Behinderung" in der Intersektionalitätsforschung (Raab 2007). Zu-

[12] Hier sind die Parallelen zur akademischen Rezeption der Kritischen Weißseinsforschung unübersehbar (Tißberger et al. 2006).

gleich lässt sich in den deutschsprachigen Disability Studies eine Öffnung hin zu intersektionell arbeitenden Ansätzen konstatieren, die für die Analyse von ableism/ Behinderung nicht als singuläres Phänomen sondern in ihren Wechselwirkungen mit anderen Kategorien plädieren (Raab 2007; Gummich 2010; Hutson 2010). Aus einer solchen Perspektive werden die Verbindungslinien zwischen Queer und Disability Studies hervorgehoben und gegenseitig fruchtbar gemacht. Dabei wird Intersektionalität als interdisziplinärer Zugang betrachtet, der das Ineinandergreifen und die Wechselwirkungen zwischen Behinderung, Heteronormativität und Geschlecht auszuloten ermöglicht (Raab 2007, 2010).

Die Geschlechterforschung schließlich wendet sich zunehmend der Erforschung von Männlichkeit zu (siehe Hearn; Bereswill und Neuber in diesem Band). Unübersehbar ist jeweils der Versuch, die Beziehung zwischen einer dominanten, privilegierten, hegemonialen Seite gesellschaftlicher Strukturkategorien und ihren Gegenpolen zu fokussieren.

Offensichtlich ist angesichts dieser Vielfalt, dass kein noch so breit angelegtes Projekt allen Dimensionen zugleich gerecht werden kann. Wir wollen hier in einem exemplarischen, dennoch spezifischen Exkurs eine andere zentrale Dimension ausführlicher vorstellen, die gerade für den deutschsprachigen Diskurs besondere Herausforderungen birgt: Die kritische Rassismusforschung und die kritische Weißseinsforschung.

Let's talk about race

Der Intersektionalitätsdiskurs gerät insbesondere im deutschsprachigen Raum ins Stocken, wenn der Begriff „Rasse" über seine Aufzählung innerhalb des Mantras hinaus fällt, während er doch zugleich als Teil der Trias einen Eckstein der Diskussion bildet. „Rasse" ist u. a. durch die koloniale und nationalsozialistische Rassenlehre naturalisiert und damit in Körper eingeschrieben worden, und Rassifizierungsprozesse haben über Jahrhunderte der Kolonialherrschaft nicht nur Repräsentationen und Stereotype, sondern auch sozialökonomische Fakten und *insbesondere Subjektspositionen geschaffen.* Es scheint nicht einfach, der Herausforderung, die „Rasse" als „negative Kategorie" (Knapp 2009: 224) mit sich bringt, zu begegnen. Sollen wir tatsächlich von „Rasse" sprechen? Oder besser von „race", um die politische Genealogie kenntlich zu machen? Das Sprechen von Rassialisierung/Rassifizierungen verdeutlicht, dass es um Ergebnisse und Prozesse institutionellen und sozialen Handelns geht, dass Subjektpositionen Effekte rassistischer Ausgrenzung sind und somit „Rasse" das Ergebnis von „Rassismus" ist. Genügt aber eine Rassismustheorie ohne den Rückgriff auf die Kategorie „Rasse"?

Das in Deutschland mittlerweile gängige Ausweichen auf den Begriff der Ethnizität birgt die Gefahr der Dethematisierung von Rassismus. Eine Forschung wie die von Ann Phoenix (in diesem Band) zu den Erinnerungen Erwachsener an ihre familiäre Sozialisation in sichtbar ethnisch differenten Haushalten ist hierzulande wohl schwerlich konzipierbar, weil die Übersetzung von *mixed race* im Deutschen mit „gemischt-rassig" das koloniale und faschistische Vokabular der Rassenlehre reaktiviert, das an die Geschichte von Gewalt und Vernichtung erinnert und deshalb in den Sozialwissenschaften eher gemieden wird. Im Deutschen fehlen also die Worte für eine adäquate Übersetzung des Begriffs, der im englischen auch affirmativ als Selbstidentifikation benutzt wird. Die Menschen, die sich in Deutschland als *People of Color* identifizieren[13], schließen sich dieser Bedeutungskonstitution an.

Die Frage der Selbstpositionierung in diesem Feld bleibt weiterhin schwierig, denn wie kann beispielsweise das Dilemma des deutschen Rappers Samy Deluxe adäquat beschrieben werden, der für sein Kind singt: „Ich wär' so gern Dein Superheld, Dein Superheld mit brauner Haut"? Gerichtet sind diese Worte an ein Kind, das sein möchte wie Harry Potter und Luke Skywalker – *weiß*. Dass auch die Rede von „Hybridisierung", die von den Cultural Studies vertreten wird, nicht vor einer lokalen Auseinandersetzung mit „Rasse" schützt, beschreibt Isaac im Interview mit Ann Phoenix: „Ich war nie Schwarz genug, um Schwarz zu sein oder *weiß* genug, um *weiß* zu sein" (in diesem Band: S. 172).

Mit dem Versuch, „Rasse" durch Ethnizität oder Hybridität zu ersetzen, wird außerdem die Verknüpfung zur rassialisierten Biologisierung ausgeblendet, die immer noch den Diskurs der Lebenswissenschaften dominiert; dort wird der Begriff „Rasse" laufend aktiviert und eine kritische Auseinandersetzung mit dieser Terminologie scheint kaum entwickelt (AG gegen Rassismus in den Lebenswissenschaften 2009).

„Ethnizität" kann als wissenschaftlich „neutraler" Begriff mit der Suggestion des Multikulturalismus eines scheinbar gleichberechtigten Nebeneinanders sich gegenseitig tolerierender und respektierender Kulturen verbunden werden, während mit dem Begriff der „Rasse" die Geschichte der immanenten Ver(m)achtung und Ungleichheit dies- und jenseits der „Color Line" verbunden ist, die Privilegierung *weißer* und die Benachteiligung Schwarzer Positionen. Weißsein ist dabei eine rela-

---

[13] Der Begriff *People of Color* wird als Mittel der Selbstermächtigung und Selbstbezeichnungspraxis von rassifizierten Subjekten betrachtet; er ist als kritische Intervention im hegemonialen Diskurs intendiert, in dem Begriffe wie „Nicht-*weiße*" oder „Farbige" vorkommen (Ha 2009, 2010). Seine Verwendung (als Selbstbezeichnung) zielt auf eine Weiterentwicklung und Ausdifferenzierung der politischen Kategorie Schwarz. *People of Color* ist ins Deutsche nicht zu übersetzen und wird im englischen Original verwendet. Nach Kien Nghi Ha, Nicola Lauré al-Samarai und Sheila Mysorekar bezieht sich der Begriff *People of Color* auf solche Menschen, die „die gemeinsame, in vielen Variationen auftretende und *ungleich* (Hv. i. O.) erlebte Erfahrung [teilen], aufgrund körperlicher und kultureller Fremdzuschreibungen der Weißen Dominanzgesellschaft als ‚anders' und ‚unzugehörig' definiert zu werden" (Ha et al. 2007: 12).

tionale Kategorie: Seine Bedeutung hängt davon ab, wie Schwarzsein als Gegenpol konzipiert wird; Weißsein bleibt im Prozess der Konstruktion rassialisierter Differenz unbenannt. Diese Position, der unmarkierte Ort von dem aus Andere definiert werden, wird von der kritischen Weißseinsforschung ins Zentrum der Analyse von Rassifizierungsprozessen und deren gewaltsamen Folgen gestellt. Kritische Weißseinforschung geht von der Erkenntnis aus, dass Rassifizierungsprozesse nicht nur Schwarze Menschen betreffen, sondern ebenso grundlegend für die Selbstsicht und soziale Positionierung von *weißen* Menschen ist (Eggers et al. 2005).

Die Konzentration der deutschsprachigen Rassismusforschung auf Ethnisierung und Kulturalisierung (siehe die Kulturrassismusdebatte der 1990er Jahre, u. a. Balibar 1990; Lutz 1992; Leiprecht 1996; 2001a,b) ist vor dem Hintergrund einer Einwanderungsgesellschaft zu verstehen, die über Jahrzehnte nicht als solche bezeichnet werden durfte und in der das „koloniale Erbe" hinter dem Faschismus verschwand (siehe Rommelspacher 1999).

Zu einem rassistischen Beziehungsgefüge, in dem *weiß* und Schwarz machtdifferente Positionen markieren, gehören weitere Elemente (kulturell-religiöse Zuschreibungen wie z. B. der Antisemitismus und der Anti-Islamismus), die sich jeweils in unterschiedlicher Weise artikulieren und ebenfalls in den Körper eingeschrieben werden. Bis heute ist im sozialwissenschaftlichen Diskurs in Deutschland umstritten, ob Rassismus als ein wissenschaftlicher Forschungsgegenstand zu betrachten ist.[14] Im soziologischen Mainstream wird der Begriff als normativ aufgeladen, moralisierend oder polemisch betrachtet und abgelehnt.

Die Frage also, ob man heute in Deutschland den Begriff „Rasse" benutzen sollte, um rassifizierte Positionen sichtbar und benennbar machen zu können, und ob die kritische Weißseinsforschung dabei neue, emanzipatorische Erkenntnisse über eine noch wenig untersuchte strukturelle Privilegierung bieten kann, sollte im Kontext der hier aufgezeigten Widersprüche und Dominanzverhältnisse beantwortet werden. Zum einen kann die Verwendung von „Rasse" als strategischer Essentialismus in der Identitätsfalle münden; zum anderen bleibt weiterhin die Gefahr, damit rassistische Logiken zu bedienen und zu reifizieren.

Als Herausgeberinnen dieses Sammelbandes, die sich in unterschiedlichen Theorietraditionen verorten, die unterschiedlich als *of color* und *weiß* sozial positioniert sind, sich in Bezug auf Politikansätze unterschiedlich orientieren und auch verschiedenen Generationen angehören, haben wir auf diese Frage keine konsensuale Antwort gefunden. Das ist vermutlich kein Zufall, sondern eher ein

---

[14] In den zentralen Publikationsorganen der deutschen Soziologie, *Kölner Zeitschrift für Soziologie und Sozialpsychologie*, *Zeitschrift für Soziologie* und in der *Sozialen Welt* der 1990er und 2000er Jahre finden sich keine Artikel, die mit dem Begriff Rassismus arbeiten – stattdessen werden international unbekannte Begriffe wie Gruppenbezogene Menschenfeindlichkeit, Ausländer- oder Fremdenfeindlichkeit bevorzugt. Wir danken Sonja Erkens für die Recherche.

Spiegelbild der aktuellen Debatten. Lykke (2010) konstatiert, dass wirklich ernsthafte Dialoge der unbequemeren Art, „beyond the comfort zones“, zwischen sich unterschiedlich positionierenden und positionierten Feministinnen noch ausstehen.

Einigkeit herrscht jedoch in der Feststellung, dass die Möglichkeiten der Re-Positionierung, die die intersektionelle Perspektive bietet, zu nutzen sind, was bedeutet, dass in Bezug auf jede untersuchte Ungleichheitsdimension sowohl die benachteiligenden wie auch die privilegierenden Effekte in den Blick zu nehmen sind und damit bewusst kritische Standpunkte gegenüber Rassismus, Sexismus, Heteronormativität, Klassenunterdrückung, etc. vertreten werden.

Die Beiträge dieses Bandes

Die Gruppierung der hier versammelten Beiträge haben wir in sicherlich vereinfachender Anschaulichkeit mithilfe von W-Fragen vorgenommen: Im ersten Teil fragen wir wer, wann und wo mit dem Intersektionalitätskonzept arbeitet und es etabliert oder weitergetragen hat; im zweiten Teil fragen wir danach, welche Forschungsfragen und -themen sich für intersektionelle Analysen eignen und im dritten danach, wie die Weiterentwicklung von Intersektionalität aussehen kann.

Im ersten Teil des Bandes wird also die **transatlantische Reise** des Konzeptes, seine geografischen und theoretischen Implikationen nachgezeichnet. Den Einstieg bildet die etwas gekürzte Übersetzung des Textes, der vor zwanzig Jahren mit der Begriffsprägung selbst die Initialzündung für dann folgende Debatten lieferte. *Kimberlé Crenshaw* kritisiert am begrenzten Erklärungshorizont eindimensionaler Ansätze der US-amerikanischen Rechtssprechung, der feministischen Theorie und der antirassistischen Bewegung, dass diese jeweils Geschlecht oder „Rasse“ als isolierte Diskriminierungsdimensionen betrachten. Solche Konzeptualisierung vernachlässige die spezifische Situation Schwarzer Frauen, deren Erfahrungen durch die Interaktion beider Ungleichheitsdimensionen geprägt seien. Mit ihrer Metapher der Straßenkreuzung [intersection] plädiert sie für einen Perspektivwechsel in allen drei Bereichen hin zu einem intersektionellen Zugang, der in der Lage sei, die mehrdimensionalen Diskriminierungserfahrungen und die vielfältigen Identitäten Schwarzer Frauen in den Blick zu nehmen. *Kathy Davis* analysiert die Erfolgskarriere des Intersektionalitätskonzepts aus einer wissenssoziologischen Perspektive. Sie zeigt auf, wie und warum Intersektionalität eine derart breite Rezeption in der Frauen- und Geschlechterforschung erfahren hat und stellt fest, dass gerade die Ambiguität und die Vagheit von Intersektionalität zu deren Popularität und Anschlussfähigkeit beigetragen haben und den Ansatz zu einer guten feministischen Theorie machen. Dementsprechend hebt Davis die theoretischen, methodologischen und politischen Vorzüge des Konzepts für die Weiterentwicklung feministischer Theorie und Praxis hervor. *Myra Marx Ferree* führt exemplarisch eine intersektionelle Frameanalyse vor, und kann zugleich Antworten auf die Frage geben, weshalb gerade zwischen der US-amerikanischen und der deutschen Frauenbewegung gewisse Übersetzungsprobleme bestehen. Ferrees Blick richtet sich auf die Diskursebene, und sie zeigt, wie die US-amerikanische Frauenbewegung gerade durch Bezug auf und in Verbindung mit der Schwarzen Bürgerrechtsbewegung erfolgreiche Strategien entwickeln konnte, während in Deutschland das Verhältnis zwischen „Frauenbewegung" und „MigrantInnenbewegung" bis heute schwierig und gebrochen ist. Hingegen, so Ferree, fanden und finden Analogiebildung und Synergieeffekte in Deutschland eher zwischen der Frauen- und Arbeiterbewegung in Bezugnahme auf die Kategorie Klasse statt.

Im zweiten Teil des Buches werden **neue Forschungsfelder und Themenschwerpunkte von intersektioneller Forschung zu Männlichkeit und Heteronormativität** vorgestellt. *Mechthild Bereswill* und *Anke Neuber* diskutieren am Beispiel einer empirischen Studie mit männlichen Gefängnisinsassen den Zusammenhang von Ungleichheitslagen und Geschlecht. Dabei gilt ihr Augenmerk dem konstatierten Wandel der Geschlechterverhältnisse bei gleichzeitiger Beharrungskraft männlicher Herrschaft. Die Frage nach der aktuellen Konfiguration der Geschlechterordnung wird unter Berücksichtigung zentraler Theorien der Männlichkeitsforschung erörtert und in Beziehung zum Intersektionalitätsansatz gesetzt. Die Autorinnen zeigen auf, in welcher Weise beide theoretischen Perspektiven sich gegenseitig in Frage stellen und ergänzen können und plädieren dafür, die Kategorie Geschlecht als Masterkategorie bei der Analyse sozialer Ungleichheit beizubehalten. *Jeff Hearn* wählt einen anderen Ausgangspunkt und rekonstruiert die Thematisierung von Intersektionalität aus der Perspektive der kritischen Männlichkeitsforschung. Dabei stellt er eine Fokussierung auf das Konzept der hegemonialen Männlichkeit fest, die er kritisiert, da dieses nicht in der Lage sei, die Komplexität der sozialen Kategorie „Mann" adäquat zu erfassen. Diesem verengten Zugang setzt er eine Perspektive entgegen, die vernachlässigte Intersektionalitäten hervorhebt: Alter, Virtualität und Transnationalität. Deren Analyse sei unerlässlich, um das Projekt der Abschaffung von „Männern" als soziale Machtkategorie voranzutreiben. *Dubravka Zarkov* untersucht den intersektionellen Zusammenhang zwischen Männlichkeit, Ethnizität und Heteronormativität. Ihr erstes Fallbeispiel ist die mediale Darstellung der sexuellen Gewalt gegenüber „ethnisch anderen" Männern unter Bedingungen des Krieges. Ihre Analyse der kroatischen Kriegsberichterstattung in der Tagespresse während des Jugoslawienkrieges bringt zum Vorschein, wie durch Sichtbarmachen und Unsichtbarmachen von Tätern und Opfern zugleich (hetero-)normative Männlichkeit in Verbindung mit einer neuen nationalen Identität konstruiert wird. Das zweite Beispiel beschäftigt sich mit der Analyse der westlichen medialen Schaulust an den Folterfotos aus dem Gefängnis Abu Ghraib in Bagdad. Zarkov zeigt hier, dass und welche Rolle die

Hypersichtbarkeit dieser Bilder für die Konstruktion eines christlich-islamischen Antagonismus sowie einer militärischen Männlichkeit spielt.

Kira Kosnick kritisiert die Vernachlässigung der Intersektionalität von migrantischen Ethnizitäten und queeren Sexualitäten durch die dominante Migrationsforschung und weist auf die heteronormativen Annahmen hin, die dieser Forschung zugrunde liegen. Mithilfe eines Beispiels demonstriert sie, wie durch das Wechselspiel zwischen Rassismus und Homophobie migrantische queere Subjektpositionen als prekär und scheinbar oxymoronisch hervorgebracht werden. Vor diesem Hintergrund stellt die Autorin einerseits fest, dass diese Intersektionalität aus der Analyse von Migrationsprozessen nicht auszuklammern sei. Andererseits sei die intersektionelle Sichtbarkeit ethnisierter queerer Subjekte auf die damit verbundenen, widersprüchlichen Effekte hin zu befragen. *Ann Phoenix* analysiert biografische Interviews mit Erwachsenen, die sich von ihren Eltern und/oder ihren Geschwistern sichtbar durch ihre Hautfarbe unterscheiden, über ihre Sozialisation in der Familie. Wie gelingt es ihnen, so fragt Phoenix, mit solchen nicht-normativen Kindheitserfahrungen ein „normales“ Leben als Erwachsene zu führen? Wenn die Interviewpartnerin Charlene überlegt: „Ich denke, dass man die Hierarchie in Bezug auf die Hautfarbe in sehr jungen Jahren mitbekommt“ gibt sie dadurch Hinweise darauf, wie Sozialstruktur und Machtbeziehungen individuell erfahren und bearbeitet werden. Mithilfe der biographieanalytischen Theoretisierung von Alltagserfahrungen entfaltet Phoenix aus der Perspektive der BiographInnen eine integrierte Analyse von Struktur und Handlungsmacht.

Der dritte und letzte Teil des Buches widmet sich **Potentialen, Grenzen und kritischen Fragen** in Bezug auf Intersektionalität. *Nira Yuval-Davis* bescheinigt dem Intersektionalitätskonzept ein weitreichendes Theoriepotential: Sie schlägt vor, den Intersektionalitätsansatz konsequent als Theorie sozialer Schichtung zu betrachten, und damit die (marxistische) Klassentheorie zu ersetzen; komplexen Ungleichheitsverhältnissen von Gegenwartsgesellschaften könne man mithilfe der Intersektionalität besser gerecht werden als mit „klassischen“ marxistischen oder weberianischen Modellen. Die Autorin vertritt die These, dass Intersektionalität die Multidimensionalität sozialer Ungleichheit besser erfassen könne, als Nancy Frasers sozialphilosophischer dualer Ansatz von Anerkennung und Umverteilung. Der diskurstheoretische und dekonstruktivistische Beitrag *Paula Irene Villas* fokussiert im Sinne von im antikategorialen oder kategorien-kritischen Duktus das sogenannte „etcetetra“-Problem. Eindringlich schildert sie am Tango Argentino, wie die Konzentration auf die „klassische Trias“ „Rasse“/Klasse/Geschlecht die Gefahr in sich birgt, das Dazwischen-liegende unsichtbar zu machen. Insbesondere auf der Ebene der Verkörperung, hier am Beispiel des Tanzes veranschaulicht, geht das Soziale, so Villa, nie im Kategorialen auf. *Gudrun-Axeli Knapp* schildert schließlich einige der Herausforderungen die mit der intersektionellen Konzeptualisierung der Triade „Rasse“, Klasse und Geschlecht einhergehen. Im Zentrum ihrer Analyse steht das Konzept der intersektionellen Unsichtbarkeit, welches sie unter Rekurs auf Vergesellschaftungstheorien und mit dem Ziel einer gesellschaftstheoretischen Fundierung intersektioneller Ansätze strukturtheoretisch erweitert.

Mit einem Postscript von *Katharina Walgenbach* wird dieser Band abgeschlossen. Die Autorin resümiert die im Sammelband abgebildeten Diskussionen und verdeutlicht nochmals die zentralen Themenschwerpunkte, um die die Intersektionalitätsdebatte derzeit kreist. Sie zeichnet nach, wie sich die AutorInnen aufeinander beziehen und verbinden lassen, wo Übereinstimmungen und wo Differenzen überwiegen. Sie vertritt schließlich auch die These, dass Intersektionalität mittlerweile sehr wohl als ein neues Paradigma zu verstehen ist.

Literatur

Aerts, Mieke und Sawitri Saharso (1994): Skse als etniciteit. Een beschouwing over collectieve identiteit en sociale ongelijkheid. In: *Tijdschrift voor vrouwenstudies* 15(1), 11–26.

AG gegen Rassismus in den Lebenswissenschaften (Hrsg.) (2009): Gemachte Differenz. Kontinuitäten biologischer „Rasse“-Konzepte. Münster: Unrast.

Ani, Ekpenyong (2004): Die Frau die Mut zeigt – der Verein ADEFRA Schwarze Deutsche Frauen/Schwarze Frauen in Deutschland e. V. In: Antidiskiminierungsbüro Köln; cybernomads (Hrsg.): TheBlackBook. Frankfurt a. M.: IKO, 145–149.

Anthias, Floya und Nira Yuval-Davis (1983): Contextualising feminism: Ethnic, gender and class divisions. In: *feminist review* (15), 62–75.

Anthias, Floya und Nira Yuval-Davis (1992): Racialized Boundaries. Race, Nation, Gender, Colour and Class and the Anti-Racist Struggle. London, New York: Routledge.

Arndt (2005): Mythen des *weißen* Subjekts: Verleugnung und Hierarchisierung von Rassismus. In: Eggers, M., Kilomba, G., Piesche, P. und S. Arndt (Hrsg.): Mythen, Masken und Subjekte. Kritische Weißseinsforschung in Deutschland. Münster: Unrast, S. 340–362.

Balbo, Laura (1998): Immigration et Racisme en Europe. Bruxelles: Ed. Complexe.

Balibar, Etienne (1990): Rasse, Klasse, Nation. Ambivalente Identitäten. Hamburg: Argument.

Barrett, Michèle (1983): Das unterstellte Geschlecht. Umrisse eines materialistischen Feminismus. Hamburg: Argument.

Barret, Michèle und Mary McIntosh (1982): The Anti-Social Familiy. London: Verso.

Beale, Frances (1979): Double Jeopardy: To Be Black and Female. In: Cade, T. (Hrsg.): The Black Woman: An Anthology. New York: New American Library, 90–100.

Bredström, Anna (2006): Intersectionality: A challenge for feminist HIV/AIDS research? In: *European Journal of Women's Studies* 15(3), 229–244.

Bieling Hans-Jürgen (2007): Die neue politische Ökonomie sozialer Ungleichheit. In: Klinger, C.; Knapp, G.-A. und B. Sauer (Hrsg.): Achsen der Ungleichheit. Zum Verhältnis von Klasse, Geschlecht und Ethnizität. Frankfurt: Campus, 100–115.

Brah, Avtar (1996): Cartographies of Diaspora: Contesting Identities. London: Routledge

Bührmann, Andrea D. (2009): Intersectionality – ein Forschungsfeld auf dem Weg zum Paradigma? Tendenzen, Herausforderungen und Perspektiven der Forschung über

Intersektionalität. In: *Gender. Zeitschrift für Geschlecht, Kultur und Gesellschaft* 2, 28–44.

Buitelaar, Marjo (2006): ‚I am the ultimate challenge': Accounts of intersectionality in the life-story of a well known daughter of Moroccan migrant workers in the Netherlands. In: *European Journal of Women's Studies* 15(3), 211–228.

Casale, Rita und Barbara Rendtorff (Hrsg.) (2008): Was kommt nach der Genderforschung? Zur Zukunft feministischer Theoriebildung. Bielefeld: transcript.

Castro Varela, María do Mar und Dhawan Nikita (2005): Postkoloniale Theorie. Eine kritische Einführung. Bielefeld: transcript.

Centre interdisciplinaire d'études et de recherches sur l'Allemagne (CIERA), Paris, und Ecole des hautes études en sciences sociales (EHESS), Paris, und Universität Erfurt (2009): Race, Class, Gender as categories of difference and inequality: Which perspectives arise from the concept of ‚intersectionality' for human and cultural sciences? Tagung für NachwuchswissenschaftlerInnen vom 10. bis 12. 09.2009. Online: http://www.ciera.fr/ciera/spip.php?article1312 (letzter Zugriff 02.06.2010)

Collins, Patricia Hill (1990): Black Feminist Thought: Knowledge, Conciousness, and the Politics of Empowerment. Boston: Unwin Hyman.

Combahee River Collective (1981, erstmals 1977): A Black Feminist Statement. In: Moraga, C. und G. Anzaldúa (Hrsg.): This Bridge Called My Back: Writings by Radical Women of Color. New York: Kitchen Table, Women of Color Press, 210–218.

Crenshaw, Kimberlé W. (1991): Mapping the Margins: Intersectionality, Identity Politics and Violence against Women of Color. In: Albertson Fineman, M. und R. Mykitiuk (Hrsg.): The public nature of private violence. New York: Routledge, 93–118.

Davis, Kathy (2008): Intersectionality in transatlantic perspective. In: Klinger, C. und G.-A. Knapp (Hrsg): ÜberKreuzungen. Fremdheit, Ungleichheit, Differenz. Münster: Westfälisches Dampfboot, 19–37.

Dietze, Gabriele; Haschemi Yekani, Elahe und Beatrice Michaelis (2007): „Checks and Balances". Zum Verhältnis von Intersektionalität und Queer Theory. In: Walgenbach, K.; Dietze, G.; Hornscheidt, A. und K. Palm (Hrsg.): Gender als interdependente Kategorie: neue Perspektiven auf Intersektionalität, Diversität und Heterogenität. Opladen: Barbara Budrich, 107–139.

Eggers, Maureen Maisha; Kilomba, Grada; Piesche, Peggy und Susan Arndt (2005) (Hrsg.): Mythen, Masken, Subjekte. Kritische Weißseinsforschung in Deutschland. Münster: Unrast.

Europäische Kommission (2007): Bekämpfung von Mehrfachdiskriminierung. Praktiken, Politikstrategien und Rechtsvorschriften. Europäische Kommission Generaldirektion Beschäftigung, Soziales und Chancengleichheit Referat G.4 Manuskript abgeschlossen im September 2007 Luxemburg: Amt für amtliche Veröffentlichungen der Europäischen Gemeinschaften. Online: http://ec.europa.eu/social/main.jsp?catId=738&langId=de&pubId=51&type=2&furtherPubs=no (Letzter Zugriff 02.06.2010)

feministische studien (2009): Kritik üben – Übungen in Kritik (27)1.

Gummich, Judy (2010): Migrationshintergrund und Beeinträchtigung. Vielschichtige Herausforderungen an einer diskriminierungsrelevanten Schnittstelle. In: Jacob, J.;

Köbsell, S. und E. Wollrad (Hrsg.): Gendering Disability. Intersektionale Aspekte von Behinderung und Geschlecht. Bielefeld: transcript, 131–152.

Ha, Kien Nghi; Lauré al-Samarai, Nicola und Sheila Mysorekar (2007): Einleitung. In: Dies. (Hrsg.): re/visionen. Postkoloniale Perspektiven von People of Color auf Rassismus, Kulturpolitik und Widerstand in Deutschland. Münster: Unrast.

Ha, Kien Nghi (2009): ‚People of Color' als Diversity-Ansatz in der antirassistischen Selbstbenennungs- und Identitätspolitik. In: Ethnic Monitoring. Datenerhebung mit oder über Minderheiten? DOSSIER der Website Migration, Integration, Diversity der Heinrich Böll Stiftung. 51–55. Online: http://www.migration-boell.de/web/diversity/48_2299.asp (Letzter Zugriff 02.06.2010)

Ha, Kien Nghi (2010): Integration as Colonial Pedagogy of Postcolonial Immigrants and People of Colour: A German Case Study. In: Boatcă, M.; Sérgio, C. und E. Gutiérrez Rodríguez (Hrsg.): Decolonizing European Sociology. Aldershot: Ashgate, 161–178.

hooks, bell (1981): Ain't I a Woman. Black Women and Feminism. Boston, Mass.: South End Press.

hooks, bell (1992): Black Looks: Race and Representation. Boston, Mass.: South End Press.

Hull, Gloria; Bell Scott, Patricia und Barbara Smith (Hrsg.) (1982): All the Women Are White, All the Blacks Are Men, but Some of Us Are Brave. New York: The Feminist Press.

Hutson, Christiane (2010): mehrdimensional verletzbar. Eine Schwarze Perspektive auf Verwobenheiten zwischen Ableism und Sexismus. In: Jacob, J.; Köbsell, S. und E. Wollrad (Hrsg.): Gendering Disability. Intersektionale Aspekte von Behinderung und Geschlecht. Bielefeld: transcript, 61–72.

Jacob, Jutta; Köbsell, Swantje und Eske Wollrad (Hrsg.) (2010): Gendering Disability. Intersektionale Aspekte von Behinderung und Geschlecht. Bielefeld: transcript.

Johnston, Jill (1973): Lesbian Nation: The Feminist Solution. New York: Simon and Schuster.

King, Deborah K. (1988): Multiple Jeopardy, Multiple Consciousness: The Context of Black Feminist Ideology. In: Signs: *Journal of Women in Culture and Society* 14(1), 42–72.

Klinger, Cornelia; Knapp, Gudrun-Axeli und Birgit Sauer (Hrsg.) (2007): Achsen der Ungleichheit. Zum Verhältnis von Klasse, Geschlecht und Ethnizität. Frankfurt: Campus.

Klinger, Cornelia und Gudrun-Axeli Knapp (Hrsg.) (2008): ÜberKreuzungen. Fremdheit, Ungleichheit, Differenz. Münster: Westfälisches Dampfboot.

Knapp, Gudrun-Axeli und Angelika Wetterer (Hrsg.) (2003): Achsen der Differenz. Gesellschaftstheorie und feministische Kritik 2. Münster: Westfälisches Dampfboot.

Knapp, Gudrun-Axeli (2009): Resonanzräume – Räsonierräume: Zur transatlantischen Reise von Race, Class und Gender. In: Lutz, H. (Hrsg.): Gender Mobil? Geschlecht und Migration in transnationalen Räumen. Münster: Westfälisches Dampfboot, 215–233.

Knudsen, Susanne V. (2006): Intersectionality – A theoretical inspiration in the analysis of minority cultures and identities in textbooks. In Bruillard, E. et al. (Hrsg.): Caught in the web or lost in the textbook? Caen: IAERTEM, 61–76.

Kohlmorgen, Lars (2007): Klasse, Geschlecht, Regulation. Ein integraler Ansatz der Sozialstrukturanalyse. In: Klinger, C; Knapp, G.-A. und B. Sauer (Hrsg.): Achsen der Ungleichheit. Zum Verhältnis von Klasse, Geschlecht und Ethnizität. Frankfurt: Campus, 163–177.

Leiprecht, Rudolf (1996): Rassismen und die Macht der Zuschreibung. In: Dracklé, D. (Hrsg.): jung und wild. Zur kulturellen Konstruktion von Kindheit und Jugend. Hamburg: Dietrich Reimer Verlag, 240–272.

Leiprecht, Rudolf (2001a): Alltagsrassismus – eine Untersuchung bei Jugendlichen in Deutschland und den Niederlanden. Münster: Waxmann.

Leiprecht, Rudolf (Hrsg.) (2001b): ‚Kultur' als Sprachversteck für ‚Rasse'. In: Johannsen, M. und F. Both (Red.): Schwarzweißheiten – Vom Umgang mit fremden Menschen. Begleitheft zur gleichnamigen Ausstellung des Oldenburger Landesmuseums Natur und Mensch. Erschienen in der Schriftenreihe des Museums, Heft 19. Oldenburg: Isensee, 170–177.

Lorde, Audre (1984): Sister Outsider. Essays and Speeches. New York: Traumansberg

Lutz, Helma (1992): Rassismus und Sexismus. Unterscheide und Gemeinsamkeiten. In: Foitzik, A.; Leiprecht, R.; Marvakis, A. und U. Seid (Hrsg.): Ein Herrenvolk von Untertanen. Rassismus, Nationalismus, Sexismus. Duisburg: DISS, 57–80.

Lutz, Helma (2001): Differenz als Rechenaufgabe? In: Lutz, H. und N. Wenning (Hrsg.): Unterschiedlich Verschieden. Differenz in der Erziehungswissenschaft. Opladen: Leske und Budrich, 11–24.

Lutz, Helma; Phoenix, Ann und Nira Yuval-Davis (Hrsg.) (1995): Crossfires. Nationalism, racism and gender in Europe. London: Pluto Press.

Lutz, Helma und Norbert Wenning (2001): Differenzen über Differenz – Einführung in die Debatten. In: Dies. (Hrsg.): Unterschiedlich verschieden: Differenz in der Erziehungswissenschaft. Opladen: Leske und Budrich, 11–24.

Lykke, Nina (2005): Intersectionality revisited: problems and potentials. In: *Kvinnovetenskapling tidskrift* 26(2-3), 7–17.

Lykke, Nina (2010): Feminist Studies. A Guide to Intersectional Theory, Methodology and Writing. New York, London: Routledge.

McCall, Leslie: 2005: The Complexity of Intersectionality. In: *Signs. Journal of Women in Culture and Society* 30(3), 1771–1800.

Mohanty, Chandra Talpade (2003): Feminism Without Borders: Decolonizing Theory, Practicing Solidarity. Durham: Duke University Press.

Moraga, Cherrie und Gloria Anzaldúa (Hrsg.) (1981): This Bridge Called My Back: Writings by Radical Women of Color. New York: Kitchen Table, Women of Color Press.

Morris, Jenny (1989): Able Lives: Women's experience of paralysis. London: The Women's Press.

Oguntoye, Katharina; Opitz, May und Dagmar Schulz (Hrsg.) (1985): Farbe bekennen. Afro-Deutsche Frauen auf den Spuren ihrer Geschichte. Berlin: Orlanda.

Prins, Baukje (2006): Narrative accounts of origins: A blind spot in the intersectionality approach. In: *European Journal of Women's Studies* 15(3), 277–290.

Raab, Heike (2007): Intersektionalität in den Disability Studies. Zur Interdependenz von Behinderung, Heteronormativität und Geschlecht. In: Waldschmidt, A. und W. Schneider (Hrsg.): Disability Studies, Kultursoziologie und Soziologie der Behinderung. Erkundungen in einem neuen Forschungsfeld. Bielefeld: transcript, 127–148.

Raab, Heike (2010): Shifting the Paradigm: „Behinderung, Heteronormativität und Queerness". In: Jacob, J.; Köbsell, S. und E. Wollrad (Hrsg.): Gendering Disability. Intersektionale Aspekte von Behinderung und Geschlecht. Bielefeld: transcript, 73–94.

Radicalesbians (1970): The Woman-Identified Woman. Pittsburgh: Know Inc.

Rich, Adrienne (1980): Compulsory Heterosexuality and Lesbian Existence. In: *Signs: Journal of Women in Culture and Society* 5(4), 631–660.

Rommelspacher, Birgit (1999): Ethnizität und Geschlecht. In: Lutz, H.; Amos, K. und E. Guitérrez-Rodriguez (Hrsg.): Ethnizität, Differenz und Geschlechterverhältnisse. Frankfurt/M.: Cornelia Goethe Centrum, 19–32.

Roth, Benita (2004): Separate Roads to Feminism: Black, Chicana and White Feminist Movements in America's Second Wave. Cambridge: Cambridge University Press.

Saharso, Sawitri (2002): Een vrouw met twee missies. Reactie op Helma Lutz. In: *Tijdschrift voor Genderstudies* 3, 18–23.

Schiek, Dagmar und Victoria Chege (Hrsg.) (2008): European Union Non-Discrimination Law. Comparative Perspectives on multidimensional equality law. London: Routledge Cavendish.

Schiek, Dagmar und Anna Lawson (Hrsg.) (im Erscheinen): EU Non-Discrimination Law and Intersectionality: investigating the tri-angle of racial, gender and disability discrimination. Aldershot: Ashgate.

Schwinn, Thomas (2007): Komplexe Ungleichheitsverhältnisse: Klasse, Ethnie und Geschlecht. In: Klinger, C.; Knapp, G.-A. und B. Sauer (Hrsg.): Achsen der Ungleichheit. Zum Verhältnis von Klasse, Geschlecht und Ethnizität. Frankfurt: Campus, 271–286.

Soiland, Tove (2008): Die Verhältnisse gingen und die Kategorien kamen. Intersectionality oder Vom Unbehagen an der amerikanischen Theorie. In: *Querelles-Net* 26. Online: http://www.querelles-net.de/index.php/qn/issue/view/09-3 (Letzter Zugriff 02.06.2010)

Søndergaard (2005): Academic Desire Trajectories: Retooling the concepts of subject. In: *European Journal of women's Studies* 12(3), 297–314.

Spivak, Gayatri C. (1988): Can the Subaltern Speak? In: Grossberg, L. und G. Nelson (Hrsg.): Marxism and the Interpretation of Culture. Hondmills: Macmillan Education, 271–353.

Staunæs, Dorthe (2003): where have all the subjects gone? Bringing together the concepts of intersectionality and subjectification. In: *Nora* 11(2), 101–110.

Supik, Linda (2005): Dezentrierte Positionierung. Stuart Halls Konzept der Identitätspolitiken. Bielefeld: transcript.

Tißberger, Martina; Dietze, Gabriele; Hrzán, Daniela und Jana Husmann-Kastein (Hrsg.) (2006): Weiß – Weißsein – Whiteness. Kritische Studien zu Gender und Rassismus. Critical Studies on Gender and Racism. Frankfurt/M.: Lang.

Verloo, Mieke (2006): Multiple inequalities, intersectionality and the European Union. In: *European Journal of Women's Studies* 15(3), 211–228.

Waldschmidt, Anne und Werner Schneider (Hrsg.) (2007): Disability Studies, Kultursoziologie und Soziologie der Behinderung. Erkundungen in einem neuen Forschungsfeld. Bielefeld: transcript.

Walgenbach, Katharina (2005a): „Die weiße Frau als Trägerin deutscher Kultur". Koloniale Diskurse über Geschlecht, „Rasse" und Klasse im Kaiserreich. Frankfurt a. M./New York: Campus

Walgenbach, Katharina (2005b): „Weißsein“ und „Deutschsein“ – historische Interdependenzen. In: Eggers, M., Kilomba, G., Piesche, P. und S. Arndt (Hrsg.): Mythen, Masken und Subjekte. Kritische Weißseinsforschung in Deutschland. Münster: Unrast, S. 377–393.

Walgenbach, Katharina (2007): Gender als interdependente Kategorie. In: Walgenbach, K.; Dietze, G.; Hornscheidt, A. und K. Palm (Hrsg.): Gender als interdependente Kategorie: neue Perspektiven auf Intersektionalität, Diversität und Heterogenität. Opladen: Barbara Budrich, 23–64.

Walgenbach, Katharina; Dietze, Gabriele; Hornscheidt, Antje und Kerstin Palm (Hrsg.) (2007): Gender als interdependente Kategorie: neue Perspektiven auf Intersektionalität, Diversität und Heterogenität. Opladen: Barbara Budrich.

Wekker, Gloria (2004): Still Crazy after All Those Years… Feminism for the New Millennium. In: *European Journal of Women's Studies* 11(4), 487–500.

Wiedenroth-Coulibaly, Eleonore (2007): Zwanzig Jahre Schwarzer Widerstand in bewegten Räumen. Was sich im Kleinen abspielt und aus dem Verborgenen erwächst. In: Ha, Kien Nghi; Lauré al-Samarai, N. und S. Mysorekar (Hrsg.): re/visionen. Postkoloniale Perspektiven von People of Color auf Rassismus, Kulturpolitik und Widerstand in Deutschland. Münster: Unrast, 401–422.

Wollrad, Eske (2007): Getilgtes Wissen. Überschriebene Spuren. Weiße Subjektivierungen und antirassistische Bildungsarbeit. In: IDA-NRW (Hrsg.): Tagungsdokumentation des Fachgesprächs zur „Normalität und Alltäglichkeit des Rassismus“ am 14.–15.09.2007 in Bonn, S. 39–55. Online: http://www.ida-nrw.de/html/Tagungsdoku_Alltagsrassismus.pdf (Letzter Zugriff 02.06.2010)

Yuval-Davis, Nira (2006): Intersectionality and Feminist Politics. In: *European Journal of Women's Studies* 13(3), 193–209.

I. Die transatlantische Reise von Intersektionalität – Geografien und Räume der Debatte

Die Intersektion von „Rasse“ und Geschlecht demarginalisieren: Eine Schwarze feministische Kritik am Antidiskriminierungsrecht, der feministischen Theorie und der antirassistischen Politik[1]

Kimberlé W. Crenshaw

Eines der sehr wenigen Bücher im Bereich der „Schwarzen Frauenforschung“ trägt den Titel *Alle Frauen sind weiß, alle Schwarzen sind Männer, aber einige von uns sind mutig!* (Hull et al. 1982). Ich wähle diesen Titel als Ausgangspunkt für mein Vorhaben, einen kritischen Schwarzen Feminismus zu entwickeln[2] – denn er zeigt die problematischen Konsequenzen der Tendenz, „Rasse“ und Geschlecht als sich gegenseitig ausschließende Erfahrungs- und Analysekategorien zu betrachten.[3] Im Folgenden möchte ich untersuchen, wie diese Tendenz von einem eindimensionalen Bezugsrahmen, der im Antidiskriminierungsrecht dominiert und sich auch in der feministischen Theorie und in antirassistischer politischer Arbeit widerspiegelt, „aufrechterhalten“ wird.

In dieser Analyse stelle ich Schwarze Frauen in den Mittelpunkt, um die Multidimensionalität ihrer Erfahrungen mit jener eindimensionalen Analyse zu kontrastieren, die ihre Erfahrungen verzerrt. Diese Gegenüberstellung legt nicht nur offen, wie Schwarze Frauen aus der Theoriebildung ausradiert werden; sie

---

[1] Dies ist die gekürzte und redaktionell überarbeitete Fassung eines Texts, der im englischen Original unter dem Titel „Demarginalizing the Intersection of Race and Sex: A Black Feminist Critique of Antidiscrimination Doctrine, Feminist Theory, and Antiracist Politics“ in *The University of Chicago Legal Forum* 139 (1989) erschien. Kürzungen sind hier durch eckige Klammern markiert.

[2] Für andere Arbeiten, die das Recht aus einer Schwarzen feministischen Perspektive betrachten, siehe Scales Trent (1989), Austin (1989).

[3] Üblicherweise wird dieses analytische Dilemma zum Ausdruck gebracht, indem von „Schwarzen und Frauen“ gesprochen wird. Zwar mögen einige tatsächlich davon ausgehen, dass Schwarze Frauen entweder in den Gruppen „Schwarze“ oder „Frauen“ enthalten sind; der Kontext, in dem der Ausdruck meist benutzt wird, suggeriert jedoch, dass Schwarze Frauen oft nicht berücksichtigt werden. Siehe z. B. Elizabeth Spelmans Besprechung eines Artikels über Schwarze und Frauen im Militär, in dem „die ‚rassische‘ Identität jener, die als ‚Frauen‘ identifiziert werden, erst explizit wird, als auf Schwarze Frauen Bezug genommen wird; an dieser Stelle wird auch klar, dass Schwarze Frauen nicht in der Kategorie ‚Frauen‘ enthalten sind“ (Spelmans 1988: 114–115). Sollten Schwarze Frauen explizit mitgemeint werden, müsste man wohl besser die Begriffe „Schwarze und weiße Frauen“ oder „Schwarze Männer und alle Frauen“ verwenden.

illustriert auch, wie dieser eindimensionale Bezugsrahmen seine eigenen theoretischen Begrenzungen als gegeben voraussetzt und damit Bemühungen untergräbt, feministische und antirassistische Analysen zu erweitern. Wählt man Schwarze Frauen als Ausgangspunkt, wird deutlich, wie die vorherrschenden Auffassungen über Diskriminierung uns darauf konditionieren, Subordination als eine Benachteiligung zu betrachten, die nur entlang einer einzelnen kategorialen Achse erfolgt. Weiterhin argumentiere ich, dass dieser eindimensionale Bezugsrahmen Schwarze Frauen aus der Konzeptualisierung, Identifizierung und Bekämpfung von rassistischer und sexistischer Diskriminierung ausblendet, indem das Forschungsinteresse auf die Erfahrungen von ansonsten privilegierten Mitgliedern der jeweiligen Gruppe eingeschränkt wird. Mit anderen Worten: In Fällen, in denen es um Diskriminierung aufgrund von „Rasse" geht, wird diese Diskriminierung meist in Bezug auf Schwarze wahrgenommen, die aufgrund ihres Geschlechts oder ihrer Klassenzugehörigkeit privilegiert sind; in Fällen, in denen es um Diskriminierung aufgrund des Geschlechts geht, interessiert man sich meist für Frauen, die aufgrund ihrer „Rasse" oder Klassenzugehörigkeit privilegiert sind.

Indem man sich also auf die jeweils privilegiertesten Mitglieder einer Gruppe konzentriert, werden diejenigen, die in mehrerer Hinsicht benachteiligt sind, marginalisiert; Diskriminierungen, die sich nicht auf eine einzelne dieser Ursachen zurückführen lassen, werden verschleiert. Diese Konzentration auf ansonsten privilegierte Gruppenmitglieder führt dazu, dass Rassismus und Sexismus in der Analyse verzerrt erscheinen, da das zugrunde gelegte Verständnis von „Rasse" und Geschlecht sich auf Erfahrungen gründet, die tatsächlich nur einen kleinen Ausschnitt aus einem viel komplexeren Phänomen darstellen.

Ich untersuche zunächst, wie dieser eindimensionale Bezugsrahmen im Antidiskriminierungsrecht zum Ausdruck kommt; anschließend erörtere ich die Frage, wie er dazu beiträgt, dass Schwarze Frauen in der feministischen Theorie und in der antirassistischen Politik marginalisiert werden. Mein Argument lautet, dass Schwarze Frauen sowohl in der feministischen Theorie als auch im antirassistischen politischen Diskurs außen vor bleiben, weil beide jeweils auf einer Reihe separater Erfahrungen basieren, die das Zusammenspiel von „Rasse" und Geschlecht nicht ausreichend widerspiegeln. Diese Probleme lassen sich nicht einfach dadurch lösen, dass Schwarze Frauen in eine bereits etablierte analytische Struktur einbezogen werden: Da die Erfahrung von intersektioneller Diskriminierung mehr ist als die Summe von Rassismus und Sexismus, kann nur eine Analyse, die diese Intersektionalität in den Blick nimmt, die spezifische Unterdrückung Schwarzer Frauen in ausreichender Weise thematisieren. Damit feministische Theorie und antirassistischer Diskurs die Erfahrungen und Belange Schwarzer Frauen vollständig erfassen können, muss der gesamte Bezugsrahmen, mit dessen Hilfe „die Erfahrungen von Frauen" oder „die Erfahrungen von Schwarzen" in konkrete politische Forderungen übersetzt werden, überdacht und umgestaltet werden.

Als Beispiel dafür, dass bestimmte theoretische und politische Entwicklungen Schwarzen Frauen nicht gerecht werden, da sie Intersektionalität nicht berücksichtigen, werde ich kurz die feministische Kritik an Vergewaltigung, an der Ideologie der „getrennten Sphären“, sowie an den Sozialdebatten über Schwarze Familien mit weiblichen Haushaltvorständen diskutieren.

Der Bezugsrahmen der Antidiskriminierung

Die Erfahrung von Intersektionalität und die Reaktion der Rechtssprechung

Eine Möglichkeit, sich dem Problem der Intersektionalität zu nähern, besteht darin zu fragen, wie Gerichte die Geschichten Schwarzer Klägerinnen „rahmen“ und interpretieren. Ich bin der Ansicht, dass die Art, wie Gerichte die Forderungen Schwarzer Frauen interpretieren, selbst Bestandteil der Erfahrung Schwarzer Frauen ist, und dass Fälle, in denen Schwarze Frauen klagen, aufschlussreich für die Schwierigkeiten sind, die mit der juristischen Behandlung von Intersektionalität einhergehen. Zur Illustration der Schwierigkeiten des juristischen Umgangs mit Intersektionalität werde ich [einen] „Title VII Fall“[4] präsentieren: *DeGraffenreid gegen General Motors*[5].

In diesem Fall klagten fünf Schwarze Frauen gegen General Motors. Sie warfen dem Unternehmen vor, dass sein Vergütungssystem auf der Dauer der Betriebszugehörigkeit basiert, und damit die Folgen der Diskriminierung Schwarzer Frauen aus der Vergangenheit aufrechterhalte. Die in dem Prozess vorgelegten Beweise ergaben, dass General Motors vor 1964 schlicht keine Schwarzen Frauen eingestellt hatte – und dass alle nach 1970 eingestellten Schwarzen Frauen ihre Arbeitsplätze in einer späteren Rezession verloren hatten, da die Entlassungen sich nach der Dauer der Betriebszugehörigkeit richteten. Das Gericht entschied im Schnellverfahren zugunsten der Beklagten – es wies den Versuch der Klägerinnen zurück, nicht als Schwarze oder als Frauen zu klagen, sondern speziell als Schwarze Frauen. Dass Gericht stellte fest:

> „Die Klägerinnen konnten keine Urteile nennen, die festgestellt hätten, dass Schwarze Frauen eine besondere Gruppe darstellen, die gegen Diskriminierung zu schützen ist. Auch die eigenen Recherchen des Gerichts haben keine solche Entscheidung erbracht.

---

[4] Fälle, in denen es um Diskriminierung von ArbeitnehmerInnen aufgrund von „Rasse“, Hautfarbe, Religion, Geschlecht oder Nationalität geht, werden nach dem einschlägigen Abschnitt des amerikanischen *Civil Rights Act* von 1964 auch als „Title VII cases“ bezeichnet. Im längeren Originaltext werden drei Fälle diskutiert (Anm. d. Übers.)

[5] 413 F Supp 142 (E D Mo 1976). 6. 708 F2d 475 (9th Cir 1983).

> Die Klägerinnen haben Anspruch auf Schutz durch das Gesetz, sofern sie diskriminiert wurden. Ihnen ist jedoch nicht gestattet, gesetzliche Ansprüche zu einem neuen ‚Super-Anspruch' zu kombinieren, der sie rechtlich besser stellen würde, als vom Gesetzgeber beabsichtigt. Diese Klage muss daher daraufhin untersucht werden, ob sie Handlungsbedarf aufgrund von Rassendiskriminierung oder geschlechtlicher Diskriminierung geltend macht, aber nicht aufgrund einer Kombination von beidem."[6]

Obwohl General Motors vor 1964 keine Schwarzen Frauen eingestellt hatte, stellte das Gericht fest, dass „General Motors ... mehrere Jahre vor dem Inkrafttreten des *Civil Rights Act* von 1964 weibliche Beschäftigte eingestellt habe."[7] Da General Motors in dem Zeitraum, in dem keine Schwarzen Frauen eingestellt wurden, also sehr wohl Frauen – wenn auch *weiße* Frauen – eingestellt hatte, gab es nach Auffassung des Gerichts keine geschlechtliche Diskriminierung, die das auf Betriebszugehörigkeitsdauer basierende Vergütungssystem irgendwie hätte fortschreiben können. Nachdem es die Klage wegen geschlechtlicher Diskriminierung abgewiesen hatte, lehnte das Gericht es auch ab, die Klage wegen rassistischer Diskriminierung zu berücksichtigen und empfahl, diese mit einer anderen Klage wegen rassistischer Diskriminierung gegen denselben Arbeitgeber zusammenzufassen.[8] Die Klägerinnen wandten ein, dass eine solche Zusammenfassung dem Zweck ihrer Klage widersprechen würde – schließlich ginge es ihnen nicht nur um rassistische Diskriminierung, sondern um Diskriminierung Schwarzer Frauen aufgrund ihrer „Rasse" *und* ihres Geschlechts. Das Gericht war jedoch anderer Auffassung:

> „Die Geschichte des Zustandekommens von Title VII deutet nicht darauf hin, dass es das Ziel des Gesetzes gewesen wäre, eine neue Gruppe von ‚schwarzen Frauen' zu definieren, die rechtlich besser zu stellen wäre als z. B. schwarze Männer. Einzig und allein aufgrund der mathematischen Prinzipien von Permutation und Kombination neue Gruppen von geschützten Minderheiten zu schaffen, würde eindeutig darauf hinauslaufen, die sprichwörtliche Büchse der Pandora zu öffnen."[9]

Offensichtlich war das Gericht also zu dem Schluss gekommen, dass der Kongress entweder nicht in Betracht gezogen habe, dass Schwarze Frauen als „Schwarze Frauen" diskriminiert werden könnten, oder aber nicht die Absicht hatte, sie gegen

---

[6] *DeGraffenreid,* 413 F Supp at 143. 9; Id. at 144.
[7] Ebenda, 144.
[8] Ebenda, 145. In *Mosley v. General Motors,* 497 F Supp 583 (E D Mo 1980). Die Klägerinnen, die General Motors breite rassistische Diskriminierung im Werk St. Louis vorwarfen, konnten sich mit ihrer Klage aufgrund von „Title VII" durchsetzen. Das Vergütungssystem, das im Fall DeGraffenreid in Frage gestellt wurde, wurde im Fall Mosley jedoch nicht berücksichtigt.
[9] Ebenda, 145.

eine solche Diskriminierung zu schützen.[10] Die Weigerung des Gerichts anzuerkennen, dass Schwarze Frauen einer Kombination von rassistischer und sexistischer Diskriminierung begegnen, impliziert vor allem eines: Was sexistische und rassistische Diskriminierung ist und was nicht, hängt nach Auffassung der Rechtsprechung jeweils von den Erfahrungen weißer Frauen bzw. Schwarzer Männer ab. Aus dieser Perspektive sind Schwarze Frauen nur insoweit geschützt, wie ihre Erfahrungen mit denen einer der beiden Gruppen zusammenfallen.[11] Wenn es um spezifische Erfahrungen geht, können Schwarze Frauen wenig Schutz erwarten, solange Interpretationen die Oberhand behalten, die – wie im Fall DeGraffenreid – die Probleme der Intersektionalität vollständig ignorieren. [...]

Vielleicht entsteht bei manchen der Eindruck, dass ich in meiner Kritik der Behandlung Schwarzer Frauen in der Antidiskriminierungsgesetzgebung inkonsequent bin: Behaupte ich nicht in einem Fall, die Ansprüche der Schwarzen Frauen würden abgelehnt und ihre Erfahrungen ausgeblendet, weil das Gericht nicht an-

[10] Interessanterweise gibt es anscheinend keinen Fall, in dem es ein Gericht einem weißen Mann verwehrt hätte, aus ähnlichen Gründen wegen umgekehrter Diskriminierung zu klagen – in solchen Fällen wird keineswegs geltend gemacht, dass Klagen wegen sexistischer und rassistischer Diskriminierung nicht kombiniert werden könnten, da der Gesetzgeber nicht die Absicht gehabt habe, „kombinierte“ Gruppen zu schützen. Theoretisch dürften weiße Männer, die aufgrund einer Benachteiligung zugunsten einer Schwarzen Frau wegen umgekehrter Diskriminierung klagen, sich nicht in einer besseren Lage befinden, als die gescheiterten Klägerinnen im Fall DeGraffenreid: Müssten sie ihre Ansprüche ebenfalls separat begründen, könnten weiße Männer weder eine Diskriminierung aufgrund ihrer „Rasse“ nachweisen – da weiße Frauen nicht diskriminiert werden –, noch können sie eine Diskriminierung aufgrund ihres Geschlechts nachweisen – da schwarze Männer nicht diskriminiert werden. Anscheinend erkennen die Gerichte jedoch nicht, dass es in den meisten Klagen wegen umgekehrter Diskriminierung ebenfalls um eine Kombination aus Opferkategorien geht. Klagen von Schwarzen Frauen wegen Diskriminierung werden also sofort wegen „kombinierter Diskriminierung“ in Frage gestellt – anders als Klagen von weißen Männern wegen „umgekehrter Diskriminierung“. Dies deutet darauf hin, dass die Wahrnehmung einer rechtlich irrelevanten „Kombination“ von Diskriminierungen irgendwie von einem impliziten normativen Menschenbild abhängt, das nicht hautfarben- und geschlechtsneutral, sondern weiß und männlich ist. Schwarze Frauen werden also als Opfer „kombinierter Diskriminierung“ wahrgenommen, weil sie zwei Schritte von der weiß-männlichen Norm entfernt sind. Weiße Männer werden dagegen nicht als Opfer kombinierter Diskriminierung wahrgenommen, weil sie irgendwie die Norm repräsentieren.

[11] Damit will ich nicht sagen, dass alle Gerichte, die sich mit diesem Problem auseinandergesetzt haben, denselben Ansatz verfolgt haben wie im Fall DeGraffenreid. Tatsächlich kamen andere Gerichte zu der Auffassung, dass Schwarze Frauen durchaus durch Title VII geschützt werden – siehe z. B. *Jefferies v. Harris Community Action Ass'n.*, 615 F2d 1025 (5th Cir 1980). Sehr wohl jedoch deutet die Tatsache, dass entsprechende Ansprüche Schwarzer Frauen als „von der Norm abweichend“ betrachtet werden, darauf hin, dass die herrschende Rechtsauffassung die Erfahrungen weißer Frauen in den Mittelpunkt stellt. Selbst jene Gerichte, die Schwarzen Frauen entsprechenden Schutz gewährten, scheinen unkritisch davon auszugehen, dass die Klagen Schwarzer Frauen Probleme aufwerfen, die „normale“ Klagen wegen sexistischer Diskriminierung eben nicht aufwerfen. So kritisiert Shoben (1980), dass im Fall Jefferies nach dem Prinzip „Geschlecht plus X“ verfahren worden sei, um Schwarze Frauen als eine „Teilklasse“ zu definieren.

erkennen wolle, dass sich die Arbeitserfahrungen Schwarzer Frauen von denen weißer Frauen unterscheiden können – während in anderen Fällen umgekehrt die Interessen von Schwarzen Frauen verletzt worden seien, weil ihre Ansprüche als so verschieden von denen sowohl weißer Frauen als auch Schwarzer Männer betrachtet würden, dass das Gericht die weiblichen Schwarzen nicht als Repräsentantinnen der jeweils übergeordneten Gruppe anerkennt? Müsste ich nicht entweder sagen, dass Schwarze Frauen „gleich“ sind und durch Ungleichbehandlung benachteiligt werden, oder aber, dass sie „verschieden“ sind und durch Gleichmacherei benachteiligt werden – nicht jedoch beides?

Dieser scheinbare Widerspruch ist jedoch nur ein weiterer Ausdruck der begrifflichen Beschränkungen eindimensionaler Analysen, die der Intersektionalitätsansatz in Frage stellt. Es kommt gerade darauf an, dass Schwarze Frauen auf verschiedene Arten Diskriminierung erfahren können – der Widerspruch entsteht erst aus unserer Annahme, dass die Klage gegen ihre Exklusion sich nur gegen eine dieser Arten richten kann. Nehmen wir als Beispiel eine Straßenkreuzung, an der der Verkehr aus allen vier Richtungen kommt. Wie dieser Verkehr kann auch Diskriminierung in mehreren Richtungen verlaufen. Wenn es an einer Kreuzung zu einem Unfall kommt, kann dieser von Verkehr aus jeder Richtung verursacht worden sein – manchmal gar von Verkehr aus allen Richtungen gleichzeitig. Ähnliches gilt für eine Schwarze Frau, die an einer „Kreuzung“ verletzt wird; die Ursache könnte sowohl sexistische als auch rassistische Diskriminierung sein.

Wenn Gerichte entscheiden, Schutz gegen intersektionelle Diskriminierung von dem Nachweis abhängig zu machen, dass Schwarze Frauen als separate Gruppe anerkannt werden, handeln sie wie ein Arzt an einem Unfallort, der ein Opfer nur dann behandelt, wenn die Verletzung von der Krankenversicherung offiziell anerkannt wird. Oder auch: Wird Schutz nur dann gewährt, wenn Schwarze Frauen nachweisen können, dass ihre Ansprüche entweder auf rassistischer oder sexistischer Diskriminierung basieren, wäre dies in etwa so, als würde man erst einen Krankenwagen rufen, nachdem der schuldige Fahrer identifiziert wurde. Einen Unfallhergang zu rekonstruieren, ist jedoch nicht immer einfach: Manchmal lässt sich nur feststellen, dass mehrere Fahrzeuge beteiligt waren, ohne dass der verantwortliche Fahrer identifiziert werden kann. In solchen Fällen gibt es eine Tendenz dazu, den Fahrer nicht haftbar zu machen, das Opfer nicht zu behandeln, und zuzulassen, dass die Beteiligten einfach in ihre Wagen steigen und davonbrausen.

Um die metaphorische Ebene zu verlassen: Mein Argument lautet, dass Schwarze Frauen Diskriminierungen erfahren können, die einerseits den Diskriminierungen ähneln, denen sowohl weiße Frauen als auch Schwarze Männer ausgesetzt sind, sich andererseits aber von beiden unterscheiden. Manchmal ähnelt die Diskriminierung Schwarzer Frauen derjenigen weißer Frauen; manchmal machen sie hingegen ähnliche Erfahrungen wie Schwarze Männer. Oft jedoch machen sie eine doppelte Diskriminierungserfahrung – sie spüren die kombinierten

Effekte von Diskriminierungspraktiken aufgrund von „Rasse“ und aufgrund von Geschlecht. Und manchmal machen sie auch die Erfahrung, als Schwarze Frauen diskriminiert zu werden – eine Erfahrung, die eben nicht einfach nur die Summe von rassistischer und sexistischer Diskriminierung ist.

Die Erfahrungen Schwarzer Frauen sind also viel breiter, als dass sie mit den allgemeinen Kategorien, die der Diskurs über Diskriminierung bereitstellt, erfasst werden könnten. Dennoch wird immer noch darauf bestanden, dass die Ansprüche und Bedürfnisse durch analytische Kategorien „gefiltert“ werden müssten, die ihre Erfahrungen vollkommen ausblenden – so dass ihre tatsächlichen Belange selten diskutiert werden.

Intersektionalität in der Rechtsprechung

In der Rechtsprechung zum Fall DeGraffenreid äußert sich ein politisches und theoretisches Verständnis von Intersektionalität, das Schwarze Frauen marginalisiert. Nicht nur Gerichte, sondern auch Feministinnen und BürgerrechtlerInnen waren nicht in der Lage, die Bedeutung der intersektionellen Erfahrungen Schwarzer Frauen zu erfassen – sie haben daher ignoriert, dass deren Situation von einer einzigartigen Komplexität ist und deren Erfahrungen auch für die übergeordneten Gruppen „Frauen“ und „Schwarze“ von zentraler Bedeutung sind. Schwarze Frauen werden entweder zu sehr als Frauen oder zu sehr als Schwarze wahrgenommen – in diesem Fall werden ihre ganz spezifischen Erfahrungen von den kollektiven Erfahrungen einer der beiden Gruppen „absorbiert“. Oder aber sie werden als „zu anders“ wahrgenommen – dann sorgen ihr „Schwarzsein“ oder das „Frausein“ dafür, dass ihre Bedürfnisse und Perspektiven in der feministischen oder Schwarzen politischen Tagesordnung an den Rand gedrängt werden.

Man könnte argumentieren, dass sich darin der fehlende politische Wille äußert, Schwarze Frauen als solche einzubeziehen; ich denke jedoch eher, dass sich darin eine bedenkliche Bereitschaft widerspiegelt, die vorherrschenden Denkweisen über Diskriminierung unkritisch zu akzeptieren. Betrachten wir zunächst die Definition von „Diskriminierung“, die im Antidiskriminierungsrecht angewandt wird. Unrechtmäßige Diskriminierung beginnt damit, dass eine bestimmte Gruppe oder Kategorie identifiziert wird – entweder identifizieren die Diskriminierenden diese gezielt, oder es existiert ein Verfahren, das „zufällig“ alle Menschen einer bestimmten „Rassen-“ oder Geschlechtskategorie benachteiligt.[12] Nach

[12] Um zulässige von unzulässiger Diskriminierung zu unterscheiden, wird in der herrschenden Rechtsauffassung oftmals danach gefragt, ob eine Diskriminierungsabsicht vorlag. So wurde im Fall *Washington gegen Davis* (426 US 229, 239–245 (1976)) entschieden, dass ein konkreter Vorsatz zur Diskriminierung nachgewiesen werden muss, um einen Verstoß gegen das Gleichbehandlungs-

vorherrschender Ansicht behandeln Diskriminierende alle Menschen innerhalb einer „Rassen"- oder Geschlechtskategorie gleich. Falls sich durch Erfahrung oder durch Statistiken signifikante Abweichungen innerhalb der diskriminierten Gruppe feststellen lassen, heißt dies demnach, dass die Gruppe nicht als solche diskriminiert wird – oder aber, dass innerhalb der Gruppe widerstreitende Interessen vorliegen, die jeden Versuch scheitern lassen, einen gemeinsamen Anspruch zu formulieren.[13] Daher lassen sich Diskriminierungskategorien im Allgemeinen nicht kombinieren. Darüber hinaus werden „Rasse" und Geschlecht erst bedeutsam, wenn die Opfer ihretwegen *explizit benachteiligt* werden – da die Privilegierung von „Weißsein" oder „Mannsein" jedoch implizit ist, wird sie normalerweise überhaupt nicht wahrgenommen.

Diesem Verständnis von Diskriminierung liegt die Vorstellung zugrunde, dass das Antidiskriminierungsrecht der Wirkung der Faktoren „Rasse" oder Geschlecht auf Entscheidungen abhelfen solle, die ansonsten fair oder neutral getroffen würden. Diese rein auf die Verfahrenstechnik abstellende Definition basiert jedoch nicht auf einem ‚bottom-up-Engagement', die entscheidenden Bedingungen für jene zu verbessern, die durch ein Zusammenspiel mehrerer Faktoren zu Opfern gemacht werden. Vielmehr regelt das Antidiskriminierungsrecht – so seine „Botschaft" – nur in dem begrenzten Maße, in dem entweder „Rasse" *oder* Geschlecht die Ergebnisse eines Verfahrens beeinflussen. Diese Engführung wird gefördert durch eine top-down-Strategie – um die Effekte von „Rasse" oder Geschlecht zu ermitteln, fragt man nach „allem außer Rasse" bzw. nach „allem außer Geschlecht": Weil der Regelungsbereich des Antidiskriminierungsrechts so begrenzt ist, wird Diskriminierung aufgrund von „Rasse" oder Geschlecht anhand der Erfahrungen jener definiert, die in jeder Hinsicht privilegiert sind, *außer* ihrer „rassischen" oder geschlechtlichen Eigenschaften. Anders formuliert: Das Paradigma „Geschlechtliche Diskriminierung" basiert tendenziell auf den Erfahrungen weißer Frauen; das Modell der „Rassen-"Diskriminierung basiert tendenziell auf den Erfahrungen der am stärksten privilegierten Schwarzen. Die Vorstellungen davon, was rassistische bzw. sexistische Diskriminierung ist, sind folglich „maßgeschneidert" auf eine

gebot der amerikanischen Verfassung zu begründen. Aufgrund von *Title VII* entschied ein Gericht jedoch, dass bereits statistische Daten, die unverhältnismäßige Auswirkungen auf verschiedene Gruppen zeigen, dazu ausreichen können, das Vorliegen einer Diskriminierung zu untermauern (siehe Griggs, 401 US, 432.). Ob diese beiden verschiedenen Ansätze langfristig nebeneinander werden bestehen können, ist eine offene Frage: So wurde im Fall *Wards Cove Packing Co., Inc. gegen Antonio* (109 S Ct 2115, 2122–23 (1989)) entschieden, dass KlägerInnen als Anscheinsbeweis für eine unverhältnismäßige Belastung einer bestimmten Gruppe mehr als eine bloße statistische Disparität vorlegen müssen. Für eine Erörterung der konkurrierenden normativen Sichtweisen, auf denen die beiden Ansätze basieren, die jeweils auf den Vorsatz der Beklagten oder aber auf die tatsächlichen Folgen für die KlägerInnen abstellen, siehe Freeman (1978).

[13] Siehe z.B. *Moore*, 708 F2d, 479.

sehr kleine Kombination von Umständen – und die spezifische Diskriminierung Schwarzer Frauen passt in dieses Korsett nicht hinein. [...] Ihr Problem ist, dass sie nur in dem Maße gesetzlich vor Diskriminierung geschützt werden, wie ihre Erfahrungen erkennbar mit denen jener übereinstimmen, deren Erfahrungen in der Antidiskriminierungsdoktrin reflektiert werden. Wenn Schwarze Frauen nicht plausibel machen können, dass sie anders behandelt würden, wenn sie nicht ausgerechnet Schwarz oder ausgerechnet Frauen wären, wird ihr Anliegen zurückgewiesen – man lässt sie in der ungeschützten Marge warten, bis sie in den geschützten Kategorien „Rasse" und Geschlecht absorbiert werden.

Die vorherrschende Auffassung von Diskriminierung hat also eine sehr enge „Zielgruppe"; sie neigt dazu, all jene zu marginalisieren, deren Erfahrungen sich nicht innerhalb ihres penibel abgesteckten Gegenstandsbereichs beschreiben lassen. Dennoch galt dieser Ansatz bisher als der angemessene Rahmen, in dem eine Vielzahl von Problemen behandelt werden sollen. Ein Großteil der feministischen Theorie und zum Teil auch der antirassistischen Politik drückt dies in der Überzeugung aus, dass man über Sexismus und Rassismus sinnvoll diskutieren kann, ohne sich für die Lebensumstände derer zu interessieren, die nicht aufgrund ihrer „Rasse", ihres Geschlechts oder ihrer Klassenzugehörigkeit privilegiert sind: Demnach ist „Rassismus" etwas, das Schwarzen Mittelschichtsangehörigen oder Schwarzen Männern widerfährt, „Sexismus" etwas, das weißen Frauen widerfährt. Ein Blick auf historische und aktuelle Themen des Feminismus wie auch der Bürgerrechtsbewegung liefert reichlich Anschauungsmaterial dafür, wie deren kritiklose Akzeptanz des vorherrschenden interpretativen Bezugsrahmens für das Phänomen der Diskriminierung sie daran gehindert hat, eine angemessene Theorie und Praxis für Probleme der Intersektionalität zu entwickeln. Die Übernahme eines monothematischen Bezugsrahmens drängt Schwarze Frauen nicht nur innerhalb jener Bewegungen, die für sich in Anspruch nehmen, ihre Interessen zu vertreten, an den Rand – sie rückt das ohnehin schwer erreichbare Ziel, Rassismus und Patriarchat zu überwinden, in noch weitere Ferne.

Feminismus und Schwarze Frauen: „Sind wir denn keine Frauen?"

Obwohl die feministische Theorie und die feministische Politik kaum in der Lage sind, die Belange Schwarzer Frauen substantiell zu vertreten, bedienen sich beide eigenartigerweise ausgiebig an der Geschichte Schwarzer Frauen. So gehört die Frage *Ain't I a Woman* – „Bin ich etwa keine Frau?" – im feministischen Diskurs mittlerweile zum rhetorischen Standardrepertoire.[14] Doch die Botschaft

[14] So stellt Palmer (1983) die Frage, warum „weiße Frauen in der Frauenbewegung keine wirksameren und langlebigeren Bündnisse mit Schwarzen Frauen geschaffen hatten", obwohl doch „Schwarze

jener kämpferischen Rede, der diese Frage entstammt, wird meist nicht richtig verstanden, da selten genauer auf den Kontext eingegangen wird, in dem sie gehalten wurde. Ich möchte einen Teil dieser Geschichte erzählen – denn sie trägt dazu bei zu verstehen, wie der Feminismus mit dem Thema „Rasse" umgeht, und zeigt bildhaft, wie wichtig es ist, die Erfahrungen Schwarzer Frauen als ergiebige Quelle für die Kritik am Patriarchat einzubeziehen.

Die Frage „Bin ich etwa keine Frau?" (Ain't I a woman) stammt aus einer Rede von Sojourner Truth aus dem Jahr 1851, in der sie die sexistische Vorstellungswelt in Frage stellte, aus der heraus Männer gegen das Frauenwahlrecht argumentierten.[15] Schauplatz war eine Frauenrechtskonferenz in Akron, Ohio. Weiße männliche Zwischenrufer beriefen sich auf stereotype Bilder von „Weiblichkeit" und behaupteten, Frauen seien zu zart und zerbrechlich für die politische Arbeit. Als Sojourner Truth sich erhob, um zu sprechen, wollten viele weiße Frauen ihr das Wort entziehen – sie fürchteten, sie würde die Aufmerksamkeit vom Frauenwahlrecht auf das Thema Sklavenbefreiung lenken. Als sie schließlich doch reden durfte, berichtete Truth von den Schrecken der Sklaverei und ihrer besonderen Folgen für Schwarze Frauen:

> „Seht euch meinen Arm an! Ich habe gepflügt und gepflanzt und die Ernte in die Scheunen geschleppt, und kein Mann konnte mir darin etwas vormachen – und bin ich etwa keine Frau? Ich konnte so viel arbeiten und so viel essen – wenn ich soviel bekommen konnte – wie ein Mann, auch so viel mit der Peitsche ertragen! Und bin ich etwa keine Frau? Ich habe dreizehn Kinder geboren und musste zusehen, wie die meisten von ihnen als Sklaven verkauft wurden, und wenn ich mit der Trauer einer Mutter weinte, hat mich niemand außer Jesus erhört – und bin ich etwa keine Frau?"[16]

Truth griff auf ihre eigene Lebensgeschichte zurück, um den Widerspruch zwischen den ideologischen Mythen der Weiblichkeit und den realen Erfahrungen Schwarzer Frauen zu entblößen – und lieferte damit eine wirkungsmächtige Erwiderung auf die Behauptung, dass Frauen als solche „schwächer" seien als Männer. Doch Truths persönliche Infragestellung des „Kultus der wahren Weiblichkeit" war nur insoweit von Nutzen, als weiße Frauen bereit waren, rassistische Rationalisierungsversuche abzuwehren, wonach Schwarze Frauen „weniger Frau" und ihre Erfahrungen für „wahre Frauen" daher ohne Bedeutung seien. Diese Schwarze Feministin des 19. Jahrhunderts forderte also nicht nur das Patriarchat heraus – sondern auch weiße Feministinnen, die versuchten, die Geschichte der

---

Frauen gleichzeitig Heldinnen für die Frauenbewegung geworden sind – symbolisiert durch den ständigen Rückgriff auf Sojourner Truth und ihre berühmten Worte ‚Bin ich etwa keine Frau?'".

[15] Siehe Giddings (1984).

[16] Flexner (1975: 91). Siehe auch hooks (1981: 159–160).

Schwarzen Frauen für sich zu vereinnahmen, um ihre Verstrickung in die Interessen der Weißen vergessen zu machen.

Truths Infragestellung des Patriarchats ist für heutige weiße Feministinnen kein Thema – sehr wohl aber ihre Infragestellung ihrer eigenen Vorläuferinnen: Weiße Frauen haben sich traditionell damit schwer getan, ihre Privilegierung als Weiße für einen solidarischeren Feminismus Schwarzer *und* weißer Frauen aufzugeben; daher lässt sich Truths kritische Frage auch heute noch auf sie beziehen. Wenn feministische Theorie und feministische Politik, die für sich in Anspruch nehmen, die Erfahrungen und die Aspirationen von *Frauen* zu vertreten, Schwarze Frauen nicht einbeziehen, müssen Schwarze Frauen die Frage stellen: „Sind *wir* etwa keine Frauen?“ Und wenn doch: Wie kann man dann Sätze formulieren, die mit „Frauen sind“, „Frauen glauben“ oder „Frauen brauchen“ beginnen, die aber nicht die Bedürfnisse, Interessen und Erfahrungen Schwarzer Frauen widerspiegeln? Wie ist es möglich, dass man sich für diese Bedürfnisse, Interessen und Erfahrungen gar nicht interessiert?

Der Wert, den die feministische Theorie für Schwarze Frauen hat, wird dadurch gemindert, dass sie in einem weißen Kontext entstanden ist, der selten thematisiert wird. Frauen *of Color* werden nicht nur übersehen – ihre Exklusion wird noch verstärkt, wenn *weiße Frauen* auftreten und *als Frauen* sprechen. Die maßgebliche Stimme des Universalismus – bei der es sich meist um männliche Subjektivität handelt, die sich als „rassen-“ und geschlechtslose Objektivität ausgibt[17] – spricht nun einfach aus jenen, die bis auf das Geschlecht die gleichen kulturellen, ökonomischen und sozialen Merkmale aufweisen. Bei dem Versuch, die Erfahrungen von Frauen durch eine Analyse von Patriarchat, Sexualität oder der Ideologie der „getrennten Sphären“ zu beschreiben, übersieht die feministische Theorie oftmals die Rolle des Faktors „Rasse“. Weiße Feministinnen nehmen nicht zur Kenntnis, wie ihre eigene „Rasse“ bestimmte Aspekte des Sexismus mildert und sie sogar oft gegenüber anderen Frauen privilegiert und zu ihrer Dominanz über sie beiträgt[18]. Die Folge ist, dass die feministische Theorie *weiß* bleibt und das Potenzial, ihre Analysen zu erweitern und zu vertiefen, nicht ausschöpfen kann. [...]

Da ideologische und deskriptive Definitionen des Patriarchats meist auf den Erfahrungen weißer Frauen basieren, können FeministInnen – und LeserInnen feministischer Literatur – leicht dem Trugschluss erliegen, dass Schwarze Frauen aus irgendeinem Grund nicht den Normen des Patriarchats unterliegen, nur weil

[17] „Objektivität“ selbst ist ein Beispiel für die Reifizierung des weißen männlichen Denkens (Hull 1982: xxv).

[18] So konnten sich viele weiße Frauen Zutritt zu vormals ausschließlich weißen männlichen Enklaven verschaffen – jedoch nicht, indem sie das Verhältnis von männlicher gegenüber weiblicher Arbeit grundlegend neu geordnet hätten, sondern größtenteils, indem sie ihre „weiblichen“ Verantwortlichkeiten auf arme Frauen und Frauen aus Minderheiten verlagerten.

die Rolle Schwarzer Frauen in der Familie und in anderen sozialen Institutionen nicht immer den ihnen vertrauten Ausdrucksformen des Patriarchats in der weißen Gesellschaft ähneln. So waren Schwarze Frauen z. B. traditionell immer weit zahlreicher außerhalb des eigenen Haushalts erwerbstätig als weiße Frauen.[19] Eine Analyse des Patriarchats, die auf die Geschichte der Exklusion weißer Frauen aus dem Berufsleben abstellt, könnte daher den Schluss zulassen, dass Schwarze Frauen nicht von dieser geschlechtsspezifischen Erwartung betroffen waren. Doch die Tatsache, dass Schwarze Frauen arbeiten müssen, steht im Konflikt zu der Norm, dass Frauen nicht arbeiten sollten – was im Leben Schwarzer Frauen oft zu persönlichen, emotionalen und Beziehungsproblemen führt. Somit sind Schwarze Frauen nicht nur dadurch belastet, dass sie oft eine Verantwortung übernehmen müssen, die keine traditionell weibliche ist; ihre Übernahme dieser Rolle wird innerhalb der Schwarzen Community manchmal auch als Versagen der Frauen interpretiert, solchen Normen gerecht zu werden – oder als ein weiterer Ausdruck des Rassismus, unter dem die Schwarze Community leidet.[20] Dies ist einer der vielen Aspekte von Intersektionalität, die sich mit einer in den Erfahrungen von Weißen verwurzelten Analyse des Patriarchats nicht nachvollziehen lassen.

Ein weiteres Beispiel dafür, wie eine aus einem weißen Kontext stammende Theorie die Mehrdimensionalität des Lebens Schwarzer Frauen ausblendet, findet sich im feministischen Diskurs über Vergewaltigung – ein weit verbreitetes Problem, das auf der politischen Agenda des Feminismus weit oben steht. Zu den intellektuellen und politischen Mobilisierungsbemühungen um dieses Thema gehörte auch die Kritik an der historischen Rolle des Rechts bei der Normierung von Sexualität und der Regulierung des weiblichen Sexualverhaltens (allgemein Brownmiller 1975, Estrich 1987). Die frühen amerikanischen Gesetze über Geschlechtsverkehr und Vergewaltigung gelten in diesem Diskurs als Beispiel dafür, dass es traditionell nicht Zweck solcher Gesetze gewesen ist, die Frauen vor erzwungener Intimität zu schützen – sondern vielmehr, die weibliche Keuschheit zu schützen, die quasi als Eigentum des Mannes betrachtet wurde (Brownmiller 1975: 17; allgemein Estrich 1987). Bei aller berechtigten Kritik von Feministinnen an diesen Gesetzeszielen: Das Vergewaltigungsstrafrecht allein als Ausdruck männlicher Kontrolle über weibliche Sexualität zu charakterisieren ist aus Sicht Schwarzer Frauen eine vereinfachte und damit unzureichende Interpretation.

---

[19] Siehe allgemein Jones (1985), Davis (1981).

[20] Wie Elizabeth Higginbotham (1982: 95) feststellte, wird „Frauen, die oftmals nicht den ‚angemessenen' Geschlechterrollen entsprechen, das Gefühl gegeben, inadäquat zu sein, obwohl sie als Frauen Eigenschaften besitzen, die in der Gesellschaft als positiv anerkannt werden, wenn Männer sie aufweisen. Solche Frauen werden stigmatisiert, weil ihre Abweichung von den erwarteten Geschlechterrollen als Bedrohung des Wertesystems gesehen wird."

Denn das Vergewaltigungsstrafrecht allgemein spiegelt nicht die *männliche* Kontrolle über *weibliche* Sexualität wieder, sondern vielmehr die Regulierung *weißer* weiblicher Sexualität durch *weiße* Männer.[21] Es gab in der Rechtsgeschichte keinen einzigen Versuch, Schwarze weibliche Sexualität institutionell zu regulieren.[22] [...] Und obwohl die Regulierung der Sexualität „unkeuscher“ weißer Frauen keinen gesetzlichen Schutz gewährte, sorgte der Rassismus dafür, dass die „Ehre“ einer „gefallenen“ weißen Frau wiederhergestellt wurde, wenn sie angab, von einem Schwarzen Mann angegriffen worden zu sein[23] – Schwarzen Frauen stand eine solche Möglichkeit nicht zur Verfügung.

Indem Vergewaltigung einzig als Manifestation männlicher Macht über weibliche Sexualität betrachtet wird, blendet man tendenziell die Tatsache aus, dass Vergewaltigung auch als Waffe rassistischen Terrors genutzt wurde:[24] Wenn

---

[21] Eines der zentralen Dilemmata des Feminismus, das von der Universalisierung der Erfahrung weißer Frauen jedoch weitgehend verdeckt wird, besteht darin, dass Erfahrungen, die als eine Manifestation männlicher Herrschaft über Frauen beschrieben werden, statt dessen auch als Manifestation der Herrschaft einer dominierenden Gruppe über alle Unterdrückten interpretiert werden könnte. Dies bedeutet, dass andere, nicht-dominante Männer an dem Verhalten, den Glaubensinhalten oder den Handlungen, die zur Debatte stehen, womöglich nicht teilhaben und ihrerseits selbst Opfer „männlicher“ Machtausübung sein können. In anderen Kontexten jedoch können auch nicht-weiße [non-white] Männer „männliche Herrschaft“ ausüben, insbesondere im privaten Bereich. Versuche, sich besser darüber klar zu werden, wann Schwarze Frauen als *Frauen* dominiert werden und wann sie als *Schwarze Frauen* dominiert werden, hängen unmittelbar mit der Frage zusammen, wann Macht *männlich* ist und wann sie *weiß und männlich* ist.

[22] Wriggins (1983: 117–123) diskutiert historische und aktuelle Belege, die darauf hindeuten, dass Schwarze Frauen generell nicht als keusch betrachtet werden. Hooks (1981: 54) stellt fest, dass stereotype Bilder Schwarzer Weiblichkeit während der Sklaverei auf dem Mythos gründeten, dass „alle schwarzen Frauen unmoralisch und liederlich“ seien; Smith (1982: 110) bemerkt, dass „weiße Männer jahrhundertlang ihre sexuelle Gewalt gegen Schwarze Frauen mit der Behauptung gerechtfertigt haben, dass wir lasterhaft seien, immer für jede sexuelle Begegnung ‚bereit‘“.

[23] Aufgrund der Art, wie das Rechtssystem Keuschheit interpretierte, konnten Schwarze Frauen per Definition nicht Opfer von Vergewaltigung werden. Ein Kommentar lautete, dass „[g]emäß den herrschenden Stereotypen [sic] Schwarze Frauen keine Keuschheit besitzen konnten. Daher wurden Anzeigen wegen Vergewaltigung, die von Schwarzen Frauen erstattet wurden, automatisch ignoriert. Das Thema Keuschheit spielte nur dann eine Rolle, wenn die Anzeige von einer weißen Frau erstattet wurde“ (Wriggins 1983: 126). Anzeigen von Schwarzen Frauen wegen Vergewaltigung wurden nicht ernst genommen, unabhängig von der „Rasse“ des Täters. 1912 erklärte ein Richter: „Dieses Gericht wird [wenn es um Vergewaltigung geht] niemals eher dem Wort eines Niggers [of a Nigger] glauben als dem eines weißen Mannes“ (Wriggins 1983: 120). Wenn ein Schwarzer Mann eine weiße Frau vergewaltigte, wurde es jedoch als gerechte Strafe angesehen, ihn zu lynchen. Da die Vergewaltigung einer weißen Frau durch einen Schwarzen Mann ein „schrecklicheres Verbrechen als der Tod“ war, bestand die einzige Möglichkeit, den Zorn der Gesellschaft zu besänftigen und der Frau Genugtuung zu verschaffen, darin, den Schwarzen Mann brutal zu ermorden (Wriggins 1983: 125).

[24] Siehe Lerner (1972); weiterhin Brownmiller (1975). Selbst dort, wo Brownmiller einräumt, dass Vergewaltigung ein Instrument rassistischen Terrors war, lehnt sie es ab, in Schwarzen Frauen einen „Sonderfall“ zu sehen – sie führt dazu Belege an, dass auch weiße Frauen von Mitgliedern des

Schwarze Frauen von weißen Männern vergewaltigt wurden, dann nicht allgemein als „Frauen“, sondern speziell als „Schwarze Frauen“: Ihre Weiblichkeit machte sie sexuell verletzungsoffen in Bezug auf rassistische Machtausübung, als Schwarzen hingegen blieb ihnen effektiv jeder rechtliche Schutz versagt (Lerner 1972: 173). Diese Machtausübung durch weiße Männer wurde durch ein Rechtssystem verstärkt, indem es praktisch undenkbar war, dass ein weißer Mann wegen der Vergewaltigung einer Schwarzen Frau verurteilt worden wäre (allgemein Wriggins 1983: 103).

Zusammengenommen bildeten sexistische Erwartungen an die Keuschheit von Frauen und rassistische Vorurteile über die Promiskuität von Schwarzen Frauen somit eine besondere Problematik, mit der speziell Schwarze Frauen konfrontiert wurden.[25] Diese Problematik wurde in der feministischen Literatur selten untersucht, und auch in der antirassistischen Politik spielt sie keine besondere Rolle. Sowohl historisch als auch aktuell bilden Lynchmorde an Schwarzen Männern – eine institutionalisierte Praxis, die durch die Regulierung der Sexualität weißer Frauen legitimiert wurde – das dominierende paradigmatische Beispiel, wenn von Schwarzer Seite Sexualität und Gewalt thematisiert werden. [...] Hinzu kommt die historische Tatsache, dass der Schutz der Sexualität weißer Frauen oftmals als Vorwand diente, um die Schwarze Community einzuschüchtern. Bis heute befürchten manche, dass der Versuch, Vergewaltigung auf die Agenda zu setzen und strafrechtlich zu verfolgen, antirassistische Bestrebungen untergraben könnte. Durch die Intersektion von „Rasse“ und Geschlecht entsteht somit ein paradigmatisches Dilemma für die politische Arbeit und die Theoriebildung: Schwarze Frauen sind gefangen zwischen ideologischen und politischen Tendenzen, deren Zusammenspiel zuerst für ihre Diskriminierung sorgt – und diese Diskriminierung anschließend unsichtbar macht.

Wann und wo ich eintrete: Die Integration von Sexismus in Schwarze Befreiungspolitiken

Anna Julia Cooper, eine Schwarze Feministin aus dem 19. Jahrhundert, prägte einen Satz, der sich als nützlich erwiesen hat, um in jeden Versuch, rassistische

---

Ku-Klux-Klans vergewaltigt wurden (Brownmiller 1975: 125). Unabhängig davon, ob man rassistisch motivierte Vergewaltigung von Schwarzen Frauen als „Sonderfall“ betrachtet, sind derartige Erfahrungen wahrscheinlich anderer Art. Jedenfalls wirft Brownmillers Behandlung des Themas ernsthafte Zweifel auf, ob eine Analyse des Patriarchats weiterhin ohne ein Verständnis seiner multiplen Intersektionen mit dem Rassismus möglich ist.

[25] Paula Giddings (1984: 82) beschreibt das Zusammenwirken sexistischer und rassistischer Stereotypen so: „Schwarzen Frauen wurden sämtliche minderwertigen Eigenschaften weißer Frauen zugeschrieben, doch keine einzige ihrer Tugenden.“

Unterdrückung zu thematisieren, eine explizite Analyse des Patriarchats einzubeziehen[26]. Cooper kritisierte FührerInnen und SprecherInnen der Schwarzen Bürgerrechtsbewegung dafür, dass sie für sich in Anspruch nahmen, für ihre ganze „Rasse“ zu sprechen – aber tatsächlich nicht für Schwarze Frauen sprachen. In Anspielung auf eine der öffentlichen Aussagen Martin Delaneys, wonach überall dort, wo er eintrete, die „Rasse“ mit ihm eintrete, entgegnete Cooper: „Nur die Schwarze Frau kann sagen: ‚Wann und wo ich eintrete... da und dort tritt die ganze Schwarze ‚Rasse‘ mit mir ein‘“ (Cooper 1969: 31). [...]

Es gibt eine Reihe von Gründen – auch anti-feministische Gründe – warum der Faktor Gender in Analysen über die Unterdrückung Schwarzer AmerikanerInnen nicht direkt erscheint; einer der wichtigsten Gründe ist die Tatsache, dass viele den Faktor „Rasse“ immer noch als die Hauptursache der Diskriminierung wahrnehmen, mit der Schwarze in ihrem Leben konfrontiert werden.[27] Die gemeinsame Erfahrung von „Rasse“ erzeugt sowohl eine primäre Gruppenidentität, als auch ein gemeinsames Gefühl, von außen angegriffen zu werden. Akzeptiert man diese Tatsache, versteht man womöglich besser, warum Schwarze feministische Theorie und Politik in der Schwarzen politischen Agenda insgesamt keine besondere Rolle gespielt haben [28]

Es geht dabei nicht darum, dass AfroamerikanerInnen einfach in einen „wichtigeren Kampf“ involviert sind. Zwar beruht die Opposition gegen Schwarzen Feminismus teilweise auf dieser Idee; eine vollständigere Betrachtung der Probleme der Schwarzen Community macht jedoch deutlich, dass sexistische Unterdrückung tatsächlich erheblich zu den trostlosen Lebensumständen beiträgt, unter denen so viele AfroamerikanerInnen leiden, und daher thematisiert werden muss. Mehr noch: Die Kritik am monothematischen Bezugsrahmen problematisiert die

[26] Siehe Anna Julia Cooper, A Voice from the South (Negro Universities Press, 1969 Neuauflage von Aldini Printing House, Ohio, 1892).

[27] Das folgende Beispiel verdeutlicht dies: Eine Gruppe Jura-Professorinnen hatte sich versammelt, um über „Ismen im Hörsaal“ zu diskutieren. Bei einer von Patricia Cain geleiteten Übung sollte jede Teilnehmerin drei primäre Merkmale nennen, die sie selbst beschrieben. Fast ohne Ausnahme nannten die weißen Frauen ihr Geschlecht an erster oder zweiter Stelle – keine von ihnen nannte ihre „Rasse“. Alle Frauen *of Color* nannten dagegen zuerst ihre „Rasse“ und an zweiter Stelle ihr Geschlecht. Dies deutet darauf hin, dass bei Beschreibungen der eigenen Identität als erstes immer der Aspekt genannt wird, der den primären Gegensatz zur jeweiligen herrschenden Norm bildet. Cain stellt fest, dass „keine weiße Frau jemals ihre ‚Rasse‘ erwähnt, während jede Frau *of Color* dies tut“ – in ähnlicher Weise „erwähnen heterosexuelle Frauen nicht das Attribut ‚heterosexuell‘ [...] während offen lesbische Frauen immer das Attribut ‚lesbisch‘ nennen“ (Cain 1989: 210–211).

[28] Für eine vergleichende Darstellung des Feminismus in der „Dritten Welt“, die eine parallele Beobachtung macht, siehe Jayawardena (1986: 1–24). Jayawardena stellt fest, dass der Feminismus dort nur als Teil eines übergeordneten Kampfs gegen imperialistische Vorherrschaft „akzeptiert“ worden sei. Der soziale und politische Status von Frauen hat sich stets dann am meisten verbessert, wenn es galt, den umfassenderen Kampf gegen den Imperialismus voranzubringen.

These, dass der Kampf gegen Rassismus sich vom Kampf gegen Sexismus unterscheiden lasse, geschweige denn wichtiger sei als Letzterer. Zugleich ist es wahr, dass die Politik der „rassischen" Andersartigkeit [racial otherness], der Schwarze Frauen ebenso ausgesetzt sind wie Schwarze Männer, das Schwarze feministische Bewusstsein daran hindert, einfach die Entwicklungsmuster des weißen Feminismus zu kopieren. Für die Entwicklung des Feminismus weißer Frauen war es von zentraler Bedeutung, ein Bewusstsein zu entwickeln, das sich von dem Bewusstsein weißer Männer unterscheidet und zu diesem in Opposition steht. Schwarze Frauen leben dagegen ebenso wie Schwarze Männer in einer Community, die aufgrund der Hautfarbe und kultureller Merkmale definiert und unterdrückt wurde und wird.[29] Obwohl innerhalb der Schwarzen Community eindeutig patriarchale Strukturen vorhanden sind und eine weitere Basis für die Ausübung von Herrschaft bilden, der Schwarze Frauen ausgesetzt sind, macht es der „rassische" Kontext, in dem Schwarze Frauen sich befinden, schwierig, ein politisches Bewusstsein zu entwickeln, das in Opposition zu Schwarzen Männern stünde.

Doch während die spezifische Erfahrung als „rassisch anders" zu gelten, dagegen spricht, ein oppositionelles feministisches Bewusstsein zu entwickeln, fördert die Behauptung einer „rassischen" Gemeinschaft manchmal defensive Prioritäten, die Schwarze Frauen marginalisieren. Die spezifischen Interessen Schwarzer Frauen werden somit in politischen Diskussionen über die vermeintlichen Bedürfnisse der Schwarzen Community an den Rand gedrängt. Ein anschauliches Beispiel ist die Kontroverse um den Film *Die Farbe Lila*: Ein Großteil des öffentlichen Protestes gegen ihn war von der Furcht motiviert, dass der Film durch die Darstellung häuslicher Gewalt in einer Schwarzen Familie negative Stereotype über Schwarze Männer verstärken würde (Matthews 1985: 1, 1986: 1; Siskel 1986: 16, Page 1986: 3). Die Debatte, ob es richtig sei, ein solches Bild auf die Leinwand zu bringen, überschattete so das Thema Sexismus und Patriarchat in der Schwarzen Community. Obwohl mitunter eingeräumt wurde, dass die Schwarze Community nicht gegen häusliche Gewalt und andere Ausdrucksformen geschlechtsspezifischer Unterdrückung gefeit sei, meinten einige dennoch, dass die Darstellung solcher Vorkommnisse – da positive Bilder von Schwarzen Männern in den Medien fehlten – lediglich rassistische Stereotypen verstärke.[30] Auch hier schien der Kampf gegen Rassismus es erforderlich zu machen, bestimmte Aspekte der Erfahrungen Schwarzer Frauen im Interesse der Schwarzen Community insgesamt zurückzustellen.

---

[29] Für eine Diskussion, wie die rassistische Ideologie eine polarisierende Dynamik erzeugt, die Schwarze unterdrückt und Weiße privilegiert, siehe Crenshaw (1988: 1331, 1371–1376).

[30] Ein durchgängiges Problem bei allen negativen Darstellungen von AfroamerikanerInnen besteht darin, dass sie selten durch positive Bilder ausgeglichen werden. Andererseits übersahen die meisten Kritiker den positiven Wandlungsprozess, den die männliche Hauptfigur in *Die Farbe Lila* durchläuft.

Die Debatte über *Die Farbe Lila* erinnert in gewisser Weise an die über die Diagnose der Missstände des Schwarzen Amerikas, die Daniel Moynihan 1965 vorgelegt hatte. Der „Moynihan-Bericht“ schilderte den Verfall der Schwarzen Familie, sagte den Untergang des Schwarzen männlichen Haushaltsvorstands vorher und beklagte die Entstehung eines Schwarzen Matriarchats. Diese Schlussfolgerungen provozierten prompt massive Kritik von linken SoziologInnen[31] und prominenten BürgerrechtlerInnen[32]. Doch während viele den Bericht als rassistisch charakterisierten, weil er weiße kulturelle Normen blindlings als Maßstab zur Beurteilung Schwarzer Familien verwende, wiesen überraschend wenige auf den offensichtlichen Sexismus hin: schließlich etikettierte Moynihan Schwarze Frauen als „pathologisch“, weil sie darin „versagten“, der weißen weiblichen Norm des Mutterseins gerecht zu werden.[33]

Analysen à la Moynihan fanden sich auch in der Fernsehreportage *The Vanishing Black Family* (PBS 1986) des bekannten Journalisten Bill Moyers sowie, in geringerem Ausmaß, in der Studie *The Truly Disadvantaged* des Soziologen William Julius Wilson (1987). In seinem Fernsehbericht über die „verschwindende Schwarze Familie“ stellte Moyers das Problem weiblich geführter Haushalte als eine Folge verantwortungslosen Sexualverhaltens dar, das teilweise von einer Politik verursacht werde, die den Zerfall von Familien fördere.[34] Das Fazit der Dokumentation lautete, dass der Wohlfahrtsstaat den Zerfall der Schwarzen Familie verstärke, indem er die Rolle des Schwarzen Mannes überflüssig mache: Da Schwarze Männer wüssten – so das Argument –, dass sich irgendjemand um ihre Familien kümmern werde, seien sie frei, Babys in die Welt zu setzen und dann zurückzulassen. Aus Moyers’ These lässt sich zudem ableiten, dass der

[31] Siehe Rainwater und Yancey (1967: 427–429) mit Kritik am Moynihan-Bericht u. a. von Charles E. Silberman, Christopher Jencks, William Ryan, Laura Carper, Frank Riessman und Herbert Gans.

[32] Rainwater und Yancey (1967: 395–397). Zu den Kritikern gehörten Martin Luther King, Jr., Benjamin Payton, James Farmer, Whitney Young, Jr. und Bayard Rustin.

[33] Zu den nennenswerten Ausnahmen gehört Johnson Jackson (1973: 185–186).

[34] In den Worten der Kolumnistin Mary McGrory (1986), die die Sendung in höchsten Tönen lobte, habe Moyers festgestellt, dass Sex im Schwarzen Ghetto so verbreitet sei „wie eine Tasse Kaffee“. George Will (1986) behauptete, dass sexbesessene Schwarze Männer eine größere Gefahr darstellten als Bull Conner, der Polizeichef von Birmingham (Alabama), der in den 60er Jahren wegen seines brutalen Vorgehens gegen friedliche DemonstrantInnen gegen die Rassentrennung international bekannt wurde – u. a. ließ er Feuerwehrschläuche gegen demonstrierende Schulkinder richten.
Ich vermute, dass die Sendung die Debatte über die so genannte „Unterschicht“ beeinflusst hat, indem sie ohnehin bestehende Tendenzen, Armut auf individuelle „Unsittlichkeit“ zurückzuführen, durch drastisches Bildmaterial verstärkt hat. Vor kurzem fand eine denkwürdige Diskussion über die politischen Implikationen der Armut in der Schwarzen Community statt, auf der eine Studentin bemerkte, gegen die Armut von Schwarzen ließe sich erst etwas tun, wenn Schwarze Männer aufhörten, sich wie „vagabundierende Penisse“ aufzuführen, wenn Schwarze Frauen aufhörten, „auf Schritt und Tritt“ Babys in die Welt zu setzen, und sich alle Schwarzen die Moral der Mittelklasse aneigneten. Als ihre Quelle nannte die Studentin die Sendung von Moyers.

Wohlfahrtsstaat dysfunktional sei, weil er es armen Frauen ermögliche, Männer zu verlassen, von denen sie sonst abhängig seien.

Die meisten Kritiker der Sendung versäumten es, Fragen zu stellen, die die patriarchalischen Annahmen hätten entlarven können, auf denen weite Teile von Moyers' Darstellung basieren – stattdessen konzentrierten sie sich auf die Dimension des Problems, die eindeutig als rassistisch erkennbar war.[35] Weiße Feministinnen waren ähnlich beteiligt: Aus der weißen feministischen Gemeinschaft gab es kaum veröffentlichte Reaktionen auf die Moyers-Sendung. Vielleicht erlagen die Feministinnen dem Trugschluss, dass die dargestellten Probleme – da sich die Sendung auf die Schwarze Community bezog – „rassen-" und nicht geschlechtsspezifisch waren. Gleich aus welchem Grund, die folgenden Debatten über die Richtung der Sozial- und Familienpolitik fanden jedenfalls ohne wesentlichen feministischen Beitrag statt. Das Fehlen einer starken Kritik an dem Moynihan/Moyers-Konstrukt schadete dabei nicht nur den Interessen Schwarzer Frauen, sondern auch denen einer wachsenden Zahl alleinerziehender weißer Frauen, die nur mühsam „über die Runden kommen".[36]

William Julius Wilsons Studie *The Truly Disadvantaged* nahm weitgehend den moralisierenden Tonfall aus dieser Debatte, indem sie das Problem anders interpretierte – nämlich als Folge eines Mangels an potenziellen Schwarzen Ehemännern (Wilson 1987: 96). Laut Wilson war der Rückgang Schwarzer Ehen nicht auf mangelnde Motivation, schlechte Arbeitseinstellung oder Verantwortungslosigkeit zurückzuführen, sondern werde vielmehr von strukturellen ökonomischen Gründen verursacht, die ungelernte Schwarze Arbeiter aus dem Erwerbsleben verdrängten. Wilsons Ansatz rückte insofern deutlich von Moynihan/Moyers ab, in dem er deren Versuch zurückweist, die „Moral" der Schwarzen in den Mittelpunkt der Analyse zu stellen. Doch auch er betrachtet die Zunahme von Haushalten mit weiblichem Vorstand als per se dysfunktional und versäumt es völlig zu erklären, warum solche Haushalte so sehr gefährdet seien. Da er nicht analysiert, wie die Struktur der Wirtschaft und die der Erwerbsbevölkerung die Interessen von Frauen ignoriert – insbesondere die von Schwarzen Frauen mit Kindern – besteht Wilsons

---

[35] Auch wenn es sowohl theoretisch als auch politisch problematisch ist, dass sich die Kritik an der Sendung nahezu ausschließlich auf deren rassistische Aspekte konzentrierte, war dies angesichts der rassistischen Natur der darauf folgenden Kommentare, die Moyers' Sicht zustimmten, dennoch vollkommen verständlich. Wie in Diskussionen über „Rasse" typisch, ging es in den Kommentaren zu der Moyers-Sendung um mehr als nur die Probleme Schwarzer Familien; einige ergriffen die Gelegenheit, nicht nur die Schwarze Unterschicht anzuklagen, sondern auch die Führung der Schwarzen Bürgerrechtsbewegung, den Kampf gegen die Armut, Affirmative-Action-Maßnahmen und andere Maßnahmen gegen rassistische Diskriminierung. Siehe Will (1986).

[36] Deren Schwierigkeiten lassen sich ebenfalls mit der Vorherrschaft eines Wirtschaftssystems und einer Familienpolitik in Verbindung bringen, die die Kernfamilie als Norm und andere Familienformen als „Abweichungen" behandelt, die gesellschaftlicher Unterstützung unwürdig sei.

erster Reformansatz darin, nach Möglichkeiten zu suchen, Schwarze Männer in die Familie zurückzubringen (Wilson 1987: 154).[37] Aus Wilsons Sicht müsste die Wirtschaftsstruktur so geändert werden, dass mehr Schwarze Jobs für Schwarze Männer zur Verfügung stehen. Da er für Sexismus keinen Blick hat, kommt er nicht auf die Idee, Wirtschaft und Gesellschaft so umzuorganisieren, dass die Position alleinerziehender Schwarzer Mütter direkt verbessert wird.[38]

Meine Kritik lautet keineswegs, dass es nicht wünschenswert sei, Arbeitsplätze für Schwarze Männer zu schaffen; dies ist nicht nur für die Schwarzen Männer selbst nötig, sondern für eine gesamte Community, die geschwächt ist und unter der Vielzahl sozialer und wirtschaftlicher Begleitumstände hoher Arbeitslosigkeit leidet. Aber wenn wir schon davon ausgehen, dass eine so tiefgreifende gesellschaftliche Umgestaltung, wie Wilson sie fordert, überhaupt möglich ist – warum sollten wir dies nicht gleich so angehen, dass die Wahlmöglichkeiten für Schwarze Frauen maximiert werden?[39] Eine umfassendere theoretische und politische Agenda für die Schwarze Unterklasse muss die spezifischen und partikularen Belange Schwarzer Frauen berücksichtigen: Ihre Familien sitzen auf der untersten Sprosse der wirtschaftlichen Leiter, und nur, indem man sie in den Mittelpunkt der Analyse rückt, können ihre Bedürfnisse und die Bedürfnisse ihrer Familien direkt in den Blick genommen werden.[40]

[37] Zu Wilsons Vorschlägen gehören makroökonomische Maßnahmen, die ein ausgewogenes Wirtschaftswachstum fördern, eine gesamtstaatlich ausgerichtete Arbeitsmarktstrategie, ein Programm zur Sicherstellung des Unterhalts für Kinder, eine Strategie zur Kinderbetreuung sowie bedarfabhängige und „rassen“-spezifische finanzielle Unterstützungen für Familien.

[38] Auch eine Analyse über den Einfluss des Faktors Gender auf den Wandel de familiären Strukturen sucht man bei Wilson vergeblich. Dementsprechend erfährt man auch wenig über die Konflikte, zu denen es kommen kann, wenn ökonomische und demographische Faktoren es unmöglich machen, geschlechtsspezifischen Rollenerwartungen gerecht zu werden. Die Konzentration auf demographische und strukturelle Erklärungen stellt einen Versuch dar, eher psychosoziale Ansätze wie die von Moyers bzw. Moynihan zu überwinden, die gefährlich nah daran sind, den Opfern die Schuld zu zuschieben. Vielleicht ist dies auch der Grund, warum ihre Vorherrschaft eher als Gefährdung für Versuche gilt, eine Politik zu erreichen, die die sich verschlechternden Lebensbedingungen der Arbeiterklasser und armer Schwarzer Gemeinden effektiv verbessern könnten.

[39] So nennt Wilson (1987: 153) den Bedarf an Kinderbetreuung und Berufsausbildung für alleinerziehende Mütter nur im Vorbeigehen. Andere Praktiken und politische Maßnahmen, die rassistisch und sexistisch sind und zu den armseligen Bedingungen beitragen, unter denen fast die Hälfte aller Schwarzen Frauen leben müssen, werden gar nicht erwähnt.

[40] Pauli Murray (1975) beobachtet, dass Sexismus zumindest teilweise Ursache für die sozialen Probleme Schwarzer Frauen ist.

Die Erweiterung feministischer Theorie und antirassistischer Politik durch Intersektionalität

Will man ernsthafte Versuche unternehmen, Schwarze aus den Zwängen und Umständen „rassischer“ Unterdrückung zu befreien, dann müssen Theorien und Strategien, die die Bedürfnisse der Schwarzen Community reflektieren wollen, eine Analyse von Sexismus und Patriarchat mit einbeziehen. Gleichermaßen muss der Feminismus eine Analyse von Rassismus beinhalten falls er hofft, irgendwann auch den Hoffnungen nicht-weißer [non-white] Frauen Ausdruck geben zu können. Weder Schwarze Befreiungspolitiken, noch die feministische Theorie können es sich leisten, die intersektionellen Erfahrungen eines großen Teils derer zu ignorieren, für die sie zu sprechen behaupten. Um Schwarze Frauen als solche zu integrieren, müssen sich beide Bewegungen von ihren früheren Ansätzen distanzieren, wonach Diskriminierungserfahrungen nur dann relevant sind, wenn sie auf bestimmte, eindeutig identifizierbare Ursachen zurückzuführen sind – die von Schwarzen also nur dann bedeutsam sind, wenn sie auf der Kategorie „Rasse“ basieren, und die Unterdrückung von Frauen nur dann bedeutsam ist, wenn sie auf der Kategorie Geschlecht basiert. Die Praxis beider Bewegungen sollte sich auf die Lebenschancen und -situationen von Menschen konzentrieren, die Unterstützung benötigen, unabhängig davon, was die Ursache ihrer Probleme ist.

Wie oben festgestellt, ist die mangelnde Berücksichtigung der Komplexitäten intersektioneller Diskriminierung nicht einfach nur eine Frage fehlenden politischen Willens, sondern auch Folge einer Denkweise, nach der der politische Kampf gegen Diskriminierung immer nur an einer Front geführt werden kann. Mehr noch: Diese Einseitigkeit impliziert ein rein deskriptives und normatives Gesellschaftsbild, das den Status quo stärkt.

Es ist ein wenig ironisch, dass ausgerechnet diejenigen, die durch Rassismus und Sexismus erzeugten Missständen abhelfen wollen, in ihrer Arbeit ein deduktives, „top-down“ Verständnis von Diskriminierung anwenden. Wenn sie stattdessen damit begännen, die Nöte und Probleme derjenigen zu thematisieren, die am stärksten benachteiligt sind, und die Welt dort zu verändern, wo es am nötigsten ist, würden letztlich auch diejenigen davon profitieren, die nur in einer Weise benachteiligt sind. Diejenigen ins Zentrum zu rücken, die derzeit marginalisiert werden, scheint außerdem der wirksamste Weg zu sein, Bestrebungen entgegenzutreten, die Diskriminierungserfahrungen gegeneinander ausspielen – und so potenziellem kollektivem Handeln den Boden entziehen.

Um den Diskurs über Diskriminierung auf die Intersektion – die „Straßenkreuzung“ – neu auszurichten, muss man keineswegs daran glauben, dass schon morgen ein politischer Konsens entsteht, sich auf das Leben der am meisten Benachteiligten zu konzentrieren. Fürs erste genügt es bereits, wenn ein solcher Versuch uns dazu ermutigen würde, „hinter“ die vorherrschenden Begriffe von

Diskriminierung zu blicken und die Selbstgefälligkeit in Frage zu stellen, mit der an der Richtigkeit dieses Bezugsrahmens festgehalten wird. So können wir eine Sprache entwickeln, die die vorherrschende Sichtweise kritisiert und eine Grundlage für eine einheitsstiftende Arbeit bildet. Ziel dieser Arbeit sollte es sein, die Inklusion marginalisierter Gruppen zu erleichtern, so dass wir sagen können: „Wenn *sie* eintreten, treten wir alle ein“.

übersetzt von Thorsten Möllenbeck

Literatur

Austin, Regina (1989): Sapphire-Bound! In: *Wisconsin Law Review,* 539.

Brownmiller, Susan (1975): Against Our Will. Men, Women and Rape. New York: Simon and Schuster.

Cain, Patricia A. (1989): Feminist Jurisprudence: Grounding the Theories. In: *Berkeley Women's Law Journal* 4(2), 199–214.

Cooper, Anna Julia (1969): A Voice from the South. New York: Negro Universities Press. (Reprint der Ausgabe von Aldine Printing House, Ohio 1892).

Crenshaw, Kimberlé W. (1988): Race, Reform and Retrenchment: Transformation and Legitimation in Antidiscrimination Law. In: *Harvard Law Review* 101(7), 1331–1387.

Davis, Angela (1981): Women, Race and Class. An Activist Perspective. New York: Random House.

Estrich, Susan (1987): Real Rape. How the Legal System Victimizes Women Who Say No. Cambridge, Mass: Harvard University Press.

Flexner, Eleanor (1975): Century of Struggle: The Women's Rights Movement in the United States. Cambridge, Mass: Belknap Press of Harvard University Press.

Freeman, Alan David (1978): Legitimizing Racial Discrimination Through Antidiscrimination Law. A Critical Review of Supreme Court Doctrine. In: *Minnesota Law Review* 62, 1049–1119.

Giddings, Paula (1984): When and Where I Enter: The Impact of Black Women on Race and Sex in America. New York: William Morrow and Co.

Higginbotham, Elizabeth (1982): Two Representative Issues in Contemporary Sociological Work on Black Women. In: Hull, G.; Bell Scott, P. und B. Smith (Hrsg.): All the Women Are White, All the Blacks Are Men, but Some of Us Are Brave. New York: The Feminist Press, 93–97.

hooks, bell (1981): Ain't I a Woman. Black Women and Feminism. Boston, Mass.: South End Press.

Hull, Gloria; Bell Scott, Patricia und Barbara Smith (Hrsg.) (1982): All the Women Are White, All the Blacks Are Men, but Some of Us Are Brave. New York: The Feminist Press.

Jayawardena, Kumari (1986): Feminism and Nationalism in the Third World. London: Zed Books.

Jackson, Jacquelyne Johnson (1973): Black Women in a Racist Society. In: Willie, C.; Kramer, B. und B. Brown (Hrsg.): Racism and Mental Health. Pittsburgh: University of Pittsburgh Press, 185–268.

Jones, Jacqueline (1985): Labor of Love, Labor of Sorrow; Black Women, Work, and the Family from Slavery to the Present. New York: Basic Books.

Lerner, Gerda (1972): The Rape of Black Women as a Weapon of Terror. In: Dies. (Hrsg.): Black Women in White America. New York: Pantheon Books, 172–193.

Matthews, Jack (1985): Some Blacks Critical of Spielberg's Purple. In: *Los Angeles Times*, 20.12.1985.

Matthews, Jack (1986): Three Color Purple Actresses Talk About Its Impact. In: *Los Angeles Times*, 31.01.1986.

Moynihan, Daniel P. (1965): The Negro Family. The Case for National Action. Office of Policy Planning and Research, United States Department of Labour.

McGrory, Mary (1986): Moynihan was Right 21 Years Ago. In: *The Washington Post*, 26.01.1986.

Murray, Pauli (1975): The Liberation of Black Women. In: Freeman, J. (Hrsg.): Women: A Feminist Perspective. Mountain View, Cal.: Mayfield, 351–362.

Page, Clarence (1986): Toward a New Black Cinema. In: *Chicago Tribune,* 12.01.1986.

Palmer, Phyllis (1983): The Racial Feminization of Poverty. Women of Color as Portents of the Future for All Women. In: *Women's Studies Quarterly* 11(3), 4–6.

PBS (1986): The Vanishing Black Family. PBS Television Broadcast, Januar 1986.

Rainwater, Lee und William I. Yancey (1967): The Moynihan Report and the Politics of Controversy. Cambridge, Mass.: MIT Press.

Scales Trent, Judy (1989): Black Women and the Constitution: Finding Our Place, Asserting Our Rights (Voices of Experience: New Responses to Gender Discourse). In: *Harvard Civil Rights – Civil Liberties Law Review* 24(9), 23–27.

Shoben, Elaine W. (1980): Compound Discrimination: The Interaction of Race and Sex in Employment Discrimination. In: *New York University Law Review* 55, 793–803.

Siskel, Gene (1986): Does Purple Hate Men? In: *Chicago Tribune,* 05.01.1986.

Smith, Beverly (1982): Black Women's Health: Notes for a Course. In: Hull, G.; Bell Scott, P. und B. Smith (Hrsg.): All the Women Are White, All the Blacks Are Men, but Some of Us Are Brave. New York: The Feminist Press, 103–114.

Spelman, Elizabeth (1988): The Inessential Woman. Problems of exclusion in feminist thought. Boston, Mass.: Beacon Press.

Will, George (1986): Voting Rights Won't Fix It. In: *The Washington Post*, 23.01.1986.

Wilson, William Julius (1987): The Truly Disadvantaged: The Inner City, The Underclass and Public Policy. Chicago, Ill.: University of Chicago Press.

Wriggins, Jennifer (1983): Rape, Racism, and The Law. In: *Harvard Women's Law Journal* 6, 103–141.

Intersektionalität als „Buzzword“

Eine wissenschaftssoziologische Perspektive auf die Frage „Was macht eine feministische Theorie erfolgreich?“[1]

Kathy Davis

Intersektionalität wird als der „wichtigste Beitrag, den die Frauenforschung bisher geleistet hat“ (McCall 2005: 1771) gepriesen. Feministische WissenschaftlerInnen aus verschiedenen Disziplinen (Philosophie, Sozial-, Geistes-, Wirtschafts- und Rechtswissenschaften), mit verschiedenen theoretischen Ausrichtungen (Phänomenologie, strukturalistische Soziologie, Psychoanalyse und Dekonstruktivismus) und politischen Überzeugungen (Feminismus, Antirassismus, Multikulturalismus, Queer Studies, Disability Studies) scheinen sich alle einig zu sein, dass Intersektionalität genau das ist, was jetzt gebraucht wird.

Obwohl die meisten feministischen WissenschaftlerInnen der These zustimmen würden, dass Intersektionalität für die feministische Theorie von wesentlicher Bedeutung ist, hat dieser Ansatz überall in den USA und Europa auch für hitzige theoretische Debatten gesorgt: Für die einen ist Intersektionalität eine Theorie, andere betrachten den Ansatz als Konzept oder heuristisches Instrument, wieder andere sehen ihn als eine Interpretationsstrategie für feministische Analysen. Kontroversen sind darüber aufgekommen, ob Intersektionalität als eine „Straßenkreuzung“ (Crenshaw 1991), als Differenz-„Achsen“ (Yuval-Davis 2006) oder als ein dynamischer Prozess (Staunæs 2003) aufgefasst werden sollte. Zudem ist es alles andere als klar, ob Intersektionalität auf die Interpretation individueller Erfahrungen beschränkt bleiben sollte, ob der Ansatz zur Theoriebildung über Identität dienen soll – oder ob Intersektionalität als Merkmal sozialer Strukturen und kultureller Diskurse aufgefasst werden sollte.

Dies wirft die Frage auf, wie es dazu kommen konnte, dass eine derartig vage Theorie von so vielen als „Cutting Edge“ moderner feministischer Theorie betrachtet wird. Und benötigt sie – wie von einigen gefordert – einen kohärenteren konzeptionellen Rahmen und eine kohärentere Methodologie, um ihr Potenzial auszuschöpfen und die komplexen Wirklichkeiten zu erfassen, die sie ursprünglich behandeln sollte (McCall 2005)?

---

[1] Bei diesem Text handelt es sich um die gekürzte Übersetzung eines Artikels, der erstmalig 2008 in *Feminist Theory* 9(1), 67–85 erschienen ist.

Dieser Beitrag beschäftigt sich sowohl mit dem Phänomen des spektakulären Erfolgs des Intersektionalitätsansatzes als auch mit den Unsicherheiten, die er hervorbringt. Dabei mache ich keine Vorschläge, wie die Ambivalenzen rund um dieses Konzept zu klären wären, oder wie die Unsicherheiten in Bezug auf seine Verwendung gemildert werden können. Mein Argument lautet ganz im Gegenteil, dass gerade die Vagheit und Offenheit von „Intersektionalität" ihr Erfolgsgeheimnis ist. Dazu greife ich auf Ergebnisse aus der Wissenschaftssoziologie zurück.[2] Dieser Zweig der Soziologie beschäftigt sich mit dem Prozess der wissenschaftlichen Tätigkeit, der Beziehung zwischen Theorien und ihrem Publikum und, allgemeiner, mit der Frage, wie eine bestimmte Theorie oder theoretische Perspektive ein (akademisches) Publikum dazu bringen kann, einen Aspekt der Wirklichkeit auf eine bestimmte Weise wahrzunehmen.

Insbesondere beziehe ich mich auf das Werk von Murray S. Davis, der vor mehreren Jahrzehnten zwei – nach meiner Ansicht – leider stark unterschätzte Artikel vorgelegt hat: „That's Interesting!" (1971) und „That's Classic!" (1986).[3] Davis geht darin der Frage nach, was eine bestimmte Gesellschaftstheorie in die Lage versetzt, ein breites akademisches Publikum zu faszinieren. Mit Rückgriff auf Phänomenologie und Wissenschaftsrhetorik analysiert er, wie es dazu kommt, dass Theorien, die im Umlauf sind oder „in der Luft liegen" (1971: 312) von ihrem jeweiligen Publikum als interessant wahrgenommen werden oder gar in den ehrwürdigen Rang eines „Klassikers" aufsteigen. Zwar bezieht Davis seine Beispiele aus den klassischen „Grand Theories" der Soziologie (Marx, Durkheim, Weber), doch lassen sich seine Argumente auf jede Theorie übertragen – auch, wie ich zeigen werde, auf die feministische Theorie. Davis fragt nicht danach, ob eine bestimmte Theorie „gut" ist, d. h. ob sie valide oder in der Lage ist, bestimmte Aspekte der sozialen Welt adäquat zu erklären, ob ihre Logik und Argumente schlüssig sind – ganz im Gegenteil: Sein Argument lautet gerade, dass keine Theorie jemals wegen ihrer „Wahrheit" oder Schlüssigkeit „berühmt" geworden sei. Stattdessen, so Davis, florieren erfolgreiche Theorien gerade aufgrund ihrer Vieldeutigkeit und Unvollständigkeit. Erfolgreiche Theorien sprechen ein Anliegen an, das ein breites wissenschaftliches Publikum für fundamental hält, dies jedoch auf eine Weise, die nicht nur überraschend, sondern inhärent diffus und faszinierend unbestimmt ist.

Auf den ersten Blick scheint der Intersektionalitätsansatz alle Merkmale einer erfolgreichen feministischen Theorie zu haben.[4] Ich möchte mich im Folgenden

---

[2] Für eine einflussreiche Formulierung siehe Merton (1973).

[3] Da ich stets danach gefragt werde – Murray Davis und ich haben zwar denselben Nachnamen, wir sind jedoch nicht verwandt.

[4] Er scheint – so Knapp (2005) – sogar eine der bekanntesten *travelling theories* des Feminismus zu sein.

nicht auf die Frage einlassen, ob er als „ausgewachsene Theorie“ gelten kann; mich interessiert vielmehr, wie es diesem Ansatz gelungen ist, das Denken vieler feministischer WissenschaftlerInnen anzuregen – denn er hat nicht nur allgemeines Interesse geweckt, sondern ForscherInnen beinahe dazu gezwungen, sich auf theoretische Debatten einzulassen und nach Möglichkeiten zu suchen, ihn in eigenen Untersuchungen anzuwenden. Mit Davis' Erklärung des „Erfolgsgeheimnisses“ von Theorien im Hinterkopf, gehe ich den Eigenschaften auf den Grund, denen der Intersektionalitätsansatz seinen Erfolg verdankt: Er konzentriert sich auf ein umfassendes, fundamentales Problem der feministischen Theorie, bietet etwas Neues, spricht GeneralistInnen ebenso an wie die SpezialistInnen des Fachs, und ist dabei so vieldeutig und unbestimmt, dass er geradezu dazu provoziert, ihn konstruktiv zu kritisieren und weiterzuentwickeln. Im Folgenden thematisiere ich zunächst den Grund für seinen Erfolg innerhalb der zeitgenössischen feministischen Theorie; anschließend frage ich danach, ob die Tatsache, dass ein so chimärenhaftes und – wie manche behaupten würden – wissenschaftlich unsolides[5] Konzept so umfangreich rezipiert wird, nur Grund zur Freude ist oder vielleicht auch Anlass zur Besorgnis geben sollte.

Das „fundamentale Anliegen“

Nach Davis (1986) zeichnet sich eine erfolgreiche Gesellschaftstheorie zuerst dadurch aus, dass sie ein „primäres Problem“ ihres Publikums anspricht. Sie muss sich als entscheidender „Schlüssel“ zum Verständnis eines Problems zu erkennen geben, das einem bestimmten Publikum besonders am Herzen liegt. Dieses Problem muss dabei so allgegenwärtig sein, dass eine Theorie, um überhaupt „anzukommen“, schlicht nicht umhin kommt, es zu thematisieren (Davis 1986: 287).[6] Einschränkend fügt Davis hinzu, dass ein solches Anliegen nicht schon allein deshalb „fundamental“ ist, weil es von einem breiten, heterogenen akademischen Publikum geteilt wird – es muss sich auch um einen Sachverhalt handeln, der gegen etwas verstößt, das dem Publikum am Herzen liegt, der – wie

[5] Damit keine Missverständnisse aufkommen: Ich teile nicht die Ansicht, dass eine Theorie bestimmten wissenschaftlichen Kriterien entsprechen muss, um nützlich zu sein. Aber wie jedem Studenten der Sozialwissenschaften bekannt sein sollte, ist über die Anforderungen an eine „gute“ Theorie bereits viel diskutiert worden. „Solide“ bezieht sich daher hier auf die wissenschaftlichen Konventionen über „gute Theorien“.

[6] Für die Soziologie war das fundamentale Anliegen die Beziehung zwischen Individuum und Gesellschaft – ein Thema, das in endlosen Debatten über soziale Ordnung und Rollen, Struktur und Handeln, kulturelle Diskurse und Prozesse der Subjektwerdung immer wieder recycelt wurde. Dieses Anliegen hielt die soziologischen Debatten bis ins 21. Jahrhundert hinein lebendig, bis es von einem neuen „fundamentalen Anliegen“ – der Globalisierung – verdrängt wurde.

er es formuliert – ‚ihr „unumstößliches Ideal" bedroht' (Davis 1986: 290). Dies sorgt für den notwendigen „Verzweiflungszusammenhang", der das Publikum dazu bringt, Zeit und Kraft in den Versuch zu investieren, das Problem unter Kontrolle zu bringen und so die Ursache seines Unbehagens zu beseitigen.

„Intersektionalität" thematisiert *das* zentrale theoretische und normative Problem in der feministischen Wissenschaft – die Anerkennung von Differenzen zwischen Frauen. Sie berührt das drängendste Problem, dem sich der Feminismus aktuell gegenübersieht – die lange und schmerzliche Geschichte seiner Exklusionsprozesse. (Zack 2007: 197). Das Konzept Intersektionalität bringt das Problem der Unterschiede zwischen Frauen auf den Punkt, indem es einen „praktischen Sammelbegriff" bereitstellt, „der darauf abzielt, die vielfältigen Positionierungen, die das Alltagsleben ausmachen, und die dafür entscheidenden Machtbeziehungen sichtbar zu machen" (Phoenix 2006: 187). Gleichzeitig verspricht es die Exklusionsprozesse zu thematisieren (und zu überwinden), die der feministischen Forschung so sehr zu schaffen gemacht haben, indem er einfach – trügerisch einfach – „die andere Frage stellt"[7]:

> „Wenn ich etwas sehe, das nach Rassismus aussieht, frage ich: Welche Rolle spielt das Patriarchat dabei? Wenn ich etwas sehe, das nach Sexismus aussieht, frage ich: Welche Rolle spielt der Heterosexismus dabei? Wenn ich etwas sehe, dass nach Homophobie aussieht, frage ich: Welche Rolle spielen Klasseninteressen dabei?" (Matsuda 1991: 1189)

Zwar waren die Themen Differenz und Diversität sowohl wichtig für das politische Vorhaben, das Wechselspiel der Kategorien „Rasse", Klasse und Geschlecht zu untersuchen, als auch für das dekonstruktivistische Projekt der postmodernen feministischen Theorie – die beide als zwei der wichtigsten Strömungen des aktuellen feministischen Denkens gelten – gleichzeitig aber weckten sie unter feministischen Wissenschaftlerinnen auch Zweifel an der Durchführbarkeit des feministischen Unternehmens insgesamt: Wenn das „alte" Ideal eines inklusiven Feminismus – das Szenario der „gemeinsamen Welt der Frauen", wie Mohanty es formuliert – als theoretisch und politisch ethnozentrisch und imperialistisch aufgegeben wird (Lugones und Spelman 1983; Mohanty 1988), wo sollten feministische WissenschaftlerInnen dann noch eine gemeinsame Basis finden, die für ihr theoretisches Unternehmen das Etikett „feministisch" rechtfertigt?

---

[7] „Trügerisch einfach" deshalb, weil, wie jeder, der versucht hat, das Verfahren einzusetzen, weiß, es lediglich am Anfang der Analyse steht: Die mühsame Arbeit, die Zusammenhänge zwischen den Differenzkategorien herzustellen und den Machtverhältnissen hinter ihnen auf die Spur zu kommen, muss dann erst noch geleistet werden.

Intersektionalität stimmt mit der Notwendigkeit überein, die theoretische Hegemonie der Kategorie Gender und die vom weißen westlichen Feminismus produzierte Exklusion zu problematisieren, und bietet dennoch eine Plattform an, feministische Theorie als ein gemeinsames Vorhaben anzugehen. Intersektionalität verspricht nahezu universell verwendbar zu sein – hilfreich für das Verstehen und die Analyse jeder sozialen Praxis, jeder individuellen oder kollektiven Erfahrung, jedes strukturellen Arrangements, jeder kulturellen Konfiguration. Zudem kann sie – per Definition – von allen (feministischen) ForscherInnen eingesetzt werden, die ihre eigene soziale Position, welche es auch sein mag, als analytische Ressource anstatt als bloßen Identitätsmarker einsetzen möchten. Intersektionalität bietet feministischer Theoriebildung und Analyse einen neuen Daseinszweck. Der Erfolg des Konzepts ist daher zumindest teilweise seiner impliziten beschwichtigenden Wirkung zuzuschreiben – denn er macht deutlich, dass die Fokussierung auf Differenz feministische Theorie nicht obsolet oder überflüssig machen wird.[8] Mit anderen Worten: „Intersektionalität“ verspricht feministischen WissenschaftlerInnen aller Identitäten, theoretischer Perspektiven und politischer Überzeugungen, dass sie „auf mehreren Hochzeiten gleichzeitig tanzen können.“[9]

Der überraschende Perspektivwechsel

Das zweite Merkmal erfolgreicher Gesellschaftstheorien ist, dass sie eine überraschende neue Perspektive auf ein altes Problem bieten. Nach Davis (1971) haben Theorien gerade deshalb Erfolg, weil es ihnen gelingt, „das Angenommene zu leugnen und das Unerwartete zu bestätigen“ (Davis 1971: 343). Erfolgreiche Ideen fesseln die Aufmerksamkeit des Publikums, indem sie etwas in Frage stellen oder erschüttern, das vorher geglaubt wurde. Sie stellen unerwartete Verbindungen zwischen Ereignissen her, und zwar auf eine Weise, deren Möglichkeit das Publikum sich bis dahin nicht hatte vorstellen können (Davis 1971: 310–311). Auf den ersten Blick scheint „Intersektionalität“ nicht zu diesem Steckbrief zu passen – schließlich handelte es sich kaum um eine neue Idee. Kimberlé Crenshaw mag den Begriff eingeführt haben, aber sie war keineswegs die erste, die zum Thema gemacht hat, wie die Erfahrungen Schwarzer Frauen innerhalb des feministischen Diskurses marginalisiert und verzerrt worden sind. Auch das Argument, dass ihre Erfahrungen als Folge sowohl von ethnischer als auch geschlechtsbezogener Benachteiligung zu interpretieren seien, war nicht neu. Schwarze Feministinnen auf beiden Seiten

[8] Oder, wie Pfeil (1994) anmerkt, sie zu einem „behindernden Fetisch“ machen wird, der die Bemühungen von unterschiedlich positionierten Feministinnen ignoriert, Affinitäten und Möglichkeiten für eine Allianz „am Ort des Geschehens“ zu finden.“

[9] Im Original „have their cake and eat it, too.“

des Atlantiks und feministische Wissenschaftlerinnen in der Dritten Welt hatten bereits zahlreich Kritik an der Art vorgebracht, wie die Erfahrungen von Frauen *of Color* im feministischen Diskurs bis dahin vernachlässigt worden waren, und betont, wie wichtig es ist, multiple Identitäten und unterschiedliche Quellen von Unterdrückung zu theoretisieren.[10] Infolgedessen wurde die Trias *race/class/gender* zum neuen Mantra in der Frauenforschung; bald gehörte es zum guten Ton, im Plural zu sprechen – von Geschlechter statt von Geschlecht, von Feminismen anstatt vom Feminismus (Zack 2007). Wenn all diese Ideen also schon „in der Luft lagen", was war dann so besonders an „Intersektionalität"?

Auch wenn der Ansatz ein altes Problem innerhalb der feministischen Forschung ansprach, tat er es auf eine neue Weise: Er bot eine neuartige Verbindung zwischen der kritischen feministischen Theorie über die Folgen von Sexismus, Klasse und Rassismus einerseits und einer von postmodernen feministischen Theorie inspirierten kritischen Methodologie – und brachte sie auf eine Art und Weise zusammen, die bis dahin quasi unvorstellbar war. Obwohl die feministischen Theorien über „Rasse", Klasse und Geschlecht und die poststrukturalistische feministische Theorie viele Anliegen gemeinsam hatten, gab es auch einige theoretische und methodologische Unvereinbarkeiten, etwa der Versuch, das Denken in Kategorien überhaupt zu überwinden (McCall 2005)[11]. Andererseits hat sich die Konzentration auf Identitätspolitik in konkreten historischen Zusammenhängen als wichtige Widerstandsstrategie erwiesen – und zudem als effektiver als der Versuch, die Folgen von Rassismus und Sexismus durch die Dekonstruktion von Kategorien zu bekämpfen (Crenshaw 1991).[12]

Mit dem Ansatz „Intersektionalität" wird das politische Projekt fortgesetzt, die sozialen und materiellen Konsequenzen der Kategorien Geschlecht/„Rasse"/Klasse sichtbar zu machen – aber mit Methoden, die sich mit dem poststrukturalistischen Projekt in Einklang bringen lassen, Kategorien zu dekonstruieren, den Universalismus zu entlarven und die Dynamik und widersprüchlichen Mechanismen der Macht zu erforschen (Brah und Phoenix 2004: 82)[13]. Er bietet den „race/class/

---

[10] Es ist unmöglich, dieser Literatur in einer Fußnote gerecht zu werden – daher hier nur einige der bekanntesten und am meist zitierten Texte: Combahee River Collective, in Hull et al. (1982); Davis (1981); hooks (1981); Carby (1982); Smith (1983); Moraga und Anzaldúa (1983); Ware (1992); Zinn und Dill (1994); Collins (1990).

[11] Ein einschlägiges Beispiel ist Judith Butlers bekannte Kritik an dem „verlegenen et cetera" [„embarrassed etc."] am Ende jener Aufzählungen von Kategorien (Geschlecht, „Rasse", Ethnizität, Klasse, Sexualität, Gesundheit), die „[sich] bemühen, ein situiertes Subjekt zu umfassen; doch gelingt es ihnen niemals, vollständig zu sein" (Das Unbehagen der Geschlechter, 1991: 210).

[12] Ähnlich argumentieren hooks (1992, 1994); Spivak (1993); Moya (2001) und Mohanty (2003).

[13] Es überrascht nicht, dass viele Debatten über Intersektionalität gerade um das Problem der Kategorien und die Notwendigkeit kreisen, bei der Analyse auf sie zurückzugreifen – siehe etwa Yuval-Davis' (2006) Kritik an der Metapher der „Straßenkreuzung": Sie impliziert, dass, wenn man sich einmal für eine Straße entschieden hat, alle anderen irrelevant werden, zumindest vorläufig. Knapp

gender-FeministInnen“ eine theoretisch anspruchsvolle Methodologie, die ihnen helfen kann, die Tücken eines bloß additiven Umgangs mit multiplen Identitäten zu umgehen. Umgekehrt verleiht er der poststrukturalistischen feministischen Theorie politische Glaubwürdigkeit; er ermöglicht ihr, zumindest teilweise der Kritik seitens des multikulturellen Feminismus zu begegnen, wonach sie sich zu sehr von der materiellen Lebenswirklichkeit der Frauen entfernt habe und zu relativistisch geworden sei, um für den konkreten politischen Kampf der Frauen von Nutzen zu sein. Kurz, Intersektionalität liefert die Grundlage für eine gegenseitig vorteilhafte Zusammenarbeit zwischen theoretischen Projekten, die bis dahin ein etwas angespanntes Verhältnis zueinander hatten. Auch wenn die Intersektionalitätsidee nicht neu gewesen sein mag, lieferte sie doch eine neue, gemeinsame Basis – „einen gemeinsamen Brennpunkt“ – für disparate theoretische Ansätze innerhalb der feministischen Wissenschaft (Lykke 2005).

GeneralistInnen und SpezialistInnen

Das dritte Merkmal erfolgreicher Gesellschaftstheorien besteht darin, dass sie ein breites akademisches Publikum ansprechen und dabei die Kluft zwischen GeneralistInnen und SpezialistInnen überwinden müssen. Sie müssen „genügend scheinbar einfach zu begreifende, bekannte Konzepte enthalten, um das Interesse von GeneralistInnen zu wecken, und genügend schwer (aber nicht unmöglich) zu begreifende Komplexität innerhalb und zwischen diesen Konzepten enthalten, um für SpezialistInnen attraktiv zu sein“ (Davis 1986: 295). Auf GeneralistInnen wirkt die Theorie oft wie eine Zusammenstellung einiger „berühmter Konzepte“ oder einfach zu merkender „Klischees“ (Davis 1986: 294). SpezialistInnen widmen der Interpretation einer bestimmten Theorie hingegen oft ihre ganze Karriere.

Das Konzept Intersektionalität hat sich als besonders erfolgreich darin erwiesen, sowohl GeneralistInnen als auch die SpezialistInnen unter den feministischen WissenschaftlerInnen anzusprechen. Einerseits hat es alle Merkmale eines *Buzzwords*, das leicht die Aufmerksamkeit von GeneralistInnen auf sich zieht. Es erscheint häufig in den Titeln von Aufsätzen über alle möglichen Themen[14] in feministischen Zeitschriften – als griffige und einprägsame Markierung der normativen Standpunkte, denen sich die jeweiligen AutorInnen verpflichtet fühlen. Mit ihm können sie signalisieren, dass sie mit den aktuellsten Entwicklungen in

(2005) hat ebenfalls die fehlende Aufmerksamkeit der Intersektionalitätstheorie für die Herkunft und Vorgeschichten von Kategorien sozialer Ungleichheit kritisiert.

[14] Eine Internet-Recherche nach dem Stichwort *intersectionality* ergab 2450 Treffer und umfasste Fachgebiete wie Rechtswissenschaft, internationale Beziehungen, Menschenrechte, Psychotherapie, Identitätspolitik, Literatur, Popkultur und viele andere.

der feministischen Theorie vertraut sind – ohne unbedingt allen Verästelungen der theoretischen Debatten zu folgen. Insgesamt also kein Wunder, dass der Begriff für viele GeneralistInnen ein willkommener Weggefährte für feministische Forschungsreisen wurde.

Andererseits hat der Begriff Intersektionalität auch den Spezialistinnen unter feministischen Wissenschaftlerinnen viel zu bieten. Seit seiner Einführung als theoretisches Konzept war er Gegenstand zahlreicher hitziger Debatten auf beiden Seiten des Atlantiks. So stritten TheoretikerInnen darüber, welche – und wie viele – Kategorien in die Analyse von Intersektionalität einbezogen werden sollen (Lutz 2002)[15]; oder darüber, ob die scheinbar endlose Vermehrung von Differenzen nicht gar die „Achillesferse des Begriffs Intersektionalität" sein könnte (Ludvig 2006: 247) – was dazu führe, dass die „hervorstechendsten" Differenzen „Rasse", Klasse und Geschlecht theoretisch unzureichend fundiert bleiben (Knapp 1999; Skeggs 1997).[16] Wieder andere haben ausführlich über das Problem diskutiert, ob man überhaupt Kategorien verwenden solle, und dabei angeregt, „transversaler" vorzugehen – also *quer* zu den Kategorien zu denken (Yuval-Davis 2006), oder anstatt auf Kategorien als solche, sich auf Konstellationen zu fokussieren, in denen multiple Identitäten auftreten (Staunæs 2003).[17] Diskussionen entwickelten sich auch darüber, welchen Umfang Analysen von Intersektionalität haben sollten (Staunæs 2003; Buitelaar 2006; Prins 2006) und zu welchen Zwecken die Theorie genutzt werden sollte. Sollte sie in erster Linie zum Einsatz kommen, um Verletzungsoffenheit und Exklusion aufzudecken, oder sollten wir sie als Ressource, als Quelle von Empowerment auffassen (Saharso 2002; Burman 2003; Lutz und Davis 2005)? Wie Ann Phoenix (2006: 187) treffend angemerkt hat, scheint das Konzept Intersektionalität feministischen Theoretikerinnen genug Anziehendes und Abstoßendes zu bieten, um sich noch lange daran abzuarbeiten. Das Kon-

[15] Helma Lutz (2002) hat eine Liste von nicht weniger als 14 Differenzlinien vorgelegt: Gender, Sexualität, „Rasse" oder Hautfarbe, Ethnizität, nationale Zugehörigkeit, Klasse, Kultur, Religion, Gesundheit, Alter, Sesshaftigkeit, Besitz, geographische Position und gesellschaftlicher Entwicklungsstand. Die Liste ist jedoch potenziell noch viel länger. Siehe auch Lutz und Wenning (2001).

[16] Leiprecht und Lutz (2006) schlagen einen interessanten Kompromiss vor, wonach „Rasse", Klasse und Gender als „Mindeststandard" für die Intersektionalitätsanalyse gelten können, dem je nach Kontext und dem spezifischen Forschungsthema weitere Kategorien hinzugefügt werden können.

[17] Wie McCall (2005: 1779) aufzeigt, kritisiert ein Großteil der Literatur über Intersektionalität eher pauschale Generalisierungen über Kategorien, denn die Kategorien als solche. Crenshaw (1991) wendet sich explizit gegen „vulgärkonstruktivistische" Versuche, Kategorien im Namen eines Anti-Essentialismus vollständig zu dekonstruieren. Angesichts der Bedeutung, die Kategorien wie „Rasse" und Gender für die Erfahrungen und Kämpfe von Frauen *of Color* haben, ist es sicherlich sinnvoller, die sozialen und materiellen Konsequenzen von Kategorisierungen zu kritisieren als den Prozess der Kategorisierung an sich. Identitätspolitik muss nicht aufgegeben werden, weil sie auf Kategorien zurückgreift – vielmehr muss sie die Vielfalt von Identitäten und die Arten anerkennen, wie sich Kategorien an bestimmten Stellen überschneiden (Crenshaw 1991: 1297–1299).

zept Intersektionalität ist also nicht nur erfolgreich, weil es gleichzeitig eingängig und komplex genug ist, um theoretische Debatten zu stimulieren, sondern auch, weil es eine dringend benötigte Brücke zwischen feministischen Forscherinnen (GeneralistInnen) und feministischen Theoretikerinnen bereitstellt. In einem bekannten – und heftig debattierten – Artikel für *Feminist Theory* haben Liz Stanley und Sue Wise die jüngsten Entwicklungen in der feministischen Theorie kritisiert. Theoriebildung, so ihr Argument, sei zur „eigentümlichen Aktivität und besonderen Domäne einer Priesterkaste“ geworden, „die entschlossen eine elitäre Position verteidigt“ (Stanley und Wise 2000: 276). Nach Ansicht von Stanley und Wise hat sich die feministische Theoriebildung auf Glasperlenspiele einer Handvoll „Star-TheoretikerInnen“ reduziert, anstatt eine Aktivität zu sein, mit der sich alle feministischen Forscherinnen befassen. Sie plädieren leidenschaftlich dafür, zu einem Verständnis von Theorie als einer gemeinschaftlichen Produktion feministischer Ideen zurückzukehren (Stanley und Wise 2000: 276). Genau das scheint das Konzept Intersektionalität zu leisten: Es heilt den Bruch zwischen den GeneralistInnen, die praktische feministische Forschung betreiben, und den SpezialistInnen, die „Theorie“ betreiben; es zwingt die SpezialistInnen dazu, ihre Meta-Themen in den konkreten sozialen und politischen Lebenszusammenhängen von Frauen zu „erden“, und die GeneralistInnen, Theorie als integralen Bestandteil feministischer Forschung zurückzugewinnen.

Mehrdeutigkeit und Unvollständigkeit

Das vierte Merkmal einer erfolgreichen Theorie besteht paradoxerweise in ihrer inhärenten Mehrdeutigkeit und offensichtlichen Unvollständigkeit. Davis (1986) widerspricht der wissenschaftssoziologischen Plattitüde, wonach Auseinandersetzungen über theoretische Aspekte jeweils das Ende eines Paradigmas markieren. Während sein Vorläufer Thomas Kuhn (1962) Differenzen über Brüche und Widersprüche innerhalb einer Theorie als deren „Anfang vom Ende“ betrachtete, machen Brüche und Lücken eine Theorie für Davis überhaupt erst „berühmt“; Mehrdeutigkeit und Unvollständigkeit lassen Theorien gedeihen. Angesichts der unzähligen und oft feindseligen Differenzen in jedem akademischen Publikum muss eine erfolgreiche Theorie hinreichend unscharf und unbestimmt sein, damit disparate Gruppen sie auf „kongeniale, wenn auch miteinander unvereinbare Weise“ interpretieren können (Davis 1986: 296). Je inkohärenter eine Theorie ist, um so mehr verlangt sie nach Integration und Ausarbeitung. Die Inkongruenzen in einer Theorie aufzuzeigen ist der erste Schritt auf dem Weg zur Verbesserung des Originals – diese Arbeit gehört zum täglichen Brot von TheoretikerInnen. Widersprüchlichkeiten regen dazu an, sie zu vereinbaren; ebenso motiviert Unvollständigkeit das akademische Publikum dazu, die Theorie auszuarbeiten oder zu „testen“, indem es sie auf neue Bereiche des sozialen Lebens anwendet, die in der ursprünglichen Theorie gar nicht vorkamen (Davis 1986: 297). Kurz, Theorien sind gerade deswegen erfolgreich, weil sie die Dinge nicht ein für allemal „regeln“, sondern sie vielmehr für weitere Diskussionen und Untersuchungen öffnen.

Gerade weil das Konzept der Intersektionalität so unvollkommen, so mehrdeutig und unbestimmt ist, ist es für die aktuelle feministische Wissenschaft so ergiebig gewesen. Da es keine klar abgegrenzte Definition oder auch nur konkrete Eckpunkte hat, ließe es sich auf nahezu jeden beliebigen Forschungskontext beziehen. Der in das Konzept fest eingebaute unendliche Regress – welche Kategorien soll man benutzen und wo hört man auf? – macht es einerseits vage, ermöglicht aber andererseits die Untersuchung unendlich vieler Überschneidungen von Differenzlinien. Mit jeder neuen Überschneidung („Intersektion“) entstehen neue Verbindungen und bis dahin verborgene Exklusionsprozesse kommen ans Licht. Das Konzept Intersektionalität bietet daher unendlich viele Möglichkeiten, die eigenen blinden Flecke zu befragen und sie in Ressourcen für weitere kritische Analysen zu verwandeln. Aufgrund seiner Vagheit und inhärenten Unbestimmtheit initiiert das Konzept also einen Entdeckungsprozess, der nicht nur potenziell unendlich lange fortgesetzt werden kann, sondern auch neue, umfassendere und selbstkritische Einsichten zu liefern verspricht. Was können wir uns mehr von feministischer Forschung wünschen?

Intersektionalität – eine Erfolgsgeschichte?

In diesem Beitrag habe ich versucht, eine Antwort auf die Frage zu finden, wie das vage, unbestimmte Konzept Intersektionalität innerhalb der aktuellen feministischen Theorie so erfolgreich werden konnte. Sie lautet, dass dieser Erfolg sich paradoxerweise gerade mit seinen „Schwächen“ erklären lässt. Gerade seine fehlende Präzision und die Vielzahl fehlender Bausteine haben es für die kritische feministische Theorie zu einem so nützlichen heuristischen Instrument werden lassen. Selbstverständlich sind erfolgreiche Theorien nicht unbedingt auch „gute“ Theorien – und wie Davis gezeigt hat, sind die erfolgreichsten Theorien oft nicht die besten in dem Sinne, dass sie schlüssig wären oder in der Lage, umfassende und unanfechtbare Erklärungen des sozialen Lebens zu liefen. Einige feministische Wissenschaftlerinnen haben – weitgehend in Übereinstimmung mit der in der Soziologie gängigen Meinung über „gute Theorie“ – argumentiert, dass Intersektionalität zwar eindeutig wichtig sei, die Mehrdeutigkeit und Unabgeschlossenheit des Konzepts jedoch seiner Nützlichkeit für die feministische Theorie im Wege stünden. Um sein volles Potenzial zu entfalten, benötige es daher eine Definition, eindeutige Parameter und eine Methodologie, die unter den ForscherInnen endlich für Klarheit darüber sorgen solle, wie, wo und wann es anzuwenden sei.

Natürlich ist die Vorstellung von einer „guten Theorie“ selbst höchst umstritten. Man mag einwenden, dass die feministische Theorie sich weniger damit befasst – oder sich jedenfalls weniger damit befassen sollte –, über Klarheit und Umfang nachzudenken, als über die Frage, wie eine Theorie für bestimmte normative und politische Zwecke eingesetzt werden kann. Wie Judith Butler und Joan Scott (1992: xiii) anmerken, muss die feministische Theorie „Analysen, Kritik und politische Interventionen hervorbringen und dem Feminismus eine politische Perspektive eröffnen, die ihm den Weg aus einigen der Sackgassen weist, in denen er gelandet ist.“ Ihrer Ansicht nach würde eine „gute“ feministische Theorie die Verwirrung nicht ein für allemal beenden, sondern uns vielmehr erlauben, uns der Vielzahl der Spaltungen und Ungleichheiten zuzuwenden und sie kritisch zu analysieren. Sie würde Raum für Kritik und Interventionen schaffen und uns gleichzeitig in die Lage versetzen, kritisch über die Reichweite und die Grenzen unseres eigenen theoretischen Unternehmens zu reflektieren. Das Konzept Intersektionalität mag sich nicht der gängigen Meinung der Soziologie über eine „gute“, d.h. eine kohärente, umfassende und solide Theorie fügen; aber es ist durchaus ein Beispiel für eine gute feministische Theorie im Sinne von Butler und Scott. Es stößt Prozesse an, an deren Ende neue Entdeckungen stehen; es macht uns darauf aufmerksam, dass die Welt um uns herum immer komplizierter und widersprüchlicher ist als wir jemals hätten erwarten können. Es zwingt uns dazu, uns in unserer Forschungsarbeit mit dieser Komplexität auseinanderzusetzen. Es liefert keine in Stein gemeißelten Regeln, wie man „feministisch forscht“, keine feministische Methodologie für alle möglichen Themen. Stattdessen stimuliert es unsere Kreativität bei der Suche nach neuen, oft unorthodoxen Möglichkeiten zu feministischen Analysen. Das Konzept Intersektionalität ist keine normative Zwangsjacke, macht keine Vorgaben darüber, wie feministische Forschung „korrekt“ zu betreiben ist; vielmehr ermutigt es jede einzelne feministische Wissenschaftlerin, die eigenen Annahmen im Interesse einer reflexiven, kritischen und verantwortungsbewussten feministischen Forschung zu hinterfragen.

In diesem Sinne enthält „Intersektionalität“ genau die Zutaten, die eine gute feministische Theorie braucht. Es ermutigt zu komplexem Denken, vermeidet voreilige Schlüsse, reizt feministische Wissenschaftlerinnen, neue Fragen zu stellen und in unerforschtes Gebiet vorzudringen. Natürlich ist es möglich, dass wir irgendwann feststellen, dass Intersektionalität nicht die Themen erfasst, die uns am wichtigsten erscheinen – oder jedenfalls nicht mehr auf eine neue, unerwartete Weise. Vielleicht fällt uns irgendwann auf, dass sich die theoretischen Debatten über Intersektionalität in Details verzettelt haben, zu gewunden für unseren Geschmack geworden sind, oder dass die Forschung so vorhersehbar geworden ist, dass wir bei dem Gedanken, auch nur einen weiteren Artikel über Intersektionalität lesen zu müssen, ein Gähnen nicht mehr unterdrücken können. Wenn es eines Tages soweit sein sollte, hoffe ich, dass eine neue Theorie die Bühne betritt: eine

Theorie, die erfrischend neuartig und irritierend vieldeutig an ein noch fundamentaleres Anliegen appelliert – und uns, SpezialistInnen wie GeneralistInnen, auf unwiderstehliche Weise dazu provoziert, die Ärmel hochzukrempeln und an die Arbeit zu gehen.

übersetzt von Thorsten Möllenbeck

Literatur

Brah, Avtar und Ann Phoenix (2004): Ain't I a Woman? Revisiting Intersectionality. In: *Journal of International Women's Studies* 5(3), 75–86.

Buitelaar, Marjo (2006): „I Am the Ultimate Challenge“: Accounts of Intersectionality in the Life-Story of a Well-Known Daughter of Moroccan Migrant Workers in the Netherlands. In: *European Journal of Women's Studies* 13(3), 259–276.

Burman, Erica (2003): From Difference to Intersectionality: Challenges and Resources. In: *European Journal of Psychotherapy, Counselling and Health* 6(4), 293–308.

Butler, Judith (1989): Gender Trouble: Feminism and the Subversion of Identity. New York: Routledge.

Butler, Judith (1991): Das Unbehagen der Geschlechter. Frankfurt: Suhrkamp.

Butler, Judith und Joan W. Scott (1992): Introduction. In: J. Butler and J. W. Scott (Hrsg.) Feminists Theorize the Political. New York: Routledge, xiii–xvii.

Carby, Hazel (1982): White Woman Listen! Black Feminism and the Boundaries of Sisterhood. In: The Centre for Contemporary Studies (Hrsg.): The Empire Strikes Back: Race and Realism in 70s Britain. London: Hutchinson, 212–235.

Collins, Patricia H. (1990): Black Feminist Thought: Knowledge, Power and the Politics of Empowerment. Boston: Unwin Hyman.

Crenshaw, Kimberlé W. (1991): Mapping the Margins: Intersectionality, Identity Politics, and Violence against Women of Color. In: *Stanford Law Review* 43(6), 1241–1299.

Davis, Angela Y. (1981): Women, Race, and Class. New York: Random House.

Davis, Murray S. (1971): That's Interesting! Towards a Phenomenology of Sociology and a Sociology of Phenomenology. In: *Philosophy of the Social Sciences* 1, 309–344.

Davis, Murray S. (1986): „That's Classic!“ The Phenomenology and Rhetoric of Successful Social Theories. In: *Philosophy of the Social Sciences* 16, 285–301.

hooks, bell (1981): Ain't I a Woman?: Black Women and Feminism. Boston, MA: South End Press.

hooks, bell (1992): Black Looks: Race and Representation. Boston, MA: South End Press.

hooks, bell (1994): Outlaw Culture: Resisting Representations. New York: Routledge.

Hull, Gloria; Bell Scott; Patricia und Barbara Smith (Hrsg.) (1982): All the Women Are White, All the Blacks Are Men, But Some of Us Are Brave: Black Women's Studies. Old Westbury: Feminist Press.

Knapp, Gudrun-Axeli (1999): Fragile Foundations, Strong Traditions, Situated Questioning: Critical Theory in German-Speaking Feminism. In; O'Neill, M. (Hrsg.): Adorno, Culture and Feminism. London: SAGE, 119–141.

Knapp, Gudrun-Axeli (2005): Race, Class, Gender: Reclaiming Baggage in Fast Travelling Theories. In: *European Journal of Women's Studies* 12(3), 249–266.

Leiprecht, Rudolf und Helma Lutz (2006): Intersektionalität im Klassenzimmer: Ethnizität, Klasse, Geschlecht. In: R. Leiprecht und A. Kerber (Hrsg.): Schule in der Einwanderungsgesellschaft. Schwalbach: Wochenschau Verlag, 218–234.

Ludvig, Alice (2006): Differences Between Women? Intersecting Voices in a Female Narrative. In: *European Journal of Women's Studies* 13(3), 245–258.

Lugones, Maria und Elizabeth V. Spelman (1983): Have We Got a Theory for You! Feminist Theory, Cultural Imperialism, and the Demand for „The Woman's Voice“. In: *Women's Studies International Forum* 6(6), 573–581.

Lutz, Helma (2002): Zonder blikken of blozen. Het standpunt van de (nieuw-) realisten. In: *Tijdschrift voor Genderstudies* 5(3), 7–17.

Lutz, Helma und Kathy Davis (2005): Geschlechterforschung und Biografieforschung: Intersektionalität als biographische Ressource am Beispiel einer außergewöhnlichen Frau. In Völter, B.; Dausien, B.; Lutz, H. und G. Rosenthal (Hrsg.): Biographieforschung im Diskurs. Wiesbaden: VS Verlag für Sozialwissenschaften, 228–247.

Lutz, Helma und Norbert Wenning (2001): Differenzen über Differenz – Einführung in die Debatten. In: dies. (Hrsg.): Unterschiedlich Verschieden. Differenz in der Erziehungswissenschaft. Opladen: Leske und Budrich, 11–24.

Lykke, Nina (2005): Intersectionality Revisited: Problems and Potentials. In: *Kvinnovetenskaplig tidskrift* 2(3), 7–17.

Matsuda, Mari J. (1991): Beside My Sister, Facing the Enemy: Legal Theory out of Coalition. In: *Stanford Law Review* 43(6), 1183–1192.

McCall, Leslie (2005): The Complexity of Intersectionality. In: *Signs* 30(3), 1771–1800.

Merton, Robert K. (1973): The Sociology of Science: Theoretical and Empirical Investigations. Chicago, IL: University of Chicago Press.

Mohanty, Chandra T. (1988): Under Western Eyes: Feminist Scholarship and Colonial Discourses. In: *Feminist Review* 30(6), 1–88.

Mohanty, Chandra T. (2003): Feminism Without Borders: Decolonizing Theory, Practicing Solidarity. Durham, NC: Duke University Press.

Moi, Toril (2000): Sex, Gender, and the Body. Oxford: Oxford University Press.

Moraga, Cherrie und Gloria Anzaldúa (Hrsg.) (1983): This Bridge Called My Back: Writing by Radical Women of Color. New York: Kitchen Table Press.

Moya, Paula M. L. (2001): Chicana Feminism and Postmodernist Theory. In: *Signs* 26(2), 441–483.

Pfeil, Fred (1994): No Basta Teorizar: In-Difference to Solidarity in Contemporary Fiction, Theory, and Practice. In: Grewal, I. und C. Kaplan (Hrsg.): Scattered Hegemonies: Postmodernity and Transnational Feminist Practices. Minneapolis und London: University of Minnesota Press, 197–230.

Phoenix, Ann (2006): Editorial: Intersectionality. In: *European Journal of Women's Studies* 13(3), 187–192.

Prins, Baukje (2006): Narrative Accounts of Origins: A Blind Spot in the Intersectional Approach. In: *European Journal of Women's Studies* 13(3), 277–290.

Saharso, Sawitri (2002): Een vrouw met twee missies. Reactie op Helma Lutz. In: *Tijdschrift voor Genderstudies* 5(3), 18–23.

Scott, J. W. (1992): Experience. In: Butler, J. und J. W. Scott (Hrsg.): Feminists Theorize the Political. New York: Routledge, 22–40.

Skeggs, Beverly (1997): Formations of Class and Gender: Becoming Respectable. London: SAGE.

Smith, Barbara (Hrsg.) (1983): Home Girls: A Black Feminist Anthology. New York: Kitchen Table/Women of Color Press.

Spivak, Gayatri C. (1993): Outside in the Teaching Machine. London: Routledge.

Stanley, Liz und Sue Wise (2000): But the Empress has no Clothes! Some Awkward Questions about the „Missing Revolution". In: *Feminist Theory* 1(3), 261–288.

Staunæs, Dorthe (2003): Where Have all the Subjects Gone? Bringing together the Concepts of Intersectionality and Subjectification. In: *Nora* 11(2), 101–110.

Trinh, M. T. (1989): Woman/Native/Other: Writing, Postcoloniality and Feminism. Bloomington: Indiana University Press.

Ware, Vron (1992): Beyond the Pale: White Women, Racism and History. London: Verso.

Yuval-Davis, Nira (2006): Intersectionality and Feminist Politics. In: *European Journal of Women's Studies* 13(3), 193–210.

Zack, Naomi (2007): Can Third Wave Feminism Be Inclusive? Intersectionality, its Problems, and New Directions. In Alcoff, L. M. und E. F. Kittay (Hrsg.): Feminist Philosophy. Oxford: Blackwell Publishing, 193–207.

Zinn, Maxine B. und Bonnie T. Dill (Hrsg.) (1994): Women of Color in US Society. Philadelphia: Temple University Press.

Die diskursiven Politiken feministischer Intersektionalität

Myra Marx Ferree

Die kritische Rahmenanalyse hat gezeigt, dass Konzepte selbst dann verschiedene Bedeutungen haben können, wenn sie mit denselben Worten beschrieben werden (Verloo 2007). Intersektionalität ist einer dieser umstrittenen Begriffe innerhalb des feministischen Denkens. In diesem Beitrag versuche ich zu klären, was Feministinnen eigentlich meinen, wenn von Intersektionalität die Rede ist.

Der Begriff Intersektionalität entstammt der Kritik, die politisch engagierte Frauen *of Color* in den USA und Großbritannien in den 1970ern und 1980ern an einem allzu homogenen politischen Diskurs übten, in dem „alle Frauen weiß und alle Schwarzen Männer sind" (Hull, Scott und Smith 1982; Crenshaw 1989; Brah und Phoenix 2004). Daher ist die Frage wichtig, wie sich die Bedeutung dieses Begriffs verändert, wenn er so gedehnt wird, dass er auch andere Ungleichheiten und Exklusionsprozesse abdecken kann.

Ich übernehme zunächst das dynamische und institutionelle Verständnis von Intersektionalität, das McCall (2005) und Hancock (2007) vorgeschlagen haben. Anstatt einzelne Orte zu identifizieren, an denen sich Ungleichheiten überschneiden, betrachtet dieser Ansatz die Dimensionen von Ungleichheit selbst als dynamisch, als eingebettet in veränderliche, sich gegenseitig konstituierende Beziehungen, aus denen sie nicht herausgelöst werden können (Glenn 2002; Walby 2007). Kategorien (wie „Frauen" und „Schwarz") und die Dimensionen, entlang derer sie geordnet sind (wie Geschlecht und „Rasse"), werden daher nicht als „falsch" oder „unbedeutend" betrachtet, auch wenn sie unvollkommen, veränderlich und umstritten sind.

Anschließend führe ich diese Argumentation fort und zeige, dass historisch verwirklichte soziale Beziehungen überall und jederzeit eine nicht reduzierbare Komplexität aufweisen. Dimensionen, die zu Vergleichszwecken von dieser Komplexität abstrahiert werden, stellen eine begriffliche Vereinfachung dar, sie sind kein inhärentes Merkmal der Realität. Das von mir vorgeschlagene Modell des politischen Diskurses ist ebenso dynamisch und soll illustrieren, dass sich die strukturell verankerten Diskurschancen in Kontinentaleuropa von den Rahmenbedingungen des politischen Diskurses, unter denen Frauen *of Color* in den USA und Großbritannien ursprünglich agierten, unterscheiden. Mein Argument lautet, dass verschiedene AkteurInnen in unterschiedlichen politischen Kontexten versuchen, die Bedeutung des Intersektionalitätskonzepts „einzuschrumpfen“ und seine potenziellen Anwendungsgebiete zu begrenzen, es „zurechtzubiegen“, damit es besser zu anderen Themen auf ihrer Agenda passt, und es „zu dehnen“, damit es neu entstehenden Bedürfnissen entspricht (Lombardo, Meier und Verloo 2009).

Intersektionen, Systeme und Diskurse

Die dynamische Variante von Intersektionalität besteht darin, dass sich die Intersektionen weder individuell noch institutionell auf einer einzelnen analytischen Ebene lokalisieren lassen. Die Intersektion von Geschlecht und „Rasse“ erfolgt nicht an konkreten *Orten*, die von Individuen oder Gruppen eingenommen werden (wie etwa Schwarzen Frauen); vielmehr ist sie ein *Prozess*, durch den der Begriff „Rasse“ für konkrete Frauen und Männer (und für jene, die sich weder der einen noch der anderen Kategorie sauber zuordnen lassen) vielfältige, vergeschlechtlichte Bedeutungen annimmt – je nachdem, ob, wie und von wem die Kombination „Rasse“ und Geschlecht als relevant für Sexualität, Reproduktion, politische Autorität, Beschäftigung oder Wohnsituation betrachtet wird. Diese (und andere) Bereiche sind als *organisatorische Felder* zu verstehen, in denen multidimensionale Formen von Ungleichheit auf jeweils historisch kontingente Weise erfahren, in Frage gestellt und reproduziert werden.

Prins (2006) definiert dies als konstruktivistisches – im Gegensatz zum strukturellen – Verständnis von Intersektionalität; ich bevorzuge jedoch die Bezeichnung „interaktive Intersektionalität“, um ihre Strukturierung als kontinuierlichen historischen Prozess zu betonen, der nur durch Einbeziehung von Struktur und Handeln verstanden werden kann (Giddens 1990). Walby (2007) greift auf die Komplexitätstheorie zurück, um diese Interpretation weiterzuentwickeln – demnach ist Intersektionalität ein aktives System mit positiven wie auch negativen Rückkopplungseffekten, nicht-linearen Beziehungen, nicht ineinander verschachtelten, und nicht-hierarchischen Überlagerungen von Institutionen. In einem solch komplexen System ist „Geschlecht“ keine Dimension, die auf die Organisation von Reproduktionsarbeit oder Familie beschränkt ist, „Klasse“ keine rein ökonomische Dimension, und „Rasse“ keine Kategorie, die sich primär auf Ethnizitäten, Nationen und Grenzen zurückführen ließe. Vielmehr werden all jene Prozesse, die systematisch Familien, Ökonomien und Nationen organisieren, parallel zu den Bedeutungen von Geschlecht, „Rasse“ und Klasse konstruiert, die diese Institutionen jeweils für sich und auch gemeinsam präsentieren und verstärken. Anders formuliert: Jedes institutionelle System fungiert für die anderen jeweils als Umwelt, an die sie sich anpassen.

McCalls dynamisch-interaktivem Intersektionalitätsansatz und Walbys Idee parallel konstruierter Systeme möchte ich einen weiteren Aspekt hinzufügen – und hervorheben, dass der *Diskurs* ein politischer Prozess ist, durch den jene parallele Konstruktion erfolgt. Mein Ansatz basiert auf der Einsicht, dass Wissen und Macht gleichzeitig entstehen; er betont die historische Entwicklung der Institutionen, die Bewusstsein und Praxis prägen und identifiziert den Diskurs als den entscheidenden Schauplatz politischen Handelns (Foucault 1977). Zwei zentrale Prozesse diskursiver Politik sind Kategorisieren und Ordnen. Diese menschlichen Handlungen tragen wegen der inhärenten Reflexivität der sozialen Welt politische Konsequenzen in sich, denn wir benutzen Kategorien und Rangordnungen nicht nur, um die Welt zu verstehen, sondern auch, um sie zu kontrollieren. Die Rückmeldung aus der Umwelt an das System erfolgt anhand von Informationen über Erfolg oder Misserfolg (Espeland und Sauder 2007). In dem Maße, wie sich Listen, Rangordnungen, Metaphern und Unterscheidungen verbreiten, leiten sie unser Verständnis davon, wer wir sind und mit wem wir mehr oder weniger eng verbunden sind. Wenn etwa die Dimension „Rasse“ konstruiert und in Volkszählungen „fixiert“ wird, generiert sie Kategorien (wie „asiatisch“), die einen bestimmten Sinn haben, anfechtbar sind und stets weiter zerlegt werden können – die aber dazu dienen, reale Ressourcen und Anerkennung zu verteilen, an denen Identitäten und Handlungen sich orientieren können.

Wo Interpretationen von Ungleichheitsformen aller Art aufeinandertreffen, „biegen“ und „dehnen“ sie sich gegenseitig „zurecht“. Wie andere Formen sozialer Reflexivität erfolgt auch die relativ neue Rahmung von Intersektionalität in Europa innerhalb einer sozialen Welt, die bereits intersektionelle Beziehungen aufweist – in historisch konkreter und dennoch anfechtbarer und wandelbarer Weise (Knapp 2005; Verloo 2006). Der Diskurs ist ein zentrales politisches Konzept für das Verständnis von Intersektionalität und sozialem Wandel, und „Rechte“ lassen sich besser als ein Diskurs verstehen als ein einzelner „Leitrahmen“. Mit diesem Hinweis will ich darauf aufmerksam machen, dass es bei dem Versuch, den Begriff der Intersektionalität in ein praktisch nutzbares Konzept zu verwandeln, konkrete Kontroversen gibt. In der darauf folgenden Anwendung des „Bedeutungsnetz“-Ansatzes illustriere ich beispielhaft, wie unterschiedlich kontrovers und radikal Intersektionalität in Europa und den USA diskutiert wird. Abschließend verdeutliche ich, dass die künftige Bedeutung von Intersektionalität im europäischen und amerikanischen Kontext jeweils davon abhängen wird, in welche Auseinandersetzungen AkteurInnen sich entscheiden einzutreten.

Frameworks und „Rahmungsarbeit“

„Rahmung“ bedeutet, Annahmen über soziale Akteure und soziale Beziehungen zu mehr oder weniger kohärenten „Paketen“ zu schnüren. Diese Pakete definieren, welche Arten von Handlungen für bestimmte Akteure notwendig, möglich und effektiv sind. Der Sinn von „Rahmen“ ist es, aus der Vielzahl möglicher kognitiver Repräsentationen der verwirrend komplexen Wirklichkeit, die soziale Akteure umgibt, Verbindungen herzustellen, Beziehungen zu identifizieren und Wahrnehmungen von sozialer Ordnung zu erschaffen. Rahmen erzeugen aktiv Verbindungen zwischen Menschen, Konzepten, Praktiken und Ressourcen und ermöglichen so eine Koordination des eigenen Handelns, die auch für die Interpretation durch andere offen ist (Goffman 1974). Der Schlüssel zum Verständnis von „Rahmungsarbeit“ ist nicht das individuelle Element, sondern die Herstellung von Beziehungen oder Verbindungen zwischen den Elementen. Durch Rahmung wird die bekannte Welt überhaupt erst geschaffen: Sie verleiht Konzepten aktiv Bedeutung, indem sie sie in Netze aus mehr oder weniger vielen anderen geteilten und praktisch relevanten Bedeutungen einbettet (Benford und Snow 2000; Snow 2004). Während Benford und Snow betonen, dass Rahmung ein Prozess ist, durch den Ideen mit gegebenen Bedeutungsstrukturen verbunden werden, möchte ich demgegenüber die gegenseitigen Transformationen der Strukturen und Ideen hervorheben, für die soziale Bewegungen werben. Die so entstehenden institutionalisierten Netze aus Bedeutungen bezeichne ich als Rahmenwerke [*frameworks*].[1]

Rahmenwerke in der Politik lassen sich teilweise als Analogie zur Funktionsweise von Sinnsystemen in anderen Bereichen verstehen. So haben wissenschaftliche Disziplinen jeweils eigene Historien, die bestimmte Arten von Wissen privilegieren – und Menschen, die in diesen Disziplinen produktiv arbeiten wollen, dazu anleiten, bestimmte Praktiken eher zu verfolgen als andere. Das Framework der politischen Debatte besteht nicht aus einem disziplinären Kanon, sondern aus *autoritativen Texten,* wie Verfassungen, Gesetzen, Gerichtsentscheidungen, Verträgen und administrativen Regelungen. Solche Texte sprechen nie „für sich selbst“; sie müssen interpretiert, umgesetzt und ihre Geltung muss durchgesetzt werden. Trotzdem bieten sie ein diskursives Gerüst an – ein institutionalisiertes Rahmenwerk von Verbindungen, die zwischen Menschen, Konzepten und Ereignissen hergestellt werden. Diese Struktur prägt die Durchsetzungschancen von politischen AkteurInnen, indem sie bestimmte Arten von Verbindungen als unvermeidlich erscheinen lässt – andere hingegen als verdächtig unsicher und daher besonders verlockend für Debatten.

Solche Rahmenwerke können für Sprecher unterschiedlich nützlich oder einengend sein; daher ist es sinnvoll, sie als diskursive *Gelegenheitsstrukturen* zu bezeichnen (Ferree 2003). Die kritische Rahmenanalyse betont, dass „Texte mit Autorität“ in jedem konkreten Kontext ihrerseits entstanden sind, indem ihre Bedeutung in einem Netz starker Verbindungen mit anderen Konzepten fixiert wurde – ein Prozess, der stets politische Arbeit erfordert, und der, nachdem er

---

[1] Sowohl der englische Ausdruck *framework* wie der deutsche Ausdruck Rahmenwerk bedeuten wörtlich ‚Gerüst‘ sowie im abstrakten Sinn ‚Rahmenbedingungen‘.

einmal erfolgreich abgeschlossen wurde, zukünftige politische Arbeit entscheidend beeinflusst (Stone 1988; Bacchi 1999). Eine diskursive Gelegenheitsstruktur besteht also nicht nur passiv aus Texten „auf Papier"; sie ist vielmehr offen, dynamisch und durch und durch von Macht bestimmt.

Mit anderen Worten: Auch wenn wir eine diskursive Gelegenheitsstruktur als einen Satz von Texten mit Autorität (z. B. Gesetzen) betrachten, sollten wir nicht aus den Augen verlieren, auf welche Weise ihre Autorität sich in ein größeres System einfügt. Ein konkretes Gesetz ist jeweils Teil einer größeren Rechtskultur; jeder Text dieser Art stellt auch eine Ressource dar, um die politisch mobilisierte Akteure kämpfen, indem sie verschiedene Interpretationen anbieten und Schlussfolgerungen für ihr Handeln ziehen. Recht ist quasi von Natur aus ein „Streitsystem" – gäbe es keine gegensätzlichen Interessen, gäbe es auch keinen Bedarf an Verträgen, Regelungen und verbindlichen Entscheidungen. Gesetze, Verfassungen, Verträge und Direktive bilden daher politische Rahmenwerke; dabei handelt es sich um historisch konstruierte, pfadabhängige Gelegenheitsstrukturen für die diskursiven Auseinandersetzungen der Gegenwart.

Der Begriff „Rahmungsarbeit" [*framing work*] beschreibt das allgegenwärtige Ringen diverser politischer Akteure um politische Bedeutungsinhalte. Alle sozialen Bewegungen stellen das dominierende Rahmenwerk der Politik in Frage: Sie versuchen, bestimmte Texte zu de-institutionalisieren und andere Gesetze oder Führungsprinzipien in Kraft zu setzen. Diskursiv radikal sind solche sozialen Bewegungen, die neue Rechte benennen (z. B. Freiheit von sexueller Belästigung) und neue soziale AkteurInnen als MitbürgerInnen anerkennen. Als Reformbestrebungen sind die Bewegungen zu bezeichnen, die die praktische Durchsetzbarkeit nominell bereits bestehender Rechte anstreben. Die Rahmungsarbeit, in der sich soziale Bewegungen engagieren, ist ein wesentliches Mittel, um Legitimität für deren spezifische Definitionen von „richtig" und „falsch", „Recht" und „Unrecht" zu beanspruchen.

Wenn die Rahmenanalyse sich den historisch politischen Prozessen widmet, durch die die aktuellen autoritativen Texte produziert, interpretiert und als Ressource für die Mobilisierung verwendet wurden, gewinnt sie entscheidend an Handlungsspielraum hinzu. Studien über die Entwicklung einzelner Politiken – wie die von Pedriana (2006) über das Gleichstellungsrecht in den USA oder von Zippel (2006) über die rechtliche Behandlung sexueller Belästigung in Deutschland, den USA und der EU – liefern wichtige Einblicke in diese Prozesse. Diese Studien zeigen die reflexive Wirkung der Gewährleistung, Institutionalisierung und Anwendung neuer Denkweisen über Rechte, durch die diese „in ihren Konsequenzen wirklich"[2] werden.

[2] Anspielung auf das in den USA geläufige „Thomas-Theorem" („If men define situations as real, they are real in their consequences.") (A. d. Ü.).

Pedriana (2006) zeigt z. B., dass das vom US-amerikanischen Recht bereitgestellte Rahmenwerk für „Gleichberechtigung" in seiner Interpretation, Anwendung und Umsetzung aktiv an einen spezifischen praktischen Sinn gekoppelt werden muss. Zwar war es bereits eine politische Errungenschaft, dass Diskriminierung aufgrund des Geschlechts gesetzlich unterbunden wurde – das allein bedeutete jedoch noch nicht, dass die Gerichte dies so verstanden, dass diskriminierende Arbeitsschutzgesetze und die gewöhnliche Trennung von Arbeitsplätzen nach Geschlechtern untersagt wurden. Erst nach gerichtlichen und außergerichtlichen Auseinandersetzungen um die Tragweite, die den wörtlichen Formulierungen des Gesetzes zukommen sollte, wurde der Rahmen „Gleichberechtigung" in den USA zur „selbstverständlichen" Interpretation der Gesetzestexte. Paradoxerweise schuf diese Sinndehnung, wonach Frauen „wie Schwarze" gegen Diskriminierung geschützt werden sollten, eine diskursive Verbindung zur Abschaffung der Rassentrennung. Dies ermöglichte es der Opposition, den vorgeschlagenen Gleichheitszusatz für die US-amerikanische Verfassung als Abschaffung der Geschlechtertrennung einzurahmen; angeblich würden durch sie auch Damentoiletten und Hochschulen für Frauen abgeschafft (Mathews und DeHart 1990), und die weitere Ausweitung gesetzlicher Rechte für Frauen, die noch ein Jahrzehnt zuvor „selbstverständlich" erschien, wurde dadurch blockiert (Mansbridge 1986).

Die Relationalität und Flüssigkeit des Sinns, der selbst in institutionalisierten Texten durch Rahmen transportiert wird, stellt die vertraute Idee eines „Leitrahmens" in Frage (Snow 2004). Obwohl ein breiter wissenschaftlicher Konsens darüber besteht, dass „Rechte" in den Vereinigten Staaten ein außergewöhnlich mächtiger Begriff ist, existiert vor den Gerichten, in der Legislative und der Exekutive ein anhaltender Streit darüber, was Rechte eigentlich bedeuten. In der Praxis unterliegt die Bedeutung und Anwendung von „Rechten" ständigen Veränderungen. So wurden die von der Bürgerrechtsbewegung erhobenen Ansprüche auf Gleichberechtigung mit der Zeit „eingeschrumpft", bis sie sich nur noch auf höchst formale gesetzliche Rechte bezogen, die vom Konzept der „sozialen Gerechtigkeit" getrennt und statt dessen mit der Idee der „Diversität" verbunden wurden – die wiederum sorgsam eingeschränkt wurde, so dass kein Anspruch auf „Sonderrechte" erhoben werden konnte (Edelman, Fuller und Mara-Drita 2001). Weil Rahmen keine isolierten Konzepte sind, sondern *Verbindungen* zu anderen Konzepten, die Bedeutungen für die in Gebrauch befindlichen Wörter bereitstellen, wird durch die Herstellung von Rahmen ein Netz aus Bedeutungen gesponnen, in denen Selbst- und Querbezüge inhärent vielfältig sind.

Wir sollten uns den US-amerikanischen politischen Diskurs daher nicht so vorstellen, als stelle er mit dem Begriff „Rechte" einen einzelnen Leitrahmen bereit, der außer- oder oberhalb eines Bedeutungsgeflechts existiert, in dem konkretere (Unter-)Rahmen konstruiert werden. Stattdessen ist es nützlicher, den Begriff „Rechte" als eine der zentraleren und dichter mit anderen verknüpften Ideen innerhalb eines Netzes politischer Bedeutungsinhalte zu denken. Diskurse über Rechte greifen eine oder mehrere der Verbindungen auf, die dem Konzept „Rechte“ zur Verfügung stehen und dehnen sie in die eine oder andere Richtung – z. B. so, dass gleichgeschlechtliche Ehen hineinpassen oder eben nicht (Hull 1997). Die Dichte und die Stabilität des Systems aus Querverweisen auf Bedeutungsinhalte, welches dem US-amerikanischen Denken über „Rechte“ zugrunde liegt, bietet eine reichhaltige und vielseitige Peripherie an möglichen Interpretationen, die AkteurInnen in vielen verschiedenen Positionen entlang seiner Ränder nutzen können (Skrentny 2006). Betrachtet man den Diskurs über Rechte als ein Rahmenwerk, in dessen Mittelpunkt der Begriff „Rechte“ steht, wird deutlich, dass alle Elemente darin von ihren gegenseitigen Verbindungen geprägt werden – aber auch, dass der Begriff „Rechte“ selbst durch seine Verbindungen zu den um ihn arrangierten Ideen definiert wird.

Dieses Netz aus Bedeutungsinhalten ist ein *Rechtediskurs*. Spezifische Rechtediskurse laufen in verschiedenen Kontexten unterschiedlich ab – daher kommt Intersektionalität je nach Rahmenwerk auch auf verschiedene Weise ins Spiel. Im Gegensatz hierzu wäre der Begriff „Rechte“ als ein einziger Leitrahmen das wichtigste Element und besäße eine einzige, festgeschriebene Definition; er wäre hierarchisch mit einer Vielzahl abstrakter und austauschbarer Elemente verbunden, wie „Gleichheit“, „Differenz“, oder „Schutz“. Diese untergeordneten Konzepte müsste man sich jeweils mit einer stabilen Definition vorstellen, unabhängig von dem lokalen Rahmenwerk, in dem sie vorgefunden werden; anstatt ihre Bedeutung aus dem Diskurs zu beziehen, indem sie benutzt werden, *würden sie sich nur in der Wahrscheinlichkeit unterscheiden, mit der sie aufgegriffen werden.* Die „Frauen“, die die so verstandenen Rechte besitzen, würden ebenfalls eine Kategorie bilden, deren Mitglieder genau bekannt sind – der Begriff „Frau“ wäre demnach nicht seinerseits umstrittener Gegenstand einer politischen Auseinandersetzung, in die Frauen verschiedener Ethnien, sexueller Orientierungen, Lebensalter und Berufe mehr oder weniger einbezogen sind. „Intersektionalität“ als Konzept wird oft gebraucht, um das Konzept „Frau“ so zu dehnen, dass marginalisierte Gruppen einbezogen werden, wie auch immer diese in einem spezifischen sozio-historischen Kontext konstituiert sind. Daher sind Versuche, alle möglichen Exklusionsprozesse vollständig aufzulisten, angesichts der Fluidität von Machtbeziehungen in der Praxis zum Scheitern verurteilt.

Intersektionelle Rahmung und institutionalisierte Diskurse über Rechte

Betrachten wir Diskurse über Rechte als multiple, historisch produzierte Rahmenwerke für feministische Kämpfe um Macht, werden die Probleme deutlich, denen reisende Konzepte wie Intersektionalität gegenüberstehen, wenn sie in neuen Sinnzusammenhängen ankommen. Die durch Intersektionalität definierten Begriffe „Rasse" und Geschlecht müssen in jeder beliebigen Situation ihren Sinn bekommen, teilweise aufgrund der Vielzahl der Institutionen, die hier im Spiel sind (wie Familie oder Nation), teilweise aufgrund anderer Ungleichheiten (wie Alter oder Geld), die sich ebenfalls gegenseitig im institutionellen Kontext operationalisieren. Darauf bezieht sich auch Walbys (2007) Warnung, einen „segregatorischen Reduktionismus" zu meiden, der Klasse, „Rasse" und Geschlecht jeweils nur einem einzigen institutionellen „System" – Wirtschaft, Staat oder Familie – zuordnet. Walby fragt stattdessen nach der gegenseitigen Durchdringung von Sinn und Handeln in Systemen, die nicht bereits durch einen einzelnen Begriff „gesättigt", also erschöpfend erklärt sind. Auch die dynamische Definition des Diskursbegriffs enthält ein ebenso komplexes – d. h. nicht-verschachteltes und nicht-gesättigtes – System aus Bedeutungsinhalten, auf das sich politische Akteure beziehen, wenn sie (in den USA) von „Rechten" bzw. (in Deutschland) vom „Rechtsstaat" sprechen. Der Diskurs über Rechte ist somit gleichzeitig eine diskursive Umwelt für Systeme, die nationale, ökonomische, familiäre und andere soziale Machtbeziehungen strukturieren, und ein Sinnsystem, das in eine Umwelt materieller Ungleichheiten eingebettet ist. Daher lassen sich diese Begriffe auf eine Vielzahl institutioneller Kontexte anwenden.

Jedes dieser dynamischen Modelle lehnt es ab, lange Listen verschiedener „Rahmen" und „Achsen von Ungleichheit" aufzustellen, wie sie oft in der Forschung von Intersektionalität und Rahmung vorkommen und bereits von McCall (2005) bzw. Benford (1997) kritisiert worden sind. Es wäre nützlicher, die beiden Phänomene „Diskurs" und „Intersektionalität" als *Konfigurationen* im Sinne McCalls (2005) zu verstehen, d. h. einen Blick auf Muster und Interaktionen zu richten, die je nach Kontext paradoxe, einander widersprechende Bedeutungen annehmen. Solche Konfigurationen – sowohl von Diskursen als auch von Intersektionalität, und in Bezug auf die diskursiven und materiellen Aspekte der sozialen Ordnung – weisen sowohl eine gewisse Stabilität als auch Wandel auf. Es ist eine empirische Frage, für einen gegebenen Kontext zu erkennen, welche Konzepte für die Konfiguration von Ungleichheiten in Diskurs und Praxis wichtig sind.

Das bedeutet, „Rechte" (oder „Frauen") ist kein Leitrahmen, der jemals eine „reale" Bedeutung hätte, jemals vollständig bekannt oder „korrekt" verwendet werden könnte; sondern stellt vielmehr einen Begriff und eine Sprechweise dar, die mehr oder weniger sinnvoll oder mächtig sein kann – je nachdem, welche Palette an Bedeutungen ihr zugeschrieben wird. Benford und Snow (2000) sprechen von der „Verstärkung" oder „Erweiterung" von Rahmen [*frame amplification* bzw. *frame extension*], als ob es sich um Operationen handelte, die auf einen einzelnen Begriff angewendet werden. Dagegen wende ich ein, dass AkteurInnen, die politische Ansprüche erheben und die Bedeutung eines Begriffs damit „dehnen", nicht einfach ihre einzelnen Ideen in Bezug auf neue Gruppen oder neue Elemente „erweitern", die vorher gefehlt hätten. Vielmehr „dehnen" sie ihr gesamtes Netz aus Bedeutungsinhalten so, dass es auch Menschen und Praktiken erfasst, die bis dahin in anderen Mustern verbunden waren. Somit verändert sich insgesamt die Form und Struktur des alten Netzes. Was „Frauen" sind und wollen, variiert demnach erheblich, je nachdem, wer unter diesen Begriff fällt.

Argumentiert man, so wie einige transnationale feministische Organisationen, dass „Frauenrechte Menschenrechte sind", so dehnt man *sowohl* den Begriff „Menschen" als auch den Begriff „Rechte" so weit, dass sie etwas anderes bedeuten als zuvor – es werden bestehende, stabile Bedeutungen auf eine neue Gruppe namens „Frauen" ausgedehnt. Da die Gleichberechtigung der Geschlechter innerhalb der Diskursstruktur eines politischen Systems durch die bestehenden Beziehungen zu anderen Ideen, AkteurInnen und Handlungen gerahmt wird, nutzen die Rahmen reformgesinnter AkteurInnen pragmatisch viele dieser vorhandenen Bedingungen, während andere (radikalere) Bestrebungen darauf abzielen, das ganze Rahmenwerk, in dem die Idee der Gleichberechtigung eingebettet ist, zu transformieren (Ferree 2003).

Die unterschiedlich institutionalisierten Beziehungen zwischen Geschlecht, „Rasse" und Klasse in den amerikanischen und europäischen Rahmenwerken bieten in verschiedenen diskursiven Dimensionen einerseits Gelegenheiten für pragmatische Fortschritte und andererseits Aussichten auf eine radikalere Transformation. Das europäische Gesellschaftsmodell konstruiert soziale Gleichheit in Bezug auf ökonomische Beziehungen, institutionalisiert Prozesse, in denen Klasseninteressen vertreten werden (durch Parteien und Gewerkschaften) und betrachtet Umverteilung als legitime Aufgabe des Staates. Mobilisierte Klasseninteressen waren dafür verantwortlich, dass die Frauenbewegung sowohl die Idee der bürgerlichen Rechte als auch die der sozialen Gerechtigkeit aufgriff und sie durch einen Klassenkampf institutionalisierte. Im Gegensatz hierzu war der Kampf US-amerikanischer Frauen um bürgerliche Rechte eng verknüpft mit der Anerkennung der Menschenrechte rassifizierter Minderheiten, insbesondere der versklavten Schwarzen. Daher wurde der Begriff von „Rechten" in Europa überwiegend von klassenbezogenen Ansprüchen auf soziale Teilhabe „gerahmt", während in den USA die Kämpfe von schwarzen BürgerInnen und von Frauen gegen Zuschreibungen individueller „Minderwertigkeit" und rechtlichen Ausschluss historisch zentral waren (Ferree 2008).

„Rasse" und Geschlecht gemeinsam als Formen sozialer Ungleichheit zu subsumieren entspricht daher der US-amerikanischen historischen Erfahrung; würde man aber Geschlecht in Europa ebenso mit „Rasse" (im Sinne von ethnischer Kultur, Sprache, Hautfarbe oder Religion) anstatt mit Klasse zusammendenken, würde man sie damit aus dem bedeutungsvollen Rahmenwerk reißen, in dem sie steht. Europäische Feministinnen argwöhnen, dass ihre Ansprüche auf eine niedrigere Ebene herabgesetzt werden könnten, wenn Geschlecht als eine Form von multikultureller „Diversität" statt als eine klassenähnliche Unterdrückung definiert würde; daher ist eine Allianz mit *People of Color* für sie problematisch. Anders als US-amerikanische Feministinnen, die von der Analogie Geschlecht-„Rasse" profitieren, sehen viele europäische Feministinnen in einer Allianz mit Interessenvertretungen von ImmigrantInnen wenig Vorteile für sich selbst, wenn es um die Durchsetzung von Rechten geht. Gleichzeitig versuchen europäische PolitikerInnen aktiv, die Gleichberechtigung der Geschlechter als etwas zu definieren, das in dieser Region bereits verwirklicht und für sie geradezu charakteristisch sei. Dies untergräbt die Kritik der europäischen Feministinnen an ihren eigenen Ländern und bringt die vermeintlichen Interessen (weißer) Frauen gegen die von „ImmigrantInnen" in Opposition (Brown und Ferree 2005; Rottmann und Ferree 2008). Umgekehrt gilt: Wenn in den USA Geschlecht im Sinne des Intersektionalitätsansatzes als Diskriminierungsmerkmal „wie Klasse" definiert würde, würde es zum Gegenstand eines normativ überhöhten Wettbewerbs, in dem es geradezu eine moralische Pflicht wäre zu versuchen, aus einer unterprivilegierten Position zu entfliehen und Teil einer Elite zu werden.

Die feministischen Rechtsdiskurse dehnen sich daher in verschiedenen Rahmenwerken in ganz verschiedene Richtungen aus. Ebenso werden die konkreten feministischen Forderungen, die diese Konfiguration letztendlich radikal verändern werden, verschiedene sein. In beiden Regionen ist eine volle politische Teilhabe für alle Frauen weiterhin eher ein Ziel, als eine Errungenschaft; die verfügbaren diskursiven Instrumente für die noch erforderliche „Rahmungsarbeit", die die Bewegungen in beiden Kontexten leisten müssen, sind jedoch verschieden. Eine dynamisch-intersektionelle Analyse sozialer Ungleichheit als Ausgangspunkt ermöglicht uns, die Rahmenwerke, die „Rasse", Klasse und Geschlecht mit Rechten und politischer Teilhabe verbinden, zu untersuchen, und zu sehen, *auf welche Weise* sie Menschen in verschiedenen strukturellen Positionen Macht verleihen oder Macht entziehen.

Schlussfolgerungen

Die Bedeutung von Geschlechterungleichheit ist nicht nur je nach Land und Kontext verschieden – sie ist auch jeweils in einer Geschichte verankert, in der die Grenzen und Vorrechte eines ethnisierten Verständnisses von Nationalität, die Staatsmacht organisierter Klasseninteressen, und die Intersektion von beidem mit der Definition von Frauen als Reproduzentinnen der Nation, seit jeher Teil der Politik sind (Yuval-Davis 1990). Erkennt man Geschlecht als Teil eines Systems intersektioneller Ungleichheiten an, das durch Institutionen hindurch verläuft, historische Kämpfe widerspiegelt und von den Bedeutungsinhalten abhängt, die alle Kategorien in verschiedenen Kontexten haben, wird deutlich, dass eine intersektionelle Analyse niemals nur aus einer simplen Liste von Unterdrückungsformen wird bestehen können.

Vielmehr müssen die institutionalisierten Rahmenwerke für das Verständnis selbst der grundlegendsten politischen Begriffe – etwa Rechte, Sicherheit, Macht, Freiheit und Demokratie – als Produkte historischer Auseinandersetzungen betrachtet werden. Feministinnen haben immer zum langen Prozess der Staatenbildung beigetragen, und feministische Rahmungsarbeit ist ein integraler Bestandteil aktueller Anstrengungen, die Grenzen zwischen Inklusion und Exklusion sowohl innerhalb der Kategorie „Frauen“ als auch zwischen Frauen und Männern zu verschieben. Dies gilt nicht nur für die konkreten Diskurse über Rechte in bestimmten Nationalstaaten, sondern auch für die Entscheidungen von Feministinnen in ihrem Verhältnis zur EU und zu globalen Diskursen (Hellgren und Hobson 2008). So bedarf etwa die Rahmung des Begriffes der „nationalen Sicherheit“, nicht weniger als der der „Menschenrechte“, heute eines feministischen „Dehnens und Biegens“, insbesondere in den USA: Die schwache Verbindung zwischen sozialen Klassenlagen und ökonomischer Ungleichheit einerseits und Geschlecht und „Rasse“ andererseits, stellt die zentrale Herausforderung für die Kommunikation eines feministischen Intersektionalitätsdiskurses innerhalb des US-amerikanischen Rahmenwerks dar.

Menschen schaffen Kategorien um die Welt zu verstehen – und sie tun dies von ihren jeweiligen Standpunkten aus – aber der Sinn und Zweck unseres Bemühens, diese Welt aus Ungleichheit und Ungerechtigkeit zu verstehen, besteht darin, sie zu verändern. Beschreibungen von Ungleichheiten wirken sowohl positiv als auch negativ auf das Fortbestehen dieser Konfigurationen von Ungleichheiten zurück: Durch positive Rückkopplung wird der Status Quo in einem klassischen Teufelskreis verstärkt, der sich in Pfadabhängigkeiten innerhalb von Systemen äußert. Die Institutionalisierung bestimmter Muster mit ihren inhärenten Widersprüchen ermöglicht jedoch auch ein negatives Feedback, in dem sich kleinste Veränderungen gegenseitig verstärken und ein System immer weiter aus seinem prekären Gleichgewicht bringen. Diese potenzielle Instabilität – ob man sie mit Marx als „Dialektik“ der Klassen, mit Myrdal als „Dilemma“ von rassebezogenen Exklusionsprozessen oder mit Wollstonecraft und Scott als „Paradoxon“ der Differenz und Gleichheit zwischen den Geschlechtern bezeichnet – betrifft alle Formen von Ungleichheit und verleiht Bewegungen, die Rahmenwerke von Ungleichheiten transformieren wollen, ihre Hoffnung auf Erfolg.

Aber transformatorische Politik erkennt man nicht an irgendeiner Liste mit bestimmten Merkmalen oder Zielgruppen. Ebenso wenig lassen sich politisch bedeutsame Rahmen oder soziale Ungleichheiten in einer Liste fassen, so lang sie auch sein mag. Eine systemische Sichtweise der Intersektionalität erkennt in einer Reform, so bescheiden sie auch sein mag, die „Schmetterlingsflügel“, die einen längeren Prozess des radikalen Wandels in Gang setzen können, den selbst seine BefürworterInnen schwer vorhersehen können. Politik bedeutet Risiken einzugehen, und mündet in einer unvorhersehbaren und umstrittenden Zukunft, die von allen anderen AkteurInnen mitbestimmt wird (Zerilli 2005). Feministische „Identitätspolitik" konstruiert die Bedeutung von „Feminismus" aktiv, indem sie entscheidet, mit wem und gegen wen Feministinnen sich politisch engagieren.

Feministinnen haben heute keinen besonderen Anspruch auf richtige Einsichten oder die Fähigkeit, die eine richtige Methode der Analyse zu finden. Feministische Akteurinnen können weder vorhersagen, wie ihre Handlungen letztendlich verstanden werden, noch wie sich ihr Kampf entwickeln wird, da sie nicht die einzigen sind, die an Auseinandersetzungen über Bedeutungsinhalte, Ressourcen und Macht beteiligt sind. Doch so unsicher das Ende eines Rahmungsprozesses auch sein muss, ist die Rahmungsarbeit nicht zu vermeiden, wenn überhaupt gehandelt werden soll. Ein bescheidener Anspruch auf beschränkte, fehlbare, aber strategisch nützliche Rahmungen könnte die Tür zum Dialog mit anderen öffnen, die aus ihren eigenen Umständen heraus ihre eigenen Rahmen entwickelt haben. Dies könnte einen reflexiveren Ansatz ermöglichen, um Verbündete zu finden, mit denen Feministinnen die *Rahmenwerke* aus Ungleichheiten, in die wir alle verstrickt sind, auf breiterer Front in Frage stellen können.

übersetzt von Thorsten Möllenbeck

Literatur

Bacchi, Carol (1999): Women, Politics and Policies: The Construction of Policy Problems. Thousand Oaks CA: Sage.

Benford, Robert (1997): An Insider's Critique of the Social Movement Framing Perspective. In: *Sociological Inquiry* 67(4), 409–430.

Benford, Robert und David A. Snow (2000): Framing Processes and Social Movements: An Overview and Assessment. In: *Annual Review of Sociology* 26, 611–639.

Brah, Avtar und Ann Phoenix (2004): Ain't I A Woman? Revisiting Intersectionality. In: *Journal of International Women's Studies* 5(3), 75–87.

Brown, Jessica A. und Myra M. Ferree (2005): Close Your Eyes and Think of England: Pronatalism in the British Print Media. In: *Gender & Society* 19(1), 5–24.

Crenshaw, Kimberlé W. (1989): Demarginalizing the Intersection of Race and Sex: A Black Feminist Critique of Antidiscrimination Doctrine, Feminist Theory and Antiracist Politics. In: *University of Chicago Legal Forum,* 139–167.

Edelman, Lauren B., Riggs Fuller, Sally and Mara-Drita, Iona (2001): Diversity Rhetoric and the Managerialization of Law. *American Journal of Sociology* 106(6), 1589–1641.

Espeland, Wendy N. und Michael Sauder M. (2007): Rankings and Reactivity: How Public Measures Recreate Social Worlds. *American Journal of Sociology,* 113(1), 1–40.

Ferree, Myra M. (2003): Resonance and Radicalism: Feminist Abortion Discourses in Germany and the United States. In: *American Journal of Sociology* 109(2), 304–344.

Ferree, Myra M. (2008): Framing Equality: The Politics of Race, Class, Gender in the US, Germany, and the Expanding European Union. In. Roth, S. (Hrsg.): The Gender Politics of the European Union. New York: Berghahn Publishers, 237–255.

Foucault, Michael (1977): Discipline and punish: The birth of the prison. (Übersetzt aus dem Französischen von Alan Sheridan) New York: Pantheon Books.

Giddens, Anthony (1990): The consequences of modernity. Stanford: Stanford University Press.

Glenn, Evelyn N. (2002): Unequal Labor: How Race and Gender shaped American Citizenship and Labor. Cambridge, MA: Harvard University Press.

Goffman, Erwin (1974): Frame Analysis: An Essay on the Organization of Experience. New York: Harper and Row.

Hancock, Ange-Marie (2007): When Multiplication Doesn't Equal Quick Addition: Examining Intersectionality as a Research Paradigm. In: *Perspectives on Politics* 5(1), 63–79.

Hellgren, Zenia und Hobson, Barbara (2008): Gender and Ethnic Minority Claims in Swedish and EU Frames: Sites of Multi-level Political Opportunities and Boundary Making. In: Roth, Silke (Hrsg.): Gender Politics and Women's Movements in the Expanding European Union. New York: Berghahn Books, 211–233.

Hull, Gloria, Scott, Patricia B. und Barbara Smith (1982): All the Women are White, All the Blacks are Men, but Some of Us are Brave: Black Women's Studies. Old Westbury NY: Feminist Press.

Hull, Kathleen E. (1997): The Political Limits of the Rights Frame: The Case of Same-Sex Marriage in Hawaii. In: *Sociological Perspectives* 44(2), 207–232.

Knapp, Gudrun-Axeli (2005): Race, Class, Gender: Reclaiming Baggage in Fast-Travelling Theories. In: *European Journal of Women's Studies* 12(3), 249–265.

Lombardo, Emanuela; Meier, Petra und Mieke Verloo (Hrsg.) (2009): The Discursive Politics of Gender Equality: Stretching, Bending and Policy-making. London: Routledge.

Mansbridge, Jane (1986): Why we lost the ERA. Chicago: University of Chicago Press.

Mathews, Donald und Jane S. DeHart (1990): Sex, Gender and the Politics of the ERA: A state and the Nation. New York: Oxford University Press.

McCall, Leslie (2005): The Complexity of Intersectionality. In: *Signs: Journal of Women in Culture and Society* 30(3), 1771–1880.

Pedriana, Nicholas (2006): From Protective to Equal Treatment: Legal Framing Processes and Transformation of the Women's Movement in the 1960s. *American Journal of Sociology* 111(6), 1718–1761.

Prins, Baukje (2006): Narrative Accounts of Origins: A Blind Spot in the Intersectional Approach? In: *European Journal of Women's Studies* 13(3), 277–290.

Rottmann, Susan B. und Myra M. Ferree (2008): Citizenship and Intersectionality: German Feminist Debates about Headscarf and Anti-discrimination Laws. In: *Social Politics* 15(4), 481–513.

Skrentny, John (2006): Policy-Elite Perceptions and Social Movement Success: Understanding Variations in Group Inclusion in Affirmative Action. In: *American Journal of Sociology* 111(6), 1762–1815.

Snow, David A. (2004): Framing Processes, Ideology, and Discursive Fields. In: Snow, D. A.; Soule, S. A. und H. Kriese (Hrsg.): The Blackwell Companion to Social Movements. Malden, MA: Blackwell, 380–412.

Stone, Deborah A. (1988): Policy Paradox and Political Reason. Glenview, IL: Scott, Foresman.

Verloo, Mieke (2006): Multiple Inequalities, Intersectionality and the European Union. In: *European Journal of Women's Studies* 13(3), 211–228.

Verloo, Mieke (Hrsg.) (2007): Multiple Meanings of Gender Equality: A Critical Frame Analysis of Gender Policies in Europe. Budapest: CPS Books.

Walby, Sylvia (2007): Complexity Theory, Systems Theory, and Multiple Intersecting Social Inequalities. *Philosophy of the Social Sciences* 37(4), 449–470.

Yuval-Davis, Nira (1990): Gender and Nation. Thousand Oaks CA: Sage Publications.

Zerilli, Linda (2005): Feminism and the Abyss of Freedom. Chicago: University of Chicago Press.

Zippel, Kathrin (2006): The Politics of Sexual Harassment: A Comparative Study of the United States, the European Union, and Germany. New York: Cambridge University Press.

II. Neue Forschungsfelder der Intersektionalität: Männlichkeiten und Heteronormativität

Marginalisierte Männlichkeit, Prekarisierung und die Ordnung der Geschlechter

Mechthild Bereswill und Anke Neuber

Die folgenden Überlegungen stehen im Zusammenhang einer Konferenz im Januar 2009, deren fragender Titel „Celebrating Intersectionality?“ zu Debatten über das gegenwärtig an Prominenz gewinnende Konzept der Intersektionalität einlud. Der Programm-Flyer der Veranstaltung war mit einer bemerkenswerten Abbildung versehen. Diese befindet sich auch auf dem Cover des vorliegenden Sammelbands. Wir greifen dieses Bild einleitend auf, um zentrale Überlegungen und offene Fragen zu verdeutlichen, die aus unserer Sicht bedeutsam sind für theoretische Debatten und empirische Erkundungen von Konstellationen der Differenz und Hierarchie, wie sie traditionell im Mittelpunkt feministischer Ansätze stehen.

Betrachten wir das Faltblatt der Tagungsankündigung, spiegelt sich das Konferenzthema auf der Bildebene in einem Bündel von ausgeworfenen Mikadostäben und impliziert so einen Zusammenhang zwischen einem Konzentrations- und Geschicklichkeitsspiel wie Mikado und der Komplexität, die mit der Überkreuzung, Überschneidung und Überlagerung verschiedener Achsen der Differenz und damit zusammenhängenden Konstellationen der Ungleichheit einher geht. Wir erinnern daran, wie das Spiel funktioniert: Eine Spielerin wirft alle Stäbe auf den Tisch, den Stab mit der höchsten Punktzahl muss sie dabei in die Mitte des Bündels stecken. Es entsteht ein Zufallsbild sich überkreuzender Stäbe, die mit verschiedenen Punktzahlen versehen sind, wobei der eine Stab mit der höchsten Punktzahl der begehrteste mit einem Masterstatus ist. Die Aufgabe lautet, so viele und natürlich entsprechend wertvolle Stäbe wie möglich aus dem Arrangement aufzunehmen, ohne dass dieses zu wackeln beginnt. Wer das Ganze in Bewegung setzt, muss aufhören, und die nächste Person darf ihr Glück versuchen.

Greifen wir das Assoziationsangebot auf, ergeben sich interessante Verbindungen zu grundsätzlichen Fragen: Neben der provozierenden Vorstellung von Gesellschaft als einem zufällig hingeworfenen Konglomerat, das ins Wackeln gerät, wenn die sichere Hand fehlt, korrespondiert das Bild mit offenen Fragen zum Verhältnis verschiedener Achsen sozialer Ungleichheit. Mit Bezug zur Kategorie Geschlecht lautet eine zentrale Frage, wie wir die Überlagerungen und Überschneidungspunkte verschiedener Differenzkonstellationen theoretisch erfassen und empirisch ausloten können, ohne Geschlecht dabei als Masterkategorie zu setzen, die Strukturierung von Geschlechterverhältnissen aber auch nicht aus dem Blick zu verlieren – als wären Geschlechterhierarchien das Ergebnis eines zufälligen Wurfs von Stäben unterschiedlicher Wertigkeit und Gewinnspannen.

Stellen wir die Frage nach der Kontingenz gesellschaftlicher Verhältnisse zurück und bleiben beim Bild der fallenden Stäbe, ergeben sich weitere Fragen: Fallen die Stäbe immer neu oder fallen sie nach bestimmten Mustern? Wofür stehen die Farben rot und blau? Was repräsentiert die Ungleichwertigkeit der Stäbe? Und letztendlich: Was gerät in Bewegung, wenn jemand einen Stab bewegt oder anders formuliert, welche Konstellationen beginnen zu wackeln, und wie weit reicht diese Erschütterung, um das gesamte Arrangement ins Wanken zu bringen?

Die zunächst spielerisch anmutenden Fragen, die das Bild weckt, verweisen auf grundlegende theoretische Problemstellungen der Frauen- und Geschlechterforschung und auf Desiderate zur theoretischen Schärfung des Konzeptes Intersektionalität: Welche Wertigkeit oder welches Gewicht hat Geschlecht im Zusammenspiel verschiedener Ungleichheitsdeterminanten? Ist Geschlecht hierbei eine tragende Säule der Strukturierung sozialer Ungleichheit? Wie ist das zentrale Paradigma der Frauen- und Geschlechterforschung, dass Geschlecht eine Strukturkategorie ist und wir es durchgängig mit einem hierarchischen Geschlechterverhältnis zu tun haben, gegenwärtig einzuschätzen?

Solche Fragen und die damit verbundenen kritischen Einwände gegen ein Primat der Kategorie Geschlecht gegenüber anderen Achsen der Differenz wurden lange vor der gegenwärtigen Karriere von Intersektionalität auch im Kontext der deutschsprachigen Frauen- und Geschlechterforschung formuliert. Wichtige Impulse setzten dabei Ansätze der Rassismus- und Migrationsforschung sowie postkoloniale Theorien, verbunden mit der scharfen Kritik an einer eindimensionalen und homogen gefassten Version von Geschlecht, bei der die Lebenslagen und Geschlechterarrangements von Schwarzen und eingewanderten Frauen und Männern ebenso unterschlagen werden wie die Bedeutung von Whiteness und Dominanz für die Position *weißer* Menschen (Schultz 1990; Gümen 1998; Bereswill und Ehlert 1996; Frankenberg 1993; Spelman 1988; Ware 1992; Mohanty 1988; Lutz 1992).[1]

Die Kritik zielt auf eine Dezentrierung der Kategorie Geschlecht im Hinblick auf einen angemessenen Zugang zur Überschneidung, Überlagerung und Verknüpfung verschiedener sozialer Positionen und Unterdrückungsverhältnisse. Auch Kimberlé Crenshaw diskutiert in ihrem 1989 erschienenen Artikel die notwendige Überwindung eindimensionaler Blickwinkel auf Geschlecht und sucht nach Strategien, mit denen *race*, *class* und *gender* nicht zu mehrfacher Unterdrückung aufaddiert, sondern in ihrer komplexen Verknüpfung erfasst werden. Ihr mittlerweile viel zitiertes Bild von der Kreuzung ist auch im Kontext

[1] Dabei ging es allerdings nie nur um „Frauen“, sondern um Geschlechterverhältnisse und um gesellschaftliche Konstruktionen von Differenz und Hierarchie im historisch konstituierten Spannungsverhältnis von Mehrheiten und Minderheiten.

eines konkreten empirischen Befunds zu verstehen, verbunden mit dem Ziel einer besseren juristischen Intervention im Interesse von afroamerikanischen Frauen. Besonders Schwarze Frauen der Unterschicht wurden Anfang der 1990er Jahre deutlich häufiger vor Gericht gebracht als *weiße* Frauen. Der programmatische Titel eines 1991 erschienenen Textes von Crenshaw, „Mapping the Margins", verweist auf den Zusammenhang von Marginalisierung und Geschlecht, der nicht nur im Kontext von gesellschaftlichen Kriminalitätskonstruktionen von großer Bedeutung ist. Diese Perspektive wirft zugleich die Frage auf, wie das Zusammenspiel verschiedener Achsen von sozialer Ungleichheit eine Kategorie wie Geschlecht und damit verbundene geschlechtertheoretische Erkenntnisse und Annahmen verändert. „Das Soziale der Kategorie Geschlecht" ist demnach nur angemessen zu erfassen, wenn wir davon ausgehen, dass Geschlecht eine strukturierende Größe gesellschaftlicher Verhältnisse darstellt, Geschlechterverhältnisse zugleich aber ebenfalls durch andere Achsen der Ungleichheit strukturiert werden (Gümen 1998). Vor diesem Hintergrund rücken Konstellationen in den Blick, in denen soziale Auf- und Abwertungen, die unterschiedlichen Logiken folgen, sich durchkreuzen, durchaus auch in Form gleichzeitiger und durchaus gegenläufiger Dynamiken der sozialen Privilegierung und Benachteiligung. So werfen Konfigurationen wie eine Männlichkeit nachgeordnete Version von Weiblichkeit und die privilegierte Position als *Weiße* weiter führende Fragen nach der strukturierenden Wirkung von Geschlecht auf. Dies lässt sich ebenso für Konstellationen verfolgen, in denen hegemoniale Männlichkeit durch Momente der Deklassierung, der Heteronormativität oder der Ethnisierung gebrochen wird. Die sich hieraus ergebende Frage, die weiter oben schon aufgenommen wurde, lautet dann: Sind Frauen als soziale Gruppe gegenüber Männern als sozialer Gruppe grundsätzlich in einer deklassierten Position? Diese Frage steht im Kontext einer möglichen Verknüpfung verschiedener Theorieperspektiven zum Verhältnis von sozialer Ungleichheit und Geschlecht auch im Hinblick auf die sich überlagernden, sich durchkreuzenden oder sich widersprechenden Achsen der Ungleichheit. Besonders interessant sind hierbei aus unserer Sicht Konstellationen, in denen hegemoniale und untergeordnete Positionen in den Geschlechterverhältnissen in ein und derselben Konstellation in Spannung zueinander geraten.

Vor diesem Hintergrund nehmen die folgenden Überlegungen ihren Ausgangspunkt bei einer Konstellation, in der Devianz, Marginalisierung und Geschlecht eng zusammenrücken und eine spannungsvolle Konstellation sozialer Ungleichheit sichtbar wird. Unsere theoretischen Reflexionen haben sich im Zusammenhang von empirischen Längsschnittstudien zu den Biographien junger Männer entwickelt, die Ende der 1990er Jahre in Ost- und Westdeutschland zu Haftstrafen verurteilt wurden.[2] Die Lebenslagen und Lebensentwürfe dieser Gruppe von heranwachsenden Männern verweisen auf eine spezifische Konstellation sozialer Randständigkeit, die im Kontext von geschlechtertheoretischen Überlegungen und im Anschluss an Männlichkeitsstudien als Repräsentationen von „marginalisierter Männlichkeit“ eingeordnet werden können (Bereswill 2007; Neuber 2009; Messerschmidt 1993; Connell 1987, 1995, 1999, 2002; Findeisen und Kersten 1999). Zugleich stehen die gesellschaftlichen Ausgrenzungsrisiken und Anerkennungskonflikte dieser Gruppe im Zusammenhang der tiefgreifenden Transformationsprozesse von Industriegesellschaften. Hier zeigen sich offene Fragen zum Wandel von Geschlechterverhältnissen und zum Wandel männlicher Herrschaft. Ergeben sich möglicherweise neue Verknüpfungen von sozialer Ungleichheit und Geschlecht? In welcher Wechselwirkung stehen diese mit anderen Achsen der Ungleichheit wie Ethnizität, deren Bedeutung und Gewicht sich im Prozess des gesellschaftlichen Wandels ebenfalls verschiebt? Vor dem Hintergrund solcher Fragen verweist der Blick „vom Rand“ auf zentrale Dynamiken gesellschaftlicher Unter- und Überordnungen, die auch für die Auseinandersetzung mit Intersektionalität relevant sind.

Im Folgenden werden wir die bisher nur angedeutete empirische Konstellation kurz skizzieren und beschreiben damit eine exemplarische Dynamik von marginalisierter Männlichkeit (1). Diese Konstellation wirft theoretische Fragen zum gesellschaftlichen Wandel und Wandel im Geschlechterverhältnis auf (2). Hierbei verbinden sich gesellschaftstheoretische Kontroversen der gegenwärtigen Frauen- und Geschlechterforschung mit Fragen der Männlichkeitsforschung (3). Dies betrifft unter anderem eine mögliche Erschütterung von männlicher Herrschaft. Abschließend diskutieren wir die Frage nach den Unterschieden und Gemeinsamkeiten der verschiedenen Ansätze in ihrer Relation zu Intersektionalität (4).

Marginalisierte Männlichkeit – eine widersprüchliche Konstellation

Wir verdichten im Folgenden Ergebnisse unserer qualitativen Studien (siehe Fußnote 2) zu den tiefgreifenden und fortlaufenden Integrations- und Männlichkeits-

---

[2] Die biographischen Längsschnittstudien wurden von den Autorinnen gemeinsam mit Almut Koesling am Kriminologischen Forschungsinstitut Niedersachsen durchgeführt. Im Mittelpunkt der ersten Studie „Gefängnis und die Folgen“ (1997–2004, gefördert von der Volkswagen Stiftung) steht die biographische Verarbeitung eines Freiheitsentzugs im Kontext geschlechtsgebundener Lebensläufe. In der Folgeuntersuchung mit dem Titel „Labile Übergänge“ (2005–2007, gefördert von der Stiftung Deutsche Jugendmarke) haben wir die Bildungs- und Arbeitsbiographien der jungen Männer rekonstruiert und den Zusammenhang zwischen Lernen, Arbeiten und sozialer Integration ausgeleuchtet. Damit hatten wir die einzigartige Gelegenheit, die biographischen Prozesse von dreißig jungen Erwachsenen bis hin zu neun Jahren mit Hilfe von regelmäßigen Interviews zu untersuchen.

konflikten von jungen Männern aus Ost- und Westdeutschland. Die Lebensläufe einer in der Bildungs- und Übergangsforschung als „mehrfach benachteiligt" klassifizierten Gruppe sind gekennzeichnet durch familiäre Erfahrungen der Belastung, Armut und Bildungsbenachteiligung sowie wechselhafte Erfahrungen mit Institutionen der Hilfe und Kontrolle (Bereswill 1997; Koesling und Neuber 2008). Mehr als zehn Wechsel von Orten und Bezugspersonen im Leben von gerade Zwanzigjährigen sind beispielsweise keine Ausnahme. Ähnlich wie für die primären Sozialisationskontexte, lässt sich auch für die Bildungsbiographien der jungen Männer eine Entwicklung nachzeichnen, die durch ständige Wechsel, Auf- und Abstiege, durch Verweise, Abbrüche und durch sozialpädagogische Interventionen geprägt ist. Mehr als die Hälfte unserer Untersuchungsteilnehmer hat bei Eintritt in das Gefängnis keinen Schulabschluss, die Mehrheit verfügt über sogenannte Maßnahmenkarrieren in den Warteschleifen der Jugendberufshilfe oder der Arbeitsverwaltung (Walther 2000, 2002). Die skizzierte Konstellation hat sich seit den 1970er Jahren nicht grundsätzlich verändert, aber erheblich verschärft, was die Ausbildungs- und Chancenlosigkeit von sozial besonders verwundbaren jungen Männern (und jungen Frauen) im Bildungssystem und im Anschluss daran auf dem ersten Arbeitsmarkt angeht (Solga 2006; Kersten 1986). Dies illustriert, was die von uns untersuchten biographischen Prozesse maßgeblich kennzeichnet: Wir haben es mit hoch diskontinuierlichen Biographien zu tun.[3] Biographische Diskontinuität verweist auf strukturell angelegte Überforderungen in Lebenslaufregimen des Wohlfahrtsstaates und auf kumulierende Dynamiken der sozialen Ausgrenzung. Konkret bedeutet dies, dass Institutionen des Lebenslaufs wie Familie, Schule, Ausbildung und Beruf nicht im Nacheinander oder in einem aufeinander abgestimmten Miteinander durchlaufen werden. Die Lebensläufe dieser jungen Männer sind vielmehr durch das kontinuierliche Gegeneinander verschiedener Interventionen und Maßnahmen und durch wechselnde institutionelle Ein- und Ausschlüsse charakterisiert.

Die skizzierten Integrationshürden und die damit verbundenen biographischen Konflikte des Subjekts verknüpfen sich im Fall der von uns untersuchten Gruppe mit einer institutionellen Dynamik, in der Männlichkeitserwartungen eine starke Überbetonung erfahren – im Gefängnis, genauer: im Jugendstrafvollzug dominieren kulturelle Interaktionsmuster von Hypermaskulinität, verbunden mit gewaltbetonten Idealen von männlicher Dominanz.[4] Während in der Subkultur eine gewaltnahe und widerständige Selbstdarstellung dominiert, erwarten die Repräsentanten der Institution die Anpassung an eine männliche Normalbiographie,

---

[3] Mit biographischer Diskontinuität betonen wir die subjektive Dimension eines Lebenslaufs, dessen Charakter durch den ständigen Wechsel seiner Strukturgeber geprägt ist.

[4] Im Längsschnitt und im Einzelfall erweist sich diese kollektive Inszenierung einer übersteigerten Version von Maskulinität als ausgesprochen zerbrechlich (Bereswill 2003a, b; 2006; Neuber 2008, 2009).

gekennzeichnet durch die Integration in Ausbildung und Arbeit. Dabei haben wir es gegenwärtig mit einer hoch paradoxen Konstellation zu tun: Das Modell des disziplinierten männlichen Erwerbsarbeiters, das im Gefängnis nach wie vor hoch im Kurs steht, gesellschaftlich aber längst brüchig ist, ohne seine sozial integrativen Potenziale vollständig eingebüßt zu haben (Scholz 2008; Kronauer 2006).

Zusammenfassend stellt sich die Situation folgendermaßen dar: Die verfestigte soziale Randständigkeit einer deklassierten Gruppe von Männern verschärft sich im generellen gesellschaftlichen Prekarisierungsprozess weiter. Dieser Prozess der Deklassierung ist im Kontext des Verlusts eines tragenden gesellschaftlichen Männlichkeitskonstrukts, der „Industriearbeitermännlichkeit“ (Meuser 2004), aber auch im Zusammenhang weiter fassender Prozesse gesellschaftlicher Prekarisierung zu analysieren. Vor diesem Hintergrund stellt sich die Frage, wie soziale Ungleichheiten und bestehende Geschlechterhierarchien gegenwärtig neu ineinander greifen. Wie setzt die Konstitution und Konstruktion von Männlichkeit sich im widersprüchlichen Miteinander von hegemonialen und sozial marginalisierten Positionierungen durch? Solche Fragen nach dem Beharrungsvermögen und dem Wandel von Ungleichheiten im Geschlechterverhältnis verweisen unserer Einschätzung nach unmittelbar auf die ungeklärte Frage, welchen Beitrag Konzeptionen von Intersektionalität zu Ungleichheitsanalysen leisten sollen. Vor diesem Hintergrund werden im Folgenden verschiedene theoretische Blickwinkel zum gesellschaftlichen Wandel diskutiert, die auch im Zusammenhang von herrschaftskritischen Auseinandersetzungen stehen und männliche Herrschaft in Augenschein nehmen.

Erschöpfung oder Beharrung männlicher Herrschaft? Gesellschaftlicher Wandel und Wandel im Geschlechterverhältnis

Gesellschaftstheoretische Überlegungen zu Prekarisierung und sozialer Ungleichheit werden in der feministischen Debatte gegenwärtig kontrovers geführt, was den Bedeutungswandel der Kategorie Geschlecht anbetrifft. Diese Kontroverse weist auch Bezüge zur Frage nach dem Wandel oder Beharrungsvermögen männlicher Herrschaft auf. Grob gesagt, stehen sich hier zwei Positionen gegenüber: Eine praxeologische Perspektive (Dölling und Völker 2008; Völker 2006, 2007) und eine strukturtheoretische Perspektive auf den tief greifenden Wandel der Industrie- und Arbeitsgesellschaft (Becker-Schmidt 2008). So lautet die praxeologisch begründete These von Dölling und Völker, die zu Geschlechterarrangements unter prekären Verhältnissen forschen, dass aktuell nicht nur die Institutionen des Wohlfahrtsstaates, sondern auch die individuellen Identitäten und praktizierte Formen der Lebensführung in prekäre Lagen geraten (2008). Sie plädieren dafür, die „eigenlogische kulturelle Dimension alles Sozialen bzw. die (ambivalente, paradoxale) Verknüpfung ökonomischer, politischer und kultureller Prozesse in den

Blick zu nehmen" und analytisch-begrifflich nicht allein auf das Ökonomische zu fokussieren, weil dies „Verkennungseffekte"[5] (Bourdieu) produzieren würde (Dölling und Völker 2008: 58). Ihr Auftrag an die Frauen- und Geschlechterforschung lautet, die gegenwärtigen Transformationen auch als Prozesse sozialer Entstrukturierungen und Entbindungen zu verstehen, in denen sich bisherige soziale Bindungs- und Stratifikationskräfte – wie etwa die an das ‚männliche Normalarbeitsverhältnis' geknüpften Geschlechterarrangements – erschöpfen (2008: 58). Demnach werden die bislang stabil geglaubten, selbstverständlichen Zuschreibungen und Klassifikationen der Geschlechterordnung fragwürdig. Methodologisch erfordere dies einen genauen Blick auf die alltäglichen Handlungsfigurationen der Akteure und Akteurinnen selbst: „Um den wissenschaftlichen Blick für solche Unbestimmtheiten – auch kategorial – offen zu halten, reicht allerdings eine ausschließlich makrosoziologische bzw. auf Strukturen/Institutionen gerichtete Betrachtung nicht aus. Erschöpfung von bisher ‚selbstverständlichen' normativen und praktischen Arrangements und Unbestimmtheiten werden zu allererst praktisch, als Reibung zwischen (vergeschlechtlichtem) Habitus und in Veränderung/Auflösung begriffenen Bedingungen und Figurationen alltäglichen Handelns, als Irritation bisher praktizierter alltäglicher Arrangements erfahren" (2008: 59).

Übersetzen wir diese Prämissen auf unser einführendes Gedankenspiel zu den Mikadostäben und die damit verbundenen Fragen zum Verhältnis verschiedener Achsen der Differenz, laden die Autorinnen ein, die Handlungs- und Deutungsmuster des Alltags in den Blick und das Ensemble der verschiedenen Stäbe aus der Perspektive der Akteurinnen und Akteure in Augenschein zu nehmen. Dabei könnte sich erweisen, so Dölling und Völker, dass der Masterstatus, den Geschlecht für die Strukturierung sozialer Verhältnisse genießt, sich „erschöpft", also ausgereizt ist, seinen Wert eingebüßt hat und ins Wackeln gerät. Für unser eigenes empirisches Beispiel ergibt sich daraus die Frage, ob wir es mit einer Konstellation von marginalisierter Männlichkeit zu tun haben, bei der keine „patriarchale Dividende" (Connell) mehr in Aussicht steht und sozial besonders verwundbare (junge) Männer sich zu Geschlechterarrangements durcharbeiten müssen, die mit den gängigen Kategorien männlicher Herrschaft nicht angemessen erfasst werden können. Anders gesagt, wäre zu untersuchen, ob sozial randständige junge Männer im Verhältnis zu jungen Frauen, die in vergleichbaren Lebenslagen sind, trotzdem noch privilegiert sind, weil sie an männlicher Herrschaft partizipieren und Frauen gegenüber deshalb im Vorteil sind. Zu diskutieren wäre dabei zugleich, nach welchen Kriterien wir die Privilegierung oder Deklassierung einer sozialen Gruppe im Vergleich mit einer anderen bestimmen. Nehmen wir beispielsweise die gegen-

[5] Verkennungseffekte meint, dass Zusammenhänge und (implizite) Hierarchisierungen, die unbewußt oder nicht-reflektiert sind, unsichtbar gemacht und damit dem wissenschaftlichen Blick entzogen werden (Dölling und Völker 2007).

wärtig populär wie wissenschaftlich viel diskutierte Bildungsungleichheit, sind Mädchen gegenüber Jungen offenbar in einer privilegierten Lage, wenn wir die Schulabschlüsse in den Blick nehmen. Betrachten wir hingegen den Übergang von Schule in verschiedene Ausbildungsgänge des dualen Bildungssystems, erweisen sich Jungen und junge Männer im Vergleich mit jungen Frauen trotz schlechterer Schulabschlüsse als privilegiert (Dombrowski und Solga 2009: 20).

Vor dem Hintergrund solcher Ungleichzeitigkeiten beharrt Regina Becker-Schmidt auf der Kontinuität von Geschlechterhierarchien – und damit verknüpft von männlicher Herrschaft – und stellt die These der „erschöpften Stratifikationskräfte“ in Frage. Sie plädiert dafür, an ‚Klasse‘ und ‚Geschlecht‘ als Strukturkategorien festzuhalten, auch wenn gesellschaftliche Veränderungen Modifikationen notwendig machen (2008: 40). Sie verankert ihr Plädoyer in der Beobachtung, dass gegenwärtige gesellschaftliche Veränderungen sich immer noch stärker zu Ungunsten von Frauen auswirken und zieht hierzu verschiedene Studien zum neuen Finanzmarkt-Kapitalismus heran: „Die Opportunitäten der herrschenden Marktwirtschaft vertragen sich immer weniger mit den Aufgaben privat organisierter Reproduktionsprozesse, die vorwiegend Frauen obliegen“ (ebenda: 40); die Abwertung von überwiegend durch Frauen geleisteter Arbeit im Privaten legt laut Becker-Schmidt nahe, dass nicht nur wirtschaftliche Kalküle, sondern ebenso männerbündische Hegemonieansprüche fortwirken (ebenda). Beziehen wir auch dieses Argument auf das Bild der Mikadostäbe, fallen diese weder immer neu, noch unterliegt das Arrangement der Stäbe allein dem Handeln der Akteurinnen oder Akteure, deren Praxis vielmehr hinter die Logik der kapitalistischen Ökonomie und der männlichen Herrschaft zurück tritt. Geschlechterverhältnisse und Klassenverhältnisse mögen sich transformieren, männliche Herrschaft erschöpft sich aber keinesfalls. Marginalisierte Männlichkeit ist demnach eine Dimension männlicher Herrschaft. Die von uns exemplarisch vorgestellte Gruppe junger Männer ist gegenüber anderen Männern deklassiert. Aus einer strukturtheoretischen Sicht müssten junge Frauen in einer vergleichbar randständigen Lebenslage allerdings stärker benachteiligt sein als junge Männer in der gleichen Lage. Diese strukturelle Ungleichheit ist laut Becker-Schmidt – trotz allen gesellschaftlichen Wandels – in der Arbeitsteilung der Geschlechter und in der unterschiedlichen gesellschaftlichen Bewertung der öffentlichen und privaten Sphären verankert.

Die Frage, wie und für wen männliche Hegemonie auch gegenwärtig noch fortwirkt, und damit verbunden auch die Frage nach Wandel und Beharrungskraft im Geschlechterverhältnis verweist auf Ansätze der Männlichkeitsforschung, deren Grundannahmen wir im Folgenden aufgreifen. Wir beziehen uns dabei auf zwei prominente gesellschaftstheoretische Ansätze – Bourdieus männliche Herrschaft und Connells Konzept der hegemonialen Männlichkeit, deren theoretische Perspektive eine unterschiedliche Temporalität besitzt: Lenkt Bourdieu stärker den Blick auf die Reproduktion männlicher Herrschaft und ihre Beharrungskraft, lässt sich mit Connell der Wandel von Konfigurationen hegemonialer Männlichkeit betrachten. Beide Ansätze enthalten wichtige Impulse für die Debatte über Intersektionalität.

Die ernsten Spiele des Wettbewerbs? Die Reproduktion männlicher Herrschaft mit Hilfe hegemonialer Männlichkeit

In seiner Arbeit zur männlichen Herrschaft entwickelt Bourdieu theoretische Überlegungen zu einem vergeschlechtlichten und vergeschlechtlichenden Habitus. Dabei geht er mit Bezug auf symbolische Herrschaft der Frage nach, wie Herrschaftsverhältnisse – in diesem Fall das Geschlechterverhältnis – sich (re)produzieren. Kurz auf den Punkt gebracht, bringt die geschlechtsspezifische Sozialisation einen geschlechtsspezifischen Habitus hervor, welcher seinerseits die (Herrschafts-)Verhältnisse zwischen den Geschlechtern fortschreibt.

Bourdieu geht davon aus, dass Männlichkeit in diesem Prozess nicht nur in Relation zu Weiblichkeit, sondern vor allem in einem homosozialen Raum hergestellt und stabilisiert wird. „Konstruiert und vollendet wird der männliche Habitus nur in Verbindung mit dem den Männern vorbehaltenen Raum, in dem sich, unter Männern, die ernsten Spiele des Wettbewerbs abspielen“ (Bourdieu 1997: 203). Mit seinem vielfach zitierten Bild von den exklusiven „ernsten Spielen des Wettbewerbs“ betont er so die kompetitive Struktur von Männlichkeit und die große Bedeutung des homosozialen Charakters der sozialen Felder, in denen dieser Wettbewerb sich abspielt (Meuser und Scholz 2005). Weiblichkeit, genauer gesagt Frauen fungieren in diesem Spiel nur als Objekte, als Spieleinsatz oder als „schmeichelnde Spiegel“, die Männlichkeit von ihrer besten Seite zeigen.

Beziehen wir diese Überlegungen erneut auf das Mikadospiel, wäre Männlichkeit hier der begehrte Stab, der von der Mitte des Bündels aus fällt und den alle erobern wollen, ohne zu wackeln. Männlichkeit ist hier die Masterkategorie, die das Spiel strukturiert und die anderen Stäbe unterordnet – aus dieser Perspektive erweist sich auch das vermeintliche Zufallsprinzip des Mikado als eines mit immer gleicher Bezugsgröße – dem exklusiven Stab. Vor allem aber zeigt sich Bourdieus Theorie männlicher Herrschaft als recht starres Konzept, das Fragen aufwirft. Wie lassen sich andere Dimensionen der Ungleichheit aus der Perspektive von Bourdieu einholen? Welche Männer dürfen beispielsweise an welchen Spielen teilnehmen? Welchen Einsatz bieten Klasse, Ethnizität, Alter, Sexualität? Spielen Männer verschiedener Klassen beispielsweise unterschiedliche Spiele oder folgen diese immer gleichen Grundmustern? Dürfen Frauen auch im 21. Jahrhundert immer noch nicht mitspielen? Die verschiedenen Fragen verweisen darauf, dass Bourdieus Konzept der männlichen Herrschaft *vor* der Intersektionaliätsperspektive ansetzt.

Für eine Reflexion auf Intersektionalität stellt sich aber die Frage, wie männliche Herrschaft erfasst werden soll.

Fassen wir Bourdieus Sicht auf diese Frage zusammen, drückt sich im geschlechtlichen Habitus immer zweierlei aus: eine Strategie der Differenz und eine Position in der Geschlechterordnung. Daher fokussiert eine Konzeption des männlichen Geschlechtshabitus, wie Mannsein sich in Abgrenzung zu Frausein herausbildet (Dimension der Differenz), als auch, wie in der Herstellung der Differenz männliche Dominanz entsteht (Dimension der Ungleichheit). Differenz und Dominanz spielen dabei ineinander: Differenz stellt sich in und durch Dominanz her. An dieser Stelle verknüpft Michael Meuser (2005) die Theorie von Bourdieu mit Connells Konzept der hegemonialen Männlichkeit. Hegemoniale Männlichkeit ist demnach als „generatives Prinzip männlicher Herrschaft" zu begreifen (Meuser und Scholz 2005).

Laut Connell, der sein Konzept der hegemonialen Männlichkeit an Gramscis Hegemoniekonzept anlehnt, ist Männlichkeit, genauer die kulturelle Vorherrschaft des Männlichen, ein doppelt-relationales Phänomen: Dominanz-, Über- und Unterordnungsverhältnisse existieren und entstehen nicht nur zwischen den Geschlechtern, sondern auch innerhalb der Gruppe der Männer (Connell 1999). Connell bezeichnet die hierarchieförmigen Differenzierungen zwischen verschiedenen, nicht hegemonialen Männlichkeiten als marginalisierte, unterdrückte und komplizenhafte Männlichkeiten. Diese Positionen sind jedoch nicht starr, sondern sie stehen in einer dynamischen Beziehung zueinander und sind wandelbar. In kritischer Auseinandersetzung mit und Weiterentwicklung des Konzeptes der hegemonialen Männlichkeit betonen Connell und Messerschmidt (2005) eine aus ihrer Sicht entscheidende gesellschaftstheoretische Dimension des Konzepts: Es sei nicht lediglich ein „einfaches Modell kultureller Kontrolle", sondern erfasse vielmehr die Dynamiken strukturellen Wandels, verbunden mit der Mobilisierung und Demobilisierung gesamter Klassen (2005: 831, Übers. d. Verf.). Kategorien wie *race and class* strukturieren diese Konfigurationen von vornherein und führen zu unterschiedlichen Formen von Männlichkeit (oder Weiblichkeit[6]). In ihrem gemeinsamen Text konkretisieren Connell und Messerschmidt diese Überlegungen an Beispielen: So driften Männlichkeit und Ethnizität aus ihrer Sicht beispielsweise auseinander, wenn junge Migranten die Ideale hegemonialer Männlichkeit nicht erreichen können und stattdessen auf Konstruktionen von Hypermaskulinität zurückgreifen. Andererseits schieben Weiblichkeit und hegemoniale Männlichkeit sich ineinander, beispielsweise, wenn bürgerliche, gut ausgebildete Frauen

[6] Auch wenn in allen Ansätzen der Männlichkeitsforschung, die sich auf Connell beziehen, immer wieder die Relationalität von Männlichkeit und Weiblichkeit betont wird, ist doch festzustellen, dass ein Großteil von Forschung sich nicht nur ausdrücklich auf Männer bezieht, sondern auch diese Relationalität aus dem Blick verliert. Kritisch dazu Connell und Messerschmidt 2005: 837.

hohe, männlich konnotierte Positionen in der Berufswelt einnehmen. Damit lenkt Connells Konzept der hegemonialen Männlichkeit den Blick auf zahlreiche Konfigurationen der Über- und Unterordnung und bietet Anschlussstellen für die Frage nach den Kreuzungspunkten sozialer Ungleichheiten. Hegemoniale Männlichkeit bleibt aber ein zentraler Bezugspunkt der Strukturierung von Ungleichheit.

Kommen wir auch an dieser Stelle noch einmal auf das Mikadospiel zurück, dann legt Connells Konzept der hegemonialen Männlichkeit, in dem er Geschlecht als „configurations of practice“ begreift, zunächst die Vermutung nahe, dass die Stäbe bei jedem Wurf neu und beliebig fallen. Der Masterstab – der Mikado – wäre die hegemoniale Männlichkeit, deren Ideal es zu erreichen gilt. Auf den zweiten Blick erweist sich der Masterstab – anders als bei Bourdieu – jedoch nicht als Bezugsgröße des Spiels, von dem aus alle Stäbe fallen, sondern höchstens als begehrte Trophäe, die Männer, genauso aber auch Frauen ergattern wollen. Es ist durchaus möglich, dass der Masterstab in einem Wurf nicht zentriert, sondern eher am Rand im Bündel steckt und ein anderer Stab, also eine andere Ungleichheitsdimension, sich im Zentrum befindet. Diese zunächst beliebig anmutende Dynamik wird jedoch relativiert, wenn wir die gesellschaftstheoretischen Implikationen des Konzepts der hegemonialen Männlichkeit in den Blick nehmen. Dann wird sichtbar, dass die Stäbe vielleicht jedes Mal etwas anders, aber dennoch nicht beliebig fallen. Denn trotz der Tatsache, dass hegemoniale Männlichkeit beispielsweise sowohl von Schwarzen Männern im Spitzensport als auch von erfolgreichen Frauen im Berufsleben beansprucht werden kann, verändert sich nichts Grundlegendes an dem kulturellen Ideal hegemonialer *weißer* Männlichkeit, das Weiblichkeit und marginalisierte Männlichkeit unterordnet.

Ausblick

Welche Unterschiede und Gemeinsamkeiten weisen die verschiedenen Ansätze, die wir diskutiert haben, auf? Wie lassen sich diese Überlegungen auf Intersektionalität beziehen? Eine generelle Gemeinsamkeit ist, dass die Ungleichheitslagen und Erfahrungen von Frauen und Männern in den Blick genommen werden und nach dem Wandel und der Beharrungskraft von Hierarchien im Geschlechterverhältnis und somit auch nach der Bedeutung von männlicher Herrschaft gefragt wird. Dabei ist die Blickrichtung der theoretischen Ansätze sehr verschieden und es werden unterschiedliche Dimensionen von Ungleichheit scharf gestellt.

Die strukturtheoretische Perspektive Becker-Schmidts weist dabei eine Gemeinsamkeit mit Bourdieus Konzept der männlichen Herrschaft (und wohlbemerkt nicht seiner praxeologischen Perspektive) auf: Beide betonen die Beharrungskraft von männlicher Herrschaft im Geschlechterverhältnis. Auf die von uns in den Blick gerückte marginalisierte Männlichkeit bezogen, lässt sich damit festhalten: Prozesse der gesellschaftlichen Prekarisierung, insbesondere die Entknüpfung von Männlichkeit und Erwerbsarbeit, die sich für sozial randständige Männer schon lange zuspitzt, führen nicht zu einer „Erschöpfung" geschlechtshierarchischer Konstellationen. Vielmehr spitzen sich auch die Benachteiligungslagen von Frauen in vergleichbaren Prekarisierungsprozessen weiter zu, und die Genusgruppe der Frauen bleibt im Vergleich mit Männern als soziale Gruppe benachteiligt – Geschlecht ist und bleibt somit eine Masterkategorie in der Analyse sozialer Ungleichheit. Marginalisierte Männlichkeit ist demnach eine Dimension männlicher Herrschaft. Für die Frage der theoretischen Konzeptualisierung der Intersektionalität bedeutet das, Geschlecht bleibt eine tragende Achse von Ungleichheit.

Dies stellen Dölling und Völker mit Bezug auf einen anderen theoretischen Schwerpunkt Bourdieus – die Theorie der Praxis – in Frage. Für sie erschöpfen sich bestimmte Bindungs- und Stratifikationskräfte im gegenwärtigen Prozess gesellschaftlichen Wandels – dies gilt auch für Geschlecht. Auch Connell interessiert sich – wenn auch mit einem theoretisch anders hergeleiteten Praxisbegriff[7] – für Konfigurationen von Praxis. Das Konzept der hegemonialen Männlichkeit und die praxeologische Perspektive teilen, dass das Geschlechterverhältnis nicht als fest gefügter Strukturzusammenhang begriffen wird. Offen bleibt dabei die Vermittlung zwischen der praktischen Aneignung gesellschaftlicher Verhältnisse und den Konstitutionsbedingungen dieser Verhältnisse selbst.[8] Es gibt aber auch einen zentralen Punkt, an dem sich die beiden Ansätze unterscheiden: Dölling und Völker konstatieren aus der Perspektive der Akteure und Akteurinnen eine Erschöpfung der Strukturkategorie Geschlecht, während Connell in seinem Konzept zwar davon ausgeht, dass Frauen hegemoniale Männlichkeit praktizieren oder repräsentieren können oder Schwarze Sportler, deren Position auf marginalisierte Männlichkeit verweist, kollektiv verehrt werden. Für ihn verändern diese beweglichen kulturellen Positionen jedoch nichts an den strukturell verankerten Ungleichheitsverhältnissen in ihrer doppelten Relationalität – zwischen Männern und Frauen und innerhalb der Gruppe der Männer. Auf marginalisierte Männer übertragen, ist aus der praxeologischen Perspektive zu fragen, ob marginalisierte Männer „erschöpfte" Formate der Geschlechterordnung abstreifen und sich zu neuen Entwürfen von Männlichkeit durcharbeiten. Nach Connell haben sie ihren Platz in den Über- und Unterordnungsverhältnissen zwischen Männern und wollen an hegemonialer Männlichkeit partizipieren. Im Anschluss an diese Perspektive – und unter Bezug auf Dölling und Völker – wäre die zentrale Frage, ob dies gegenwärtig

[7] Dölling und Völker beziehen sich auf Bourdieus Praxisbegriff, während Connell sich an den Praxisbegriff bei Sartre anlehnt (Wolde 2007: 34).

[8] Die Inkorporierung von Herrschaftsverhältnissen bleibt bei Bourdieu sehr abstrakt und wie die Prozesse im Einzelnen ablaufen, bleibt eine Leerstelle (Stövesand 2007: 66).

noch möglich ist und hegemoniale Männlichkeit im gesellschaftlichen Wandel noch eine „patriarchale Dividende“ für alle Positionen ausschüttet – eine Voraussetzung, von der Becker-Schmidt ausgeht und der Connell zustimmen würde. Das zeigt sich an seinen aktuellen Arbeiten zu neuen Formen einer neoliberalen, globalisierten hegemonialen Männlichkeit (Connell 2005).

Wo jedoch lässt sich das Konzept der Intersektionalität in den verschiedenen Theorierahmen verorten? Was wird hier in den Blick genommen? Auf den ersten Blick fallen besonders die Gemeinsamkeiten zwischen Connells Konzept der hegemonialen Männlichkeit und dem der Intersektionalität auf, die genauer zu betrachten sich lohnt. Beide Konzepte haben innerhalb von einem Jahrzehnt einen wissenschaftlichen Boom erlebt, und sind zum „buzzword“ avanciert, wie Davis (2008) für den Begriff der Intersektionalität betont. Es handelt sich um „travelling theories“ (Knapp 2005), die in kürzester Zeit Verbreitung rund um den Erdball gefunden haben und Ausgangspunkt zahlreicher theoretischer und empirischer Untersuchungen sind. An dieser Stelle lässt sich nach den Gründen für die Popularität fragen. Ähnlich wie Kathy Davis dies für den Intersektionalitätsansatz betont (in diesem Band), vertreten wir die These, dass es die Vagheiten und Unklarheiten sind, die beide Konzepte so populär und anschlussfähig für unterschiedlichste theoretische und empirische Fragestellungen macht. Connell betont, es gehe ihm um die Analyse von Konfigurationen von Praxis und Positionen[9] im Geschlechterverhältnis; Lutz und andere sprechen von der Untersuchung von Positionen und Praxen (Lutz und Davis 2005; Leiprecht und Lutz 2006). Dabei greifen sie auf Kategorien wie Geschlecht, Klasse, Ethnizität und Alter zurück.

Solche Kategorien sind für Lutz und Davis „nicht als statische, sondern als flüssige und sich verschiebende“ Phänomene zu betrachten (Lutz und Davis 2005: 231). Dies öffnet den Blick für zahlreiche Konfigurationen, verstärkt aber zugleich den Eindruck des Vagen, weil der Anschein des Beliebigen entsteht (Winker und Degele 2009: 18): Sind es drei *(race, class, gender)*, dreizehn (Lutz und Wenning 2001) oder fünfzehn (Leiprecht und Lutz 2006) Kategorien der Differenz? Diese Liste scheint endlos erweiterbar. Wer definiert, welche Kategorie relevant ist? Werden solche Differenzkategorien der Analyse vorgeschaltet? Emergiert die Bedeutung und Wirkung von Differenz aus dem Untersuchungsfeld oder wird sie im theoretischen Diskurs generiert? Fragen über Fragen, die zudem die grundsätzliche Frage nach dem Verhältnis von Theorie und Empirie transportieren.

Diese Fragen verweisen auf die noch ausstehende weitere gesellschaftstheoretische Konkretisierung und Einbettung von Achsen der Ungleichheit – ein Desiderat, das im Hinblick auf Intersektionalität immer wieder beklagt wird. (Soiland 2008; Winker und Degele 2009: 16) Diese Kritik trifft ähnlich auch auf

[9] Die ‚Position‘ von Männern meint einerseits die gesellschaftliche Stellung von Männern und bezieht sich andererseits auf den männlichen Körper.

Connells Konzeption der hegemonialen Männlichkeit zu, die sich zumindest im deutschsprachigen Kontext immer mehr von einem gesellschaftstheoretischen Ansatz in Richtung eines handlungs- und interaktionstheoretischen Konzepts verschoben hat.

Hier zeigen sich verwandte Fragen: In welcher Dimension sozialer Wirklichkeit sind hegemoniale Männlichkeit und Intersektionalität zu verorten? Werden mit dem Konzept kulturelle Repräsentationen, Alltagspraktiken oder institutionelle Strukturen analysiert? Zielen die Ansätze auf Herrschaftsverhältnisse und deren Interdependenzen? Stehen eher Subjektpositionen im Diskurs im Mittelpunkt? Oder haben wir mit Identitätskonstruktionen und Identifikationen zu tun? Wie werden die Differenzlinien in ihrem Zusammenhang betrachtet?[10]

Für Lutz sind die vielen Kategorien der Differenz ein Effekt von Interaktionen – dem „doing gender" oder „doing ethnicity" (Lutz 2007: 223). Hier zeigt sich eine weitere Gemeinsamkeit zwischen dem Konzept der hegemonialen Männlichkeit und dem der Intersektionalität. Beide Ansätze nehmen eine stark handlungstheoretische Wendung. Auf eine kurze Formel gebracht, werden Geschlecht oder Ethnizität als etwas begriffen, das wir herstellen oder tun. Diese Formel birgt die Gefahr einer konstruktions- und interaktionstheoretischen Engführung von sozialer Ungleichheit (Gottschall 2000). Was bedeutet das konkret? Nehmen wir an dieser Stelle unsere eigenen Untersuchungen zum Zusammenhang von Marginalisierung, Männlichkeit und Devianz wieder auf, zeigen sich auch in diesem Feld interaktions- und handlungstheoretische Setzungen. So wird das Gewalthandeln junger Männer beispielsweise als „doing masculinity" und als eine klassen- und ethnizitätsspezifische Bewerkstelligung von Geschlecht interpretiert (Messerschmidt 1993; Kersten 1997; Meuser 2002). Nehmen wir die soziale Lage unserer eigenen Untersuchungsgruppe hinzu, würden sich „doing masculinity" und „doing class" im Kampf um eine gesellschaftlich anerkannte Position ineinander verschränken. Diese interaktionstheoretische Lesart ist nicht falsch, sie wirft aber die Frage nach dem Verhältnis von gesellschaftlichen Ungleichheitsstrukturen und intersubjektiven Handlungsstrukturen auf, die nur aus einer „doing gender" Perspektive nicht beantwortet werden kann. Dieses Problem wird auch durch eine Vervielfältigung von Differenzoptionen nicht gelöst.

Verdeutlichen wir uns dieses Argument an einem weiteren Beispiel: Wird soziale Ungleichheit zwischen Frauen als „doing ethnicity" (Lutz 2007: 224–227) verhandelt, scheinen die erfolgreiche Karrierefrau und die in deren Haushalt beschäftigte migrantische Haushaltshilfe in einem unmittelbaren Unterdrückungsverhältnis zueinander zu stehen (Soiland 2008). Einfacher gesagt, beinhaltet eine handlungstheoretische Perspektive auf soziale Ungleichheit die Gefahr, das

[10] Für das Konzept der hegemonialen Männlichkeit werfen die Fragen Hearn (2004) sowie Meuser und Scholz (2005: 211) auf; für den Intersektionalitätsansatz siehe Knapp 2008.

Phänomen der transnationalen gesellschaftlichen Arbeitsteilung zwischen den Geschlechtern auf die Konstruktionslogiken von Akteurinnen und Akteuren zu reduzieren. Diese Kritik lässt erneut nach dem Zusammenhang von Praxis und gesellschaftlichen Verhältnissen fragen.

Übertragen wir unsere Schlussüberlegungen noch einmal auf das Mikadospiel, repräsentieren die Stäbe nicht jedes Mal andere, beliebig viele Kategorien, die ihre Bedeutung gewinnen, während sie fallen oder wenn sie möglichst ohne Wackeln von den Spielerinnen und Spielern aufgenommen werden. Sollen die undurchsichtigen, widersprüchlichen gesellschaftlichen Entwicklungen im Produktions- und Reproduktionsprozess mit ihren Auswirkungen auf das Geschlechterverhältnis angemessen theoretisch erfasst werden, ist es nach unserer Auffassung wichtig, an strukturtheoretische Ansätze anzuknüpfen und davon auszugehen, dass die Stäbe nicht beliebig fallen. Oder mit den Worten Cornelia Klingers: „Es ist sinnlos, auf die sich überlagernden oder durchkreuzenden Aspekte von Klasse, „Rasse“ und Geschlecht in den individuellen Erfahrungswelten hinzuweisen, ohne angeben zu können, wie und wodurch Klasse, „Rasse“ und Geschlecht als gesellschaftliche Kategorien konstitutiert sind“ (Klinger 2003: 25).

Auch nach dem großen Erfolg und den wichtigen Impulsen, die von Konzepten wie hegemoniale Männlichkeit und Intersektionalität ausgehen – oder vielleicht sogar wegen deren großer Popularität – zeigen sich die Grenzen dieser Ansätze, was eine theoretisch überzeugende und empirisch fundierte Erfassung komplexer gesellschaftlicher Verhältnisse anbetrifft. Dies birgt unterschiedliche Herausforderungen für die Zukunft. Neben der weiteren Auslotung der jeweiligen Grenzen und Möglichkeiten sowie der Desiderate, wirft die Debatte um Intersektionalität uns auf gar nicht neue, grundlegende Fragen (nicht nur) der Geschlechterforschung zurück. Es ist zunächst die Frage nach der Vermittlung von unterschiedlichen gesellschaftlichen Strukturprinzipien und Herrschaftsformen. Dieser abstrakte Gedanke ließe sich für den von uns herangezogenen Forschungsbefund zu marginalisierter Männlichkeit am Beispiel von Gewaltverhältnissen und (Erwerbs-)Arbeitsverhältnissen weiter verfolgen. Hinzu kommt die Herausforderung, unterschiedliche theoretische Ausgangspositionen zu reflektieren: Wird Geschlecht als Strukturkategorie, als Aspekt der sozialen Ordnung oder als soziale Konstruktion vorausgesetzt? Wo zeigen sich Anschlüsse, wo Unvereinbarkeiten von unterschiedlichen theoretischen Implikationen? Damit verbunden ist aus unserer Sicht eine soziologisch ebenfalls altbekannte Herausforderung – die dialektische Einheit von Struktur und Handeln oder von gesellschaftlichen und subjektiven Dynamiken nicht in eine Richtung aufzulösen, sondern in ihrer widersprüchlichen Wechselwirkung auszuloten. Die Konstitution und Konstruktion von Männlichkeit ist demnach eine widersprüchliche Verflechtung von hegemonialen und sozial marginalisierten Positionierungen, die aus der Perspektive von gesellschaftlichen Akteurinnen und Akteuren gehörig ins Wanken geraten ist – was dies für die Fortschreibung männlicher Herrschaft und Ungleichheitslagen in den Geschlechterverhältnissen bedeutet, wird theoretisch weiter zu debattieren und empirisch mit Hilfe entsprechend kreativer Methoden auszuloten sein.

Literatur

Becker-Schmidt, Regina (2008): Gesellschaftliche Transformationsprozesse, soziale Ungleichheit und Geschlecht. In: *Zeitschrift für Frauenforschung und Geschlechterstudien* 26(3+4), 38–56.

Becker-Schmidt, Regina (1985): Probleme einer feministischen Theorie und Empirie in den Sozialwissenschaften. In: Feministische Studien 4(2), 93–104.

Bereswill, Mechthild (2007): Undurchsichtige Verhältnisse. Marginalisierung und Geschlecht im Kontext der Männlichkeitsforschung. In: Klinger, C., Knapp, G.-A. und B. Sauer (Hrsg.): Achsen der Ungleichheit – Achsen der Differenz. Verhältnisbestimmungen von Klasse, Geschlecht, Rasse/Ethnizität. Frankfurt/Main, New York: Campus, 84–99.

Bereswill, Mechthild (2006): Zur Beziehung zwischen Männlichkeit und Gewalt. Empirische Einsichten und theoretische Reflexionen am Beispiel von Gewalt zwischen Männern in der geschlossenen Institution Gefängnis. In: *Feministische Studien* 2, 242–255.

Bereswill, Mechthild (2003a): Gewalt als männliche Ressource? Theoretische und empirische Differenzierungen am Beispiel junger Männer mit Hafterfahrungen. In: Lamnek, S. und M. Boatcą (Hrsg.): Geschlecht Gewalt Gesellschaft. Opladen: Leske und Budrich, 123–137.

Bereswill, Mechthild (2003b): Gewalthandeln, Männlichkeitsentwürfe und biographische Subjektivität am Beispiel inhaftierter junger Männer. In: Koher, F. und K. Pühl (Hrsg.): Gewalt und Geschlecht. Konstruktionen, Positionen, Praxen. Opladen: Leske und Budrich, 189–212.

Bereswill, Mechthild (1997): Migration und Rassismus: eine Herausforderung des westlichen Feminismus. In: *Ariadne* 32, 65–71.

Bereswill, Mechthild und Gudrun Ehlert (1996): Alleinreisende Frauen zwischen Selbst- und Welterfahrung. Königstein/Taunus: Ulrike Helmer Verlag.

Bereswill, Mechthild; Koesling, Almut und Anke Neuber (2008): Umwege in Arbeit. Die Bedeutung von Tätigkeit in den Biographien junger Männer mit Hafterfahrung. Interdisziplinäre Beiträge zur kriminologischen Forschung, Band 34. Baden-Baden: Nomos.

Bourdieu, Pierre (1997): Die männliche Herrschaft. In: Krais, B. und I. Dölling (Hrsg.): Ein alltägliches Spiel. Geschlechterkonstruktionen in der Praxis. Frankfurt am Main: Suhrkamp, 153–217.

Connell, Robert W. (2005): Globalization, Imperialism, and Masculinities. In: Kimmel, M. S.; Hearn, J. und R. W. Connell (Hrsg.): Handbook of Studies on Men & Masculinities. Thousand Oaks, London, New Delhi: Sage, 71–89.

Connell, Robert W. (2002): Gender. Cambridge: Polity Press.

Connell, Robert W. (1999): Der gemachte Mann. Konstruktion und Krise von Männlichkeiten. Opladen: Leske und Budrich.

Connell, Robert W (1995): Masculinities. Berkeley and Los Angeles: University of California Press.

Connell, Robert W. (1994): Psychoanalysis on Masculinity. In: Brod, H. und M. Kaufman (Hrsg.): Theorizing Masculinities. London: Thousand Oaks: Sage, 11–38.

Connell, Robert W. (1987): Gender and Power. Cambridge: Polity Press.

Connell, Robert W. und James W. Messerschmidt (2005): Hegemonic Masculinity. Rethinking the Concept. In. *Gender & Society* 6, 829–859.

Crenshaw, Kimberlé W. (1989): Demarginalizing the Intersection of Race and Sex. A Black Feminist Critique of Anitdiscrimination Doctrine, Feminist Theory, and Antiracist Politics. In: *University of Chicago Legal Forum* 122, 139–167.

Crenshaw, Kimberlé W. (1991): Mapping the Margins: Intersectionality, Identity Politics and Violence against Women of Colour. In: *Stanford Law Review* 6, 1241–1299.

Davis, Kathy (2008): Intersectionality as buzzword. A sociology of science perspective on what makes a feminist theory sucessful. In: *Feminist Theory* 9, 67–85.

Dölling, Irene und Susanne Völker (2008): Prekäre Verhältnisse, erschöpfte Geschlechterarrangements – eine praxeologische Perspektive auf Strategien sozialer Kohäsion. In: *Zeitschrift für Frauenforschung und Geschlechterstudien* 26(3+4), 57–71.

Dölling, Irene und Susanne Völker (2007): Komplexe Zusammenhänge und die Praxis von Akteur/inn/en in den Blick nehmen! Anmerkungen zum Bericht „Zur Lage in Ostdeutschland". In: *Berliner Debatte INITIAL* 18 (4/5), 105–120.

Dombrowski, Rosine und Heike Solga (2009): Soziale Ungleichheiten in schulischer und außerschulischer Bildung. Stand der Forschung und Forschungsbedarf. Reihe: Arbeitspapier, Nr. 171. Düsseldorf: Hans-Böckler-Stiftung.

Findeisen, Hans Volkmar und Joachim Kersten (1999): Der Kick und die Ehre. Vom Sinn jugendlicher Gewalt. München: Antje Kunstmann Verlag.

Frankenberg, Ruth (1993): The Social Construction of Whiteness. White Women, Race Matters. Minneapolis: University of Minnesota Press.

Gottschall, Karin (2000): Soziale Ungleichheit und Geschlecht. Kontinuitäten und Brüche, Sackgassen und Erkenntnispotentiale im deutschen soziologischen Diskurs. Opladen: Leske und Budrich.

Gümen, Sedef (1998): Das Soziale des Geschlechts. Frauenforschung und die Kategorie „Ethnizität". In: *Das Argument* 224, 187–202.

Hearn, Jeff (2004): From hegemonic masculinity to the hegemony of men. In: *Feminist Theory* 5, 49–72.

Kersten, Joachim (1986): Gut und (Ge)Schlecht: Zur institutionellen Verfestigung abweichenden Verhaltens bei Jungen und Mädchen. In: *Kriminologisches Journal* 13(4), 241–257.

Kersten, Joachim (1997): Risiken und Nebenwirkungen: Gewaltorientierung und die Bewerkstelligung von ‚Männlichkeit' und ‚Weiblichkeit' bei Jugendlichen der *underclass*. In: *Kriminologisches Journal*, Beiheft 6, 103–114.

Klinger, Cornelia (2003): Ungleichheit in den Verhältnissen von Klasse, Rasse und Geschlecht. In: Knapp, G.-A. und A. Wetterer (Hrsg.): Achsen der Differenz. Gesellschaftstheorie und feministische Kritik II. Münster: Westfälisches Dampfboot, 14–48.

Knapp, Gudrun-Axeli (2008): Verhältnisbestimmungen: Geschlecht, Klasse, Ethnizität in gesellschaftstheoretischer Perspektive. In: Klinger, C. und G.-A. Knapp (Hrsg.):

ÜberKreuzungen: Fremdheit, Ungleichheit, Differenz. Münster: Westfälisches Dampfboot, 138–170.

Knapp, Gudrun-Axeli (2005): Traveling Theories: Anmerkungen zur neueren Diskussion über ‚Race, Class, and Gender'. In: *Österreichische Zeitschrift für Geschichtswissenschaften* 16(1), 88–110.

Kronauer, Martin (2006): „Exklusion" als Kategorie einer kritischen Gesellschaftsanalyse. Vorschläge für eine anstehende Debatte. In: Bude, H. und A. Willich (Hrsg.): Das Problem der Exklusion. Ausgegrenzte, Entbehrliche, Überflüssige. Hamburg: Hamburger Edition, 27–45.

Leiprecht, Rudolf und Lutz, Helma (2006). Intersektionalität im Klassenzimmer: Ethnizität, Klasse, Geschlecht. In: Leiprecht, R. und A. Kerber (Hrsg.): Schule in der Einwanderungsgesellschaft. Ein Handbuch. Schwalbach/Ts.: Wochenschau-Verlag, 218–234.

Lutz, Helma (2007): ‚Die 24-Stunden-Polin' – Eine intersektionelle Analyse transnationaler Dienstleistungen. In: Klinger, C. und G.-A. Knapp (Hrsg.): Achsen der Ungleichheit. Zum Verhältnis von Klasse, Geschlecht und Ethnizität. Frankfurt am Main: Campus, 210–234.

Lutz, Helma und Kathy Davis (2005): Geschlechterforschung und Biographieforschung: Intersektionalität als biographische Ressource am Beispiel einer außergewöhnlichen Frau. In: Völter, B.; Dausien, B.; Lutz, H. und G. Rosenthal (Hrsg.): Biographieforschung im Diskurs. Wiesbaden: VS, 228–247.

Lutz, Helma und Norbert Wenning (2001): Differenzen über Differenz – Einführung in die Debatten. In: dies. (Hrsg.): Unterschiedlich verschieden. Differenz in der Erziehungswissenschaft. Opladen: Leske und Budrich, 11–24.

Lutz, Helma (1992): Sind wir uns immer noch fremd? Konstruktionen von Fremdheit in der Frauenbewegung. In: *Widersprüche. Zeitschrift für sozialistische Politik im Bildungs-, Gesundheits- und Sozialbereich. Zur Produktion von Rassismus* 45, 79–90.

Messerschmidt, James W. (1993): Masculinities and Crime. Critique and Reconzeptualization of Theory. Boston: Boston Publisher.

Meuser, Michael (1998): Geschlecht und Männlichkeit. Soziologische Theorie und kulturelle Deutungsmuster. Opladen: Leske und Budrich.

Meuser, Michael (2002): „Doing Masculinity". Zur Geschlechtslogik männlichen Gewalthandelns, in: Dackweiler, R.-M. und R. Schäfer (Hrsg.): Gewalt-Verhältnisse. Feministische Perspektiven auf Geschlecht und Gewalt. Frankfurt am Main: Campus, 53–78.

Meuser, Michael (2004): Nichts als alter Wein in neuen Schläuchen? Männlichkeitskonstruktionen im Informationszeitalter. In: Kahlert, H. und C. Kajatin (Hrsg.): Arbeit und Vernetzung im Informationszeitalter. Wie neue Technologien die Geschlechterverhältnisse verändern. Frankfurt/Main: Campus, 73–93.

Meuser, Michael (2005): Strukturübungen. Peergroups, Risikohandeln und die Aneignung des männlichen Geschlechtshabitus. In: King, V. und K. Flaake (Hrsg.): Männliche Adoleszenz. Sozialisation und Bildungsprozesse zwischen Kindheit und Erwachsensein. Frankfurt am Main: Campus, 309–324.

Meuser, Michael und Sylka Scholz (2005): Hegemoniale Männlichkeit. Versuch einer Begriffsklärung aus soziologischer Perspektive. In: Dinges, M. (Hrsg.): Handbuch Frauen- und Geschlechterforschung. Theorie, Mehoden, Empirie. Wiesbaden: VS, 112–121.

Mohanty, Chandra Talpade (1988): Aus westlicher Sicht: feministische Theorie und koloniale Diskurse. In: *Beiträge zur feministischen theorie und praxis* 23, 149–161.

Neuber, Anke (2008): Gewalt und Männlichkeit bei inhaftierten Jugendlichen. In: Luedtke, J. und N. Baur (Hrsg.): Die soziale Konstruktion von Männlichkeit. Hegemoniale und marginalisierte Männlichkeiten in Deutschland. Opladen: Budrich, 201–221.

Neuber, Anke (2009): Die Demonstration kein Opfer zu sein. Biographische Fallstudien zu Gewalt und Männlichkeitskonflikten. Interdisziplinäre Beiträge zur kriminologischen Forschung, Band 35. Baden-Baden: Nomos.

Scholz, Sylka (2008): Männlichkeit und Erwerbsarbeit. Eine unendliche Geschichte? In: Marburger Gender Kolleg (Hrsg.): Geschlecht Macht Arbeit. Münster: Westfälisches Dampfboot, 107–120.

Schultz, Dagmar (1990): Der Unterschied zwischen Frauen – ein kritischer Blick auf den Umgang mit ‚den Anderen'in der feministischen Forschung weißer Frauen. In: *Beiträge zur feministischen Theorie und Praxis* 42, 45–57.

Soiland, Tove (2008): Die Verhältnisse gingen und die Kategorien kamen. Intersectionality oder Vom Unbehagen an der amerikanischen Theorie. In: *querelles-net. Rezensionszeitschrift für Frauen- und Geschlechterforschung*, Nr. 26. Online: http://www.querelles-net.de/index.php/qn/article/view/694/702 (Letzter Zugriff 02.06.2010).

Solga, Heike (2006): Ausbildungslose und die Radikalisierung ihrer sozialen Ausgrenzung. In: Bude, H. und A. Willich (Hrsg.): Das Problem der Exklusion. Ausgegrenzte, Entbehrliche, Überflüssige. Hamburg: 121–146.

Spelman, Elizabeth (1988): Inessential Woman. Problems of Exclusion in Feminist Thought. Boston: Beacon Press.

Stövesand, Sabine (2007): Mit Sicherheit Sozialarbeit! Gemeinwesenarbeit als innovatives Konzept zum Abbau von Gewalt im Geschlechterverhältnis unter den Bedingungen neoliberaler Gouvernementalität. Reihe: Gender Studies in den Angewandten Wissenschaften. Gender Studies & Applied Sciences Band 5. Münster: LIT.

Völker, Susanne (2006): Praktiken der Instabilität. Eine empirische Untersuchung zu Prekarisierungsprozessen. In: Aulenbacher, B.; Bereswill, M.; Löw, M.; Meuser, M.; Mordt, G.; Schäfer, R. und S. Scholz (Hrsg.): FrauenMännerGeschlechterforschung, State of the Art. Forum Frauen- und Geschlechterforschung, Band 19. Münster: Westfälisches Dampfboot, 140–154.

Völker, Susanne (2007): Prekäre Transformationen – herausgeforderte Lebensführungen. In: Bock, U.; Dölling, I. und B. Krais (Hrsg.): Prekäre Transformationen: Pierre Bourdieus Soziologie der Praxis und ihre Herausforderungen für die Frauen- und Geschlechterforschung. Querelles-Jahrbuch für Frauen- und Geschlechterforschung. Göttingen: Wallenstein, 176–194.

Walther, Andreas (2000): Spielräume im Übergang in die Arbeit. Junge Erwachsene im Wandel der Arbeitsgesellschaft in Deutschland, Italien und Großbritannien. Weinheim und München: Juventa.

Walther, Andreas (2002): „Benachteiligte Jugendliche": Widersprüche eines sozialpolitischen Deutungsmusters. Anmerkungen aus einer europäisch-vergleichenden Perspektive. In: *Soziale Welt* 53(1), 87–106.

Winker, Gabriele und Nina Degele (2009): Intersektionalität. Zur Analyse sozialer Ungleichheiten. Bielefeld: transcript.

Ware, Vron (1992): Beyond the Pale. White Women, Racism and History. London, New York: Verso.

Wolde, Anja (2007): Väter im Aufbruch? Deutungsmuster von Väterlichkeit und Männlichkeit im Kontext von Väterinitiativen. Wiesbaden: VS.

Vernachlässigte Intersektionalitäten in der Männerforschung: Alter(n), Virtualität, Transnationalität

Jeff Hearn

Für den Begriff der Intersektionalität und die komplexen sozialen Phänomene, auf die er sich bezieht, kursieren viele Namen und Etiketten – etwa Mehrfachunterdrückungen, „multiple soziale Ungleichheiten", „Multikulturalismus bzw. -ismen", „multiple Differenzen", „Diversität", „Postkolonialismen", „Hybriditäten". Der Begriff hat eine lange Geschichte im Feminismus (z. B. Crenshaw 1989, 1991; McCall 2005) und wurde auf viele verschiedene Arten genutzt: um relativ feste soziale Kategorien zu bezeichnen, um solche Kategorien zu konstruieren, um ihre gegenseitige Konstitution zu beschreiben, und um Kategorien zu transzendieren. Intersektionalität lässt sich – wenn auch auf sehr verschiedene Weise – in allen möglichen Epistemologien interpretieren. Von besonderem Interesse ist dabei die Frage, zu welchen Zeiten, an welchen Orten und in welchen Situationen Intersektionalitäten am deutlichsten sichtbar *erscheinen.*

Auch ist der Begriff der Intersektionalität keineswegs neu: Er wurde bereits im Schwarzen Feminismus und der Anti-Sklaverei-Bewegung des 19. Jahrhunderts angesprochen – und wahrscheinlich schon viel früher. In jüngerer Zeit wurde er in den Entwicklungen nach der sog. Zweiten Welle des Feminismus der 1960er Jahre verstärkt (wenn auch oft unter anderen Namen) wieder aufgegriffen, insbesondere um auf die Intersektionen der „großen Drei" – Geschlecht, „Rasse" (bzw. Ethnizität) und Klassenzugehörigkeit – aufmerksam zu machen. 1981 veröffentlichte Angela Davis *Women, Race & Class*; 1984 schrieb bell hooks in *Feminist Theory: From Margin to Center* über Schwarze Frauen und Schwarze Männer als potenzielle Verbündete. Im selben Jahr machte Mary O'Brien auf die Gefahren der „Kommatisierung" [*commatization*] aufmerksam (d. h. der rein additiven Aufzählung von Diskriminierungskategorien A. d. Ü.) (O'Brien, 1984). 1989 schließlich brachte Fiona Williams das Konzept in den Brennpunkt einer kritischen Debatte über die britische Sozialpolitik, wobei sie die Kategorien Alter, Behinderung und Sexualität hinzufügte, um aus den „großen Drei" die „großen Sechs" zu machen. Ich selbst wurde zum Teil durch diese Debatten dazu inspiriert, Intersektionalität in Bezug auf Männer genauer zu untersuchen (Hearn 1992), zum Teil aber auch durch die feministischen Disability Studies, insbesondere die Arbeit von Helen

Meekosha (1990, 2006), sowie durch Untersuchungen zu Gender, Sexualität und anderen Intersektionen in Betriebsorganisationen (Hearn und Parkin 1993).

Ein Großteil der Debatte(n) über Intersektionalitäten drehte sich um die Anerkennung von Differenzen und Gemeinsamkeiten zwischen Frauen und die komplexen Intersektionen entsprechender Differenzen und Ungleichheiten. Dabei gelten die Fragen nach Differenz, Ungleichheit und Intersektion in gleicher Weise für Männer (Kimmel und Messner 1989, 2009; Hearn und Collinson 2006), auch wenn dies nicht das Hauptthema der meisten feministischen Untersuchungen gewesen ist.[1] In diesem Beitrag beziehe ich die Debatten über Intersektionalität auf Männer und bespreche jüngere Untersuchungen über Männer. Meine zweite Aufgabe besteht darin, einen Blick auf einige bisher vernachlässigte Intersektionalitäten zu werfen – oder zumindest einige soziale Schauplätze, zu denen die Intersektionalitätstheorie weiter ausgebaut werden könnte. Insbesondere werden drei Versäumnisse in der Männerforschung diskutiert: Altern, Behinderung und gelebte Verkörperlichung, Virtualität und Transnationalität. Darüber hinaus hat dieser Beitrag ein drittes, konkreteres Ziel: Durch die Thematisierung dieser vernachlässigten Intersektionalitäten, die zugleich die Geschlechterhegemonie von Männern in Frage stellt, zeige ich auf, wie das Hinterfragen von „Männern" als eine „selbstverständliche" soziale Kategorie eine Möglichkeit sein kann, „Männer" als maßgebliche soziale Machtkategorie abzuschaffen.

Männerforschung und Intersektionalität

Männer können heute Männer genannt werden: Immer mehr wird anerkannt und analysiert, dass Männer vergeschlechtlichte, keine geschlechtslosen Menschen sind (Hanmer 1990; Collinson und Hearn 1994). Die gegenwärtige Vergeschlechtlichung von Männern ist das Ergebnis eines weitreichenden sozioökonomischen Wandels. Zu diesem Wandel beigetragen haben der Feminismus, Schwulen- und Lesbenbewegungen, Queer-Politik und die Reaktionen einiger Männer auf den Feminismus, einschließlich pro-feministischer Ansätze. Auch weitere kritische Perspektiven haben Männer und Männlichkeiten problematisiert, indem sie auf Intersektionalitäten unter und zwischen Männern hingewiesen haben, u. a. Postkolonialismus, Critical Race Theory, Poststrukturalismus, Globalisierungstheorie und Transnationalitätsforschung.

Männer, die sich für Feminismus, Frauen- und Geschlechterstudien interessieren und engagieren, müssen Männer kritisieren – sie müssen das Dominante

[1] Die Anzahl der im Januar 2010 im *ISI Web of Science* indizierten begutachteten Zeitschriftenartikel über „Diversität and Gender" bzw. „Frauen und Diversität" betrug 1563 bzw. 1582; die Zahl der Artikel über „Diversität und Männer" betrug 660 (Jeanes et al. 2010).

dekonstruieren (Hearn 1996a). In dieser Unternehmung erfreute sich die „Theorie der Männlichkeiten", insbesondere in der von Raewyn Connell und Co. vorgelegten Variante, in den vergangenen 25 Jahren einer großen, womöglich überraschenden Beliebtheit. Innerhalb dieser Theorie war das Konzept der „hegemonialen Männlichkeit" besonders einflussreich. Dieser Ansatz kann zum Teil als eine Weiterentwicklung der Kritik an der Theorie der Geschlechterrollen verstanden werden, zum Teil als Weiterentwicklung einer qualifizierten Kritik an der Patriarchatstheorie, insbesondere an deren deterministischer Variante. In einem anderen Sinne kann eine solche Theorie der Männlichkeiten als eine Reaktion auf die Debatte über Intersektionalitäten betrachtet werden – als deren Anwendung auf Männer. Die wahrscheinlich meistzitierte Definition hegemonialer Männlichkeit lautet „die Konfiguration der Gender-Praxis, die die derzeit akzeptierte Antwort auf das Problem der Legitimität des Patriarchats verkörpert, welche die dominante Position von Männern und die Unterordnung von Frauen garantiert (oder als eine solche Garantie aufgefasst wird)" (Connell 1995: 77).

Die Theorie der Männlichkeiten entwickelte sich seit den späten 1970er Jahren – zeitgleich mit selbstkritischen feministischen Beiträgen zum Konzept des Patriarchats. In beiden diesen Debatten ging es zentral um Intersektionalitäten. Das Patriarchat neu zu denken und zu problematisieren und verschiedene „patriarchalische Schauplätze" auszumachen, trugen zur Theorie der Männlichkeiten bei und können als ein Teil der Debatte über Intersektionalitäten betrachtet werden. Nicht von ungefähr sagen Jørgen Elm Larsen und Ann-Dorte Christensen (2008: 56), dass „*das Konzept der Intersektionalität* das Konzept hegemonialer Männlichkeiten insofern ergänzt, als es die Interaktion zwischen Gender, Klasse und anderen differenzierenden Kategorien betont und zugleich verschiedene Machtstrukturen und deren sich gegenseitig unterstützende Konstruktion abbildet."

Diskussionen über die historische Periodisierung des Patriarchats, andere Varianten von Gender-Systemen, multiple Schauplätze und Strukturen sowie die „Pluralisierung" des Begriffs Patriarchat zu „Patriarchate" lassen sich ebenfalls als Debatten über Intersektionalitäten lesen, das heißt als Diskussionen über Intersektionalitäten, die jeweils eine bestimmte soziale, historische oder räumliche Form annehmen. Der Perspektivwechsel vom privaten hin zum öffentlichen Patriarchat kann auch in Bezug auf Intersektionalitäten gesehen werden: fort von den Intersektionen von Familie, Alter, Generation, Sexualität und Arbeit mit Gender, hin zu den Intersektionen von Arbeit, Klassenzugehörigkeit, Beschäftigungsstatus, Beruf und der Rolle in Organisationen mit Gender. In beiden Fällen geht es um Intersektionen zwischen Gender und Beziehungen zum Recht und zum Staat – in Form von Staatsangehörigkeit, Nationalität, Ethnizität/„Rasse" und oft auch Religion. Das in den 1980er Jahren stattfindende „Neudenken" des Patriarchats als ein Ensemble multipler, patriarchalischer Strukturen (Walby 1986,

1990; Hearn 1987, 1992) kann durchaus als ein Versuch neu interpretiert werden, Intersektionalitäten zu thematisieren (Hearn 2009).

Ähnlich können verschiedene Männlichkeiten als Intersektionen der Kategorie Gender mit anderen Achsen sozialer Ungleichheit gesehen werden – insbesondere der Zugehörigkeit zu einer bestimmten Klasse, Ethnizität, „Rasse" oder sexuellen Orientierung. Derartige soziale Prozesse beinhalten Hegemonie, Komplizenschaft, Marginalisierung sowie Dominanz/Unterordnung. Hegemoniale Männlichkeit wird demnach durch Intersektionen von Gender, Klasse, Ethnizität und Sexualität gebildet und legitimiert das Patriarchat; untergeordnete Männlichkeit wird durch Intersektionen von Gender und Sexualität gebildet, wie z. B. homosexuelle Männlichkeit, und marginalisierte Männlichkeit durch Intersektionen von Klasse, Ethnizität und Rassifizierung, wie z. B. schwarze Männlichkeit. Dies führt zu der Schlussfolgerung, dass es plurale oder multiple Männlichkeiten gibt – etwa schwarze heterosexuelle Männlichkeit oder *weiße* homosexuelle Männlichkeit, die wiederum als Intersektionen aufgefasst werden können (Hearn und Collinson 1994, Aboim 2010). Zugleich muss angemerkt werden, dass nicht nur über die Grenzen hegemonialer Männlichkeiten lebhaft diskutiert wird (Donaldson 1993; Whitehead 2002; Collinson und Hearn 2005), sondern auch über das Konzept „Männlichkeit/ Männlichkeiten" – wegen seiner historischen Spezifität, seines Ethnozentrismus, seiner falschen Kausalität, seines möglichen Psychologismus, Vagheit und zuweilen verwirrenden Verwendung (Hearn 1996b, 2004a). Bei der Analyse multipler Männlichkeiten besteht die Gefahr, in einen Relativismus und einen unendlichen Regress multipler Permutationen zu geraten. Vielleicht wäre es präziser, anstelle des schillernden Begriffs „Männlichkeiten" von individuellen und kollektiven Praktiken von Männern, den Identitäten von Männern oder Diskursen über Männer zu sprechen.

Hegemoniale Männlichkeit und die Hegemonie von Männern

In Studien über Männer und Männlichkeiten spielt das Konzept der Hegemonie eine wichtige Rolle, besonders in Formulierungen wie „hegemoniale Männlichkeit". Dagegen mag man einwenden, dass die „Hegemonie von Männern" weitaus hegemonialer ist als „hegemoniale Männlichkeit". Bei „Hegemonie" geht es um Machtbeziehungen und Ideologie – einschließlich der Dominanz durch das „Selbstverständliche" und den „gesunden Menschenverstand". Sie betont die Wichtigkeit des Konsens, selbst wenn dieser provisorisch, kontingent und durch Gewalt gestützt ist. Der Begriff der hegemonialen Männlichkeit entwickelte sich aus der Anwendung solcher Ideen auf die Geschlechterbeziehungen innerhalb des Patriarchats (Connell 1995). Bezeichnenderweise spricht Connell an einigen Stellen von Hegemonie als einem *sozialen Prozess;* an anderen Stellen wird hegemoniale Männlichkeit als *„Konfiguration von Gender-Praxis"* und als eine *Form* von Männlichkeit beschrieben. Während die ersten beiden Ansätze sich nicht leicht mit der Sicht in Einklang bringen lassen, dass Männlichkeit eine *Form* oder ein *Ensemble von Männlichkeitszuschreibungen* ist, haben andere den Begriff oft auf letztere Weise verwendet (Jefferson 2002: 70–71). Die Interpretation des Begriffs Hegemonie als Prozess hat sich bei weitem nicht als so populär und einflussreich erwiesen wie die anderen oben erwähnten Interpretationen: „Hegemonie" als entscheidender sozialer Prozess verwandelt sich nur allzu leicht in „hegemonial" als Bezeichnung für bestimmte Formen von Männlichkeit. In ihrem Aufsatz über hegemoniale Männlichkeit von 1985 machten Tim Carrigan und Ko-Autoren (1985: 594) eine interessante Feststellung – nämlich, dass Hegemonie

> „... sich immer auf eine bestimmte historische Situation bezieht, ein Ensemble von Umständen, in dem Macht gewonnen und behalten wird. Bei der Konstruktion von Hegemonie geht es nicht darum, fertig geformte Gruppierungen zurechtzurücken, sondern zumindest teilweise darum, diese *Gruppierungen zu bilden*. Um die verschiedenen Arten von Männlichkeit zu verstehen, müssen die Praktiken untersucht werden, in denen Hegemonie konstituiert und in Frage gestellt wird – kurz, die politischen Techniken der patriarchalischen Gesellschaftsordnung." (Carrigan et al. 1985: 594, Herv. d. Verf.)

Hegemonie umfasst also auch die Bildung sozialer Gruppierungen, nicht nur deren Funktionieren und kollektives Handeln. Allerdings denken Carrigan et al. diese Einsicht insofern nicht konsequent zu Ende, als sie die Geschlechterhegemonie von Männern nicht konkretisieren (Hearn 2004a). Man mag argumentieren, dass von der Bildung dieser Gruppierungen vorschnell auf verschiedene Formen von Männlichkeit geschlossen wird. Tatsächlich sind derartig vorschnelle Schlüsse einer der Gründe, warum die Vorstellungen von hegemonialer Männlichkeit und multiplen Männlichkeiten seit den früher 1990er Jahren häufig kritisiert worden sind. Eine Reihe von Fragen rund um das Konzept hegemonialer Männlichkeit warten noch auf ihre Beantwortung. Diese beinhalten: Ist hegemoniale Männlichkeit ein kulturelles Ideal, besteht sie aus Repräsentationen, Alltagspraktiken oder institutionellen Strukturen? Sollte man von hegemonialen Männlichkeiten im Plural sprechen? Wie verhält sich hegemoniale Männlichkeit zur Kritik durch den Postkolonialismus oder die Queer-Theorie?

Der Fokus auf hegemoniale Männlichkeit ist zu eng und eingeschränkt. Vielmehr geht die *Hegemonie von Männern* auf die doppelte Komplexität ein, wonach Männer sowohl eine *von intersektionellen Gender-Systemen gebildete soziale Kategorie* als auch *kollektive/individuelle, oft dominante Akteure* sind. Wie schon erwähnt, geht es bei der „Konstruktion von Hegemonie [...] nicht darum, fertig geformte Gruppierungen zurechtzurücken, sondern zumindest teilweise darum, diese *Gruppierungen zu bilden*". Dies allerdings wurde überwiegend so verstanden, als beziehe es sich auf die Bildung von Männlichkeiten, anstatt auf Gender-„Gruppierungen" an sich, zu denen auch Männer gehören. Die soziale Kategorie „Männer" ist weit hegemonialer als irgendeine bestimmte Form von Männlichkeit, sei sie nun hegemonial oder nicht. Diese Interpretation entspricht eher Gramscis Hegemonie-Begriff (Howson 2005) – ein Aspekt, der im Nachdenken über hegemoniale Männlichkeit eigenartigerweise fehlt. Um die Kategorie „Männer" zu verstehen, analysieren und kritisieren zu können, müssen Männer sorgfältig entnaturalisiert und dekonstruiert werden – so, wie die postkoloniale Theorie das *weiße* Subjekt dekonstruiert und entnaturalisiert hat. Denn es besteht die Gefahr, dass Männer re-naturalisiert werden, wenn man sich primär oder ausschließlich auf Männlichkeiten konzentriert.[2]

Die Hegemonie von Männern und vernachlässigte Intersektionalitäten

Die Hegemonie von Männern ist eine dialektische Formulierung. Mit ihr wird einerseits ein strategischer Essentialismus (Spivak 1988) in der Genusgruppe „Männer" betont, andererseits wird damit kritisiert, wie die als selbstverständlich betrachtete Kategorie „Männer" Intersektionalitäten verschleiert: *Männer werden als Männer bezeichnet und zugleich dekonstruiert.* Indem Männer als Männer bezeichnet werden, werden Männlichkeiten nicht einfach als variabel innerhalb eines reformerischen oder „widerständigen" (Pro-)Feminismus konstruiert (Lorber 2005), vielmehr wird die Abschaffung von Gender als Machtkategorie

---

[2] Die Perspektive auf die Hegemonie von Männern beleuchtet folgende soziale Prozesse mit Schlüsselbedeutung:

- die hegemoniale Akzeptanz der Kategorie „Männer",
- Unterscheidungen und Kategorisierungen zwischen verschiedenen Formen von Männern und der Praktiken von Männern gegenüber Frauen, Kindern und anderen Männern („Männlichkeiten"),
- welche Männer und welche Praktiken von Männern – in den Medien, im Staat, in der Religion usw. – am mächtigsten wirken, wenn es um das Agenda-Setting in diesen Differenzierungssystemen geht,
- die am weitesten verbreiteten, am häufigsten wiederholten Formen der Praktiken von Männern,
- die verschiedenen, variablen, „natürlichen", „naturalisierten", „gewöhnlichen", „normalen", am meisten als selbstverständlich betrachteten Alltagspraktiken von Männern gegenüber Frauen, Kindern und anderen Männern und deren widersprüchliche, sogar paradoxe Sinnzuschreibungen,
- wie Frauen bestimmte Praktiken von Männern differenziell unterstützen und andere Praktiken von Männern oder Arten, Mann zu sein, unterordnen können,
- Wechselbeziehungen zwischen der Formierung von „Männern" innerhalb hegemonialer Gender-Hierarchien, die auch die Aktivitäten von Frauen, anderen Geschlechtern und Jungen sowie die Aktivitäten von Männern auf verschiedene Arten formen, indem sie hegemoniale Differenzierungen zwischen Männern (neu) formen (Hearn 2004a).

angestrebt, und das bedeutet auch die Abschaffung von „Männern“ als soziale Machtkategorie. Nina Lykke (2010: 64) formuliert die Frage wie folgt: „Wie wird die Kategorie ‚Männer‘ im konkreten Alltagsleben und in institutionellen Praktiken produziert und reproduziert, und zwar im Zusammenspiel mit Kategorien wie Klasse, Ethnizität, Sexualität…?“ Intersektionalitäten sind nicht nur bei der Konstruktion von Männlichkeiten entscheidend, sondern auch bei der Bildung der Kategorie „Männer“ an sich und der Beziehungen zu den Praktiken von Männern. Vergeschlechtlichte Macht, Dominanz und Hegemonie in Bezug auf die soziale Kategorie „Männer“ werden in und durch ihre Beziehungen zu anderen sozialen Trennlinien definiert. Soziale Trennlinien operieren für Männer sowohl als Ursache von geschlechtlicher Macht als auch von Ohnmacht. Die geschlechtliche Hegemonie von Männern wird durch intersektionelle Beziehungen aufrechterhalten, wie Studien zu Klasse, Sexualität, Ethnizität und Rassifizierung hinreichend dargelegt haben. Die Problematisierung von Hegemonie lenkt die Aufmerksamkeit auf vernachlässigte Intersektionalitäten.

Die meisten Analysen von „Männern“ bewegen sich in den Schranken der Kategorien Klasse, Ethnizität, Rassifizierung und Sexualität. Weitaus weniger erforscht sind andere Aspekte, die ebenfalls zur Hegemonie von Männern beitragen: Beziehungen zu Alter/Behinderung/Körpern und gelebte Verkörperlichung *(„Hierarchie des Sozialen“)*, körperliche Abwesenheit/Virtualität *(„Form und Transformation des Sozialen“)*, und die Abkehr von der vorrangigen Konzentration auf „Gesellschaft“ und Nation hin zu Transnationalisierungen und Transnationalität *(„Erweiterung des Sozialen“)*. Der erste Aspekt bedeutet, dass bestimmte soziale Ungleichheiten gegenüber anderen Priorität erhalten. Der zweite Aspekt – Virtualität – ist in mehrfacher Hinsicht von Interesse: Intersektionalitäten treten innerhalb des Virtuellen auf, aber Virtualität ist sowohl ein Mittel als auch eine Form von Sozialität. Der dritte Aspekt – das Transnationale – lässt sich als ein Beispiel für Transsozialität denken: Es geht nicht einfach nur um Beziehungen zwischen zwei oder mehr Nationalitäten oder nationalen Identitäten, sondern um Transsektionalitäten (Beziehungen zwischen Beziehungen), die mehr sind als die Summe jener Teile.[3] Mit dem Begriff „Transsektion“ beziehe ich mich auf die dynamische „Transformulierung“ sozialer, geschlechtlicher und sexueller Kategorien, anstatt nur auf deren gegenseitige Konstituierung und Wechselbeziehung (Hearn 2008). Diese Aspekte stellen „Männer“ als signifikante soziale Machtkategorie auf verschiedene Art in Frage.

[3] Auf diesen drei Aspekten lag der Fokus in der Arbeit von Thema 2, „Deconstructing the Hegemony of Men and Masculinities: Contradictions of Absence“, im GEXcel Centre of Gender Excellence der Universitäten Linköping und Örebro, Online: http://www.genderexcel.org/node/101 (Letzter Zugriff 02.06.2010).

Versäumnis 1: Alter(n), Behinderungen, ältere Männer, Verkörperlichung

Alter und Behinderung sind die am stärksten vernachlässigten Ursachen sozialer Ungleichheit der „Großen Sechs". Alter ist als Ursache von Ungleichheit ungewöhnlich, da es anscheinend allgegenwärtig ist und sich zugleich permanent verändert. Am augenfälligsten erscheint es in Bezug zum „Jüngeren" und zum „Älteren", abseits von Altersnormen (Hearn 1999). Altersdiskriminierung sehen sich alle ausgesetzt, auch wenn ihre Schwere variiert (Calasanti 2005). Feministische Theorien haben in den Untersuchungen über Alter und Altern die Geschlechterbeziehungen in den Mittelpunkt des Interesses gerückt (Hockey und James 2003; Arber et al. 2004). Die Vergeschlechtlichung des Alterns soll jedoch sowohl das Altern von Frauen und ältere Frauen als auch das Altern von Männern und ältere Männer und deren Relationalität berücksichtigen.

Alter, Altern, Männer und Männlichkeit(en) überschneiden sich vielfach und komplex. Die Kategorie Alter wird häufig in Bezug auf junge Männer betont, selbst auf den Begriff „Jugend". Dominante Konstruktionen und Bilder von Männern und Männlichkeiten werden von jüngeren Männern und Männern „mittleren Alters" beherrscht, als ob Männer und Männlichkeiten irgendwann vor Beginn des letzten Lebensabschnitts „aufhören" würden. Häufig werden ältere Männer, Männer mit bestimmten Behinderungen und sterbende Männer aus der Kategorie „Männer" und in Analysen ausgeschlossen.

Das Altern der Bevölkerung wird die Bedeutungen, die dem Begriff „Altern" gesellschaftlich zugeschrieben werden, vermutlich erheblich verändern. Die Anzahl von Männern über 80 wird wahrscheinlich proportional stärker zunehmen, als die von „jüngeren älteren Männern" in den 50ern und 60ern. In dieser Situation werden sich die Kategorien von „alt" und „älter" um so stärker verändern, je älter die Alterskohorte ist, um die es geht. Möglicherweise werden ältere Männer als Altersgruppe stärker ausdifferenziert – durch längeres Leben, geografische Mobilität und Veränderungen im Arbeits- und Familienleben. Die Anerkennung von „älteren Alten" als eigene Altersgruppe könnte sich aufgrund mehrfacher Intersektionalitäten unter älteren Männern verkomplizieren. Gleichzeitig könnten die Alterskategorien – jung/jünger, mittlere Jahre, alt/älter – von Männern in dem Maße diffuser werden, wie sich die Aktivitäten, das Konsumverhalten und die Repräsentation älterer Männer wandeln. Vielleicht wird die dominierende Sicht, was es bedeutet, „Mann zu sein", weniger eng mit Jugendlichkeit und den etablierten Vorstellungen über jüngere und mittelalte Männer verbunden sein.

Alter, im Sinne von „höherem" Alter, kann für Männer sowohl eine Quelle von Macht als auch Machtverlust sein, so dass die soziale Kategorie „ältere Männer" widersprüchlich ist (Hearn 1995). In vielen Gesellschaften sind Alter und Altern eine „traditionelle" Quelle patriarchalischer Macht und der Macht (einiger) Männer über Frauen, ältere Frauen und jüngere Männer. Die gegenwärtigen Widersprüche im Alterungsprozess von Männern gehen teilweise auf die Intersektionen von Sexismus und Altersdiskriminierung zurück: Ältere Männer profitieren vom Sexismus, während sie gleichzeitig wegen ihres Alters diskriminiert werden. Ältere Männer und ihre Männlichkeiten können als „abwesende Anwesenheit" verstanden werden (Hearn 1998); tatsächlich können (manche) ältere Männer für jüngere Männer und selbst für jüngere Frauen zu einem widersprüchlichen „Anderen" werden. Dabei reduzieren Alter und Altern nicht unbedingt die Macht von Männern: Für manche Männer sind sie eine Ursache finanzieller Macht, da das Altern eine größere ökonomische Divergenz mit sich bringt. Die Beziehungen zwischen dem Alter von Männern und ihrer geschlechtsspezifischen Macht sind also komplexer geworden. Obwohl Altern aus körperlichen Gründen oder durch den Verlust der Berufstätigkeit für manche Männer eine Ursache von Machtverlust sein kann, lässt sich das „schwache Lebensalter" durch technische Mittel erheblich ausdehnen. Sicherlich ist die Trennung des Zusammenhangs von „Altersmacht" und „Gender-Macht" für manche Menschen und manche Männer nichts Neues: In bestimmten historischen Momenten, wie etwa Krieg, Naturkatastrophen oder Flüchtlingsbewegungen sind ältere Männer staatenlos, obdachlos oder auf andere Weise altersbedingt gefährdet gewesen.

In der Bewertung einiger Kritiken über hegemoniale Männlichkeit argumentieren Raewyn Connell und James Messerschmidt (2005), dass ein zu simples Modell globaler Gender-Dominanz vermieden werden sollte und empfehlen eine Neuformulierung hegemonialer Männlichkeit in Bezug auf: die soziale *Verkörperlichung*, die *Geografie* von Männlichkeiten, die Dynamik von Männlichkeiten sowie ein holistischeres Verständnis der Gender-Hierarchie. Dies sind hilfreiche Anmerkungen, allerdings werden sie bestimmten Kritiken aus der Phänomenologie, der sexuellen Differenz, Queer-Theorie und Postkolonialismus, nicht voll gerecht.[4] Die Aufnahmefähigkeit des Bezugsrahmens „hegemoniale Männlichkeit" für die Komplexitäten des Alterns bzw. alternder Männer ist begrenzt und nicht alle können berücksichtigt werden. So lässt sich das komplexe Bild, in dem Männer durch ihr Altern und hohes Alter an Status gewinnen, aber gleichzeitig dadurch marginalisiert werden, in dem Bezugrahmen „hegemoniale Männlichkeit" nur schwer unterbringen oder konzeptualisieren (Hearn und Sandberg 2009). In verschiedenen sozialen Kontexten hat (höheres) Alter für Männer widersprüchliche Konsequenzen, ist sowohl Ursache von Machtgewinn als auch von Machtverlust, wobei Altersdiskriminierung und Sexismus sich überschneiden. Zwei Be-

[4] Stephen Whitehead (1999: 58) kritisiert, dass „das Konzept der hegemonialen Männlichkeit nur wenig dazu beiträgt, die komplexen Muster der Indoktrination und des Widerstands offenzulegen, die die soziale Interaktion im Alltag konstituieren. [...] Es ist nicht in der Lage, die verschiedenen Bedeutungen zu erklären, die dem Konzept der Männlichkeit in diesem konkreten Augenblick der Sozialgeschichte der Länder Europas, Amerikas und Australasiens zugeschrieben werden."

reiche, die das Neudenken von „Männern“ und „Altern“ eingrenzen und sich auf die ersten beiden oben zitierten Selbstkritiken beziehen, sind die folgenden: Erstens die Implikationen, die es mit sich bringt, sich auf *Verkörperlichung* zu konzentrieren; zweitens die Implikationen, die es mit sich bringt, wenn man sich auf die Widersprüche des Alterns von Männern im Kontext von *Geografie* und Transnationalisierung konzentriert. Diese Implikationen sind besonders wichtig, wenn es um die Einstellungen von Männern zum Altern geht, um ältere Männer sowie die Wechselbeziehungen zwischen Männern, Altern und Macht. Zwar lässt sich deren Orientierung in einem bestimmten Maße als „eher mikro“ und „eher makro“ interpretieren – besser ist es jedoch, sie als gegenseitig überlappend und vernetzt zu betrachten. Das Geografische und Nationale ist zugleich persönlich und verkörperlicht; das Verkörperlichte ist zugleich strukturell.

Um den ersten Aspekt etwas detaillierter zu betrachten: Was es bedeutet, ein „älterer Mann zu sein“, wird womöglich kontroverser diskutiert. Womöglich wird die Hegemonie von Männern eher problematisiert, wenn Gebrechlichkeit, Behinderung, Inkontinenz und andere körperliche Probleme, Abhängigkeit und Tod nicht mehr ausgeblendet sind. Die Erfahrung des eigenen Körpers, die Auswirkungen des Alterns auf den Körper und die soziale Konstruktion des Körpers sind in den aufkommenden Debatten über Männer und Männlichkeiten bisher ungleichmäßig präsent gewesen.[5] Fragen der Verkörperlichung und körperlichen Normativität lassen sich weniger gut vermeiden, wenn vom Altern (von Männern) die Rede ist. Die Hierarchie des Sozialen über das Verkörperlichte erscheint weniger hegemonial. Rückt man Verkörperlichung in den Vordergrund, werden Traditionen aus der Phänomenologie, der Theorie sexueller Differenz und der Queer-Theorie besonders relevant (Hearn und Sandberg 2009). Das gesellschaftliche Bild von älteren Männern, wie auch das von Jungen und jüngeren Männern, muss „wieder verfleischlicht“ werden (Thomas 2002); Verkörperlichung, die Grenzen körperlicher Leistungsfähigkeit und Normativität, Gebrechlichkeit, Sterben und Tod, die soziale Analyse des Verlusts von Körperfunktionen und die Fragmentierung von verkörperlichtem Standpunktwissen (Jackson 2001, 2003) müssen hervorgehoben werden.

Was den zweiten Punkt betrifft, so ist die Generationsmacht von Männern in Familien und Gemeinschaften weithin von nationalen, internationalen, globalen und transnationalen Kräften „überholt“ worden. Dies ist kein entlegenes Phänomen, sondern geschieht lokal und wird lokal auf verschiedene Weise erfahren: Erstens haben globale Prozesse politische und ökonomische Auswirkungen, etwa die

[5] Interessanterweise lag der Fokus bei der ersten veröffentlichten Verwendung des Begriffs „hegemoniale Männlichkeit“ in dem Artikel „Men’s bodies“ von Connell (1979, wiederveröffentlicht in *Which Way is Up?* 1983) auf der sozialen Konstruktion des Körpers in den Praktiken von Jungen und erwachsenen Männern.

Umstrukturierung des Arbeitslebens durch die Politik transnationaler Konzerne. Der individuelle, autonome ältere Mann ist nicht nur von der (patriarchalischen) Nation verdrängt worden, sondern auch von (patriarchalischen) transnationalen Organisationen. Zweitens gibt es auch räumliche Effekte: Zwar sind nationale Grenzen für manche Menschen nach wie vor rigide, doch bringt die Globalisierung die Bewegung von Menschen mit sich und damit auch mehr interkulturelle soziale und familiäre Beziehungen für ältere Männer. Derartige Kontakte haben für einige positive Auswirkungen, doch bringt transnationales Altern auch viele Komplikationen mit sich, wie etwa der Widerstreit zwischen Rechtstraditionen und die parallele Entwicklung transnationaler rechtlicher Prozesse. Drittens bilden Globalisierungsprozesse den Kontext für persönliche Erfahrungen. Die Neugestaltung der Identitäten älterer Männer erfolgt durch persönliche Beziehungen innerhalb globalisierter Kontexte. Die erhöhte Gültigkeit von Images älterer Männer über die Massenmedien, Kommunikationstechnologien und Reisen produziert immer mehr widersprüchliche globale Einflüsse, um für einen bestimmten „Typ alter Mann" nutzbar gemacht zu werden. Dies ist nicht nur eine analytische, sondern eine emotionale, gelebte und fiktive Angelegenheit.

Intersektionelle Analysen von Altern und Männern werfen also viele Fragen auf: das Diffuswerden von Alterskategorien, die Anerkennung von „älteren älteren Männern" als eigene Altersgruppe, Differenzen, Brüche und Ambivalenzen unter älteren Männern, Sexualitäten und „Queer"-Sein im Alter, die Verkörperlichung des Begriffs „ältere Männer", die Gebrechlichkeit und Behinderung berücksichtigt, und schließlich die Frage nach Transnationalisierungsprozessen. Doch ältere Männer sind nicht einfach nur ältere Männer, und verschiedene Paradigmen von Altern, Behinderung und Verkörperlichung können durchaus zu unterschiedlichen Verständnissen derselben Menschen und Situationen führen.

Versäumnis 2: Virtualität, „virtuelle Männer"

Die Entwicklung und Verbreitung der Informations- und Kommunikationstechnik hat zu einer Verdichtung von Zeit und Raum geführt, zu einer Konzentration auf den Augenblick, zu vermehrter Ungleichzeitigkeit, zur Reproduzierbarkeit von Bildern, zur Erschaffung virtueller Körper, zu einem Verwischen der Grenzen zwischen Wirklichkeit und bloßer Repräsentation der Wirklichkeit, zu der Möglichkeit, ständig mit der ganzen Welt in Verbindung zu stehen und zu einer verstärkten Personalisierung (Hearn 2006). Intersektionalitäten operieren *innerhalb* des Virtuellen und zugleich werden sie durch das Medium des Virtuellen produziert und reproduziert. Virtualität fördert Vielfalt, und umgekehrt (DeLanda 2002). Und, was vielleicht kontroverser ist, auch Virtualität selbst kann als eine Ungleichheitsachse oder Intersektion verstanden werden: So wie „Klasse" oder „Ethnizität" keine „Dinge“, sondern Resultat sozialer Beziehungen sind, so ist auch Virtualität eine soziale Beziehung zwischen einer Verkörperlichung *an Ort und Stelle* und einer Verkörperlichung in der Repräsentation. Virtualität ist eine Form von Sozialität, so wie Ethnizität oder Gender. Körperliche Abwesenheit, oder scheinbare Abwesenheit in Virtualität ist, auch wenn sie nicht historisch neu ist, gegenwärtig ein Teil der Form und Transformation des Sozialen.

Virtualität macht (einige Frauen und) Männer verzichtbar, doch schafft sie zugleich ein Potenzial für die Erweiterung und Stärkung der Macht von Männern. Sie bietet Potenziale, den sozialen Raum und öffentliche Räume neu zu formulieren – mit positiven, negativen und widersprüchlichen Folgen. Informations- und Kommunikationstechniken bieten sexuellen Minderheiten und dissidenten sexuellen Gemeinschaften die Möglichkeit, sich offener, demokratischer und vielfältiger zu vernetzen und Communitys zu gründen, gerade auch solchen, die unter dominanten Sexualitäten und Gewaltformen leiden. Gleichzeitig jedoch dienen diese Techniken dazu, andere direkt und virtuell zu unterdrücken: Sie haben nicht nur stark dazu beigetragen, Pornografie auf ein historisch neues Niveau zu verbreiten, sondern auch zum Frauenhandel und zur sexuellen Ausbeutung von Frauen, indem sie enzyklopädische Auskünfte über Prostitution liefern und das Geschäft mit dem Sex neu organisiert haben (Hearn und Parkin 2001). In den 1990er Jahren kam es zu einem tiefgreifenden Wandel im Sex-Geschäft: zwischen 1985 und 2001 hat sich die Ausleihe von Hardcore-Pornovideos in den USA verzehnfacht. 1997 gab es etwa 22.000 Webseiten mit kostenlosen pornografischen Inhalten, 2000 waren es bereits etwa 280.000 (Hughes 2002). Interaktive Live-Videokonferenzen ermöglichen auch den Kauf von Live-Sexshows, die die Männer selber steuern, und die über Kommunikation in Echtzeit und unterschiedliche Kameraeinstellungen verfügen. Das „Reale“/Körperliche und das „Repräsentierte“/Textuelle konvergieren, die sexuelle Kommodifizierung schreitet rasch voran. Die von neuen Technologien vermittelten Wechselspiele von Virtualitäten, Überwachung und (Cyber-)Sexualitäten bedeuten einen historischen Wandel, der für Männer und Frauen widersprüchliche Implikationen hat (Hearn 2006). Wahrscheinlich wird es durch sie zu neuen Formen virtueller, neokolonialer Ausbeutung kommen, neben direkten, nicht-virtuellen Neokolonialismen, wie etwa der Einsatz der Informations- und Kommunikationstechniken die globale Sex-Industrie fördert. Diese Industrie ist ein bedeutender institutioneller Faktor in der Konstruktion der Sexualitäten und Gewaltformen von Männern als auch ein massives Hindernis auf dem Weg zur Gleichberechtigung der Geschlechter (Jeffreys 2008).

Informations- und Kommunikationstechniken fungieren nicht nur als Medien für Sexualitäten und sexualisierte Gewaltformen, immer öfter konstituieren sie diese überhaupt erst. Sie können Sexualitäten faktisch rekonstituieren und werden dies in Zukunft womöglich auf neue Arten tun. Sex wird zunehmend im Kontext entkörperlichter sozialer Institutionen konstruiert, d.h. des Staates und von

Großkonzernen, gemäß ihren Gesetzen, Kontrollmöglichkeiten und Ideologien. Allerdings ist vermittelte cyber-sexuelle Aktivität, kostenfrei, allein oder mit einem oder mehreren Partnern, auch „in den eigenen vier Wänden" in vielen verkörperlichten Formen möglich, etwa in Form „selbstgemachter" und ins Internet gestellter Pornografie. Auf Körperlichkeit basierende Ansätze der Männerforschung werden verkompliziert durch die Widersprüche in multiplen virtuellen Praktiken, durch das paradoxe Spiel der Verkörperlichung des Virtuellen, und der Virtualität der Verkörperlichung. Diese Möglichkeiten sind zunehmend verfügbarer, und es wird in Zukunft wahrscheinlich immer mehr von ihnen geben. Auch werden sie wahrscheinlich Einfluss darauf haben, was Sexualität eigentlich *ist*, wobei sexuelle Kategorien wahrscheinlich auf komplexe Art und Weise in Beziehung zu Technologien, einschließlich lebensechter Techno-Sexpuppen oder Sexroboter, definiert und verwischt werden. Informations-, Kommunikationstechnologien und Virtualität können somit profunde verkörperlichte Formen und Implikationen auch für die Konstruktion von „Männern" haben. Technologien können für die Sexualitäten und sexuelle Gewaltformen von Männern instrumentalisiert werden, in denen Männer als Produzenten und Konsumenten von Virtualität agieren, Frauen in virtuellen Medien repräsentieren und selbst repräsentiert, gar verzichtbar gemacht werden (Hearn 2006). Virtualisierung stellt Schauplätze bereit, in denen die Hegemonie von Männern in körperlicher Anwesenheit/Abwesenheit angefochten werden kann – sei es, indem virtuelle Körper von Frauen oder von Männern selbst geschaffen werden.

Versäumnis 3: Transnationalität, transnationale Männer

Interpretationen von Hegemonie müssen die Orientierung an einer vorgegebenen „Gesellschaft", einer Nation und einem Nationalstaat hinter sich lassen und die wachsende Bedeutung des Transnationalen anerkennen. Die bisherige Gesellschaftsanalyse war stark am Nationalstaat ausgerichtet und viele Analysen vom methodologischen Nationalismus gerahmt. Die jüngere kritische Männerforschung hat sich verstärkt internationalen, transnationalen oder globalen Perspektiven zugewandt – fort von der Konzentration auf die westliche Welt und einzelne Nationen, hin zum Süden und zu transnationalen Prozessen (Connell 1993, 1998; Ouzgane und Coleman 1998; Pease und Pringle 2001; Cleaver 2002; Morrell und Swart 2005). Außerdem bemüht man sich, die individuellen und kollektiven Praktiken von Männern innerhalb von durch Gender geprägten Globalisierungs- und Glokalisierungsprozessen genauer zu erfassen. Jüngere Versuche, das Konzept der Hegemonie auf Männer und Männlichkeiten anzuwenden, haben aufgezeigt, dass es immer wichtiger wird, den Fokus von „Gesellschaft" und Nation hin zu

Transnationalisierungen und Transnationalität als einer *„Erweiterung des Sozialen"* zu verschieben.

Dennoch ist Transnationalität ein stark vernachlässigter Schauplatz von Intersektionalität. Erstens betrifft Transnationalität die Beziehungen zwischen Nationalitäten und damit zwischen Nationen. Zweitens hebt sie Intersektionalitäten mit und zwischen Nationalitäten, Sprachen, Kulturen, Orten, Bewegungen und Mobilität hervor, aber auch über diese Grenzen hinweg. Drittens kann es bei Transnationalität auch um die Metamorphose von nationalen und anderen Grenzen gehen (Hearn 2004b). So werden transnationale Kategorien auf komplexere Art definiert; die Wechselbeziehungen mit anderen sozialen Kategorien und Intersektionalitäten werden unschärfer, die Kategorien dekonstruiert, transnationalisiert und transformuliert. Daher verhält es sich mit Transsektionalitäten ähnlich wie mit hybriden Kategorien, die mehr sind als die Summe ihrer Teile, etwa Gender, „Rasse" und Sprachen. Darüber hinaus kann Transnationalität, wie Virtualität, selbst als Achse sozialer Ungleichheit oder als Intersektion betrachtet werden, die ebenso real ist wie Alter oder Klasse. Transnationalität umfasst oft auch das Virtuelle und die unter diesem Stichwort hervorgehobenen Intersektionalitäten.

Transnationalität und Transnationalisierungen nehmen viele Formen an und haben zahlreiche Implikationen für Männer und Geschlechterbeziehungen (Zalewski und Parpart 1998; Hearn und Parkin 2001; Hearn und Pringle 2006): Zu den Schlüsselfragen gehören hier Migration, Informations- und Kommunikationstechnologie, die geschlechtliche Segregation der Arbeitswelt, die nahezu vollständige Dominanz von Männern in den Führungsetagen transnationaler Konzerne, Militarismus, Waffenhandel und internationale Organisationen, die globale Finanzwirtschaft und die Vermännlichung der Börsenparkette und Wirtschaftsmedien, die Sexualisierung von Frauen in globalen Massenmedien, die Internationalisierung des Sex-Geschäfts, die Geschlechtertrennung in den internationalen Sportindustrien, Energie, Wasser, Transport und Umwelt (siehe Esplen und Greig 2008). Ein aufschlussreiches Beispiel für die Wirkung von Transnationalisierung ist die Bedeutung von Managern in transnationalen Organisationen für die Bildung und Reproduktion von Gender-Hierarchien in Organisationen und Gesellschaften. Allerdings ist Transnationalisierung wahrscheinlich der akut widersprüchlichste Prozess, in dem vielfältige Formen von Abwesenheit sowohl für Männer in Machtpositionen als auch jene, die z. B. durch eine erzwungene Migration enteignet wurden, von Bedeutung ist. Vielfältige Formen von Transnationalität, wie beispielsweise Transsozialität, und verschiedene Transnationalisierungsprozesse problematisieren bis dahin für selbstverständlich angesehene nationale und organisatorische Kontexte, und die Männer darin auf unterschiedliche Arten.

Der Fokus der bisherigen Literatur über das Patriarchat lag größtenteils auf einem einzelnen nationalen, gesellschaftlichen oder kulturellen Kontext und nicht auf dem, was zwischen und jenseits solcher Kontexte liegt. Die Analyse von Patriarchat oder Hegemonie auf eine *bestimmte* Gesellschaft zu beschränken, wird jedoch immer problematischer. Die Debatte über Hegemonie war ebenfalls hauptsächlich auf eine jeweilige Gesellschaft begrenzt, allerdings erlangen Versuche, den Blick über eine einzelne Gesellschaft hinaus zu transnationalen Hegemonien zu verschieben, inzwischen mehr Anerkennung. Globale Transformationen und regionale Strukturwandel sind Teil einer sich verändernden Hegemonie von Männern. Historische Verschiebungen hin zu transnationalen Patriarchaten oder Transpatriarchaten (Hearn 2009) sind Anzeichen für komplexe transnationale Intersektionalitäten.

Bewegungen in Richtung transnationaler Patriarchate bieten das Potenzial für Prozesse, die die individuelle und kollektive intersektionelle Macht einiger Männer erweitern. Dies kann in Form von Nicht-Verantwortlichkeit, Überwachung und Störung oder Verlust erwarteter Sicherheiten oder Privilegien geschehen – von einzelnen Männern, über den Staat bis hin zu transnationalen Institutionen. Es kann auch zu Prozessen kommen, die den Machtverlust von Männern kompensieren, innerhalb transnationaler Bewegungen und der Formierung transnationaler sozialer und kultureller Räume. Trotz einiger offensichtlicher Kritikpunkte bleibt das Konzept des Patriarchats bestehen, wobei es historische Verschiebungen zu transnationalen Patriarchaten, oder Transpatriarchaten gibt, die auch intersektionelle Machtbeziehungen zwischen den Geschlechtern umfassen.

Schlussbemerkungen

Um Männer und Intersektionalitäten zu verstehen, müssen nicht nur Klasse, Ethnizität, Rassifizierung und Sexualität, sondern auch Alter(n), Behinderung, Verkörperlichung, Virtualität und Transnationalität berücksichtigt werden. Während Alter(n) und Behinderung relativ vernachlässigt werden, erweitern die beiden Dimensionen Virtualität/körperliche Abwesenheit und Transnationalität aktuelle Konzeptualisierungen von Intersektionalität. Zusammen problematisieren, hinterfragen und verstärken diese drei Ungleichheitsachsen und Intersektionen die Gender-Hegemonie von Männern. Jede dieser vernachlässigten Intersektionalitäten verstärkt, hinterfragt und widerspricht den hegemonialen Kategorisierungen von Männern durch Altern/Tod, virtuelle Ent- und Verkörperlichung sowie der Trennung von der Nation bzw. deren Transzendierung.

Es gibt wichtige Verbindungen zwischen diesen Versäumnissen und den implizierten Männern und Männlichkeiten: soziale Prozesse über und zwischen den Arenen, wie etwa die Durchgängigkeit der Gewaltformen von Männern, Formen des „Sich-Wiedereinlassens“ [*re-engagement*] mit „abwesenden Körpern“, Verbindungen quer über das Ökonomische, Politische und Kulturelle, Möglichkeiten, die Macht von Männern zu erweitern als auch zu untergraben. Konkreter heißt dies, dass für Männer verschiedenartige und herausfordernde Intersektionen zwischen

Altern, Virtualität und Transnationalität bestehen können: Ältere transnationale Männer können behindert, sterbend oder transnational enteignet worden sein, wie etwa alternde staatenlose männliche Flüchtlinge, oder durch Virtualisierung verzichtbar gemacht, wodurch ihre Körper überflüssig werden. Sie bilden dann die „machtlose Antithese" zu hegemonialen Männern bzw. hegemonialer Männlichkeit. Alternativ dazu können ältere transnationale Männer die Verkörperlichung und Erweiterung patriarchalischer Macht repräsentieren – wie z. B. alternde transnationale Milliardäre, die auf eine andere Art und Weise staatenlos sind. Die Macht von Männern kann durch die Informations- und Kommunikationstechnologie transnational erweitert werden – etwa, wenn sie die realen oder virtualisierten Körper von Anderen, vielleicht sexuell gewaltsam, kontrollieren; oder, indem sie mit Prothesen und Hilfsmitteln selbst „als Cyborgs altern". Die Kombinationen und Intersektionen von Altern, Virtualität und Transnationalität können also nicht nur neue Formen hegemonialer Männlichkeit hervorbringen, sondern auch neue Möglichkeiten, die Hegemonie von Männern zu erweitern oder zu untergraben. Der alternde, virtuelle, transnationale Mann ist eine ungewohnte, womöglich *queer* zu nennende Kreatur, kaum noch ein Mann: zugleich lebend und sterbend, verkörperlicht und doch virtuell, kosmopolitisch und doch ohne Stimme.

Die konkreten, veränderlichen Formen von Rigiditäten und Bewegungen der als selbstverständlich betrachteten sozialen Kategorie „Männer" und um diese herum zu kartografieren, kann dazu beitragen, „Männer" als maßgebliche soziale Machtkategorie abzuschaffen – eine Perspektive, die materialistische Theoriebildung und Queer-Politik zusammenbringt.

übersetzt von Thorsten Möllenbeck

Literatur

Aboim, Sofia (2010): Plural Masculinities. Farnham: Ashgate.

Arber, Sara; Davidson, Kate und Jay Ginn (Hrsg.) (2004): Gender and Ageing: Changing Roles and Relationships. Maidenhead: Open University Press.

Calasanti, Toni (2005): Ageism, gravity and gender: experiences of ageing bodies. In: *Generations* 29(3), 8–12.

Carrigan, Tim; Connell, Raewyn W. und John Lee (1985): Towards a new sociology of masculinity. In: *Theory and Society* 14(5), 551–604.

Cleaver, Frances (Hrsg.) (2002): Masculinities Matter! Men, Gender and Development. London and New York: Zed.

Collinson, David L. und Jeff Hearn (1994): Naming men as men: implications for work, organizations and management. In: *Gender, Work and Organization* 1(1), 2–22.

Collinson, David L. und Jeff Hearn (2005): Men and masculinities in work, organizations and management. In: Kimmel, M.; Hearn J. und R. W. Connell (Hrsg.): Handbook of Studies on Men and Masculinities. Thousand Oaks, CA: Sage, 289–310.

Connell, Raewyn W. [1979](1983): Men's bodies. In *Which Way Is Up?* Sydney: Allen & Unwin, 17–32.

Connell, Raewyn W. (1993): The big picture: masculinities in recent world history. In: *Theory and Society* 22(5), 597–623.

Connell, Raewyn W. (1995): Masculinities. Cambridge: Polity.

Connell, Raewyn W. (1998): Men in the world: Masculinities and globalization. In: *Men and Masculinities* 1(1), 3–23.

Connell, Raewyn W. und James Messerschmidt (2005): Hegemonic masculinity: Rethinking the concept. In: *Gender & Society* 19(6), 829–859.

Crenshaw, Kimberlé W. (1989): Demarginalizing the intersection of race and sex: a Black feminist critique of antidiscrimination doctrine, feminist theory and antiracist politics. In: *University of Chicago Legal Forum*, 138–167.

Crenshaw, Kimberlé W. (1991): Mapping the margins: intersectionality, identity politics, and violence against women of color. In: *Stanford Law Review* 43, 1241–1299.

Davis, Angela Y. (1981): Women, Race & Class. New York: Vintage.

DeLanda, Manuel (2002): Intensive Science and Virtual Philosophy. London: Continuum.

Donaldson, Mike (1993): What is hegemonic masculinity? In: *Theory and Society* 22(5), 643–657.

Esplen, Emily und Alan Greig (2008): Politicising Masculinities: Beyond the Personal. Brighton: Institute of Development Studies, University of Sussex.

Hanmer, Jalna (1990): Men, power and the exploitation of women. In: Hearn J. und D. Morgan (Hrsg.): Men, Masculinities and Social Theory. London/New York: Unwin Hyman/ Routledge, 21–42.

Hearn, Jeff (1987): The Gender of Oppression: Men, Masculinity and the Critique of Marxism. Brighton: Wheatsheaf; New York: St. Martin's Press.

Hearn, Jeff (1992): Men in the Public Eye. The Construction and Deconstruction of Public Men and Public Patriarchies. London/New York: Routledge.

Hearn, Jeff (1995): Imaging the aging of men. In: Featherstone, M. und A. Wernick (Hrsg.): Images of Aging: Cultural Representations of Later Life. London: Routledge, 97–115.

Hearn, Jeff (1996a): Deconstructing the dominant: making the one(s) the other(s). In: *Organization: The Interdisciplinary Journal of Organization, Theory and Society* 3(4), 611–626.

Hearn, Jeff (1996b): Is masculinity dead? A critique of the concept of masculinity/masculinities. In: Mac an Ghaill, M. (Hrsg.): Understanding Masculinities. Buckingham: Open University Press, 202–217.

Hearn, Jeff (1998): Theorizing men and men's theorizing: men's discursive practices in theorizing men. In: *Theory and Society* 27(6), 781–816.

Hearn, Jeff (1999): Ageism, violence and abuse: theoretical and practical perspectives on the links between child abuse and elder abuse. In: Wiley, J. (Hrsg.): The Violence Against Children. Study Group Children, Child Abuse and Child Protection: Placing Children Centrally. London: Wiley Blackwell, 81–96.

Hearn, Jeff (2004a): From hegemonic masculinity to the hegemony of men. In: *Feminist Theory* 5(1), 49–72.

Hearn, Jeff (2004b): Tracking ‚the transnational': Studying transnational organizations and managements, and the management of cohesion. In: *Culture and Organization* 10(4), 273–90.

Hearn, Jeff (2006): The implications of information and communication technologies for sexualities and sexualised violences: Contradictions of sexual citizenships. In: *Political Geography* 25(8), 944–963.

Hearn, Jeff (2008): Sexualities future, present, past … Towards transsectionalities. In: *Sexualities: Studies in Culture and Society* 11(1), 37–46.

Hearn, Jeff (2009): Patriarchies, transpatriarchies and intersectionalities. In: Oleksy, E. (Hrsg.): Gender and Intimate Citizenships: Politics, Sexualities and Subjectivity. London: Routledge, 177–192.

Hearn, Jeff und David L Collinson (1994): Theorizing unities and differences between men and between masculinities. In: Brod, H. und M. Kaufmann (Hrsg.): Theorizing Masculinities. Newbury Park, Ca.: Sage, 97–118.

Hearn, Jeff und David L. Collinson (2006): Men, masculinities and workplace diversity/diversion: power, intersections and contradictions. In: Konrad, A.; Prasad, P. und J. Pringle (Hrsg.): Handbook of Workplace Diversity. London: Sage, 299–322.

Hearn, Jeff und Wendy Parkin (1993): Organizations, multiple oppressions and postmodernism. In: Hassard J. und M. Parker (Hrsg.): Postmodernism and Organizations. London/Newbury Park, Ca.: Sage, 148–162.

Hearn, Jeff und Wendy Parkin (2001): Gender, Sexuality and Violence in Organizations. London: Sage.

Hearn, Jeff und Keith Pringle mit Mitgliedern des CROME. (2006): European Perspectives on Men and Masculinities: National and Transnational Approaches. Houndmills and New York: Palgrave Macmillan.

Hearn, Jeff und Linn Sandberg (2009): Older men, ageing and power: Masculinities theory and alternative spatialised theoretical perspectives. In: *Sextant: Revue du Groupe Interdisciplinaire D'Etudes sur les Femmes et le Genre* 27, 147–163.

Hockey, Jenny und Alison James (2003): Social Identities across the Life Course. New York: Palgrave Macmillan.

hooks, bell (1984): Feminist Theory: From Margin to Center. Cambridge, MA: South End Press.

Howson, Richard (2005): Challenging Hegemonic Masculinity. London: Routledge.

Hughes, Donna (2002): The use of new communication and information technologies for the sexual exploitation of women and children. In: *Hastings Women's Law Journal* 13(1), 127–146.

Jackson, David (2001): Masculinity challenges to an ageing man's embodied selves: stuggles, collusions and resistances. In: *Auto/Biography* 9(1&2), 107–115.

Jackson, David (2003): Beyond one-dimensional models of masculinity: a life-course perspective on the processes of becoming masculine. In: *Auto/Biography* 11(1&2), 71–87.

Jeanes, Emma; Knights, David und Patricia Yancey Martin (Hrsg.) (2010): Handbook on Gender, Work and Organization. New York: Wiley Blackwell (im Erscheinen).

Jefferson Tony (2002): Subordinating hegemonic masculinity. In: *Theoretical Criminology* 6(1), 63–88.

Jefferson, Tony (2005): Crime. In: Essed, P.; Goldberg, D. T. und A Kobayashi (Hrsg.): A Companion to Gender Studies. New York: Blackwell, 212–238.

Jeffreys, Sheila (2009): The Industrial Vagina: The Political Economy of the Sex Trade. London and New York: Routledge.

Kimmel, Michael S. und Michael A. Messner (Hrsg.) (1989): Men's Lives. New York: Macmillan/Maxwell, 1st edition. 8th edition 2009.

Larsen, Jørgen Elm und Ann-Dorte Christensen (2008): Gender, class, and family: men and gender equality in a Danish context. In: *Social Politics: International Studies in Gender, State and Society* 15(1), 53–78.

Lorber, Judith (Hrsg.) (2005): Gender Inequality: Feminist Theories and Politics. Los Angeles: Roxbury.

Lykke, Nina (2010): Feminist Studies: A Guide to Intersectional Theory, Methodology and Writing. New York: Routledge.

McCall, Leslie (2005): The complexity of intersectionality. In: *Signs: Journal of Women in Culture and Society* 30(3), 1771–1800.

Meekosha, Helen (1990): Is feminism able-bodied? Reflections from between the trenches. In: *Refractory Girl* August, 34–42.

Meekosha, Helen (2006): What the hell are you? An intercategorical analysis of race, ethnicity, gender and disability in the Australian body politic. In: *Scandinavian Journal of Disability Research* 8(2-3), 161–176.

Morrell, Robert und Sandra Swart (2005): Men in the Third World: postcolonial perspectives on masculinity. In: Kimmel, M.; Hearn, J. und R. W. Connell (Hrsg.): Handbook of studies on men and masculinities. Thousand Oaks, Ca.: Sage, 90–113.

O'Brien, Mary (1984): The commatisation of women: patriarchal fetishism in the sociology of education. In: *Interchange* 15(2), 43–59.

Ouzgane, Lahoucine und Daniel Coleman (1998): Postcolonial masculinities: introduction. In: *Jouvert: A Journal of Postcolonial Studies* 2(1), 1–10.

Pease, Bob und Keith Pringle (Hrsg.) (2001): A Man's World? Changing Men's Practices in a Globalized World. London: Zed Books.

Spivak, Gayatri (1988): In Other Worlds: Essays in Cultural Politics. New York: Routledge.

Thomas, Calvin (2002): Reenfleshing the bright boys: Or how male bodies matter to feminist theory. In: J. Kegan Gardiner (Hrsg.): Masculinity Studies and Feminist Theory. New York: Columbia University Press, 60–89.

Walby, Sylvia (1986): Patriarchy at Work. Cambridge: Polity.

Walby, Sylvia (1990): Theorizing Patriarchy. Oxford: Blackwell.

Whitehead, Stephen (1999): Hegemonic masculinity revisited. In: *Gender, Work and Organization* 6(1), 58–62.

Whitehead, Stephen (2002): Men and Masculinities. Cambridge: Polity.

Williams, Fiona (1989): Social Policy: A Critical Introduction. Issues of Race, Gender & Class. Cambridge: Polity.

Zalewski, Marysia und Jane L. Parpart (Hrsg.) (1998): The ‚Man' Question in International Relations. Boulder, Colorado: Westview.

Enthüllungen und Unsichtbarkeiten: Medien, Männlichkeitskonzepte und Kriegsnarrative in intersektioneller Perspektive

Dubravka Zarkov

Die in zeitgenössischen Kriegen gegen Männer verübte Gewalt stellt zunehmend feministische Dichotomien von omnipotenten Männlichkeiten und verletzlichen Weiblichkeiten in Frage. Dies gilt für alle Formen von Gewalt, trifft aber in besonderem Maße auf sexuelle Gewalt zu. Multiple Formen der Verletzungsoffenheit spezifischer Gruppen von Männern in kriegerischen Konflikten erscheinen einerseits sichtbarer denn je; andererseits bleiben sie doch sorgfältig vor den Augen der Öffentlichkeit verborgen. Eine wichtige Rolle bei der Zurschaustellung, aber auch beim Unsichtbarmachen von sexuell missbrauchten männlichen Körpern spielen in diesem Zusammenhang die Medien.

In diesem Beitrag möchte ich eine intersektionelle Analyse zweier Fälle von sexueller Gewalt gegen Männer durchführen, die als geeignete Beispiele für die beiden Extreme von Medienpräsenz und Unsichtbarkeit herangezogen werden können. Dabei will ich zunächst auf den Krieg im ehemaligen Jugoslawien, in dessen Folge der Staat zerfiel, zu sprechen kommen. In diesem Fall fällt die fast völlige Unsichtbarkeit der sexuellen Gewalt gegen Männer auf, und zwar sowohl in den lokalen als auch in den internationalen Medien. Die Wortwahl „fast völlig" deutet allerdings darauf hin, dass etliche Informationen über diese Gewalthandlungen doch ans Licht kamen, vor allem in Lokalzeitungen.[1] Als zweiten exemplarischen Fall will ich die enorme Medienpräsenz der sexuellen Folterhandlungen aufgreifen, die im Bagdader Gefängnis Abu Ghraib an irakischen Männern verübt wurden und über die in den amerikanischen (und internationalen) Medien – im TV, in der Presse und im Internet – ausführlich berichtet wurde.

Hervorzuheben ist in diesem Zusammenhang, dass sexuelle Gewalt gegen Männer im Allgemeinen – gleichgültig, ob in Friedens- oder Kriegszeiten – äußerst selten in den Medien thematisiert wird. Die mediale Unsichtbarkeit dieser Gewalthandlungen ist also die Regel. Vor diesem Hintergrund möchte ich die

[1] Im Folgenden will ich mich ausschließlich auf die kroatischen Medien beschränken und damit auf den Krieg auch nur insoweit eingehen, als dieser Kroatien betraf. Für eine ausführliche Untersuchung der Medien in Serbien und auch Kroatien siehe Zarkov (2007).

Frage stellen, warum diese Regel im ehemaligen Jugoslawien befolgt wurde, im Falle von Abu Ghraib jedoch nicht? Weiterhin ist es wichtig zu erwähnen, dass sexuelle Gewalt gegen Männer bisher nicht das dringlichste Thema der feministischen Forschung dargestellt hat. Abu Ghraib hat auch dies verändert, wodurch sich erneut die Frage aufdrängt: Warum ist ein zuvor marginalisiertes Thema in diesem Fall so stark sichtbar geworden?

In diesem Beitrag sollen im Rahmen eines Vergleichs der Fälle im ehemaligen Jugoslawien und in Abu Ghraib mehrere mögliche Antworten auf diese Fragen erörtert werden. Dabei sollen nicht die medialen Inszenierungen *per se* im Vordergrund stehen (es werden also keine spezifischen Texte oder Bilder analysiert werden). Vielmehr fokussiere ich auf die *Bedeutung der Bloßstellungen und Unsichtbarmachungen verletzter männlicher Körper* in den Medien, und in ausgewählten wissenschaftlichen Bereichen der feministischen Studien, der Queer Studies, der Black Studies und der Männlichkeitsstudien.

Dabei sollen zwei Arten von Fragen gestellt werden. Erstens: Was bedeuten die medialen Unsichtbarkeiten und Zurschaustellungen von sexueller Gewalt gegen Männer; unter welchen Bedingungen treten sie in Erscheinung und was bleibt im Dunkeln, wenn das Scheinwerferlicht auf manche der misshandelten männlichen Körper und ihre Vergewaltiger fällt? Im Anschluss daran will ich dazu übergehen zu fragen, was genau in Studien zur Gewalt in Abu Ghraib und zu medialen Inszenierungen dieser Gewalt offengelegt wird, was unsichtbar bleibt und was diese (Un)Sichtbarkeiten über feministische Epistemologien sowie über feministische Gender- und Kriegspolitik aussagen. In meinen Antworten auf diese Fragen soll die Notwendigkeit herausgearbeitet werden, Gender als Analysekategorie zugunsten einer intersektionellen Perspektive zu dezentrieren.

Enthüllungen und Unsichtbarkeiten in den Medien: Die Bedeutungen von Gewalt

Um die erste Kategorie von Fragen zu beantworten, wird im Folgenden die relative Unsichtbarkeit sexuell missbrauchter männlicher Körper in den kroatischen Medien mit der vergleichsweise hohen Sichtbarkeit der sexuell missbrauchten männlichen Körper von Abu Ghraib in den US-Medien kontrastiert. Zu diesem Zweck werden zuerst die Kontexte, innerhalb derer es zu dieser Gewalt und zu Berichterstattungen darüber kam, beleuchtet. Daran schließt sich eine Diskussion ihrer jeweiligen Bedeutung an, wobei ein besonderes Augenmerk auf den Unterschieden und Ähnlichkeiten der jeweiligen Darstellungsstrategie liegt.

Zum Kontext in Kroatien: Krieg als Mittel der Nationalstaatsbildung

Die Berichte der kroatischen Presse über sexuell missbrauchte männliche Körper erschienen inmitten eines Krieges. Zwischen 1991 und 1995 zerfiel die frühere Sozialistische Föderative Republik Jugoslawien als Folge eines gewaltsamen Krieges, der die einstigen Teilrepubliken (d. h. die konstitutiven Elemente des föderalen Staatsverbands) in sehr unterschiedlichen Umständen zurückließ. Im Rahmen des nationalistischen kroatischen Diskurses wurde argumentiert, dass Kroatien innerhalb des jugoslawischen Staatsverbands viktimisiert würde, weshalb man das Recht auf Gründung eines unabhängigen Nationalstaats einforderte. Dieser Prozess der Nationalstaatsbildung zwang das neu entstandene Land dazu, sowohl seine geografischen als auch seine symbolischen Grenzen zu umreißen; es musste bestimmt werden, wer dazugehörte und wer nicht.

Einen zentralen Aspekt dieser Zugehörigkeit stellte Ethnizität dar. Lange bevor der eigentliche Krieg begann, war Ethnizität zum primären Seinsmodus geworden. Bereits Mitte der 1980er Jahre wurden Personen, Orte und Gebiete ebenso wie Werte, Traditionen und Kulturen in politischen Diskursen systematisch als „kroatisch“, „muslimisch“ oder „serbisch“ bezeichnet. Mit Ausbruch des Kriegs kam es zu gewaltsamen Praktiken der Vertreibung, die später als „ethnische Säuberungen“ bezeichnet wurden. Dabei machten sich alle kriegführenden Parteien grausamer Vertreibungen und sexueller Gewalthandlungen gegen Frauen schuldig; besonders im Zusammenhang mit der Inhaftierung in Kriegsgefangenenlagern kam es, wie allgemein bekannt, zu sexueller Gewalt gegen Frauen.

Weitaus weniger bekannt hingegen ist, dass auch sexuelle Übergriffe gegen Männer in relativ systematischer Weise verübt wurden, vor allem in Kriegsgefangenenlagern, und, dass *Männer jeder ethnischen Herkunft* sowohl Täter als auch Opfer waren.[2] In der Öffentlichkeit, darunter auch in den Medien, war sexuelle Gewalt gegen Männer jedoch kaum präsent. Im Rahmen einer Überprüfung der jeweils wichtigsten kroatischen Tages- und Wochenzeitung vom Sommer 1992 bis zum Sommer 1993 wurden nur etwas mehr als 100 Artikel zu verschiedenen Formen der Kriegsgewalt (Mord, Vertreibung, Zerstörung) gefunden, darunter 30 Texte, die speziell die Vergewaltigung von Frauen thematisierten und nur vier Texte über sexuelle Gewalt an Männern. Daraus lässt sich ersehen, dass sowohl die Tages- als auch die Wochenzeitung relativ regelmäßig über Kriegsgewalt gegen

[2] In den UN-Berichten (1994a, b und c) und in Bassiouni (1996) wird beschrieben, wie gefangengenommene Männer dazu gezwungen wurden, sich gegenseitig zu verletzen oder zu verstümmeln oder explizit sexualisierte Posen einzunehmen. Des Weiteren ist zu lesen, dass die Gefangenen durch Gegenstände verletzt oder bei lebendigem Leib von Gefängniswärtern verstümmelt wurden und dann oft verbluteten, oder dass ihre Leichen verstümmelt wurden. Verstümmelung hieß in den meisten Fällen, dass Gefangene dazu gezwungen wurden, sich gegenseitig die Genitalien abzubeißen oder abzuschneiden, oder dass die Wärter die Genitalien der Gefangenen abschnitten.

die allgemeine Bevölkerung berichteten (alle paar Ausgaben, d. h. im Falle der Tageszeitung alle paar Tage); daneben gab es Berichterstattungen über sexuelle Gewalt gegen Frauen, zwar weniger häufig, jedoch trotzdem auf systematischer Basis. Es wurde aber eindeutig vermieden, über sexuelle Gewalt gegen Männer zu schreiben. Des Weiteren ist festzuhalten, dass die Texte über Kriegsgewalt gegen die allgemeine Bevölkerung und gegen Frauen häufig ausführliche Leitartikel oder von JournalistInnen verfasste Berichte mit Zeugenaussagen aus erster Hand darstellten, die sich über mehrere Seiten erstreckten und von etlichen Fotos begleitet wurden. Die vier Artikel hingegen, in denen sexuelle Gewalt gegen Männer erwähnt wurde, waren entweder der ausländischen Presse entnommen oder erschienen als Teil von Reportagen über die Arbeit internationaler Organisationen. Und schließlich ist noch anzumerken, dass die Berichte über sexuelle Gewalt an Männern nur wenige kurze Zeilen umfassten.

Interessanterweise wiesen die vier Texte aus dem Zeitraum von 1992 bis 1993 zwei sehr spezifische Muster auf: Erstens, in allen vier Artikeln wurden sowohl die Opfer als auch die Täter ethnisch benannt – durch die Verwendung von Namen, welche die Bevölkerung ethnisch zuordnen konnte, durch die Erwähnung der Ethnizität der Opfer und Täter, durch die Erwähnung des Herkunftsorts mittels ethnischer Begrifflichkeiten oder durch eine Kombination von diesen. Zweitens wurden alle männlichen Opfer sexueller Gewalt als „Muslime", alle männlichen Täter als „Serben" identifiziert (jeweils durch die oben beschriebenen sprachlichen Mittel). Mit anderen Worten, sowohl in der ausgewählten kroatischen Tages- als auch in der Wochenzeitung blieben „kroatische" Männer in Schilderungen von sexuellen Gewalthandlungen, die von Männern an Männern verübt wurden, signifikant unerwähnt, sei es als Opfer oder als Täter.

Die *allgemeine Unsichtbarkeit* sexueller Gewalt gegen Männer in der kroatischen Presse sowie die *selektive Sichtbarkeit* der ethnisierten Opfer und Täter deuten darauf hin, dass Ethnizität ein entscheidender Faktor der medialen Darstellung ist. Jedoch kann die Bedeutung des Faktors Ethnizität nur erfasst werden, wenn auch die intersektionellen Bezüge zu Männlichkeit und Heteronormativität mitberücksichtigt werden. Bevor von diesen Bezügen die Rede sein soll, will ich zunächst den Kontext umreißen, in dem die Bilder von Abu Ghraib publik wurden.

Zum Kontext in den USA: Kriege zur Verteidigung der Demokratie und der Zivilisation

Auch die amerikanischen Medien berichteten über sexuell missbrauchte männliche Körper inmitten mehrerer Kriege: des „Kriegs gegen den Terror" [„War on Terror"] und der Kriege in Afghanistan und im Irak. Anders als im nationalstaatsbildenden Krieg in Kroatien, in dessen Folge ein neues Land entstand, ging es in den Kriegen der USA um die Selbst-(Neu-)Definierung eines bereits bestehenden Landes und damit um seine symbolische und geopolitische (Re-)Positionierung. In den Vereinigten Staaten selbst wurden diese Kriege zu Kämpfen der so genannten „freiheitsliebenden Welt" und ihrer Bürger gegen eine Welt erklärt, die angeblich von Primitivismus, Gewalt und religiöser Rückständigkeit beherrscht sei. Dabei schufen die symbolischen Geografien dieser Kriege eine scharfe Trennlinie zwischen Amerika und dem Rest der „freien" und „demokratischen Welt" und der „tickenden Bombe" (Hannah 2006) der muslimischen Welt und dem von ihr ausgehenden Terrorismus. Diese symbolischen Geografien haben ferner jeweils spezifische geschichtliche Hintergründe. Für die heutige Selbstdefinierung der USA spielen zwei historische Aspekte eine entscheidende Rolle: Zum einen die Geschichte der Sklaverei und des Rassismus, zum anderen die Geschichte religiöser Intoleranz und ihrer engen Verknüpfung mit dem Säkularismus.

Jared Sexton und Elizabeth Lee (2006) sowie Avery Gordon (2006) stellen fest, dass der heutige „Krieg gegen den Terror" und die Folterungen in Abu Ghraib im Zusammenhang mit der spezifisch amerikanischen Geschichte des Rassismus betrachtet werden müssen, die sich von der Sklaverei bis zum heutigen Gefängnissystem der USA erstreckt. Diese sei geprägt von einem routinemäßigen „rassifizierten Sadismus", „dessen Geschichte exakt mit der Geschichte des Gefängniswesens in den USA zusammenfällt, die wiederum bereits so alt ist wie die Nationalgeschichte selbst" (Gordon 2006: 48). Judith Butler (2008) wiederum weist auf die Bezüge zwischen Christentum, Säkularismus und der westlichen sowie speziell der amerikanischen Moderne hin. Die Diskurse und gewaltsamen Praktiken gegenüber all jenen, die anderen Formen der Spiritualität oder des Glaubens anhingen (darunter auch die *Native Americans*), waren sehr stark von der religiösen Ausschließlichkeit und der Intoleranz des christlichen Glaubens geprägt. Schon die Unterscheidung zwischen „Zivilisation" und „Primitivismus", die kolonialen und anderen gewaltsamen Praktiken der USA gegenüber der übrigen Welt zugrunde lag, war gekennzeichnet durch das Christentum als „zivilisiertes/zivilisierendes" Projekt – was eine noch tiefgreifendere Entmenschlichung des rassifizierten Anderen ermöglichte. Die gesamte Geschichte des Westens hindurch hat es kaum ein größeres, bedeutsameres religiöses Anderes der westlichen Christenheit gegeben als den Islam. Insofern wurde im „Krieg gegen den Terror" lediglich in extremer Form auf bereits bestehende orientalistische Diskurse rekurriert, wodurch das Bild des „Terroristen" mit dem des „muslimischen/arabischen Mannes" verschmolz. Jedoch ist der westliche Säkularismus in westlicher Religiosität verankert, wie Butler argumentiert, und um diese zu bekämpfen, muss der Säkularismus sie kontinuierlich neu beleben (2008). Daher ist der/die Andere sowohl deshalb anders, weil er/sie religiös ist und weil seine/ihre Religion kontinuierlich als „kindisch, fanatisch oder gemäß angeblich irrationaler und primitiver Tabus strukturiert" dargestellt wird (Butler 2008: 14).

Diese geschichtlichen Hintergründe beeinflussen die zeitgenössischen Kämpfe der USA um globale Hegemonie und als solche prägen sie auch die Repräsentationsstrategien der US-Medien. Seit Beginn des „Kriegs gegen den Terror“ und seit Ausbruch der Kriege in Afghanistan und Irak wurden Tausende von amerikanischen Soldaten getötet[3] und verstümmelt; in der lokalen Bevölkerung erlitten unbestätigten Angaben zufolge Zehntausende dasselbe Schicksal. In den amerikanischen Medien wurde jedoch kaum über diese Todesfälle oder Verletzungen berichtet. Seit im Oktober 1993 die toten US-Soldaten durch die Straßen von Mogadishu in Somalia geschleift wurden, hat die amerikanische Presse Bilder von toten oder verletzten amerikanischen Soldaten oder zivilen Vertragsarbeitern völlig ausgeblendet; auch scheuen sich die Medien, Bilder von Todesopfern zu zeigen, die durch die Streitmächte der USA verursacht wurden.[4] Als daher *CBS News*, die *New York Times* und die *Washington Post* die Vorfälle in Abu Ghraib an die Öffentlichkeit brachten und auch Fotografien veröffentlichten, widersprach diese Zurschaustellung der missbrauchten Körper irakischer Männer und noch viel mehr die Bloßstellung ihrer amerikanischen Folterer der üblichen Praxis der US-Medien. Für dieses erstaunliche „Abweichen von der Regel“ muss es Gründe geben. Auf diese möchte ich im folgenden Abschnitt eingehen, indem ich die unterschiedlichen Bedeutungen der Sichtbarkeit beziehungsweise Unsichtbarkeit sexuell missbrauchter männlicher Körper in den kroatischen und den amerikanischen Medien einander gegenüberstelle.

Mediatisierte Bedeutungen: Der Körper des anderen Mannes und die Projekte des Selbst

Im Kontext des nationalstaatsbildenden kroatischen Kriegs wurden „Serben“ und „Muslime“ aufgrund ihrer Ethnizität als überflüssig für das kroatische nationale Projekt und damit als „überschüssiges Leben“ gebrandmarkt (Duffield 2007), dessen man sich, sowohl physisch als auch symbolisch gesehen, entledigen konnte. Physische Gewalt ist daher gleichzeitig ein Ergebnis davon, Ethnizität als Differenzmarker zu privilegieren, und ein Akt, durch den die misshandelte Person als ethnisches Anderes definiert wird. Auch wenn Ethnizität die Haupttriebfeder für Gewalt ist, wie bereits an früherer Stelle erläutert wurde, so sind die verschiedenen

[3] Bisher starben im Irak über 4000 Soldaten, in Afghanistan ca. 1000 (Stand Januar 2010).

[4] Im Februar 2009 hob die Regierung Obama das 18-jährige Verbot, Fotografien von Särgen mit den sterblichen Überresten von Soldaten zu veröffentlichen, vorbehaltlich der Zustimmung der Familien der toten Soldaten auf. Diese Regelung bezieht sich allerdings nicht auf Fotografien toter oder verletzter Soldaten; regionale Militärkommandeure sind immer noch befugt, Journalisten auszuweisen, die es wagen, diese Regelung zu missachten.

Formen von Gewalt durch intersektionelle Verschränkungen von Geschlecht und Heteronormativität geprägt. In diesem Fall kann aber dennoch Ethnizität, und nicht Geschlecht (oder Männlichkeit) als „Masterkategorie" beschrieben werden (vgl. Bereswill und Neuber in diesem Band).

In dominanten Männlichkeitskonzepten – in jenem Teil der Welt wie natürlich auch in vielen anderen Teilen – werden „echte Männer" sowohl als machtvoll als auch als heterosexuell definiert. Fehlt Männern entweder Macht oder heterosexuelle Virilität, können sie nicht als „echte Männer" gelten. In diesem Sinne kann ein Mann, der vergewaltigt wird, kaum als mächtig angesehen werden; doch auch der Mann, der einen anderen Mann vergewaltigt, stellt seine Heterosexualität, und die des anderen Mannes, in Frage. Während also in einem Kontext von Krieg Ethnizität als *primäre Kategorie der Differenz* erscheint, wird diese Differenz erst durch Konzeptionen und Praktiken der Männlichkeit, Macht und Heteronormativität konstituiert.

Diese konstitutive intersektionelle Beziehung zwischen Ethnizität, Männlichkeit und Heteronormativität ist der Schlüssel zu einem Verständnis der *selektiven Sichtbarkeit* sexuell missbrauchter Männer. Wenn Kroatien das Land der Kroaten werden sollte, dann waren muslimische und serbische Männer *irrelevant* für das symbolische Selbst Kroatiens. Der Grund dafür, dass sie als Vergewaltigte oder als Vergewaltiger vorgeführt werden konnten, liegt in ihrer ethnischen Alterität. Die Tatsache, dass kroatische Männer in den Berichten von Vergewaltigungen, die Männer an Männern verübten, nicht erwähnt wurden, deutet darauf hin, dass in medialen Darstellungen nicht nur davon ausgegangen wird, dass kroatische, muslimische und serbische Männer eine andere Ethnizität besitzen, sondern auch davon, dass diese Ethnizitäten durch Intersektionen verschiedener Männlichkeits- und Sexualitätskonzepte erst hervorgebracht werden.

Zusammenfassend lässt sich festhalten, dass in der kroatischen Presse sowohl die Opfer als auch die Täter in Fällen von Gewalt von Männern an Männern als das Andere konstruiert werden. Das Selbst ist in diesem Bild völlig abwesend. Während diese Darstellungsstrategien der Medien deutlich zeigen, dass Alterität ein entscheidendes Kriterium ist, um sowohl Opfer als auch Täter sichtbar zu machen, so wird diese selektive Sichtbarkeit immer noch in einem Kontext der Unsichtbarkeit des vergewaltigten oder verletzten männlichen Körpers und allgemein in einem Kontext dominierenden Schweigens verortet: Davon zeugt die Tatsache, dass innerhalb eines Zeitraums von einem Jahr lediglich vier Artikel und kein einziges Foto zu dieser Thematik erschienen.

Das Repräsentationsmuster der amerikanischen Presse ähnelt nur in einem einzigen Punkt der im Vorangegangenen beschriebenen Strategie: und zwar in Bezug auf die Sichtbarkeit der *Opfer* von Gewalt. Wenn wir davon ausgehen, dass dieses Muster auf ähnliche zugrunde liegende Bedeutungen hinweist, dann zeugt die enorme Medienpräsenz der männlichen irakischen Opfer sexueller Folter von der Alterität der Iraker gegenüber dem amerikanischen nationalen Selbst. Während jedoch in den kroatischen Medien Ethnizität als primärer Marker für Alterität fungierte, ist die Alterität im Falle von Abu Ghraib hauptsächlich durch Intersektionen von Islam und „Rasse“ gekennzeichnet. Unter Religion wird hier nicht eine beliebige Form des Islam verstanden, sondern eine bestimmte imaginierte, gewaltsame, bedrohliche und rückständige Form. Diese wird zugleich mit einer bestimmten Form von patriarchalischer Männlichkeit assoziiert, deren Geschichte sich vom Orientalismusdiskurs bis hin zum „Krieg gegen den Terror“ zurückverfolgen lässt. Ein Muslim zu sein ist in diesem Sinne nicht nur eine rassifizierte Kategorie, die sich aus einem Komplex von Merkmalen wie etwa der Hautfarbe zusammensetzt, welche für alles stehen, was in der westlichen Vorstellung die „arabisch-muslimische Welt“ ausmacht. Vielmehr handelt es sich dabei um eine spezifische zivilisatorische Kategorie, die erst im Kontext eines islamophoben „Kriegs gegen den Terror“ ihre Wirkung entfaltet.

In einem ganz wesentlichen Punkt unterscheiden sich jedoch die Inszenierungsmuster der kroatischen und amerikanischen Medien: und zwar im Hinblick auf die Sichtbarkeit des Täters, der nicht das Andere ist, sondern aller Wahrscheinlichkeit nach das Selbst. Im Falle von Abu Ghraib war der sichtbare Verursacher sexueller Gewalt nicht nur der männliche amerikanische Gefängniswärter, sondern auch die weibliche Wärterin. Folgen wir derselben Darstellungslogik, die auch in der kroatischen Presse angewendet wurde und in der der Vergewaltiger das Andere war, können wir dann annehmen, dass alle, die sich in Abu Ghraib der sexuellen Folter schuldig gemacht haben, ebenfalls als das Andere der amerikanischen Nation, und nicht als ihr Selbst repräsentiert werden? Der Diskurs, der von „ein paar faulen Äpfeln“ sprach, zeigt, dass dies durchaus der Fall sein könnte. Er stellt den Versuch dar, jene „paar faulen Äpfel“ vom „gesunden Baum“ der Streitkräfte, und damit der Nation, abzutrennen. Als solche definiert sich die amerikanische Armee diskursiv und auch ideologisch als Truppe, die keine Folter einsetzt. Somit ermöglicht es der Diskurs über „ein paar faule Äpfel“, dass einzelne Täter öffentlich bloßgestellt werden, während das Militär als Institution, die Folter als institutionalisierte Praktik und die national(istisch)en, rassistischen, islamophoben und homophoben Ideologien, die diese Institutionen stützen, rechtfertigen und strukturieren, im Verborgenen bleiben. So *ist* der Gefängniswärter gleichzeitig das Selbst und er *ist* es *nicht*: er ist das Selbst, das auf Abwege geraten ist, das wie ein krankes Körperteil vom Nationalkörper abgetrennt werden kann, wodurch der Körper selbst gesund und intakt bleibt. Auf perverse Weise hilft somit das auf Abwege geratene Selbst, den Glauben an die Rechtschaffenheit und Reinheit der Nation zu stärken – einer Nation, die zu Selbstkritik und Selbstheilung durchaus fähig ist.

In diesem Zusammenhang ist es interessant zu hinterfragen, welche Bedeutung der hohen Sichtbarkeit der Wärterinnen unter den folternden Soldaten zukommt. Zunächst lohnt es sich, darüber zu reflektieren, ob ihre Visibilität ein Hinweis darauf sein könnte, dass weibliche Soldaten noch immer das Andere der amerikanischen Armee und damit, zumindest bis zu einem gewissen Grad, das Andere des amerikanischen nationalen Selbst darstellen, ein Argument, das Feministinnen bereits seit langem vorgebracht haben (beispielsweise Enloe 2004). Die Berichte über Lynndie England als weibliche Hauptfolternde, in denen ihre Verstrickung in die Gewalttaten auf ein weibliches Übertölpeltwerden reduziert wird, scheinen auf eine ähnliche Haltung hinzuweisen: die Weigerung, ein weibliches, militantes, gewalttätiges Subjekt in den symbolischen Körper des Militärs und damit der Nation zu inkorporieren. In diesem Zusammenhang müssen jedoch etliche Faktoren mitberücksichtigt werden. Erstens, die Tatsache, dass Lynndie England auf den Folterbildern mit Daumen-hoch-Geste posiert und grinst (was häufig als „bizarr" beschrieben; beziehungsweise in der *New York Times* als „Symbol für die Misshandlung" bezeichnet wurde), markiert sie explizit als Außenseiterin und als abartig, als Person, die nur schwer als Angehörige des Militärs erkennbar ist – so wie sich dieses Militär im Rahmen des amerikanischen nationalen Projekts selbst imaginiert und selbst definiert. Ihre Weiblichkeit wird zu einem Haupterklärungsgrund für ihr bizarres Verhalten, wodurch das männliche Subjekt als einziges rechtmäßiges Subjekt des Militärs und der Nation perpetuiert wird.

Doch die hohe Sichtbarkeit der folternden Frau hatte, so möchte ich argumentieren, noch eine zweite entscheidende Funktion: Durch sie blieb die Heterosexualität des US-amerikanischen männlichen militärischen Subjekts gewahrt. Erwähnenswert ist in diesem Zusammenhang, dass im Falle der sexuellen Gewalt gegen Männer im ehemaligen Jugoslawien der UN-Bericht darauf hingewiesen hatte, dass etliche der Gefangenen von männlichen Wärtern vergewaltigt worden waren. Diese Vergewaltigungen waren, anders als die sexualisierte Folter, die männliche Gefangene sich gegenseitig zufügen mussten, nicht öffentlich begangen worden. Aufgrund der dominanten Konzepte von Heteronormativität würden sowohl der Vergewaltiger als auch der Vergewaltigte als Homosexuelle erscheinen, weshalb Vergewaltigungen durch Gefängniswärter im Geheimen verübt wurden (vgl. Loncar und Brecic 1995). In herrschenden heteronormativen und heterosexistischen Kontexten ist es nur schwer vorstellbar, dass heterosexuelle Männer sich an anderen Männern *sexuell* vergehen. Die starke Präsenz der Gefängniswärterinnen auf den Fotografien, oder besser gesagt, die starke mediale Präsenz der Bilder weiblicher Wärter, scheint mir daher dem Zweck zu dienen, die amerikanische Öffentlichkeit zu beschwichtigen und ihr zu versichern, dass „ihre Jungs" zwar möglicherweise auf Abwege geraten sind, als sie die Gefangenen derart unmenschlich behandelten, dass sie aber auf gar keinen Fall schwul sind! Auch die publik gewordene Liebesbeziehung zwischen Lynndie England und Charles Graner und ihr gemeinsames Posieren vor nackten irakischen Gefangenen auf vielen Fotos sollten demonstrieren, dass er keine sexuelle – d. h. keine *homosexuelle* – Befriedigung aus den sexualisierten Folterhandlungen an anderen Männern gezogen haben konnte.

Der letzte Aspekt, der bei einem Vergleich der medialen Darstellungen in Kroatien und den USA berücksichtigt werden muss, ist der enorme Unterschied in Bezug auf die Sichtbarkeit der Verbrechen insgesamt. Wie bereits erwähnt, waren sexuelle Gewalthandlungen gegen Männer im ehemaligen Jugoslawien in den Medien kaum präsent. Im Gegensatz dazu sind die Bilder, Artikel und Videos über Abu Ghraib bis heute auf den Websites zahlreicher US-Fernsehsender und Zeitungen abrufbar. Dieser Unterschied ist meiner Meinung nach in der medialen Konstruktion der Masterkategorie beziehungsweise der *primären Differenz* begründet.

So wurde Ethnizität im ehemaligen Jugoslawien etwa während des Zweiten Weltkriegs, in den 1980ern, als der Nationalismus immer mehr an Gewicht gewann, und während der Kriege in den Jahren 1991 bis 1995 als primäre Differenz zwischen den verschiedenen Gemeinschaften hervorgerufen. Das Heraufbeschwören dieses Unterschieds erforderte jedoch gleichzeitig Anstrengungen, die gemeinsame Geschichte auszublenden und damit zu verleugnen, dass es, historisch gesehen, durchaus lange und zahlreiche Phasen der Gemeinsamkeit gegeben hatte. Mischehen beispielsweise stellten für Diskurse über ethnische Reinheit ein besonderes Problem dar. Bezeichnenderweise lebten ethnische Gruppen auch nicht räumlich voneinander getrennt, wie dies in Gesellschaften üblich war, in denen Differenzen viel stärker rassifiziert und viel absoluter waren, etwa in kolonialisierten Gesellschaften, während der Sklaverei oder der Apartheid. Ferner wirkten herrschende Weiblichkeits-, Männlichkeits- und Heteronormativitätskonzepte und -praktiken als verbindende Faktoren jenseits der Achsen ethnischer Zugehörigkeit. Aus diesem Grund möchte ich argumentieren, dass mediale Strategien der Inszenierung zwar Ethnizität als primäre Differenz konstituierten, dabei jedoch gleichzeitig in einem Subtext die Annahme mittransportierten, dass die Abgrenzungen zwischen den verschiedenen Ethnizitäten in vielen Fällen nicht trennscharf, sondern verschwommen und durchlässig waren. Daraus ergab sich, dass das Zurschaustellen der Verletzungsoffenheit des Anderen immer auch die Gefahr in sich barg, das Selbst unwissentlich zu entblößen. Da das Selbst und das Andere sich wechselseitig beeinflussen, wird durch die von ihnen bewohnten symbolischen Welten festgelegt und begrenzt, was sichtbar gemacht werden kann und auf welche Weise. Daher beruhten meiner Meinung nach die Darstellungsstrategien der kroatischen Medien auf der Annahme, dass *ethnische Gruppen* im ehemaligen Jugoslawien *dieselbe symbolische Welt bewohnten und innerhalb dieser Welt dieselben Geschlechter- und Sexualitätskonzepte teilten.* Weiter will ich argumentieren, dass diese Annahme einer gemeinsamen Welt die öffentliche Zurschaustellung zu vieler vergewaltigter männlicher Körper und zu vieler maskuliner Vulnerabilitäten verhinderte.

Mit Blick auf die USA möchte ich die These aufstellen, dass vermeintliche religiöse und rassifizierte Unterschiede zwischen Amerikanern und Irakern *und auch* Unterschiede in Bezug auf Geschlecht und Sexualität als sehr viel tiefgreifender und absoluter konstruiert werden. Ich möchte daher argumentieren, dass Amerikaner und Iraker – in den Augen der US-Medien – als Bewohner *völlig unterschiedlicher Welten* wahrgenommen werden und dass aus diesem Grund die Zurschaustellung des vergewaltigten männlichen Körpers des Anderen, in diesem Fall des irakischen Mannes, nicht als Bedrohung für die Konstruktion des amerikanischen Selbst angesehen wird.

Wie sind nun die Zusammenhänge zwischen diesen „primären Differenzen“ in den Kriegen Kroatiens und der USA – also einerseits Ethnizität, Religion und „Rasse“ und andererseits Geschlecht, Sexualität und Heteronormativität – zu verstehen? Und weiter: Auf welche Weise wurden diese Zusammenhänge bisher untersucht? Auf diese Fragen soll im Folgenden eingegangen werden.

Präsenz und Unsichtbarkeit in der Forschung: Analysekategorien und ihre Bedeutungen

Wie bereits in der Einleitung zu diesem Beitrag festgestellt wurde, zählt das Thema sexuelle Gewalt gegen Männer nicht zu den dringlichsten Fragestellungen der feministischen Forschung. Es wurde unter anderem in den Black Studies und den postkolonialen Studien, aber auch im Rahmen der Gefängnisforschung aufgegriffen; in der Konflikt- und Kriegsforschung hingegen waren Männer als Opfer *sexueller Gewalt* als Forschungsschwerpunkt bis Mitte der 1990er Jahre quasi nicht existent.[5]

Durch Abu Ghraib hat sich dies geändert; mittlerweile wird in diesem Bereich intensiv geforscht. Anders als sexuelle Gewalt gegen Männer in Ex-Jugoslawien, die auch weiterhin in der akademischen Forschung relativ wenig Beachtung findet (vgl. jedoch Jones 1994, 2001, 2002, 2004, 2009; Zarkov 1997, 2001, 2006; Loncar und Brecic 1995; Loncar et al. 2009; Carpenter 2006), hat die sexualisierte Folter in Abu Ghraib eine Vielzahl an wissenschaftlichen Arbeiten in zahlreichen verschiedenen Disziplinen generiert (vgl. Fallahi et al. 2009; Hannah 2006). So haben etwa in den Medienwissenschaften zahlreiche AutorInnen die Inszenierungsstrategien des US-amerikanischen Fernsehens und der US-Presse (und auch der Medien anderer Länder) analysiert oder die Ähnlichkeiten zwischen den Diskursen der Medien und den Diskursen der Bush-Regierung untersucht.[6] In der feministischen

[5] Zur Viktimisierung von Männern vgl. Bourke (1996a, 1996b), zu sexueller Gewalt gegen Männer in der Flüchtlings- und Folterforschung vgl. van Tienhoven (1993) und Zawati (2007).

[6] Vgl. Tucker und Triantafyllos (2008) sowie Major (2008).

Forschung, in den Queer Studies, den Black Studies und in der Männlichkeitsforschung wurden hierzu verschiedene (aber jeweils eng zusammenhängende) Richtungen eingeschlagen.

Die ersten feministischen Reaktionen auf Abu Ghraib können als eine Art (Selbst-) Reflektion vor dem Hintergrund der Rolle der folternden Frauen und ihrer Darstellung in den Medien interpretiert werden. In diesen anfänglichen Reaktionen auf die Folter in Abu Ghraib lag der Fokus vor allem auf dem *Vorhandensein eines weiblichen Folterers* und auf den sich daraus ergebenden Konsequenzen *für den Feminismus* beziehungsweise *für Frauen im Umfeld des Militärs*. Die Konzentration auf diesen Aspekt ging bisweilen soweit, dass die eigentlichen Folterhandlungen und die Gefolterten nur noch am Rande Beachtung fanden.[7] In Analysen zur Rolle der Gefängniswärterinnen herrschten feministische „Naivität", „Empörung" und „Ungläubigkeit" vor. So tat beispielsweise Zillah Eisenstein (2004) die weiblichen Folterer als „nicht-agentische" Täterinnen ab, die in einen „Geschlechtertausch und einen Geschlechterwechsel" verstrickt seien und dabei als Attrappen fungierten, die die „vermännlichte/rassifizierte Genderkonstruktion" unberührt ließen. Sie würden zwar „aussehen wie maskulinistische Imperiumserbauer", aber in Wirklichkeit lediglich „Männer nachahmen". Cynthia Enloe (2004) wiederum benutzte die Gewalt in Abu Ghraib nahezu ausschließlich als Vorwand, um Frauen als Opfer zu thematisieren und um sexuelle Gewalterfahrungen und sexuelle Belästigungen von Soldatinnen in der US-Armee, Gewalthandlungen von US-Soldaten gegen ihre Partnerinnen im häuslichen Umfeld sowie sexuelle Gewalt von US-Soldaten gegen Frauen im Umfeld amerikanischer Militärstützpunkte zu erörtern. Wenn Enloe auf die Gewalthandlungen der Wärterinnen zu sprechen kommt, scheint sie diese ebenfalls als Marionetten der Männer zu betrachten:

> „Die *feminisierten Rollen* der Wärterinnen wurden so *choreographiert*, dass diese als spottende feminisierte Zuschauer der männlichen Gefangenen auftreten konnten, was vermutlich die maskulinisierte Demoralisierung noch verstärkt hat. Dass dominante Männer zumindest manche Frauen zu *benutzen* versuchen, indem sie sie zu Handlungen anstiften, die das maskulinisierte Selbstbewusstsein konkurrierender Männer untergraben, ist keinesfalls neu." (Enloe 2004:99; meine Hervorhebung)

In ähnlicher Weise betont Alexandra Murphy (2007: 26), dass „das auf den Fotografien von Abu Ghraib zu sehende Verhalten eine Parodie der sexuellen Erniedrigung" sei, „die *üblicherweise dem weiblichen Körper zugefügt wird*" (meine Hervorhebung), und erklärt weiter:

[7] Vgl. etwa Ehrenreich (2004), Eisenstein (2004) und Enloe (2004).

> „Während die „rassische" und religiöse Identität der Gefangenen sie als das „Andere" des ethnisch „Selben" des amerikanischen Soldaten kennzeichnet – und sie auf diese Weise als zu unterwerfende Körper situiert –, spielen diese Identitäten *nicht* die wichtigste Rolle im Prozess der Ausagierung dieser Unterwerfungen" (2007: 32–33; meine Hervorhebung).

Analysen dieser Art machen deutlich, dass der westliche Feminismus noch immer viel zu sehr gefangen ist in dem Versuch, Weiblichkeit als sexuelle Verletzungsoffenheit und Männlichkeit als aggressiv und unverletzlich zu konstruieren. Auf ähnlich festgefahrene Weise wird die Idee aufrechterhalten, dass sexuelle Gewalt und Kriegsgewalt nicht nur ausschließlich von Männern verübt werden, sondern auch als *essenziell maskulin* anzusehen sind. Die Gewalthandlungen in Abu Ghraib beweisen jedoch genau das Gegenteil: Die weiblichen Gefängniswärter waren an amerikanischen hegemonialen, rassistischen, islamophoben, homophoben und gewaltsamen Projekten eines „Kriegs gegen den Terror" und einer Besatzung des Irak ebenso beteiligt, *als wäre dies ihr ureigenstes Projekt*, und nicht ein Projekt, dass sie lediglich deshalb verfolgten, weil sie dahingehend manipuliert oder dazu gezwungen worden waren. Genau wie die männlichen Gefängniswärter nutzten sie dabei ihre eigene „informierte Handlungsfähigkeit" (Butalia 2001), ihr eigenes Konzept des Anderen, um Gewalthandlungen zu verüben.[8] In ihrem Rückblick auf zehn Jahre feministischer Kämpfe um die Rechte von Frauen im Lichte von Abu Ghraib hat Rosalind Petchesky (2005) Ansichten dieser Art kritisch hinterfragt und dazu aufgefordert, den analytischen und politischen Apparat zu überdenken, den Feministinnen benutzen sollten, wenn sie den Missstand der sexuellen Gewalt in kriegerischen Konflikten thematisieren und zu überwinden versuchen. Die „Rechte des Körpers", so Petchesky, gälten natürlich auch für Männer.

Weiter möchte ich argumentieren, dass durch die Gewalt in Abu Ghraib und die Politik ihrer medialen Darstellung in den USA zeitgenössische feministische Theorien über Gender sowie auch über Krieg und Militär in Frage gestellt werden, und dies sowohl in epistemologischer als auch in politischer Hinsicht. Epistemologisch gesehen muss die feministische Wissensproduktion die zentrale Bedeutung und die Vorrangstellung, die der Kategorie Gender als Differenzkategorie und als Analysewerkzeug eingeräumt wird, aufgeben. Mit anderen Worten, unabhängig von ihrer Bedeutung stellt die Kategorie Gender *nur eines von zahlreichen* organisierenden Prinzipien des Soziallebens und nur eine von zahlreichen Analysekategorien dar. Sie besitzt keine „naturgegebene" Vorrangstellung in sozialen Beziehungen. Vielmehr ist Gender, wie Anne McClintock (1995) bereits vor langer Zeit erkannte und auch Ann Stoler jüngst betonte (2009), in widersprüchlicher und

[8] Vgl. etwa Sarkar und Butalia (1995), Jeffery und Basu (2001), Bacchetta und Power (2002).

konfliktgeladener Weise mit anderen sozialen Beziehungen verwoben, und sein Einflussbereich und seine Macht hängen dabei von dem *spezifischen Kontext* ab, innerhalb dessen es als Kategorie wirksam ist (vgl. auch Phoenix in diesem Band).[9] In Abu Ghraib ist Gender, neben Sexualitätskonzepten und Heteronormativitätsannahmen, ein Aspekt, *der dazu beiträgt, die primäre Differenz zu konstituieren*: nämlich das rassifizierte Muslim-Sein, in das die irakischen Gefangenen in Abu Ghraib hineingezwungen wurden.

In anderen Kontexten wiederum können zwischen Geschlecht, Sexualität, Islam und „Rasse" völlig verschiedene Beziehungsgeflechte bestehen. Dies zeigt beispielsweise der Beitrag von Kira Kosnick in diesem Band. Kosnick beleuchtet darin, wie das „migrierende (oder sogar fliehende) türkische Subjekt" im Kontext von Migration und Asylverfahren als lebender Beweis für eine aufgeklärte und tolerante Einstellung der Deutschen gegenüber Homosexualität und gleichzeitig als Beleg für die vormoderne und homophobe Haltung der Türkei herangezogen wird. Diese Art der Darstellung funktioniert innerhalb dieses spezifischen Kontexts – trotz der und wider die Homophobie und Fremdenfeindlichkeit der deutschen Gesellschaft und die heteronormative Ausgestaltung der deutschen Einwanderungspolitik. Kosnick bezeichnet diese Form der Repräsentation als „intersektionelle Sichtbarkeit" und ruft Feministinnen dazu auf, über das Geschlecht hinaus auch andere Differenzkategorien in den Blick zu nehmen und dabei außerdem die jeweiligen Kontexte zu berücksichtigen, in denen diese Unterschiede einen Unterschied machen. Darüber hinaus muss der Feminismus auch politisch gesehen der Tatsache ins Auge sehen, dass rassifizierte Islamophobie in der heutigen globalisierten Welt, die geprägt ist von einem gewalttätigen, militarisierten, neoliberalen Kapitalismus, zur dominanten Plattform geworden ist, von der aus der Westen sich selbst und seine Feinde diskursiv re-definiert.

In neueren Untersuchungen zu den in Abu Ghraib verübten Folterhandlungen wird der „Krieg gegen den Terror" eindeutig im geschichtlichen Kontext von Sklaverei, Rassismus, Kolonialismus und amerikanischem Imperialismus sowie der historischen Dynamik des westlichen Projekts der Moderne verortet.[10] Jedoch wird

[9] Vgl. für eine intersektionelle Analyse „interrassischer" Vergewaltigungen von Frauen im spezifischen Kontext ihrer Darstellung in der US-Presse Valerie Smith (1998); für die Anwendung intersektioneller Ansätze in vergleichenden Studien über Wohlfahrtsstaaten Weldon (2005), und McCall (2005) für eine Untersuchung von Lohnunterschieden aus einer intersektionellen Perspektive. Zwar erkennen die Autorinnen den großen Nutzen der intersektionellen Analyse für die feministische Theoriearbeit an, dennoch stellen sie gleichzeitig fest, dass weiter darüber nachgedacht werden muss, *wie* Genderkonzepte, -praktiken und -strukturen in Bezug auf andere soziale Machtzusammenhänge eingeordnet und *wie* diese Zusammenhänge empirisch untersucht werden können.

[10] Vgl. unter anderem Steele (2006), Richter-Montpetit (2006), Philipose (2007), Murphy (2007), Nusair (2008), Youngs (2006), Butler (2008), Razack (2003, 2004) und die Sammelbände von Riley, Mohanty und Pratt (2008) sowie von Alexander und Hawkesworth (2008).

in zahlreichen dieser Studien Islamophobie unter den Begriff des Rassismus subsumiert. So erklärt beispielsweise Liz Philipose in ihrer vergleichenden Analyse von Fotografien von Lynchmorden in den USA und Bildern aus Abu Ghraib, dass:

> „[...] innerhalb eines Regimes der Sichtbarkeit, in dem Schwarzsein als Marker für das Erniedrigte und Nichtmenschliche gilt, der muslimische Gefangene geschwärzt abgebildet wird [...] Die Fotografien zeigen und produzieren gleichzeitig eine für den Betrachter/die Betrachterin sichtbare rassifizierte Differenz" [...] In einem Versuch, weiße ‚rassen'spezifische Angst zu unterdrücken, werden durch den Krieg und die damit einhergehenden Folterhandlungen neue rassifizierte Regimes des Betrachtens geschaffen, die alte Formen des Rassismus zu neuen politischen Zwecken einsetzen." (Philipose 2007: 1066 f, meine Herv.; vgl. auch Steele 2006, Richter-Montpetit 2006).

Doch was im Rahmen dieser Fokussierung auf „Rasse" außer Acht gelassen wird, ist, dass die sexuelle Folter in Abu Ghraib ebenso wie ihre mediale Darstellung nicht durch eine beliebige Form von Rassismus, sondern durch den *spezifischen Kontext islamophober Kriege* gekennzeichnet ist.

Das Ausblenden von Islamophobie in Untersuchungen der sexuellen Folterhandlungen in Abu Ghraib und das Subsumieren dieser spezifischen Differenz unter das Schlagwort Rassismus wurde von etlichen AutorInnen mit Unbehagen festgestellt und explizit thematisiert (Sexton und Lee 2006; Gordon 2006). So argumentieren beispielsweise Sexton und Lee (2006), dass die wissenschaftliche Betrachtung der Folterhandlungen in Abu Ghraib durch den analytischen Rahmen der Lynchmord-Fotografien zu einer Aneignung von Schwarzsein als Metapher für das Leiden der irakischen Gefangenen führen kann, wodurch gleichzeitig die spezifische Geschichte der Sklaverei und die heutige Inhaftierung von schwarzen Männern und Frauen politisch marginalisiert wird.[11] Eine wichtige Warnung kam auch von Elizabeth Dauphinee (2007), die argumentierte, dass das „wiederholte Zirkulieren der Bilder" verletzter Iraker nicht nur in ethischer Hinsicht das Bild von der Folter abspalte, sondern das Spezifische der individuellen Schmerzerfahrung auslösche, indem es das Bild in ein Symbol beziehungsweise in ein „Repräsentativbeispiel" verwandle (wenn auch im Rahmen des politischen Kampfs gegen die Folter oder die Hegemonie der USA)[12].

[11] Nash (2008: 8–9) vertritt in ihrer Kritik zur Verwendung des Intersektionalitätskonzepts in der feministischen Theorie eine ähnliche These. Darin formuliert sie, dass Schwarze Frauen zu ultimativen „intersektionellen Subjekten" geworden seien, deren Rolle darin bestehe, „einen theoretischen Mehrwert zu schaffen", deren tatsächliche gelebte Erfahrungen im Prozess der Theoretisierung jedoch ausgelöscht würden.

[12] Auch Sontag (2004) weist auf die ethischen Implikationen von Fotografien von Folter hin.

Abschließend möchte ich noch einmal auf die Wichtigkeit des Kontexts zu sprechen kommen. Der Kontext ist nicht nur für die Folterhandlungen an sich und für ihre Darstellung in den Medien, als zwei sich wechselseitig bedingende Formen der Gewalt, von entscheidender Bedeutung, sondern auch für ihre jeweilige Analyse. Es ist der Kontext der beiden spezifischen Kriege in Kroatien und in Abu Ghraib, der die primäre Differenz zwischen Tätern und Opfern überhaupt erst hervorgebracht hat. Im Falle des früheren Jugoslawiens war ethnische Differenz der entscheidende Auslöser für die Gewalt, gleichzeitig aber auch ein Produkt dieser Gewalt. In der Intersektion mit Ethnizität waren gemeinsame Vorstellungen von Männlichkeit, Sexualität und Heteronormativität einerseits entscheidend für diese spezifische Form der sexuellen Folter von Männern, andererseits haben diese gleichzeitig eine starke mediale Sichtbarkeit sexuell missbrauchter männlicher Körper (wenn auch des Anderen Mannes) verhindert. Im Falle von Abu Ghraib wurden die tatsächlichen Folterhandlungen und ihre mediale Zurschaustellung durch eine rassifizierte Islamophobie hervorgebracht, während die Intersektionen mit Weiblichkeit, Männlichkeit und heterosexuellen Normen ein rassifiziertes Muslimsein als primäre Differenz zusätzlich hervorgehoben und noch verstärkt haben, so dass die heteronormative, weiße, christliche/säkularisierte Männlichkeit des amerikanischen Selbst durch den bloßgestellten gefolterten Körper des Anderen Mannes nicht destabilisiert werden konnte.

Insofern sind sexuelle Gewalt gegen Männer und Repräsentationen dieser Gewalt Modi der Herstellung von Ethnizität in Kroatien beziehungsweise des Muslimseins in den USA, ebenso wie Modi der Herstellung spezifischer Sexualitäten, Männlichkeiten und Weiblichkeiten. Im Kontext von Kriegen haben wir *in spezifischen geopolitischen zeitlichen und räumlichen Umständen*, durch Gewalt und durch die Darstellung dieser Gewalt, gelernt, was es heißt, ein kroatischer, ein serbischer oder ein muslimischer Mann, ein amerikanischer Mann/eine amerikanische Frau oder ein irakischer Mann zu sein. In dieser Hinsicht war der Krieg im ehemaligen Jugoslawien weniger ein Krieg zwischen ethnischen Gruppen als vielmehr ein Krieg, der ethnische Gruppen hervorbrachte. Ebenso ist der „Krieg gegen den Terror“ weniger ein Krieg gegen den „muslimischen Terrorismus“ als vielmehr ein Krieg, der Muslimsein-als-Terrorismus produziert. Geschlecht und Sexualität sind entscheidend in diesen Konstruktionsprozessen, doch ihre Verortung innerhalb dieser Prozesse ist weder stabil noch von vornherein festgelegt. Die aktuelle feministische Forschung muss daher die Position der Kategorie Gender stets von neuem und stets in Beziehung zu anderen Kategorien bestimmen. Gleiches gilt für die Untersuchung zeitgenössischer Kriege. Auch hier muss ethnisierte, islamisierte, rassifizierte, homosexualisierte und vergeschlechtlichte Gewalt gegen, aber auch verübt von Männern und auch Frauen stets von neuem und stets eingebettet in die jeweiligen spezifischen Kontexte analysiert werden, in Verbindung mit den spezifischen Praktiken der Gewalt. In beiden Forschungsbereichen müssen wir uns stets vor Augen halten, dass verschiedene Gruppen von Frauen und Männern auf unterschiedliche Weise Gewalt ausgesetzt sind, und dass ihr Ausgesetztsein gegenüber Gewalt und das öffentliche Inszenieren dieser Gewalt nicht immer die gleiche Geschichte erzählen.

übersetzt von Katrin Behringer

Literatur

Alexander, Karen und Mary E. Hawkesworth (Hrsg.) (2008): War and Terror: Feminist Perspectives. Chicago: University of Chicago Press.

Bacchetta, Paola und Margaret Power (Hrsg.) (2002): Right Wing Women. From Conservatives to Extremists Around the World. New York/London: Routledge.

Bassiouni, M. Cherif und Marcia McCormick (1996): Sexual Violence: An Invisible Weapon of War in the Former Yugoslavia. Chicago: DePaul University, International Human Rights Law Institute, Occasional Paper Nr. 1.

Bourke, Joanna (1996a): Dismembering The Male: Men's Bodies, Britain, And The Great War. Chicago: University Of Chicago Press.

Bourke, Joanna (1996b): Fragmentation, Fetishization and Men's Bodies in Britain, 1890–1939. In: *Women, A Cultural Review* 7(3), 240–250.

Butalia, Urvashi (2001): Women and Communal Conflict: New Challenges for the Women's Movement in India. In: Moser, C. O. N. und F. C. Clark (Hrsg.): Victims, Perpetrators of Actors? Gender, Armed Conflict and Political Violence. London/New York: Zed Books, 99–113.

Butler, Judith (2008): Sexual politics, torture, and secular time. In: *The British Journal of Sociology* 59(1), 1–23.

Carpenter, Charlie (2006): Recognizing gender-based violence against civilian men and boys in conflict situations. In: *Security Dialogue* 37(1), 83–103.

Dauphinee, Elizabeth (2007): The Politics of the Body in Pain: Reading the Ethics of Imagery. In *Security Dialogue*, Sonderheft über Versicherheitlichung, Militarisierung und visueller Kultur in der Welt nach 9/11, 38(2), 139–155.

Duffield, Mark (2007): Development, Security and Unending War. Governing the World of Peoples. Cambridge: Polity Press.

Ehrenreich, Barbara (2004): What Abu Ghraib Taught Me, 20. Mai 2004. Online: http://www.alternet.org/story/18740/ (Letzter Zugriff 02.06.2010).

Eisenstein, Zillah (2004): Sexual Humiliation, Gender Confusion and the Horrors at Abu Ghraib, 22. Juni 2004. Online: http://www.awid.org/ (Letzter Zugriff 02.06.2010)

Enloe, Cynthia (2004): Wielding Masculinity inside Abu Ghraib: Making Feminist Sense of an American Military Scandal. In: *Asian Journal for Women's Studies* 10(3), 89–102.

Fallahi, Carolyn; Austad, Carol Shaw; Leishman, Lisa L.; Gendron, Michael und Rebecca M. Wood (2009): Gender Differences in the perception of Prisoner Abuse. In: *Sex Roles* 60(3-4), 261–268.

Gordon, Avery F. (2006): Abu Ghraib: imprisonment and the war on terror. In: *Race & Class* 48(1), 42–59.

Hannah, Matthew (2006): Torture and the Ticking Bomb: The „War on Terror" as a Geographical Imagination of Power/Knowledge. In: *Annals of Association of American Geographers* 96(3), 622–640.

Jeffery, Patricia und Amrita Basu (Hrsg.) (2001): Resisting the Sacred and the Secular. Women's Activism and Politicized Religion in South Asia. Delhi: Kali for Women.

Jones, Adam (1994): Gender and ethnic conflict in ex-Yugoslavia. In: *Ethnic and Racial Studies* 17(1), 115–134.

Jones, Adam (2001): Genocide and Humanitarian Intervention: Incorporating the Gender Variable, Online: http://www.ciaonet.org/wps/cid010/cid010.pdf (Letzter Zugriff 02.06.2010)

Jones, Adam (2002): Gender and genocide in Rwanda. In: *Journal of Genocide Research* 4(1), 65–94.

Jones, Adam (Hrsg.) (2004): Gendercide and Genocide. Vanderbilt University Press.

Jones, Adam (2009): Gender Inclusive: Essays on Violence, Men, and Feminist International Relations. Routledge.

Loncar, Mladen und Petra Brecic (1995): Characteristics of Sexual Violence Against Men During The War in Croatia and Bosnia-Hercegovina. Beitrag vorgestellt auf der Konferenz „Engendering Violence: Terror, Domination, Recovery", 27.–28. Oktober 1995 in Zagreb.

Loncar, Mladen; Henigsberg, Neven und Pero Hrabac (2009): Mental Health Consequences in Men Exposed to Sexual Abuse During the War in Croatia and Bosnia. In: *Journal of Interpersonal Violence* 20(10), 1–13.

Major, Mark, (2008): Following the Flag: Nationalism, the News Media, and Abu Ghraib. Paper ausgearbeitet für die Konferenz der American Political Science Association, 28.–31. August 2008 in Boston, Massachusetts.

McClintock, Anne (1995): Imperial Leather: Race, Gender and Sexuality in the Colonial Contest. London: Routledge.

McCall, Leslie (2005): The Complexity of Intersectionality. In: *Signs: Journal of Women in Culture and Society* 30(3), 1773–1800.

Murphy, Alexandra, (2007): The Missing Rhetoric of Gender in Responses to Abu Ghraib. In: *Journal of International Women's Studies* 8(2), 20–34.

Nash, C. Jennifer (2008): Re-Thinking Intersectionality. In: *Feminist Review* 89(1), 1–15.

Nusair, Isis (2008): Gendered, racialized, and sexualized torture at Abu Ghraib. In: Riley, R. L.; Mohanty, C. T. und M. Bruce-Prat (Hrsg.): Feminism and War: Confronting U.S. Imperialism: Zed Books, 179–193.

Petchesky, Rosalind (2005): Rights of the body and perversions of war: sexual rights and wrongs ten years past Beijing. In: *International Social Science Journal* 57(2), 301–318.

Philipose, Liz (2007): The Politics of Pain and the Uses of Torture. In: *Signs: Journal of Women in Culture and Society* 32(4), 1047–1071.

Razack, Sherene (2003): Those Who „Witness the Evil". In: *Hypathia* 18(1), 204–211.

Razack, Sherene (2004): Dark Threats and White Knights: The Somalia Affair, Peacekeeping, and the New Imperialism. University of Toronto Press

Richter-Montpetit, Melanie (2006): Empire, Desire and Violence: A Queer Transnational Feminist Analysis of the Torture of Detainees in Abu Ghraib. Vortrag auf dem ISA Annual Meeting in San Diego, Kalifornien, 22. März 2006.

Riley, Robin L.; Mohanty, Chandra Talpade und Minnie Bruce Pratt (Hrsg.) (2008): Feminism and War: Confronting U. S. Imperialism. London: Zed Books.

Sarkar Tanika und Urvashi Butalia (Hrsg.) (1995): Women & Right-Wing Movements. Indian Experiences. London/New Jersey: Zed Books.

Sexton, Jared und Elizabeth, Lee (2006): Figuring the Prison: Prerequisites of Torture at Abu Ghraib. In: *Antipode* 38(5), 1005–1022.

Smith, Valerie (1998): Split Affinities: Representing Interracial Rape. In: *Not Just Race, Not Just Gender*. New York und London: Routledge, 1–32.

Sontag, Susan (2004): Regarding the Torture of Others. In: *The New York Times*, Magazine, Online: http://www.nytimes.com/2004/05/23/magazine/23PRISONS.html?pagewanted=1 (Letzter Zugriff 02.06.2010).

Steele, Warren (2006): Strange Fruit: American Culture and the Remaking of Iraqi Males at Abu Ghraib. In: *Nebula* 3(4), 62–74.

Stoler, Ann (2009): Beyond Sex: Bodily Exposure in the Colonial and Postcolonial Present. In: *New School of Social Research*, April 2009.

Taguba Report (2004): Online: http://news.findlaw.com/hdocs/docs/iraq/tagubarpt.html (Letzter Zugriff 02.06.2010).

Van Tienhoven, Harry (1993): Sexual torture of male victims. In: *Torture* 3(4), 133–135.

Tucker, Bruce und Sia Triantafyllos (2008): Lynndie England, Abu Ghraib, and the New Imperialism. In: *Canadian Review of American Studies* 38(1), 83–100.

United Nations Commission of Experts' Final Report (1994a): Section IV: Substantive Findings (E.: Detention Facilities; F.: Rape and other forms of Sexual Assault), United Nations Security Council S/1994/674 – 27. Mai 1994.

United Nations Commission of Experts' Final Report (1994b): Annex IX – Rape and Sexual Assault, United Nations Security Council, S/1994/674/Add.2 (Vol. V), 28. Dezember 1994.

United Nations Commission of Experts' Final Report (1994c): Annex IX.A – Sexual Assault Investigation, United Nations Security Council, S/1994/674/Add.2 (Vol. V), 28. Dezember 1994.

Weldon, Laurel S. (2005): Rethinking Intersectionality: Some conceptual problems and solutions for the comparative study of welfare states. Paper für die Jahreskonferenz der American Political Science Association.

Youngs, Gillian (2006): Feminist International Relations in the Age of the War on Terror. In: *International Feminist Journal of Politics* 8(1), 3–18.

Zarkov, Dubravka (1997): War Rapes in Bosnia: On Masculinity, Femininity and Power of the Rape Victim Identity. In: *Tijdschrift voor Criminologie* 39(2), 140–151.

Zarkov, Dubravka (2001): The Body of the Other Man: Sexual Violence and the Construction of Masculinity, Sexuality and Ethnicity in Croatian Media. In: C. Moser und F. Clark (Hrsg.): *Victims, Perpetrators or Actors? Gender, Armed Conflict and Political Violence*, London: Zed Books, 69–82.

Zarkov, Dubravka (2006): Towards a new theorizing of women, gender and war. In: Evans, M.; Davis, K. und J. Lorber (Hrsg.): Handbook of Gender and Women's Studies. SAGE, 214–233.

Zarkov, Dubravka (2007): The Body of War: Media, Ethnicity and Gender in the Break-up of Yugoslavia. Durham und London: Duke University Press.

Zawati, Hilmi (2007): Impunity or Immunity: war time male rape and sexual torture as a crime against humanity. In: *Torture* 17(1), 27–47.

Sexualität und Migrationsforschung: Das Unsichtbare, das Oxymoronische und heteronormatives „Othering“[1]

Kira Kosnick

Im Rahmen der feministischen Theoriebildung zum Konzept der Intersektionalität, definiert als die Verwobenheit oder Überlagerung hierarchisch angeordneter Achsen der Differenz, wird die „klassische Triade“ von „Rasse“, Klasse und Geschlecht zunehmend um weitere Dimensionen soziokultureller und ökonomischer Ungleichheit ergänzt, darunter auch um die Dimension der sexuellen Orientierung. Zeitgenössische Paradigmen der Intersektionalität unterscheiden sich vor allem im Hinblick auf die Anzahl der Achsen, die für relevant erachtet werden (Anthias 2001; Klinger 2003; Knapp 2005; Lutz und Wenning 2001). Sexuelle Orientierung wird mittlerweile relativ regelmäßig miteinbezogen; Heteronormativität wiederum wird in immer stärkerem Maße als wichtige Dimension der meisten Geschlechterregime erkannt.[2]

Blickt man hingegen auf andere, wenn auch verwandte interdisziplinäre Forschungsfelder wie beispielsweise die Migrationsforschung, muss man feststellen, dass dort in den letzten zwanzig Jahren zwar zunehmend Fragen der Diversität in den Blickpunkt gerückt sind, Themen wie Sexualität und sexuelle Orientierung in der Tendenz jedoch weiterhin auf geringes Interesse stoßen (Castro Varela und Dhawan 2009). Während Klassenzugehörigkeit und sozioökonomische Unterschiede von MigrationsforscherInnen immer schon als wichtige Aspekte betrachtet worden sind, um so genannte „Push- und Pull“-Faktoren sowie die unterschiedliche Inkorporierung in die Aufnahmeländer zu erklären, sind erst in letzter Zeit Fragestellungen im Zusammenhang mit Rassismus und ethnischer Stratifizierung ins Bewusstsein gerückt. Der Grund hierfür ist die zunehmende Konzentration der wissenschaftlichen Forschung auf Probleme der „Integration“ als Folge der Arbeitsmigration in die industrialisierten Länder des Nordens sowie der Dekolonia-

---

[1] An dieser Stelle möchte ich mich bei den Herausgeberinnen für ihre kritischen und produktiven Anmerkungen zu diesem Aufsatz bedanken, von denen ich stark profitiert habe, auch wenn ich nicht behaupten kann, ihnen vollständig gerecht geworden zu sein.

[2] Obwohl feministische TheoretikerInnen teilweise bereits in den 1970ern darum gekämpft hatten, Heterosexualität – neben binären Geschlechternormen – als zweite zentrale Säule von Geschlechterregimen anzuerkennen (so beispielsweise Rubin 1975), fand diese Überlegung erst in den 1990ern Eingang in herrschende feministische Diskurse.

lisierung und ethnischen Konflikten in verschiedenen Teilen der Welt. Und obwohl etliche (vor allem weibliche) Stimmen bereits in den 1980ern darauf hingewiesen hatten, dass es äußerst aufschlussreich sein könnte, Genderthemen im Zusammenhang mit Migration zu untersuchen (Morokvasic 1984; Kofman 1999), kam es erst in den letzten zwei Jahrzehnten zu einer Zunahme, sowohl was Anzahl als auch Umfang wissenschaftlicher Studien zu diesem Thema betraf (Donato et al. 2006). In ihrer Einleitung zu einer 2006 erschienenen Sonderausgabe der *International Migration Review* betonten Donato und ihre MitautorInnen, dass „gender-bezogene Studien mittlerweile nicht mehr ausschließlich auf die Analyse von Familien, Haushalten oder das Leben von Frauen beschränkt sind“ (ebd.: 6), und konstatierten, dass Migrationsprozesse heute insgesamt (quasi überall) als vergeschlechtlichte Phänomene betrachtet werden. Während gender-bezogene Fragestellungen allmählich ihre Legitimität, wenn nicht sogar ihre Unverzichtbarkeit für die Migrationsforschung unter Beweis stellen, bleiben Fragen der nicht-heteronormativen Sexualität jedoch weiterhin marginalisiert (Manalansan 2006).

In diesem Aufsatz soll untersucht werden, inwiefern normative Grundannahmen bezüglich Sexualität in herrschenden Paradigmen der Migrationsforschung wirksam sind. Des Weiteren soll ein Zusammenhang zwischen diesen Grundannahmen und spezifischen empirischen Fällen, in denen sich migrantische Ethnizitäten und „queere“ Sexualitäten überschneiden, hergestellt werden. Dabei will ich die These aufstellen, dass eine Sichtweise, die Fragen der Sexualität ausschließlich unter dem Blickwinkel des Persönlichen und des Lokalen betrachtet, ein Verständnis der Tatsache verhindert, dass Kämpfe um Sexualitäten in unterschiedlichem Maße und lokalitätsübergreifend zu Praktiken der Raumaneignung [„Place-Making“] und zu Mobilitätsbewegungen beitragen. Die Intersektionen von sexuellen Hierarchien und grenzüberschreitenden Migrationen folgen jedoch keiner einheitlichen Logik. Daher sollen in diesem Aufsatz empirische Beispiele erörtert werden, in denen sich gegen ImmigrantInnen richtende Rassismen und Homophobie wechselseitig bedingen und auf diese Weise unterschiedliche Formen von Sichtbarkeit, Unsichtbarkeit und Widersprüchlichkeit hervorbringen.

(Un)Sichtbarkeiten

Ende 2008 hatte in einem kleinen Theater in Berlin-Kreuzberg, einem Viertel, in dem sehr viele türkische MigrantInnen sowie viele schwule, lesbische, trans- und queer-identifizierte EinwohnerInnen leben, ein neues Stück mit dem Titel *Jenseits – Bist du schwul oder bist du Türke?* Premiere. Das Theaterstück basiert auf mehreren Interviews mit schwulen Männern türkischer oder kurdischer Abstammung, die darin über ihre Erfahrungen mit homophoben und rassistischen Formen der Kategorisierung in Deutschland sprechen. Der Titel des Stücks benennt eine Unsichtbarkeit, aber auch eine scheinbare kategorische Unmöglichkeit: In Anlehnung an den Titel einer bekannten Anthologie, die von Aktivistinnen der Schwarzen Frauenbewegung in den USA herausgegeben wurde, könnte man ihn paraphrasieren als „Alle Schwulen sind *weiß*, alle Türken sind hetero."[3] Die Überlappung von sexuellen und ethnisch-minoritären Differenzkategorien, aus der heraus die Invisibilität queerer Türken entsteht, steht in diesem Fall in Zusammenhang mit aktuellen herrschenden Diskursen über Ethnizität, Religion und Sexualität in Deutschland. In diesen wird Homosexualität selektiv als Schlüsselsymbol für einen aufgeklärten Individualismus und für Toleranz konstruiert und mit westlicher Modernität gleichgesetzt. Bei letzteren handelt es sich um Eigenschaften, die türkischen Muslimen mit Migrationshintergrund in diesen Diskursen grundsätzlich abgesprochen werden – die ethnisch-minoritäre Position wird hier nicht nur als nicht-deutsch, sondern immer auch als implizit heterosexuell und homophob codiert.

Im Hinblick auf *Jenseits* war dabei gerade die Tatsache, dass darin ein scheinbar oxymoronisches minoritäres Ineinandergreifen von sexueller und ethnischer Prekarität thematisiert wird, ein Grund für das große Interesse der Medien an dem Stück. Der Fokus der für das Stück verwendeten Interviews lag dabei weniger auf der Unsichtbarkeit schwuler Männer mit türkischem Migrationshintergrund, sondern vielmehr auf den spezifischen Formen ihrer erhöhten Visibilität im Kontext von Darstellungspraktiken in herrschenden deutschen Diskursen. Ercan, einer der Hauptdarsteller, wird in dem Stück wie folgt zitiert:

> „Ich bin homosexueller Türke und genieße die Früchte des positiven Rassismus in Deutschland. Nur weil ich schwul bin, habe ich gleich Arbeit gefunden, habe viele Menschen um mich gehabt. Viele Menschen stehen voller Bewunderung vor mir nach dem Motto: Oh, der ist hierher gekommen, um sich zu emanzipieren! Lasst uns ihn mit vereinten Kräften befreien. Und ich denke: Na dann, erlöst mich mal!"

In den deutschen Massenmedien gab es zahlreiche Besprechungen und sehr viel Lob für das Stück, nicht zuletzt aufgrund seiner scheinbar anrüchig-aufregenden Thematik. Insbesondere in Berliner Tageszeitungen und Stadtmagazinen wurde begeistert und ausführlich über das Stück berichtet. Eine Überschrift im *Tagesspiegel* lautete beispielsweise:

> **„Dann bist du draußen.** In Deutschland sind sie die Minderheit in der Minderheit. Und eigentlich dürfte es sie gar nicht geben: Schwule Türken sind ein Tabu. Über ein Leben zwischen Tradition und neuer Heimat."[4]

---

[3] Ich beziehe mich dabei auf das Buch von Gloria T. Hull, Patricia Bell-Scott, Barbara Smith (Hrsg.), *All the Women are White, all the Blacks are Men, but Some of Us are Brave*, New York: Feminist Press 1982.

[4] Veröffentlicht am 4. Mai 2008.

Tradition – als homophob codiert – wird hier klar mit einem Land und einer Ethnizität nicht-westlichen Ursprungs assoziiert, während die neue „Heimat" es scheinbar oxymoronischen Subjekten ermöglicht, sichtbar zu werden. Dieses Sichtbarwerden beinhaltet jedoch gleichzeitig, sich von der so genannten türkischen „community" in Deutschland und von ihren angeblichen Traditionen zu distanzieren. Das Stück, so lautet die Interpretation, und im weiteren Sinne auch die deutsche Presse, brechen also ein Tabu – ein Tabu, das jedoch, wie es in dem Artikel weiter heißt, ausschließlich türkische Traditionen, nicht aber die deutsche Gesellschaft betrifft. Sogar die gewollt einfühlsame Berichterstattung über ein Theaterstück, das eigentlich darauf abzielte, die Mechanismen und Konsequenzen herrschender Diskurse aufzudecken, produziert somit nichts weiter als eine Bestätigung der diesen Diskursen zugrundeliegenden Annahmen. Das Sichtbarmachen dieses offensichtlichen Tabus dient in diesem Fall nur dem vorrangigen Zweck, die türkische Andersheit mit vormoderner Homophobie gleichzusetzen. Damit erweist sich in diesem Fall die intersektionelle Sichtbarkeit, im Gegensatz zur intersektionellen Unsichtbarkeit, als besonders produktives Kriterium.

Die Geschichte von Ercan, wie sie in dem Theaterstück geschildert und später im bereits erwähnten Zeitungsartikel nacherzählt wird, handelt von seinem anfänglichen Oszillieren zwischen der Türkei und Deutschland; Länder, die selbstverständlich für die antagonistischen Pole Tradition und Moderne stehen sollen. Dieses Oszillieren äußert sich in seinem häufigen Überschreiten von Landesgrenzen bedingt durch die Migrationswege der Eltern, im Glauben an den Islam in seiner Kindheit, aber auch in seinem blonden, grünäugigen Freund, in den er sich als Jugendlicher in einem Internat in der Türkei verliebt und den er zum ersten Mal, versteckt in einem Klassenzimmer, küsst, während die anderen Jungen sich im Fernsehen die US-Serie „Dallas" ansehen. Der Zeitungsartikel schließt mit der Geschichte, wie Ercan, mittlerweile glücklich „verheiratet" mit einem (nichtmigrantischen) deutschen Grundschullehrer[5], seine ehemalige Liebe aus Kindertagen in der Türkei besucht. Dieser lebt als Bauer in einem kleinen Dorf, ist (mit einer Frau) verheiratet und hat vier Kinder. Der Besuch von Ercan beschämt ihn so, dass er ihm kaum in die Augen sehen kann. Ercan jedoch, so heißt es weiter, findet seinen damaligen Freund immer noch gutaussehend, er sieht in ihm einen schönen, stattlichen türkischen Mann. „In mir steckt doch immer noch eine anatolische Frau", meint Ercan dazu kichernd.

Dank seiner Migrationsbiografie ist es Ercan somit fast gelungen, sein vormodernes Erbe abzuschütteln – mit Unterstützung eines modernen deutschen

[5] Seit 2001 erlaubt das deutsche Recht so genannte *Lebenspartnerschaften*, die gleichgeschlechtlichen Paaren etliche Rechte gewährt, die zuvor ehelichen Verbindungen zwischen Mann und Frau vorbehalten waren. Viele Rechte, unter anderem in Bezug auf Rentenansprüche, gemeinsame Besteuerung oder das Recht auf Adoption, sind davon jedoch ausgeschlossen.

Nationalstaats, der gleichgeschlechtlichen Paaren nach dem Vorbild der heterosexuellen Institution der Ehe, jedoch klar davon abgegrenzt, ein gewisses Maß an Anerkennung und Legitimität gewährt. Sein früherer türkischer Freund, dessen ungewöhnliches Blondsein als ein erstes Anzeichen einer „westlichen“ Codierung homosexuellen Begehrens erscheint, ist in den Schoß der Tradition zurückgekehrt, wie seine ländlich-bäuerliche Existenz, seine heterosexuelle Ehe und seine Fortpflanzungsleistungen in einem kleinen türkischen Dorf bezeugen. Ercan verstärkt diese Kluft noch, indem er sich unfähig zeigt, sein Begehren als schwuler türkischer Mann zum Ausdruck zu bringen; er ist paradoxerweise gezwungen, stattdessen auf eine begehrende anatolische Frau zu referieren, die angeblich immer noch irgendwo in ihm steckt. Anatolien als territoriale Umschreibung des „asiatischen“ Teils der heutigen Türkei wird häufig als Konzept benutzt, wenn von Volkstraditionen gesprochen wird, die bereits vor der Gründung des modernen türkischen Nationalstaats und dessen explizit verwestlichenden kulturellen Transformationen existiert haben. Dass Ercan seine Geschlechterposition vertauscht, unterstreicht die Tatsache, dass türkische Männer für ein homosexuelles Begehren eindeutig nicht zur Verfügung stehen, nicht zuletzt deshalb, weil die nicht-westliche orientalische „Tradition“ in diesem Fall am Ende mehr Gewicht hat als die Anziehungskraft und der Modernisierungsdruck der Serie „Dallas“.

So wie die Geschichte von Ercan hier dargestellt wird, ermöglicht es ihm einzig seine Migration nach Deutschland, die heimlich praktizierte Homosexualität in eine befreite schwule Subjektivität münden zu lassen; eine Subjektivität, die auf der Grundlage des normativen Vorbilds heterosexueller Bindungen sowohl individualisiert als auch normalisiert wird, dank einem deutschen Staat, der gleichgeschlechtliche eingetragene Partnerschaften befürwortet und ihnen (einige wenige) Rechte zugesteht, die zuvor verheirateten heterosexuellen Paaren vorbehalten waren. Die Tatsache, dass der Artikel von Ehe spricht, ist insofern bedeutsam, als diese Formulierung die faktische Ungleichbehandlung von gleichgeschlechtlichen Paaren, die in Deutschland vor dem Gesetz noch immer besteht, bequemerweise unerwähnt lässt. Gleichzeitig wird die Ehe als ultimatives Zeichen staatlichen Entgegenkommens und sozialer Integration in Bezug auf „Homosexuelle“ festgeschrieben. Die diskursive Sichtbarkeit des schwulen Türken dient somit einerseits dazu, ein Bild der ethnischen Minderheit der Türken in Deutschland zu zementieren, das diese als inhärent traditionsverhaftet und homophob zeichnet. Gleichzeitig wird auf diese Weise die moderne Geschichte, die geprägt war von einem staatlich unterstützten „Othering“ und einer Tradition der Gewalt gegenüber allen als homosexuell Bezeichneten, stillschweigend ausgeblendet.

Codierungen von gleichgeschlechtlichem Begehren

Die oben wiedergegebene Erzählhandlung, in der die Türkei unmissverständlich mit vormoderner homophober Repression in Verbindung gebracht wird, ist, wie bereits in der Forschung erkannt wurde, weit verbreitet und typisch für westliche Darstellungen „orientalischer" und postkolonialer queerer Subjekte. Vor allem mediale Inszenierungen, wie beispielsweise der in Indien spielende Film *Fire – Wenn Liebe Feuer fängt* (1996) von Deepa Mehta, Ang Lees Werk *Das Hochzeitsbankett* (1993) und *A Touch of Pink* (2003) von Ian Iqbal Rashid, wurden als paradigmatische Beispiele für die Gleichsetzung von gleichgeschlechtlicher Liebe mit westlicher Modernität einer kritischen Analyse unterzogen (Gopinath 2002; Castro Varela und Dhawan 2005; Needham 2007). Die positive Darstellung gleichgeschlechtlichen Begehrens und gleichgeschlechtlicher Bindungen geht dabei oft Hand in Hand mit der Zurschaustellung von Lifestyle-Praktiken oder -Objekten, die als symbolisch „westlich" codiert sind, so beispielsweise in einer Szene des Films *Fire – Wenn Liebe Feuer fängt* von Mehta, in der die Hauptdarstellerin sich die Jeans ihres Ehemanns anzieht (Castro Varela und Dhawan 2005: 51).

Noch wichtiger für das Anliegen dieses Kapitels ist allerdings die Tatsache, dass das Zurücklassen der eigenen biologischen Familie und die Migration in ein „westliches" Land stets als meistversprechendster Weg dargestellt wird, um nicht-heterosexuelle Bedürfnisse auszuleben und diese Bedürfnisse in eine stabile und positiv besetzte queere Identität umzuformulieren. In den Filmen *Touch of Pink* und *Das Hochzeitsbankett* werden die westlichen Metropolen und Einwanderungsziele jeweils als libertäre soziale Kontexte dargestellt, in denen die Protagonisten offen mit ihren schwulen Partnern zusammenleben können, ohne dem Zorn der südasiatischen beziehungsweise chinesischen Eltern ausgesetzt zu sein. In Filmen wie beispielsweise *Lola und Bilidikid* (Regie Kutluğ Ataman, 1999) wiederum, die ganz in einem Migrationskontext angesiedelt sind, ist es der Druck der ethnischen Gemeinschaft, die dem deutsch-türkischen Hauptdarsteller Murat die Luft zum Atmen nimmt und ihn immer wieder daran hindert, mit seiner Sexualität ins Reine zu kommen. Selbst Figuren wie der verschwunden geglaubte Bruder von Murat und dessen langjähriger schwuler deutsch-türkischer Freund sind zum Scheitern verurteilt: So kann letzterer das homosexuelle Begehren und die homosexuelle Liebe der beiden nicht akzeptieren und drängt ersteren stattdessen dazu, sich einer Geschlechtsumwandlung zu unterziehen, damit beide in die Türkei ziehen und dort anonym als „normales Paar" zusammenleben können. Schließlich stirbt Murats Bruder auf gewaltsame Weise. Die im Film dargestellte, doppelt diskriminierte Minderheit queerer Deutsch-Türken wird auf drastische Weise Opfer von Homophobie und Rassismus und ist daher nicht in der Lage, eine stabile Identität oder Formen gesellschaftlicher Solidarität, selbst von nur kurzer Dauer, aufzubauen. Wo sich nicht-normative Sexualität und Ethnizität überlagern und verschränken, scheint das Leben für alle, die an der doppelten Last von Homophobie und Rassismus zu tragen haben, zwangsläufig in einer Tragödie zu enden. Das Sich-Lösen von „traditionellen" sozialen Bindungen zu Familie, Herkunft und ethnischer Gruppe wird als einsamer, individualisierter Akt dargestellt, der das Subjekt dazu zwingt, im Rahmen seiner Emanzipationsbemühungen (in den meisten Fällen) die *eigenen* nicht-westlichen Wurzeln aufzugeben.

Vor der Negativfolie konservativer Erwartungen seitens der Familie erscheint die breitere „westliche" Umwelt, in der sich die Handlungen abspielen, erwartungsgemäß als gegenüber queeren Lebensstilen und Identitäten progressiv und tolerant eingestellt. In *A Touch of Pink* und *Das Hochzeitsbankett* können die *weißen* westlichen Liebespartner der Hauptpersonen ihr Schwulsein scheinbar mühelos offen ausleben und ihren gefühlsmäßig hin- und hergerissenen Partnern daher eine starke Schulter bieten, an die diese sich anlehnen können und sollen.[6] Auf ähnliche Weise muss auch in Berichten über schwule Türken in Deutschland in den deutschen Massenmedien nicht explizit herausgestellt werden, wie tolerant die aufnehmende Gesellschaft ist: Dies wird automatisch durch den augenscheinlichen Kontrast zu der „traditionellen" Homophobie der Türken vermittelt, die im Mittelpunkt der Berichterstattung steht. Die erhöhte Visibilität des queeren, ethnisierten und individualisierten Subjekts wird gekoppelt mit einer Unsichtbarmachung, da die Geschichte und das Vorkommen gewaltsamer und erzwungener Heteronormativität innerhalb der deutschen Gesellschaft völlig ausgeblendet werden. Genau diese für selbstverständlich gehaltene Toleranz verrichtet dabei die ideologische Arbeit der Invisibilisierung. Gudrun-Axeli Knapp hat sicherlich Recht, wenn sie behauptet, dass die Unsichtbarkeit von Normen als hegemoniale Hervorbringungen nicht nur durch ideologische Arbeit hergestellt wird, sondern auch durch ihre Übersetzung in politisches Handeln und in die Faktizität gesetzlicher Regelungen und Institutionen (vgl. Knapp in diesem Band). Dennoch ist es wichtig zu betonen, auf welche Weise die Politiken dieses mittels öffentlicher Darstellungen in den Massenmedien ausgetragenen Kulturkampfs überhaupt erst die Grundlage für die Übersetzung dieser Normen in konkretes politisches Handeln schaffen. Es gibt in der Tat Hinweise darauf, dass die merkwürdige diskursive Vermischung der Themen Sexualität und Migration in den deutschen Mainstream-Massenmedien „strukturell wirksame" politische Folgen nach sich zieht. Ein Beispiel hierfür ist der deutsche Einbürgerungstest, der die Haltung von Einbürgerungsbewerbern zu männlicher Homosexualität abfragte (Castro Varela und Dhawan 2009: 113 ff.). Die Regulierung von Sexualität, die eng mit normativen Ordnungen in Zusammenhang steht, welche etabliert und sowohl ideologisch als auch institutionell normalisiert werden

---

[6] Solche Darstellungen schreiben die lange Tradition der repräsentativen Figur des *weißen* westlichen Mannes fort, der „orientalischen" Frauen zu Hilfe kommt, wie beispielsweise in dem deutschen Film „Yasemin" (Lutz 1995).

mussten, ist seit jeher ein wichtiges Element moderner staatlicher Praktiken und der Überwachung von Staatsgrenzen.

Queering Migrationsforschung

In fiktionalen Darstellungen queerer Migrationen wird queere grenzüberschreitende Mobilität häufig als individualisierter Akt des Sich-Lösens von repressiven „traditionellen" Gesellschaften geschildert. Auf dieselbe Weise stehen auch in der Mainstreamforschung zu Migration in den wenigen Studien über queere Migrationsbewegungen stets scheinbar individuelle Fluchten vor homophober Unterdrückung im Blickpunkt. Mobilität dieser Art wird dabei – vorrangig, zugleich aber auch peripher – vor allem im Zusammenhang mit Asylfragen thematisiert. Wenn AsylbewerberInnen, die auf der Grundlage ihrer sexuellen Orientierung um Asyl ersuchen, im Rahmen der Forschung Beachtung geschenkt wird, spiegelt dies häufig die Logik von Asylregelungen wider, insofern als AsylbewerberInnen überzeugend darstellen müssen, dass ihnen in ihren „traditionsverhafteten" Herkunftsländern Verfolgung droht. Um als Flüchtlinge anerkannt zu werden, sind sie daher gezwungen, in ihren Erzählungen der Unterdrückung die Kluft zwischen Tradition und Moderne zu perpetuieren (Grewal 2005). Ein(e) queere(r) Asylbewerber(in) erscheint somit stets – und zwangsläufig – als einsame Figur, die den westlichen Staat um wohlwollende Inkorporierung bittet.

Dass es die Migrationsforschung großteils versäumt, Fragen der sexuellen Orientierung auch in anderen Untersuchungsbereichen einzubeziehen, sollte jedoch nicht als Beleg dafür herangezogen werden, dass solche Fragestellungen für diese Forschungsfelder im Allgemeinen irrelevant sind.[7] Im Gegenteil, es muss detailliert untersucht werden, aus welchen Gründen es die Forschung versäumt, sich diesen Fragestellungen zu widmen. Die obigen Ausführungen haben deutlich gezeigt, wie in Migrationserzählungen orientalistische Konstruktionen nichtwestlicher Traditionen sichtbar werden, die als inhärent homophob codiert sind. So werden Märchen über individuelle Befreiung produziert, die ein aufgeklärter westlicher Staat ermöglicht. Mitberücksichtigt werden muss in diesem Zusammenhang jedoch auch, in welchem Maße heteronormative Annahmen und Prinzipien viele der dominanten Forschungsperspektiven innerhalb der Migrationsforschung implizit geprägt haben.

[7] Dies soll jedoch nicht die Bedeutung von Untersuchungen über das Schicksal queerer ImmigrantInnen und AsylbewerberInnen schmälern, die sich in zahlreichen Migrationskontexten einschüchternden Problemen und spezifischen rechtlichen und sozialen Hürden gegenübersehen, bevor ihnen Asyl gewährt wird. Eine Erörterung dieser Hürden in den USA aus einer intersektionellen Perspektive bietet Randazzo (2005).

Wie Martin F. Manalansan (2006) in seiner kritischen Studie zu Sexualität und Genderaspekten in der Migrationsforschung aufgezeigt hat, liefern heterosexuelle Partnerschaften und „biologische“ Elternschaft noch immer die wichtigsten Modelle, auf deren Grundlage Migrantenfamilien, Abstammungsfragen und lokalitätsübergreifende Betreuungsnetzwerke konzeptualisiert werden. Im Zusammenhang mit Theorien zur „Familienzusammenführung“ wird es beispielsweise für selbstverständlich erachtet, dass entweder eine direkte biologische Abstammung oder heterosexuelle eheliche Gemeinschaften legitime Gründe für Mobilität liefern. Bemerkenswert ist auch, dass die dem Mainstream zuzurechnende Migrationsforschung, beispielsweise zu Rücküberweisungen (remittances), zu Generationenwechsel oder zu diasporischen Formationen, sich ebenfalls auf heteronormative Annahmen stützt, wenn es darum geht festzulegen, welche Arten von soziogenetischen Beziehungen und affektiven Bindungen für diese Forschungsschwerpunkte eine Rolle spielen. Wenn man Themen wie Migration und Diaspora unter implizit heteronormativen Gesichtspunkten analysiert, läuft man jedoch Gefahr, unwissentlich geschlechtsspezifische und sexualisierte Annahmen beispielsweise über die Frau als „natürliche Ernährerin“, die Opfer zugunsten ihrer biologischen Angehörigen bringt (ebd.: 239), zu übernehmen und dabei die Rolle anderer Formen der sozialen und affektiven Bindung zu unterschätzen. Somit wird es schwierig, die Wichtigkeit und die Rolle differenter Formen sexuellen Begehrens, nicht-normativer Familienkonstellationen und anderer sozialer Bindungen im Zusammenhang mit Migrationsprozessen angemessen zu berücksichtigen.

Heteronormative und vergeschlechtlichte Annahmen sind nicht nur innerhalb der Migrationsforschung weit verbreitet, sie haben darüber hinaus auch scheinbar neutrale Theorien spürbar geprägt, die die Migrationsforschung auf einflussreiche Weise im Kontext von Globalisierungsprozessen und Formationen der spätkapitalistischen Moderne verorteten. So vertritt beispielsweise Judith Halberstam die These, dass namhafte Theoretiker wie David Harvey, Frederic Jameson und Edward Soja Sexualität als vernachlässigbare Analysekategorie in ihrer Arbeit ausgeblendet hätten, nur um auf diese Weise unbewusst (hetero)normative Hypothesen bezüglich Sexualität und sexueller Orientierung festzuschreiben, etwa in Untersuchungen zur Konstitution von Räumen und Temporalitäten im aktuellen Kontext der Globalisierung (Halberstam 2005: 5). Parallel zu dieser impliziten Heteronormativität werden Sexualität und Fragen der sexuellen Orientierung in diesen Arbeiten in den Bereich des Persönlichen und Lokalen zurückgedrängt, da sie anscheinend für die allgemeine Auseinandersetzung mit Themen wie Globalisierung, transnationalem Kapitalismus und Migrationsbewegungen nicht von Relevanz sind.

Beschränkt man jedoch Sexualitätsthemen auf den Bereich des Persönlichen und Lokalen, verhindert man dadurch eine Untersuchung der Frage, wie Kämpfe um Sexualitäten in unterschiedlichem Maße und lokalitätsübergreifend zu Praktiken des Place-Making und zu Mobilitätsbewegungen beitragen. Dies ist ein entscheidendes Problem für MigrantInnen, deren Fähigkeit zur Aneignung von Räumen häufig von Erfahrungen mit Rassifizierung, Deprivation und erzwungener Migration geprägt und dadurch eingeschränkt ist. Zugleich wird dadurch der Blick verstellt auf einst wegweisende, doch heute fast vergessene Überlegungen im Hinblick auf die Frage, inwieweit Verwandtschaftsbeziehungen und Sexualität zentral für die Herstellung sozialer und wirtschaftlicher Beziehungen sind (Rubin 1975) und inwiefern unterschiedliche Geschlechter-/Genderregime sich auf Migration auswirken oder von Migration beeinflusst werden. Des Weiteren verhindert eine derart eingeschränkte Sichtweise eine Berücksichtigung der Rolle, die der Staat bei der Konstituierung sexueller Identitäten und bei der Regulierung sexueller Praktiken spielt. Grewal und Kaplan formulieren dies in ihrer kritischen Abhandlung zu queerer Sexualitätsforschung wie folgt:

> „Wir möchten festhalten, dass sexuelle Subjekte nicht nur durch Identitätspolitiken oder durch soziale Bewegungen konstituiert werden, sondern durch die Verflechtungen zwischen verschiedenen Institutionen, die im Zuge dieser sozialen Bewegungen entstehen. Wir müssen daher diese Beziehungen und Kreisläufe genau untersuchen, um zu sehen, auf welche Weise Identitäten durch mit dem Staat in Verbindung stehende Institutionen aufrechterhalten oder erst ermöglicht werden. Wir empfinden es als problematisch, dass in zahlreichen Forschungsarbeiten zu sexuellen Identitäten sehr häufig außer Acht gelassen wird, dass der Staat diese Identitäten teilweise mitermöglicht." (Grewal und Kaplan 2001: 672)

Staatliche Interventionen

Michel Foucault wird zugeschrieben, in der Debatte um Sexualität in den 1970er Jahren einen Richtungswandel eingeleitet zu haben, weg von der Vorstellung, dass es sich bei Sexualität um eine Art natürlichen Impuls handle, der sich verschiedenen Arten von repressiven Eingriffen und Verboten ausgesetzt sieht, hin zu der Betrachtung von Diskursen über Sexualität als historisch-spezifische politische Technik, die im modernen europäischen Staat zu einem wesentlichen Element der Macht wurde (Foucault 1977). Nach Foucault bildete Sexualität das Herzstück der Bevölkerungskontrolle, die sich im 18. Jahrhundert zum zentralen Anliegen europäischer Regierungen und Staatsbeamter entwickelt hatte. Diese waren davon überzeugt, dass die Zukunft der Gesellschaft „...nicht nur von der Kopfzahl und Tugend der Bürger, nicht nur von den Regeln ihrer Heirat und Familienorganisation abhängen, sondern von der Art und Weise, wie ein jeder [sic] von seinem Sex Gebrauch macht" (Foucault 1977: 38). Sowohl die Disziplinierung individueller Körper als auch die Regulierung und Kontrolle der Bevölkerung beruhten dabei auf Techniken der Sexualität. Die Geburtenrate, die Lebenserwartung, der Gesundheitszustand und die Fruchtbarkeit stellten Bevölkerungsvariablen dar, die es zu kontrollieren galt, wodurch es für den Staat notwendig wurde, Wissen über das Sexualverhalten und die sexuellen Neigungen seiner BürgerInnen sowohl auf individueller als auch auf kollektiver Basis zu produzieren. Da MigrantInnen und diasporische Gruppen den auf die Sexualität bezogenen Techniken staatlicher Macht nicht ausweichen können, müssen letztere in aktuellen Studien zu grenzüberschreitenden Migrationsbewegungen, Bevölkerungen und Subjekten berücksichtigt werden. Es kann nicht einfach davon ausgegangen werden, dass Techniken dieser Art durch die sich als Folge der Globalisierung abzeichnende Transformation und potenzielle Schwächung der Nationalstaaten an Relevanz verlieren.

In einer wichtigen kritischen Stellungnahme zu Foucault zeigte die Anthropologin Ann Laura Stoler Grenzen seiner Analyse auf und wies darauf hin, dass Foucault nicht bedacht habe, dass eben jene Nationalstaaten, von denen er sprach, zur gleichen Zeit in mehrere verschiedene imperiale Projekte verwickelt waren und dabei Technologien einsetzten, die über den Einflussbereich einer einzelnen Bevölkerung weit hinausgingen (Stoler 1995). Die koloniale Steuerung der Sexualität wurde zu einem wichtigen Schauplatz der Produktion rassifizierter Körper, und Stoler geht davon aus, dass die angeblich triebhaften Energien der „Wilden" bzw. der Kolonisierten in herrschenden westlichen Diskursen über Sexualität als rassifizierte erotische Wissensobjekte fungierten. Die von Stoler formulierte Kritik an Foucault ermöglicht es uns somit, Sexualität und „Rasse" als sozusagen intim miteinander verknüpft zu sehen. Des Weiteren hat Stoler aufgezeigt, dass das Interesse daran, Sexualität zu kontrollieren, historisch weder durch Territorialgrenzen noch durch die Staatsangehörigkeit begrenzt wurde, und dass verschiedene historische Formationen des Rassismus und der kolonialen Eroberung in engem Zusammenhang mit Projektionen und Regulativen in Bezug auf Sexualität standen. In dem in diesem Sammelband enthaltenen Aufsatz von Dubravka Zarkov wird erörtert, inwiefern sich Normen der Heterosexualität, Ethnizität und der hegemonialen Männlichkeit überlagern, wenn es um die Perpetuierung und Darstellung sexueller Gewalt im Kontext der noch nicht lange zurückliegenden Kriege im ehemaligen Jugoslawien geht. Männliche Opfer sexueller Gewalt im Kontext dieser Kriege erscheinen, wenn sie überhaupt repräsentativ „sichtbar" werden, als entmännlicht und auch als ethnisch/national entehrt: Denn Akte sexueller Erniedrigung und Folter zielen darauf ab, die symbolisch männliche Macht des ethnischen/rassifizierten Anderen auszulöschen (Zarkov 2001).

Beide Erkenntnisse bezüglich der Zusammenhänge zwischen Sexualität und „Rasse" sind entscheidend für Überlegungen, inwiefern zwischen MigrantInnen und Diasporakulturen, die sich über diese geopolitischen Grenzen hinweg bewegen und über sie hinweg leben, und normativen und nicht-normativen Formen der Sexualität ein Bezug hergestellt werden kann. Viele MigrantInnengruppen und diasporische Gemeinschaften, vor allem, wenn sie aus kolonialen Projekten heraus entstanden sind, hatten und haben nach wie vor mit rassifizierten Sexualpolitiken zu kämpfen. Kategorien wie „Rasse" oder „Ethnie" wurden und werden benutzt, um potenzielle und faktische ImmigrantInnen differenten Regelungen in Bezug auf Familienzusammenführung, Ehe und moralische Kontrolle zu unterwerfen (Cruz-Malavé und Manalansan 2002). In modernen Immigrationsregimen werden generell heteronormative Maßstäbe bezüglich Sexualität herangezogen, um die Einreise und die Niederlassung von Nicht-StaatsbürgerInnen zu reglementieren (Luibhéid und Cantú 2005). Wer homosexueller oder anderer „perverser" und „unmoralischer" Neigungen verdächtigt wird, ist teilweise explizit von der Möglichkeit der legalen Einwanderung ausgeschlossen (dies war beispielsweise in den USA bis 1990 der Fall). Demgegenüber zählen überall auf der Welt heterosexuelle Ehe- und „Familien"zusammenführungen noch immer zu den meistversprechendsten Wegen einer legalen Einwanderung, wobei „Familie" üblicherweise als die Kerneinheit eines heterosexuellen Paares und dessen biologischer Kinder definiert wird. Die Kontrolle von Einwanderung steht somit in engem Zusammenhang mit staatlichen Projekten zur Steuerung und Reglementierung der normativen Sexualität und des Reproduktionsverhaltens der BürgerInnen (Manalansan 2006).

Aktuelle Studien zu den sich infolge der Globalisierung wandelnden Techniken staatlicher Macht zeigen zwar, dass es nicht mehr möglich ist, von Staaten als einzelnen, einheitlichen Akteuren zu sprechen, die den Willen souveräner Regierungen vertreten und durchsetzen (Burchell et al. 1991). Nationalstaatliche Akteure und suprastaatliche Organe prägen jedoch weiterhin die Konstituierung und Mobilität diasporischer Gruppen, indem sie Immigration und Aufenthaltsvoraussetzungen reglementieren. Ihr Einflussbereich erstreckt sich dabei über geopolitische Grenzen hinweg auch auf Bürger und Staatsangehörige im Ausland. Es kann also nicht davon ausgegangen werden, dass das „Hervorbringen einer Staatsangehörigkeit innerhalb des Prismas der Heterosexualität" (Alexander 2005: 181), das rund um den Globus für zahlreiche staatliche Formationen kennzeichnend ist, an Einfluss verliert, nur weil die betreffenden sozialen Formationen möglicherweise nicht mehr an den souveränen Raum eines einzelnen Nationalstaats gebunden sind. Castro Varela und Dhawan (2009) beschreiben, wie MigrantInnen in Debatten über Integration in Deutschland nur innerhalb heterosexeller Familienstrukturen verortet werden[8]; gleichzeitig zeigt die unterschiedliche Behandlung gleichgeschlechtlicher, eheähnlicher Bindungen in Mitgliedsstaaten der Europäischen Union, dass die Bemühungen um die Schaffung eines einheitlichen europäischen Rechtsraums an Grenzen stoßen. Etwaige Hoffnungen darauf, dass

[8] Gleichzeitig wird jedoch, wie weiter oben beschrieben, eine tolerante Einstellung gegenüber Homosexualität zur Vorbedingung für die deutsche Staatsbürgerschaft gemacht, wie im Einbürgerungstest, den das Land Baden-Württemberg 2006 eingeführt hatte und der ausschließlich für Muslime galt, Castro Varela und Dhawan 2009; Haritaworn et al. 2007.

MigrantInnen sich dem hegemonialen Zugriff der Nationalstaaten entziehen können, verflüchtigen sich darüber hinaus rasch angesichts der deterritorialisierten Macht vieler heutiger Staaten, aber auch angesichts von neokolonialen Projekten, die in Zusammenhang mit den grenzüberschreitenden Interessen multinationaler Konzerne stehen (Basch et al. 1993).

Bindungen an ein ursprüngliches Herkunftsland stellen in vielen Theorien eine Voraussetzung dar, um bestimmte Gruppen als diasporisch zu klassifizieren (Safran 1991). Interessanterweise wurden in der bekanntesten Analyse der Nation als imaginäre Gemeinschaft Fragen der Verwandtschaft und Abstammung im Wesentlichen nur im Hinblick auf den „brüderlichen Geist“ zwischen (männlichen) Angehörigen desselben Staates untersucht (Anderson 1993). In früheren wissenschaftlichen Arbeiten hingegen hatte man bereits erkannt, dass normative Vorstellungen über die heterosexuelle Kernfamilie als Keimzelle der nationalen Gemeinschaft und als vergeschlechtlichter Träger unterschiedlicher Pflichten hinsichtlich deren Wohlergehen und Zukunft, durchaus eine entscheidende Rolle spielen. In seiner Studie zu bürgerlicher Moral und sexuellen Normen im modernen Europa zeigte George L. Mosse (1985) auf, dass heteronormative und androzentrische Vorstellungen von Sexualität ein zentrales Element nationalistischer Ideologien und nationalistischer Politik darstellen, eine These, die feministische TheoretikerInnen im Hinblick auf andere staatliche und imperialistische Projekte in ähnlicher, aber komplexerer Weise ausgeführt haben (Yuval-Davis und Anthias 1989; Mohanty und Alexander 1997; Grewal und Kaplan 1994; Stoler 1995). Es besteht kein Grund zu der Annahme, dass die territorial „zersplitterte“ Diaspora als imaginäre Gemeinschaft ähnliche Konzepte nicht gleichfalls aufrechterhalten würde (Gilroy 2004). Im Gegenteil, die Besorgnis diasporischer Gruppierungen im Zusammenhang mit Themen wie Selbsterhaltung und zeitlicher Kontinuität ist häufig auf die kulturell-biologische Reproduktion fokussiert, und, damit verbunden, auf die vermeintliche Notwendigkeit, Sexualität zu kontrollieren, insbesondere die Sexualitäten (sowohl Praktiken als auch Sehnsüchte und Bedürfnisse) von Frauen.

In einer wachsenden Zahl von Forschungsarbeiten wird, angeregt durch Ansätze der postkolonialen Kritik und der Queer-Theorie, die heteronormative Ausrichtung der Migrationsforschung, aber auch der Forschung über „Rasse“/ Rassifizierung insgesamt in Frage gestellt. So wird beispielsweise in den Arbeiten von Sara Ahmed, Jacqui Alexander, Inderpal Grewal, Caren Kaplan, Encarnación Gutiérrez Rodríguez und anderen aufgezeigt, inwiefern sexuelle Reglementierung und heteronormative Ordnungssysteme wichtige Dimensionen postkolonialer Staatsprojekte darstellen, und es wird beleuchtet, wie sich diese auf marginalisierte Subjektpositionen und -praktiken auswirken (Ahmed et al. 2003; Alexander

2005; Grewal und Kaplan 1994; Gutiérrez Rodríguez und Steyerl 2003).[9] In den Arbeiten engagierter WissenschafterInnen und Intellektueller wie beispielsweise Jin Haritaworn, Tamsila Tauqir, Fatima El-Tayeb und Esra Erdem wird diese kritische Relektüre von postkolonialen, Rassifizierungs- und Gender-Theorien noch um Aspekte der Queer-Theorie und der queeren politischen Praxis erweitert. Sie weisen darin nach, dass es im politischen Repertoire vieler schwuler und queerer AktivistInnen und WissenschaftlerInnen durchaus üblich war und ist, Homophobie mit (westlicher und nicht-westlicher) Tradition zu assoziieren. Außerdem sei diese Gleichsetzung fest in der Sichtweise verwurzelt, dass *weiße*, westliche, männliche, homosexuelle Identitäten überall auf der Welt die Speerspitze sexueller Befreiungskämpfe bildeten (El-Tayeb 2003; Fortier 2002). Haritaworn, Tauquir und Erdem diskutieren in diesem Zusammenhang implizite Formen des Rassismus, die sich in Angriffen *weißer* Queers auf angeblich homophobe Muslime (Immigranten) äußern. Dies rückt sie in die Nähe westlicher neo-imperalistischer Staatsprojekte und rechter Gruppierungen und stellt damit die „Assimilierungserfolge" *weißer* Schwulen und Lesben auf die Grundlage einer zutiefst rassistischen Logik (Haritaworn et al. 2007). Es muss jedoch festgehalten werden, dass es den AutorInnen nicht einfach um eine gruppenbasierte Argumentation über rassistische Politik geht, die damit nun auch von *weißen* Schwulen und Lesben unterstützt wird. Vielmehr zeigen sie auf, dass Sexualität und Geschlecht mittlerweile zu zentralen Schauplätzen islamophober Diskurse in Deutschland und in anderen Ländern geworden sind, wodurch die Geschichte des Sexismus und der Homophobie, aber auch ihr Weiterbestehen als Element der westlichen Moderne, verdrängt und ausgelöscht werden (ebd.: 192).

Wenn Theoriearbeit von einem Erkenntnisinteresse geleitet ist, das darauf abzielt, in Bezug auf kulturelle Politiken Stellung zu beziehen (und dabei nicht nur „der Diskriminierung ein Ende zu setzen" und für ausgleichende Gerechtigkeit zwischen einzelnen Gruppenkategorien zu sorgen, sondern auch die strukturellen Mechanismen zu verändern, die bestimmte Machtrelationen zementieren), ist es nicht immer sinnvoll, zwischen akteursorientierten und gesellschaftsorientierten Theorieansätzen zu unterscheiden und letzteren ein umfassenderes Verstehen von Machtdynamiken und damit einhergehenden (Un)sichtbarkeiten zu unterstellen, wie es Knapp in diesem Band vorschlägt. Die komplexe Geschichte des Feminismus und der antirassistischen Politik legt nahe, dass „AkteurInnen", ihre Bewegungen und Bündnisse entscheidend zur Denaturalisierung und Sichtbarmachung dessen beigetragen haben, was ausgelöscht oder undenkbar gemacht wurde.

---

[9] Wie fast alle dieser WissenschaftlerInnen explizit ausführen, wäre ihre Forschung ohne die bahnbrechende Vorarbeit von TheoretikerInnen und AktivistInnen wie des Combahee River Collective (1982), von Audre Lorde (1983), Gloria Anzaldúa (1987) und anderen nicht denkbar gewesen.

Intersektionen

Im Folgenden will ich auf die minoritäre Überlagerung von sexueller und ethnischer Prekarität zurückzukommen, die im Stück *Jenseits* beispielhaft auf und hinter der Bühne thematisiert wurde. Hierbei lässt sich zeigen, dass die Visibilität von schwulen Türken in Deutschland in diesem Fall dem progressiven Anliegen einer intersektionellen Analyse gerade nicht förderlich war. Stattdessen verhinderte diese effekthascherische Sichtbarkeit praktisch jede kritische Auseinandersetzung mit der historischen und normativen Folie, vor welcher der schwule Türke umso deutlicher hervortrat: das orientalistische Sich-Distanzieren, auf dessen Grundlage sich Deutschland positiv als ein von liberaler Toleranz geprägtes Land abhebt, sowie die normative Einschreibung eines Coming-Out-Prozesses, der das homosexuelle Subjekt dazu zwingt, sich von seiner Verwandtschaft und seinen „Wurzeln" loszusagen, was schließlich in einem Akt individueller, grenzüberschreitender Migration gipfelt. Um eine Denaturalisierung und Visibilisierung dessen, was in diesem Zusammenhang verdrängt oder undenkbar gemacht wurde, zu erreichen, ist es notwendig, bestimmte Sichtbarkeiten zu hinterfragen und zu untersuchen, zu welchem Zweck sie eingesetzt werden.

Zu einem historischen Zeitpunkt, wo mutmaßliche Einstellungen zu Homosexualität im Rahmen staatlicher Ausgrenzungspraktiken als eine Art Lackmustest benutzt werden können, um die „Naturalisierung" muslimischer Einbürgerungswilliger in Deutschland zu verhindern, und zu einem Zeitpunkt, wo diese Einstellungen Teil eines massenmedialen öffentlichen Diskurses werden, der die angebliche Inkompatibilität des Islam mit demokratischen Werten, die zunehmend als „europäisch" und landestypisch reklamiert werden, herausstellen will (Bunzl 2005), müssen die damit einhergehenden Sichtbarkeiten ethnisierter schwuler Männer als paradoxe Subjekte und die Homosexualität als etwas dem Islam Feindliches genau untersucht werden. Zwar mögen einige dieser Subjekte von den Vorteilen eines positiven Rassismus in Deutschland auf individueller Ebene profitieren, wie es Ercan in dem Theaterstück schildert. Ihre plötzliche Sichtbarkeit im Diskurs fördert jedoch nicht nur Islamophobie und ethnisiertes „Othering" auf der Ebene kultureller Gruppenkategorisierungen, sondern trägt auch dazu bei, eine europäische Ordnung zu zementieren, die auf der Ausgrenzung mehrheitlich muslimischer Länder wie beispielsweise der Türkei beruht. Des Weiteren fördert ihre Sichtbarkeit die Verabschiedung von Gesetzen und Vorschriften, die die Möglichkeiten und Formen muslimischer Teilnahme weitgehend einschränken. Die Vorteile eines positiven Rassismus sind somit zwangsläufig politisches Gift, da die Sichtbarkeit, die im Rahmen dieser diskursiven Mobilisierung gewährt wird, oxymoronisch bleibt, als Personen, die es nicht geben dürfte. Es steht einiges auf dem Spiel bei dem Versuch, diesen Fall von intersektioneller Sichtbarkeit zu verstehen.

In diesem Sinne möchte ich abschließend nochmals die Konferenz ins Gedächtnis rufen, die den Anlass zu diesem Sammelband gab. Dabei möchte ich insbesondere noch einmal auf den Vortrag von Kimberlé Crenshaw zu sprechen kommen, deren Forschungsarbeit so entscheidend für die Intersektionalitätsdebatte war. Versuche, die Theoretisierung auf dem Gebiet der Intersektionalität voranzutreiben, nahmen auf der Konferenz in den allgemeinen Diskussionen einen breiten Raum ein, denn Gender-Studien sollten zu Recht für sich beanspruchen können, einen wichtigen theoretischen Beitrag für die wissenschaftliche Forschung geleistet zu haben. Etliche bekannte ForscherInnen auf dem Gebiet der Gender Studies, die an der Konferenz teilnahmen, brachten ihre Ungeduld darüber zum Ausdruck, dass der Theoriebildungsprozess nicht schnell genug voranschreite. Im Gegensatz hierzu lenkte Crenshaw die Aufmerksamkeit auf einen ganz anderen Punkt. Sie erinnerte das Publikum daran, aus welchem ursprünglichen Impuls und aus welcher drängenden politischen Notwendigkeit heraus sie das Konzept der Intersektionalität überhaupt erst entwickelt hatte (nämlich aus der Problematik heraus, konkrete Umstände von Diskriminierung zu analysieren, die nicht ohne die Berücksichtigung der besonderen Überschneidungen der Dimensionen „Rasse" und Geschlecht hätten thematisiert werden können, die einer konkreten arbeitsrechtlichen Klage in den Vereinigten Staaten zugrunde lagen (vgl. Crenshaw in diesem Band). Crenshaw beendete ihren Vortrag schließlich mit den folgenden Worten, in denen durchaus eine leichte Ironie mitschwang: „Intersektionalität ist das, was von Leuten getan wird, die Intersektionalitätsforschung betreiben."[10]

Diese Aussage ist alles andere als eindeutig und selbsterklärend. Was für einen Unterschied macht der Unterschied, fragte Crenshaw, und was setzen wir aufs Spiel bei dem Versuch, Diversität zu verstehen? Was Crenshaw hier implizit und etwas mißbilligend auszudrücken versuchte, war, dass durchaus die Gefahr bestehe, dass die Forschung im Bereich Intersektionalität als bloßes Kapital im Wettkampf um akademische Anerkennung aufgeboten wird und auf diese Weise eben jene Kämpfe um Gleichheit und Gerechtigkeit aus den Augen verliert, die einst ausschlaggebend dafür waren, dass das Konzept der Intersektionalität überhaupt entwickelt wurde. Ihre Worte sollten uns als wichtige Mahnung dienen, dass Konzepte wie auch das der Intersektionalität Instrumente sind, mit deren Hilfe wir etwas (durch)denken können, dass sie dazu da sind, eine bestimmte Arbeit zu leisten, und dass wir uns darüber im Klaren sein sollten, was wir mit ihr beabsichtigen.

übersetzt von Katrin Behringer

[10] Im Original: „Intersectionality is what is done by people who are doing the doing." (Anm. d. Ü.)

Literatur

Ahmed, Sarah; Castaneda, Claudia und Anne-Marie Fortie (Hrsg.) (2003): Uprootings/ Regroundings: Questions of Home and Migration. Oxford: Berg.

Alexander, Jacqui M. (2005): Pedagogies of Crossing: Meditations on Feminism, Sexual Politics, Memory, and the Sacred. Durham und London: Duke University Press.

Anderson, Benedict (1993): Imagined Communities: Reflections on the Origin and Spread of Nationalism (2. überarbeitete Ausgabe). London: Verso.

Anthias, Floya (2001): The material and the symbolic in theorizing social stratification: issues of gender, ethnicity and class. In: *British Journal of Sociology* 52, 367–390.

Anzaldúa, Gloria (1987): La Frontera – Borderlands. San Francisco: aunt lute books.

Basch, Linda; Basch, Landa und Nina Glick Schiller (1993): Nations Unbound: Transnational Projects, Postcolonial Predicaments, and Deterritorialized Nation-States. New York und London: Routledge und Curzon.

Bunzl, Matti (2005): Between Anti-Semitism and Islamophobia: Some Thoughts on the New Europe. In: *American Ethnologist* 32(4), 499–508.

Burchell, Graham; Colin, Gordon und Peter Miller (Hrsg.) (1991): The Foucault Effect. Studies in Governmentality. Chicago: University of Chicago Press.

Castro Varela, María do Mar und Nikita Dhawan (2005): Spiel mit dem ‚Feuer' – Post/ Kolonialismus und Heteronormativität. In: *Femina Politica* 1, 47–59.

Castro Varela, María do Mar und Nikita Dhawan (2009): Queer mobil? Heteronormativität und Migrationsforschung. In: Lutz, H. (Hrsg.): Gender Mobil? Geschlecht und Migration in Transnationalen Räumen. Münster: Westfälisches Dampfboot, 102–121.

Combahee River Collective (1983) (erstmals 1977 erschienen): A Black Feminist Statement. In: Moraga, C. und G. Anza ldúa (Hrsg.): This Bridge Called my Back. Writings by Radical Women of Color. New York: Kitchen Table Press, 210–218.

Crenshaw, Kimberlé W. (1989): Demarginalizing the Intersection of Race and Sex. A Black Feminist Critique of Anitdiscrimination Doctrine, Feminist Theory, and Antiracist Politics. In: *Chicago legal forum*, 139–167.

Cruz-Malavé, Arnaldo und Martin F. Manalansan (Hrsg.) (2002): Queer Globalizations: Citizenship and the Afterlife of Colonialism. New York und London: New York University Press.

Donato, Katharine M. (2006): A glass half full? Gender in migration studies. In: *International Migration Review* 40(1), 3–26.

El-Tayeb, Fatima (2003): Begrenzte Horizonte. Queer Identity in der Festung Europa. In: Steyerl, H. und E. G. Rodriguez (Hrsg.): Spricht die Subalterne Deutsch? Migration und Postkoloniale Kritik. Münster: Unrast, 129–145.

Erel, Umut; Haritaworn, Jinthana; Gutiérrez Rodríguez, Encarnación und Christian Klesse (2007): Intersektionalität oder Simultaneität?! Zur Verschränkung und Gleichzeitigkeit mehrfacher Machtverhältnisse. Eine Einführung. In: Hartmann, J.; Klesse, C.; Wagenknecht, P.; Fritzsche, B. und K. Hackmann (Hrsg.): Heteronormativität. Empirische Studien zu Geschlecht, Sexualität und Macht. Wiesbaden: VS, 239–250.

Fortier, Ann-Marie (2002): Queer Diasporas. In: Richardson, D. und S. Seidman (Hrsg.): Handbook of Lesbian and Gay Studies. London: Sage, 183–197.

Foucault, Michael (1977): Sexualität und Wahrheit. Erster Band: Der Wille zum Wissen. Frankfurt a. M.: Suhrkamp.

Gilroy, Paul (2004): It's a Family Affair. In: Forman, M. und M. Neal (Hrsg.): That's the Joint! The Hip-Hop Studies Reader. London: Routledge, 87–94.

Gopinath, Gayatri (2002): Local Sites, Global Contexts: The Transnational Trajectories of Deepa Mehta's Fire. In: Cruz Malave A. und M. Manalansan (Hrsg.): Queer Globalizations: Citizenship, Sexualities and the Afterlife of Colonialism. New York: University Press, 149–161.

Grewal, Inderpal und Caren Kaplan (Hrsg.) (1994): Scattered Hegemonies: Postmodernity and Transnational Feminist Practices. Minneapolis: University of Minnessota Press.

Grewal, Inderpal und Caren Kaplan (2001): Global Identities: Theorizing Transnational Studies of Sexuality. In: *GLQ*: *A Journal of Lesbian and Gay Studies* 7(4), 663–679.

Grewal, Inderpal (2005): Transnational America: feminisms, diasporas, neoliberalisms. Durham: Duke University Press.

Halberstam, Judith (2005): In a Queer Time and Place: Transgender Bodies, Subcultural Lives. New York: New York University Press.

Haritaworn, Jin; Tauqir, Tamsila und Esra Erdem (2007): Queer-Imperialismus: Eine Intervention in die Debatte über ‚muslimische Homophobie'. In: Ha, K.-N. et al. (Hrsg.): re/visionen. Postkoloniale Perspektiven von People of Color auf Rassismus, Kulturpolitik und Widerstand in Deutschland. Münster: Unrast, 187–205.

Hull, Gloria; Bell-Scott, Patricia und Barbara Smith (Hrsg.) (1982): All the Women are White, all the Blacks are Men, but Some of Us are Brave, New York: Feminist Press.

Klinger, Claudia (2003): Ungleichheit in den Verhältnissen von Klasse, Rasse und Geschlecht. In: Knapp, G.-A. und A. Wetterer (Hrsg.): Achsen der Differenz. Gesellschaftstheorie und feministische Kritik II. Münster: Westfälisches Dampfboot, 14–48.

Knapp, Gudrun-Axeli (2005): Intersectionality – ein neues Paradigma feministischer Theorie? Zur transatlantischen Reise von „Race, Class, Gender". In: *Feministische Studien* 23, 68–81.

Kofman, Eleonore (1999): Female ‚birds of passage' a decade later: gender and immigration in the European Union. In: *International Migration Review* 33(2), 269–299.

Lorde, Audre (1983). The Master's Tools will never dismantle the Master's House. In: Moraga, C. und G. Anzaldúa (Hrsg.): This Bridge Called my Back. Writings by Radical Women of Color. New York: Kitchen Table Press, 94–101.

Luibhéid, Eithne und Lionel Cantú (Hrsg.) (2005): Queer Migrations: Sexuality, U. S. Citizenship, and Border Crossings. Minneapolis: University of Minnesota Press.

Lutz, Helma (1995): Ist Kultur Schicksal? Über die gesellschaftliche Konstruktion von Kultur und Migration. In: Karpf, E. et al. (Hrsg.): Getürkte Bilder. Zur Inszenierung von Fremden im Film. Marburg: Schüren (Arnoldshainer Filmgespräche, Band 12), 77–98.

Lutz, Helma und Norbert Wenning (2001): Differenzen über Differenz – Einführung in die Debatten. In: dies. (Hrsg.): Unterschiedlich verschieden. Differenz in der Erziehungswissenschaft. Opladen: Leske und Budrich, 11–24.

Manalansan, Martin F. (2006): Queer Intersections: Sexuality and Gender in Migration Studies. In: *International Migration Review* 40(1), 224–249.
Mohanty, Chandra T. und Jacqui M. Alexander (Hrsg.) (1997). Feminist Genealogies, Colonial Legacies, Democratic Futures. New York: Routledge.
Morokvasic, Mirjana (1984): Birds of Passage are also Women. In: *International Migration Review* 18(4), 886–907.
Mosse, George (1985): Nationalism and Sexuality: Middle-Class Morality and Sexual Norms in Modern Europe. Wisconsin: University of Wisconsin Press.
Randazzo, Timothy (2005): Social and legal barriers: sexual orientation and asylum in the United States. In: Luibhéid, E. und L. Cantú (Hrsg.): Queer Migrations: Sexuality, U. S. Citizenship, and Border Crossings. Minneapolis: University of Minnesota Press, 30–60.
Rubin, Gayle (1975): The traffic in women: notes on the ‚political economy' of sex. In: Reiter, R. (Hrsg.): Toward an Anthropology of Women. New York: Monthly Review Press.
Safran, William (1991): Diasporas in modern societies: myths of homeland and return. In: *Diaspora* 1(1), 83–99.
Stoler, Ann (1995): Race and the Education of Desire. Foucault's History of Sexuality and the Colonial Order of Things. Durham: Duke University Press.
Yuval-Davis, Nira and Floya Anthias (Hrsg.) (1989): Woman-Nation-State. Basingstoke: Palgrave Macmillan.
Zarkov, Dubravka (2001): The body of the other man: sexual violence and the construction of masculinity, sexuality and ethnicity in Croatian media. In: Moser, C. und F. Clark (Hrsg.): Victims, Perpetrators or Actors? Gender, Armed Conflict and Political Violence. London: Zed Books, 69–82.

Psychosoziale Intersektionen: Zur Kontextualisierung von Lebenserzählungen Erwachsener aus ethnisch sichtbar differenten Haushalten

Ann Phoenix

Intersektionalität ist ein ,Bottom-up'-Konzept, das aus der Beobachtung und Analyse alltäglicher Praktiken und sozialer Positionierungen und nicht ,Top-down' von einer einzelnen Fachdisziplin oder von einem(r) TheoretikerIn entwickelt wurde. So beruhte das häufig zitierte Manifest des schwarzen lesbischen Combahee River Collective von 1977 auf den Erfahrungen schwarzer Frauen (zu denen ja die Autorinnen selbst zählten) mit schwarzen Männern und weißen Frauen. Es ging von einer Analyse dieser Erfahrungen und vom politischen Widerstand gegen das Schweigen und die Unsichtbarkeit aus, die aus einer geschlechtsspezifischen und rassifizierten sozialen Positionierung entstehen konnten, und es wurde im Rahmen dieses Widerstands verfasst. Zwar erhielt das Konzept Intersektionalität seinen Namen infolge von Beobachtungen in der Rechtswissenschaft (Crenshaw in diesem Band). Es erwies sich aber rasch als so hilfreich für das Verständnis der Komplexität des Alltags, dass es von vielen Disziplinen übernommen und an diese angepasst wurde. Diese transdisziplinäre Zugänglichkeit rührt teilweise auch daher, dass das Konzept etwas einfing, was „in der Luft lag" (Lutz 2009). Es benannte und beleuchtete eine Perspektive, die einen Ausweg eröffnete aus langjährigen politischen Debatten über die (De)Rassifizierung der Kategorie Frau und über die Unsichtbarkeit von Lesben und Frauen aus der Arbeiterklasse in frühen feministischen Arbeiten der „zweiten Welle" (Lykke 2005).

Es gehört zu den größten Verdiensten der intersektionellen Analyse, dass die Art und Weise, in der Menschen gleichzeitig in multiplen Kategorien positioniert werden, heute allgemein als wissenschaftlich bedeutsam anerkannt wird. Intersektionalität ermöglicht eine Theoriebildung und Analyse, die nicht-essentialistisch ist und die Komplexität des alltäglichen Lebens reflektiert; sie reduziert dieses Leben nicht auf einzelne analytische Kategorien, die die Komplexität von Gemeinsamkeiten und Unterschieden sozialer Positionierung und Erfahrung verdecken. Wie dies konkret am besten bewerkstelligt werden kann, bleibt allerdings offen und ist Gegenstand von Debatten. Unter den immer zahlreicheren Arbeiten über und auf der Grundlage von Intersektionalität finden sich in den letzten Jahren auch meta-theoretische Analysen, die auf die besondere Nützlichkeit des Konzepts in der Analyse des Alltagslebens und alltäglicher Praktiken verweisen und daraus seine transdisziplinäre Anziehungskraft erklären (z. B. Buitelaar 2006; Ludvig 2006; Prins 2006; Taylor 2009).

Der vorliegende Beitrag verwendet Intersektionalität als epistemologisches und ontologisches Instrument. Es werden lebensgeschichtliche Interviews aus einer Studie über Erwachsene analysiert, die auf „nicht-normative" Kindheitserfahrungen zurückblicken. Diese Erfahrungen sind dadurch geprägt, dass die GesprächspartnerInnen in Haushalten aufwuchsen, die ethnisch sichtbar different waren. Die Untersuchung der Komplexität des transnationalen Familienlebens und der Erfahrungen der vier GesprächspartnerInnen wird intersektionell vorgenommen. Es wird gezeigt, dass eine psychosoziale intersektionelle Analyse mehrere Ebenen in den Blick nimmt und in der Lage ist, die situative, kontingente Natur von (rekonstruierten) Erfahrungen und Identitäten zu erhellen sowie Individuen innerhalb der jeweiligen sozialen Kontexte, die sie verhandeln, verstehbar zu machen.

Intersektionalität als Instrument für Mehrebenenanalyse

Die Frage, die den Kern des Konzepts Intersektionalität ausmacht – wie Differenz eigentlich analysiert und verstanden werden kann – ist kompliziert und verwirrend. Wegen ihres Anspruchs, mehrere Kategorien gleichzeitig im Blick zu behalten, setzt sich Intersektionalität mitunter der Kritik aus, alle Differenzen als äquivalent und daher austauschbar zu behandeln, obwohl diese unterschiedlichen Logiken folgen und auf unterschiedlichen Ebenen wirksam sind (Verloo 2006; Yuval-Davis 2006). Folglich wird Intersektionalität angewendet, um damit unterschiedliche, inkohärente theoretische Probleme zu thematisieren (Choo und Ferree 2010). Dies kann kaum überraschen: Der Versuch, die Intersektion unterschiedlicher sozialer Strukturen zu analysieren und dabei zu berücksichtigen, dass die jeweiligen Ebenen sich gegenseitig durchdringen, ohne dabei austauschbar zu sein, ist ein äußerst komplexes Unterfangen. Nicola Beisel und Tamara Kay (2005) haben aber eine Möglichkeit aufgezeigt, Kategorien mit je unterschiedlichen Logiken intersektionell zu analysieren: Sie argumentieren, dass soziale Strukturen kulturelle Ressourcen beinhalten und daher gleichzeitig kulturell und materiell (und damit auf mehreren Ebenen angesiedelt) sind. Dies bedeutet auch, dass sich Menschen in ihren alltäglichen kulturellen Praktiken an der Reproduktion rassifizierter Strukturen beteiligen, dass sie sich diesen widersetzen oder diese transformieren (Bourdieu 1984). Intersektionalitätsanalysen stimmen mit Beisels und Kays (2005) Argument überein, dass es notwendig ist, sich mit der Komplexität gleichzeitig vordergründiger Strukturen auseinanderzusetzen, und diese als offen für Veränderungen und moduliert durch Kultur zu betrachten. Intersektionelle Analysen sind in der Lage, dieser Aufgabe gerecht zu werden und leisten damit einen doppelten Beitrag: Erstens ist die Analyse jeder Ebene, sei es des Makro- oder des Mikrosozialen, hilfreich für die Kontextualisierung der anderen Ebenen. Diese Fähigkeit zur Mehrebenenanalyse wird in Studien veranschaulicht, die situative Mikroanalysen alltäglicher Praktiken und identitärer Narrative anwenden. So zeigt beispielsweise Marjo Buitelaars (2006) Analyse der Erzählung einer niederländischen muslimischen Politikerin, dass die Art, wie sie in ihren Narrativen intersektionelle „Ich"-Stimmen orchestriert, gleichzeitig Einblicke in ihre soziale Positionierung und in ihre Identitäten gewährt. Ähnliche Prozesse werden in Gail Lewis' (2009) Analyse einer Forschungsbegegnung sichtbar: Sie begegnet als schwarze Forscherin einer weißen Sozialarbeitsmanagerin, deren rassistische Äußerungen in ihr Zorn, den Wunsch nach Rache und Hass hervorrufen. Lewis kontextualisiert ihre Analyse, indem sie die intersektionelle soziale Positionierung seitens der Managerin sowie die nuancierten und sich verschiebenden Machtverhältnisse untersucht, in denen sie positioniert wird und in denen sie sich selbst als Akteurin positioniert. Kathy Davis (2007) diskutiert an einem anderen Beispiel, der Analyse der weltweiten Rezeption des feministischen Gesundheitshandbuchs „Our Bodies Ourselves" [dt. Ausgabe: Unser Körper, unser Leben, Anm. d. Ü.] die multiplen Ebenen, auf denen das Buch wahrgenommen wird: Sie betrachtet sowohl seine Rezeption im Rahmen kultureller und transnationaler epistemologischer Strömungen als auch seine emotionale Wirkung. In ähnlicher Weise können quantitative intersektionelle Analysen wandelbare Konstellationen von Gemeinsamkeiten und Differenzen beleuchten – und damit auch verschiedene Möglichkeiten subjektiver Positionierung. Intersektionalität passt daher ausgezeichnet zur psychosozialen Analyse, weil sie sowohl psychologische als auch soziale Aspekte kontextualisiert.

Zweitens ist Intersektionalität gleichzeitig epistemologisch und ontologisch. Sie ist eine soziale Theorie des Wissens, da sie davon ausgeht, dass der Begriff des Wissens situativ und insofern notwendigerweise differenziert ist, als Menschen differierende soziale Positionen einnehmen. Gleichzeitig unterliegt Wissen notwendigerweise einem Wandel, da Menschen immer multiple soziale Positionen einnehmen, die sich wiederum mit der Zeit und in Abhängigkeit von den Umständen ändern. Wissen ist daher immer nur partiell, dynamisch und Gegenstand des Wechselspiels von Machtbeziehungen. Eine solche Epistemologie konstruiert ontologische Subjekte als multipel, als konstruiert durch Differenz, als komplex und nicht-essentialistisch und daher als wandelbar. Diese Sichtweisen von Wissen als partiell, dynamisch und situativ und vom Sein als multipel, komplex und prozessual sind für Intersektionalität von zentraler Bedeutung und stimmen mit vielen neueren Theorien über Identitäten und soziale Rollen überein. Das bedeutet allerdings nicht, dass alle, die sich der Intersektionalität verschrieben haben, sich darüber einig wären, wie partielles und situatives Wissen und Sein zu konzeptualisieren ist. So gibt es beispielsweise einen potentiellen Widerspruch zwischen Konstruktionen von Differenz, die partikulare Differenzen zum Fokus von Identität machen und solchen, die politische Forderungen auf der Basis kategorischer Gleichheit (‚wir') ablehnen (Gressgård 2008; Knapp 2005; Prins 2006). Die Spannung zwischen Standpunkt-Epistemologien, die Wissen bevorzugen, das aus ontologischer Erfahrung konstruiert wird, und der Dekonstruktion kategorialen Denkens ermöglicht eine Mehrebenenanalyse: Sie verlangt sowohl, sich auf die Perspektiven der Menschen selbst und auf soziale Kategorien mit ihren verschiedenen Ebenen zu konzentrieren, als auch die Angemessenheit von Kategorien in bestimmten Kontexten in Frage zu stellen.

Der Erkenntniswert einer intersektionellen Analyse empirischer Forschung bedeutet auch, dass diejenigen, die auf Intersektionalität verzichten, andere Konzeptualisierungen finden müssen, die ähnliches leisten können. Ivy Ken (2008: 152) beispielsweise versucht, „eine neue Bildsprache zu artikulieren – über die Metapher ‚Zucker' […] [um deutlich zu machen], wie ‚Rasse', Klasse und Geschlecht produziert, verwendet, erfahren und in unseren menschlichen und institutionellen Körpern verarbeitet werden. Diese Metapher ermöglicht es uns, die beteiligten strukturellen und individuellen Kräfte in ihrer andauernden, wechselseitigen Konstituierung herauszuarbeiten." Kens Fokus liegt auf der Frage, wie miteinander in Wechselwirkung stehende Kräfte in bestimmten Kontexten Prozesse transformieren, die tiefer greifen als dies im Rahmen des Konzepts Intersektionalität fassbar wäre. Ihre Analogie zum Anbau von Zuckerrohr und dem folgenden Verzehr von Zucker soll die zahlreichen und beträchtlichen Transformationen erfassen, die in den Produktionsprozessen und -beziehungen (einschließlich Rassifizierung, Postkolonialismus und Gender) sowie ihrer Aufnahme und Einverleibung in den Körper vorkommen. Kens erweiterte Metapher der Produktion, des Verkaufs und Verzehrs von Zucker ist dort überzeugend, wo sie den Begriff Intersektion als Bezeichnung für bloße Treff- und Übergangspunkte ablehnt. Sie büßt aber insofern einiges an Flexibilität ein, als Zucker, der beispielsweise in Kuchen verbacken wird, nicht umkehrbar, trennbar oder ohne Zerstörung in etwas Neues umwandelbar ist. Es hat bereits früher teilweise vergleichbare Metaphern gegeben, die das gleiche leisten sollten wie Kens Zucker-Analogie. So hat beispielsweise Maria Lugones (1994) vom Trennen von Eiern gesprochen, von ihrer folgenden Vermischung mit Öl zur Herstellung von Mayonnaise, die jederzeit unerwartet gerinnen kann. Eine ganz andere Formulierungsstrategie hat Floya Anthias (2008) entwickelt: Sie bevorzugt den Begriff „translokationale Positionalität", um vorgegebene Begriffe wie „Gruppen" oder „Kategorien" – Geschlecht, Ethnizität und Klasse – vermeiden zu können. Sie behandelt Intersektionen statt dessen als fließend, widersprüchlich und gebunden an soziale Orte und Prozesse, die weiter gefasst sind als die sozialen Kategorien, die üblicherweise intersektionell analysiert werden. Anthias lässt dabei aber keinen Zweifel daran, dass sie einen intersektionellen Fokus bewahren will.

Im Folgenden wird eine intersektionelle und psychosoziale Herangehensweise verwendet, um Erzählungen von Erwachsenen zu analysieren, die als Kinder einige Zeit in ‚nicht-normativen' Familiensituationen gelebt haben. Diese wurden durch transnationale Migration (nicht unbedingt der GesprächspartnerInnen selbst) konstituiert. Darin wird der Frage nachgegangen, ob eine intersektionelle Analyse der häufig geäußerten Kritik standhalten kann, sie sei nicht in der Lage, die unauflösbare Verbindung individueller und sozialer Prozesse zu beleuchten, d. h. eine Mehrebenenanalyse zu leisten. Die Analyse zeigt auf, in welcher Weise Erfahrungen und Identitäten situativ, kontingent und lokalisiert sind (Anthias 2009; Prins 2006; Staunaes 2003).

Die Studie

Die im Folgenden analysierten narrativen Interviews stammen aus einer Forschung, die durch ein ‚Professorial Fellowship' des britischen Rats für Ökonomische und Soziale Studien unter dem Titel „Transformierende Erfahrungen. Zur Rekonzeptualisierung von Identität und ‚nicht-normativer' Kindheit"[1] finanziert und durchgeführt wurde: Das Projekt beschäftigte sich mit der Frage, wie Erwachsene mit unterschiedlichem familiärem Hintergrund ihre früheren Erfahrungen im Laufe der Zeit neu bewerten. Es zielt darauf ab, zu verstehen, welche Faktoren Menschen zu Erwachsenen werden lassen, die ein ‚normales' Leben führen, obwohl ihre Kindheitserfahrungen wenig Aufmerksamkeit und häufig keine Anerkennung erfuhren, da sie nicht den erwarteten Mustern entsprachen. Es konzentrierte sich auf Erwachsene aus unterschiedlichen ethnisierten Gruppen, die in drei Arten von ‚nicht-normativen' Kontexten aufwuchsen: 1. Kettenmigration, bei der die Erwachsenen als Kinder aus der Karibik nach Großbritannien zu ihren Eltern kamen (N = 53); 2. Erwachsene, die in ethnisch sichtbar differenten Familien aufwuchsen (N = 41); 3. „SprachvermittlerInnen", die als Kinder mitunter für ihre Eltern gedolmetscht und/oder übersetzt hatten (N = 40). Bei den Gruppen 2 und 3 wurden einige TeilnehmerInnen außerhalb Großbritanniens in Australien, Italien, Schweden und den USA interviewt. Nachdem alle individuellen Interviews abgeschlossen waren, wurden die Teilnehmer zu Feedback-Treffen der Gruppen eingeladen, innerhalb derer sie für die Studie rekrutiert worden waren. Nach einer Präsentation der ersten Analysen wurden die Diskussionen von sieben Fokusgruppeninterviews aufgezeichnet. Der vorliegende Beitrag konzentriert sich auf einen Teil der Studie: Erwachsene, die in Haushalten aufwuchsen, in denen sie sichtbar ethnisch different waren.

---

[1] ESRC Professorial Fellowship, Bewilligungsnummer: RES-051-27-0181. Ann Phoenix war Projektleiterin, Elaine Bauer und Stephanie Davis-Gill waren wissenschaftliche Mitarbeiterinnen in diesem Projekt.

Die Interviews wurden thematisch analysiert, um einen Überblick über die Ergebnisse zu gewinnen. Sie wurden dann für eine detaillierte narrative Analyse hinsichtlich der Themen selektiert, die jeweils in ihnen aufgeworfen wurden, und häufig gemeinschaftlich im Projektteam sowie manchmal gemeinsam mit anderen Forschungsgruppen besprochen. Die narrative Analyse ist für die Untersuchung nicht-normativer Lebensläufe besonders geeignet: Narrative sind so allgegenwärtig, dass die Bedeutung des Geschichtenerzählens schon in der Poetik des Aristoteles betont wird und der Mensch an sich bereits als ‚homo narrans', als geschichtenerzählendes Wesen, bezeichnet wurde (Brunner 1991; Fisher 1987; MacIntyre 1984). Es ist daher mehr als wahrscheinlich, dass Narrative als Erzählung über das Selbst gerade dann entwickelt werden, wenn der Lebenslauf „gebrochen" ist (Riessmann 2002, 2008). Die narrative Analyse gewährt außerdem Einblicke in die Kultur und ermöglicht auf diese Weise eine Betrachtung der kanonischen Narrative darüber, wie das Leben innerhalb dieser Kultur gelebt werden sollte (Brunner 1990), sowie der narrativen Identitäten, die für eine Generation normativ sind (McAdams 2006). Narrative Analyse ist bereits in mehreren Forschungsarbeiten, die sich intersektionellen Analysen widmen, erfolgreich verwendet worden (siehe beispielsweise Buitelaar 2006; Dahl 2009; Hernández 2008; Ludvig 2006; Prins 2006).

Intersektionelle und Mehrebenenanalyse von Brüchen [disjunctions] veränderlicher, situierter Identitäten

Während der letzten beiden Jahrzehnte ist „gemischte Herkunft" [*mixed parentage*] in zunehmendem Maße als spezifische Identität anerkannt und untersucht worden (z. B. Ali 2003; Caballero et al. 2008; Ifekwunigwe 2004; Song 2009). Einige Arbeiten über „gemischte Herkunft" thematisieren, dass Kinder der gleichen Eltern eine je andere Hautfarbe haben können, oder erwähnen es zumindestens (England 2009). Julie Cunningham (1997) hat festgestellt, dass „Colorism" eine starke Wirkung auf die elf „hellhäutigen Schwarzen" im Alter von 21 bis 59 hatte, die sie in den USA interviewt hat; bei allen waren beide Elternteile Afroamerikaner. Sie stellte fest, dass mehrere GesprächspartnerInnen erzählten, dass ihren Familien Menschen mit höchst unterschiedlicher Hautfarbe angehörten. Viele berichteten von einer wegen ihrer Hautfarbe problematischen Adoleszenz, weil andere Menschen unsicher waren, wer sie seien, und weil manche Familienmitglieder sie nicht akzeptierten. Ähnliche Erfahrungen werden in den Massenmedien kolportiert. So erzählte die kanadische Schauspielerin und Sängerin Gloria Reuben, ihre Geschwister hätten „alle denkbaren Schattierungen" gehabt, was es schwierig gemacht habe, in London, Ontario – einer weitgehend segregierten, konservativen Gegend – aufzuwachsen. Wir wissen jedoch wenig darüber, was es bedeutet, in einem sichtbar gemischten Haushalt aufzuwachsen – über eine Erfahrung also, die Kindern aller ethnisierten/

rassifizierten Gruppen in zunehmendem Maße zuteil wird. Unsere Studie über Erwachsene, die in ethnisch sichtbar differenten Haushalten aufgewachsen waren, zielte darauf ab, diese Erfahrungen zu verstehen. Die meisten Angehörigen der untersuchten Gruppe waren von gemischter Herkunft und wiesen eine Vielfalt ethnisierter und rassifizierter Hintergründe auf (32 von 41). Neun TeilnehmerInnen hatten entweder zwei schwarze oder zwei weiße leibliche Elternteile und hatten eine gewisse Zeit in Pflege-, Adoptiv- oder Stieffamilien verbracht, oder sie hatten Eltern gleicher Hautfarbe, wichen aber äußerlich so stark vom Erscheinungsbild ihrer Geschwister ab, dass dies während ihrer Kindheit kommentiert worden war.

Die TeilnehmerInnen dieser Studie erzählten in aller Regel Geschichten darüber, wie sie durch Erlebnisse, bei denen sie unter verschiedenen Begleitumständen anders als ihre Familienmitglieder positioniert wurden, zu begreifen lernten, wie andere sie sahen. Diese Erfahrungen waren situationsabhängig und beinhalteten häufig Brüche. Diese führten dazu, dass sie Identitäten entwickelten, mit deren Hilfe sie die relationale Spezifik ihrer Positionierung und die dabei beteiligten Machtbeziehungen verstehen konnten. Im Allgemeinen erzählten sie von einem Prozess, in dessen Verlauf sie allmählich ihre rassifizierte/ethnisierte/chromatische Positionierung erkannten – und gleichzeitig ihre Haushalte und Familien als ungewöhnlich betrachteten, weil diese ethnisch sichtbar anders waren. Im Folgenden werden aus vier Interviews Beispiele angeführt, mit denen sich der Nutzen des Konzepts Intersektionalität bei der Analyse solcher Probleme illustrieren lässt. Die folgenden Zitate wurden transkribiert, um einige paralinguale Eigenheiten und Wiederholungen usw. wiedergeben zu können, die für eine Analyse von Emotionen, sprachlicher Gewandtheit oder deren Fehlen bedeutsam sind.[2]

Die Verhandlung disjunktiver situativer Identitäten

‚Isaacs' Erzählung veranschaulicht, wie das Aufwachsen in zwei verschiedenen, ethnisch unterschiedlichen Haushalten Identitäten produzierte, die auf verwickelte und komplexe Weise intersektionell waren.

[2] **Transkriptionskonventionen:**
... bedeutet Auslassung
Unterstreichung bedeutet lauteres Sprechen
Kursivsetzung bedeutet Betonung
(Text in Klammern) bedeutet ein Ersetzen des tatsächlich Gesprochenen
[Text in eckigen Klammern] bezeichnet eine Erläuterung durch die Autorin
(.) bezeichnet eine Pause von weniger als zwei Sekunden
Alle genannten Namen der TeilnehmerInnen sind Pseudonyme.

„... Also ich, einer der stärksten Teile meiner Identität, würde ich sagen, ist, ich – ich denke, ich bin in einem mehrheitlich weißen Arbeiterklasse-Milieu sozialisiert worden, also identifiziere ich mich stark mit weißen Arbeiterklasse-Jungs aus diesem Milieu. Allerdings wenn ich außerhalb von (Viertel in Manchester) bin, denken die Leute, ich sei, weil ich bin *mixed race* und ich sah *mixed race* aus. Die Leute sehen mich nicht automatisch als jemanden, der mit der weißen Arbeiterklasse-Seite meiner kulturellen Identität verbunden ist, die für mich stärker ist als meine *mixed race*-Identität. Weil das etwas ist, mit dem ich mehr gelebt habe und, glaube ich, etwas, um das herum ich meine Identität aufgebaut habe. Und als ich älter wurde, habe ich weitere Dinge zu mir hinzugefügt, aber mein Kern ist eben das...
... Was ich irgendwann getan habe war, Meinungen von Anderen über meine Identität zu verinnerlichen. Und das habe ich über die anderen Erwachsenen in meinem Umfeld gelernt, innerhalb der erweiterten weißen Familie und auch innerhalb meiner jamaikanischen Familie. Ich war nie schwarz genug, um schwarz zu sein oder weiß genug, um weiß zu sein, und immer wenn ein Problem oder eine Diskussion in Bezug auf gemischte Identität aufkam, sagten die Leute, ach, hör auf, Dich zu was Besonderem zu machen, hör auf (.) davon zu reden. Die wischten das weg. Das heißt, ich musste irgendwie alles verschwinden lassen, was vor einem weißen Hintergrund äußerlich auffällig war. Also wenn ich übers Wochenende bei meinem Vater gewesen war, musste ich möglichst wenig jamaikanisches Patois sprechen, oder meine Art zu gehen ändern oder die Art, wie ich mich bewegte, weil ich ganz offensichtlich bei meinem Vater eine Art Verhaltensidentität suchte. Wenn ich mit diesem Verhalten zu meiner Mutter zurückkam, runzelte sie immer die Stirn, aber ich bin mir sicher, dass das nicht bewusst war, ich denke, das war ein ganz unbewusstes Ding, denn viele aus meiner Familie verstanden meine Erfahrungen innerhalb meiner jamaikanischen Familie nicht, also außerhalb von ihnen. Ich hatte also eine absolut total andere Erfahrung an den Wochenenden mit meinem Vater als mit meinen anderen weißen Brüdern, wenn ich zurückkam. (.) Na ja, das ist schon faszinierend zu sehen, wie ich irgendwie diese ganzen Erfahrungen aufgesaugt habe und nicht in der Lage war, irgendeine dieser Emotionen, Gefühle, Gedanken auszudrücken damals. Ich habe immer versucht, meinen älteren weißen Brüdern zu erklären, dass sie immer äm- (.) immer in der Mehrheit waren. Ich habe mich in der Mehrheit gefühlt, wenn ich zu Hause war, im Haus der Familie, aber wenn ich da hinausging, war ich in der Minderheit, und weil sie Männer waren, sie waren recht kräftig und gutaussehende Burschen, waren sie nie in der Minderheit, und deshalb konnten sie diese Erfahrung nicht verstehen. Und wenn ich dann wieder meine Identität ins Spiel brachte, bekam ich deswegen Ärger, weil die Leute mich Nigger oder Paki nannten oder das ganze lächerliche Zeug, das die Leute so machen. (.) Ja, und auf diese Weise habe ich es gelernt." (‚Isaac', in den Vierzigern, geboren in GB, gemischte Herkunft)

Im hier zitierten Beispiel, der Erzählung Isaacs, wird deutlich, wie fruchtbar Intersektionalität für die wissenschaftliche Analyse ist: Intersektionelles Denken ist offensichtlich ein alltägliches heuristisches Instrument (Lutz 2009; Knapp in diesem Band), das zentrale Bedeutung für das Verhandeln von Identitäten hat. Isaac stellt sich darauf ein, geschlechtsspezifische/rassifizierte/klassenspezifische und familiale Identifikationen zu verhandeln und konstruiert diese relational. Er erzählt, wie er seine Identität erlernt hat, indem er verinnerlichte, was die Menschen in seiner Umgebung von ihm dachten, und seine Erzählung lässt darauf schließen, dass er im Haushalt seiner Mutter und seines Vaters je unterschiedliche kulturelle Praktiken erlernte. Dieses Erlernen der Situativität von Praktiken und Identitäten zeigte Brüche oder Disjunktionen nicht nur zwischen den Haushalten, in denen er aufwuchs, sondern außerdem zwischen „zu Hause", wo er sich „in der Mehrheit" fühlte, und „draußen" (wo er mit rassistischen Schimpfwörtern konfrontiert war). In rassifizierten Begriffen ließe sich sagen, seine schwarzen und weißen Verwandten versuchten, ihm schwarze, weiße und „gemischte" Positionierungen zu verwehren. Seine „gemischte" Identität wurde daher als Ergebnis eines Kampfes und im Widerstand zu seiner Familie entwickelt, während er sich gleichzeitig sowohl mit seinem Vater identifizierte als auch – und weiterhin sehr stark – mit seinen ‚weißen', proletarischen, maskulinen (und lokalen) Identitäten. Dieser Kampf und Widerstand demonstrieren Isaacs Akteursstatus bei der Verhandlung alltäglicher Praktiken, bei der Produktion von Erklärungen über seine Identität und bei seinen Reaktionen auf Rassismus und seinen Widerstand gegen rassifizierte Zuschreibungen von außen. Isaac spricht den psychosozialen Bereich an, indem er unbewusste Prozesse, Identifikationen, Identitäten und Emotionen ebenso thematisiert wie gesellschaftliche Fragen, namentlich die Definition seiner Zugehörigkeit durch Außenstehende und den Rassismus. Er bietet eine dynamische Sichtweise seines Selbst, indem er in den übrigen Teilen seines Narrativs anerkennt, dass sowohl er selbst als auch die Gesellschaft sich im Laufe der Zeit verändert haben und dass seine Erfahrungen geographisch und historisch lokalisierbar sind.

Isaacs Erzählung stützt außerdem die heute allgemein akzeptierte Auffassung, dass Geschwister ‚nichtgeteilte Umwelten' erfahren; sie leben nicht in der gleichen Umwelt, bloß weil sie einen Haushalt teilen (Dunn und Plomin 1990; Turkheimer 2000). In Isaacs Fall macht ein intersektioneller Ansatz deutlich, wie sich geteiltes Geschlecht mit rassifizierter Differenz überschneidet, um eine komplexe und dynamische Konstellation von Gemeinsamkeiten und Unterschieden hervorzubringen (zusätzlich zu anderen Unterschieden, die die Erfahrungen von Geschwistern voneinander trennen). Eine intersektionelle Analyse der Erzählung Isaacs arbeitet also die Komplexität und die Beweglichkeit seiner Positionierung und der bei der Identitätsbildung relevanten Machtverhältnisse heraus. Dies gilt, obwohl das Hauptaugenmerk der Studie auf einem speziellen Aspekt der Rassifizierung liegt: dem Aufwachsen in ethnisch sichtbar differenten Haushalten.

Erste Begegnungen mit dem Rätsel disjunktiver Positionierung

Der folgende Auszug aus dem Interview mit ‚Sylvia' hilft uns, besser zu verstehen, wie disjunktive Erfahrungen unterschiedlicher Positionierung unter jeweils unterschiedlichen Umständen Kinder dazu bringen, in Bezug auf ihre Positionierungen und Identitäten meta-analytisch zu denken.

> „Sobald ich ins Schulalter kam, da sind Sachen, da habe ich einige blasse Erinnerungen, da gab es zum Beispiel eine irische Familie, die lebte weiter unten auf der Straße, und eine pakistanische Familie direkt gegenüber von mir. Und die Mädchen in der pakistanischen Familie waren gute Freundinnen, und wir gingen immer zusammen zur Schule, aber die irische Familie, das waren üble Rassisten, und sie hatten einen Hund und sie hetzten immer den Hund auf uns nach der Schule. Und die sahen gar keinen Unterschied zwischen mir und der karibischen Familie nebenan oder der pakistanischen Familie auf der anderen Straßenseite. Daher wusste ich, dass ich mit denen einiges gemeinsam hatte, und trotzdem hätten sie den Hund nicht auf meine weißen Kusins und Kusinen gehetzt, wenn die kamen, oder auf den weißen Freund, den ich hatte, und der weiter oben auf der Straße wohnte, das heißt, wissen Sie, das war wohl ab dem Alter von fünf Jahren, dass Dinge dieser Art einen von den anderen Familienmitgliedern absetzten, oder von den Gleichaltrigen, die weiß waren, und das bloß, weil man sichtbar anders war. Weil ich war nicht wie die pakistanischen Mädchen in diesem pakistanischen Haushalt, der auch, der sich ganz klar unterschied, meine Familie war im Prinzip ein weißer angelsächsischer Haushalt, wissen Sie. Das Essen, das wir aßen, die Sprache, die wir gesprochen haben war, es gab nichts, was sich irgendwie als anders hervorgetan hätte, die einzige Sache andere Sache war im Grunde, wie ich aussah." (‚Sylvia', gemischte Herkunft, in den Dreißigern)

Sylvia stellt den Prozess des Verstehen Lernens als Drang dar, ein Puzzlespiel zu lösen. Sie sah, dass die irische Familie sie als identisch mit karibischen und pakistanischen Kindern rassifizierte und sie als etwas Anderes ansah als ihre weißen Kusins, Kusinen und Freunde. Aber sie sah auch, dass ihre Familie andere kulturelle Praktiken ausübte als die pakistanische Familie. Die Disjunktion zwischen der Art, wie sie außerhalb des Hauses behandelt wurde, und ihrer Familie und deren kulturellen Praktiken brachte sie zu dem Schluss, dass eine (aus der gemischten Herkunft resultierende) sichtbare Differenz von ihrer weißen Familie sie von dieser trennte. Wie oben bei Isaac lässt ihr Narrativ darauf schließen, dass sie zu einem Verständnis der situativen Spezifizität der Rassifizierung gelangte, dass sie ihre Familie als ungewöhnlich erfuhr, weil sie ethnisch sichtbar different war, und sich selbst als die Quelle dieser Differenz sah. Gleichzeitig machte ihr der Umstand, dass die karibischen und pakistanischen Mädchen gleichfalls Opfer von Angriffen wurden, deutlich, dass der Rassismus nicht aus ihren persönlichen Eigenschaften resultierte. Bei der Analyse von Sylvias Erzählung muss die intersektionelle Analyse nun über die meist in den Blick genommenen Großen Drei ‚Rasse', Klasse und Geschlecht hinausführen (vgl. Davis, im vorliegenden Band). Denn abgesehen von Rassifizierung und Gender, die explizit, und sozialer Klasse, die implizit in ihrem Narrativ vorkommen, wird außerdem das Lebensalter betont: Erst als sie ins Schulalter kommt und mit Freundinnen zur Schule gehen kann, ist sie den Brüchen ausgesetzt, die ein Bewusstsein für rassifizierte Identitäten antreiben. Sylvia benennt zudem Fragen kultureller Alltagspraktiken und der Zusammensetzung des Haushalts als zentral für die Entwicklung ihrer Identitäten sowie ihrer ausdrücklichen Entschlossenheit, schwarze Partner zu haben, damit ihre Kinder nicht die Erfahrung machen müssen, in einem ethnisch sichtbar differenten Haushalt aufzuwachsen.

Es lässt sich darüber streiten, ob es ohne ein (wie auch immer bezeichnetes) Konzept von Intersektionalität leichter wäre, sich ausschließlich auf Fragen der Rassifizierung und Ethnisierung zu konzentrieren, die das Hauptthema des Forschungsprojektes und der Erzählung Sylvias sind. Einer der Vorzüge des intersektionellen Fokus ist es aber, daran zu erinnern, dass jede einzelne soziale Kategorie und Identität von anderen dezentriert wird (Rattansi und Phoenix 2005) und damit ein induktiver Blick auf das, was die Gesprächspartner für relevant halten, ermöglicht wird und zwar sowohl in ihren eigenen Formulierungen als auch im Ergebnis der Forschungsanalyse (Staunaes 2003).

Die Verhandlung geographischer Brüche in rassifizierten Machtbeziehungen

Wie aus den oben zitierten Beispielen (Isaac und Sylvia) deutlich wird, bringt die Aufforderung, die Erfahrung des Aufwachsens in ethnisch sichtbar differenten Haushalten zu reflektieren, regelmäßig Narrative von Brüchen und Erinnerungen hervor, die deshalb bedeutsam werden, weil die Gesprächspartner erkannten, dass sie sich in Positionen relativer Machtlosigkeit befanden. ‚Odette' illustriert im folgenden Beispiel die Intersektion von Rassifizierung und Geographie: Sie kam aus Nigeria, wo sie die ersten Lebensjahre verbracht hatte, in eine Landschule in Großbritannien und erfuhr im Rahmen der rassifizierten Begriffe, die sie erwartete, eine Verschiebung von mächtiger zu machtloser, weniger geschätzt und weniger anerkannt.

> „*Frage: An was erinnern Sie sich aus der Zeit, als sie zuerst [nach Großbritannien] kamen?*
> Odette: Äm, dass es sehr kalt war und ämm dass ich zur Schule ging und niemand in der Schule sah, dass ich *mixed race* war. *Jeder* dachte, ich sei schwarz. Und da war eine andere Gruppe (.) eine einzige andere schwarze Familie in der ganzen Schule, das waren drei Schwestern, und die waren *sehr sehr* dunkel. Und die Leute konnten

> keinen Unterschied zwischen mir und denen feststellen. Und, also nicht dass mich das irgendwie gestört hätte, dunkel zu sein oder so, aber ich war schockiert, dass die Leute keinen Unterschied sehen konnten zwischen (.) äm mir als *mixed race* und (.) nun bin ich besonders hellhäutig äm ich war wahrscheinlich ein bißchen dunkler als ich damals herkam und und und und dann und selbst in der Klasse meiner Schwester gab es jemanden, der sich weigerte zu glauben, dass ihre Mutter weiß war (.)" (‚Odette', gemischte Herkunft, zugezogen aus Nigeria)

Der ‚Schock', an den sich Odette erinnert, resultierte zum Teil aus dem, was Knapp (im vorliegenden Band) ‚intersektionelle Unsichtbarkeit' nennt (in Übereinstimmung mit Crenshaws (1989, im vorliegenden Band) Bemerkungen über die Unsichtbarkeit schwarzer Frauen in der Jurisprudenz). Ihre ‚Gemischtheit' *(mixedness)*, die laut ihrer Erzählung in Nigeria sichtbar war und hoch geschätzt wurde, wurde in dem Augenblick, als sie in den britischen Kontext kam, unsichtbar. Es gehört zur Komplexität des Beispiels, dass sie gleichzeitig in hohem Maße durchaus sichtbar war, aber eben als schwarz und nicht als gemischt. Odettes relative Machtlosigkeit beruhte hier auf ihrer Unfähigkeit, sich so definieren zu lassen, wie sie dies wünschte (zumindest wo sie die Distinktion zwischen „Gemischtheit" und Schwarzsein, an die sie aus Nigeria gewöhnt war, beibehalten wollte) sowie auf der Entdeckung, dass sie in ihrer britischen Schule sofort einen niedrigen Status zugewiesen bekam. Auch wenn Odette nur einen ‚Schock' erwähnt und sagt, es habe sie ‚nicht irgendwie gestört', dunkel zu sein, ist ihr Narrativ hoch emotional: Sie macht Pausen (bezeichnet durch (.)) und wiederholt ‚und und und und', wo sie von ihrer ersten Begegnung mit Rassifizierung in Großbritannien erzählt – was vermuten lässt, dass die Erinnerung daran sie in eine ‚verunsicherte Subjektposition' (Wetherell 1998) versetzt. Kern ihrer emotionalen Reaktionen war die Differenz.

Odettes Erzählung zeigt, dass Kategorien sozial konstruiert werden, und sie zeigt die geographischen und historischen Eigentümlichkeiten der Intersektion nationaler und rassifizierter Identitäten und Klassifizierungsgeschichten. In Nigeria war sie es gewohnt, wegen ihrer Hautfarbe als ‚weiß' bezeichnet und als positiv von der lokalen Bevölkerung unterschieden wahrgenommen zu werden. Der Wandel, den sie nach ihrer Einreise nach Großbritannien erfuhr, war in besonderem Maße disjunktiv: Als kleines Kind fehlte es ihr an einem konzeptuellen Rahmen, mit dem sie diesen konzeptuellen Paradigmenwechsel in ihrer sozialen Welt und ihre unzureichende Macht, andere Menschen dazu zu bringen, ihre Sichtweise zu akzeptieren, hätte verstehen können. Intersektionalität war insofern zentral für die Entwicklung ihrer rassifizierten Positionierung, als die geographische Bewegung eine disjunktive Verschiebung verursachte. Damit haben wir einen weiteren Indikator dafür, in welchem Maße Identitäten immer intersektionell und dezentriert sind und sich gegenseitig konstituieren – sowie dafür, dass sie immer vom Makrosozialen markiert werden.

Die Akteursrolle ist in Odettes Narrativ offensichtlich. Sie zeigt aktives Verhandeln ihrer ethnisierten Positionierung, indem sie die Positionen, die andere für sie konstruiert haben, (zumindest für sich selbst, wenn auch nicht anderen gegenüber) ablehnt und ihre Alltagserfahrungen im Lichte vorangegangener Erfahrungen und Erwartungen kritisch untersucht. Ihre Abwehr dagegen, als ‚schwarz' gedacht zu werden – in einer Zeit, als es in Großbritannien für Menschen gemischter Herkunft normal war, als schwarz betrachtet zu werden – gewährt einen Einblick in die Impulse, die zu einer Veränderung rassifizierter Kategorien führen, wie sie ‚gemischten' Kategorien in den letzten dreißig Jahren widerfahren ist. Und obwohl die Erzählung über diese Probleme Odette durchaus in eine verunsicherte Position brachte, ist ihr Narrativ durch den sozialen Wandel, in dessen Folge ‚gemischte Herkunft' (unter welchem Namen auch immer) eine reproduzierbare und zulässige Kategorie wurde, leichter zugänglich geworden – und tatsächlich überhaupt erst möglich.

Die Imaginierung geschlechtsspezifischer/rassifizierter situierter Positionierung

Intersektionelles Denken ist nicht nur Bestandteil alltäglicher Heuristik. Es ist auch ein Bestandteil der alltäglichen Vorstellungen über lebenswertes Leben und über die Eigenschaften, aus denen bestimmte identitäre Positionen hervorgehen. Einige GesprächspartnerInnen machten dies deutlich, indem sie ins Hypothetische wechselten, wenn sie versuchten, den Einfluss ihrer Kindheitserfahrungen zu durchdenken.

> „Charlene: Ich denke, ich hätte mich gewehrt ... wenn ich zwei Schwestern hätte, hätte ich es als schwieriger empfunden und weniger als Teil der Familie vor allem. Und ich denke, dass man die Hierarchie in Bezug auf die Hautfarbe in sehr jungen Jahren mitbekommt. Du schaust in ein Buch, und du siehst keine schwarzen Prinzessinnen, so was gibt es einfach überhaupt nicht. Also wenn ich zwei Schwestern gehabt hätte, die vielleicht ausgesehen hätten wie Edwina [die gemischter Herkunft ist] ist, hellere Haut und glatteres Haar, dann hätte ich es sehr schwierig gefunden. Die Leute machen immer irgendwie Vergleiche ..." (Schwarze Frau mit zwei Brüdern gemischter Herkunft)

Das obige Beispiel lässt sich in vierfacher Weise sinnvoll intersektionell analysieren. Erstens zeigt es, wie die Allgegenwart intersektioneller Heuristik imaginierte Gemeinsamkeiten und Unterschiede zentral werden lässt für Auseinandersetzungen um Identität. Zweitens beleuchtet es die Verschiebung von Gemeinsamkeiten und Unterschieden über sozial konstruierte Grenzen hinweg. Charlene empfand ein Moment des Innen-Seins und der Zugehörigkeit, das sie mit ihrer Familie teilte, und fürchtete, dass dieses Moment nicht da gewesen wäre, hätte sie eine Schwester gehabt, die ebenso wie ihr Bruder mixed race gewesen wäre. Sie leitet dies aus ihrer Erfahrung ab, dass Menschen Schwestern, die unterschiedlich rassifiziert werden, meist miteinander vergleichen, und dass die populäre Kultur schwarze Mädchen ausschließt, wohingegen sie das Haar und manchmal die Hautfarbe von Mädchen gemischter Herkunft schätzt. Sie imaginiert daher über die konstruierten geschlechtsspezifischen und rassifizierten Unterschiede hinweg ein stärkeres Gefühl der Gemeinsamkeit mit ihren mixed race Brüdern und glaubt, dass sie dieses Gefühl nicht gehabt hätte, wenn diese Schwestern gewesen wären. Drittens veranschaulicht das Beispiel die gegenseitige Konstitution von Kategorien, insofern als Rassifizierung und Gender in Charlenes Narrativ als gemeinsam konstituiert vorgestellt werden (Lewis 2000). Viertens erwähnt sie Relationalität: Die Reaktionen anderer Menschen haben einen Einfluss auf Machtbeziehungen und stellen diese her, was – in diesem Fall – das Verhandeln rassifizierter Identitäten zu einem schmerzhaften Kampf macht. Diese Relationalität besteht sowohl direkt (‚Die Leute machen immer irgendwie Vergleiche') als auch indirekt in kulturellen Erzeugnissen wie Kinderbüchern und makrosozialen Konstruktionen rassifizierter und geschlechtsbezogener Intersektionen, die Charlene die ‚Hierarchie in Bezug auf die Hautfarbe' bewusst machten.

Abschließende Überlegungen

Der vorliegende Beitrag verwendet vier Beispiele aus einer Studie über Erwachsene, die in ethnisch sichtbar differenten Haushalten aufgewachsen sind, um Wege aufzuzeigen, wie eine intersektionelle Analyse die maßgeblichen psychosozialen Prozesse in fruchtbarer Weise beleuchten kann. Er hat in der Analyse narrativer Fragmente gezeigt, dass Prozesse der Rassifizierung, der Geschlechterdifferenzierung und der sozialen Klassendifferenzierung routinemäßige, alltägliche, implizite Aspekte familialer (Mikro), schulischer (Meso) und gesellschaftlicher (Makro) Praktiken darstellen. Die vier narrativen Erzählungen gehen über die ‚Großen Drei' – die in sozialen Analysen meist untersuchten Kategorien (Davis, im vorliegenden Band) – hinaus, indem sie die Relevanz von Alter, Nation, Lokalität, historischer Periode und familiärer kultureller Praxis aufzeigen. Bei allen diesen Intersektionen steht ihre Relationalität im Vordergrund, und die Narrative der GesprächspartnerInnen lassen vermuten, dass Prozesse emotional erfahren werden, häufig Auseinandersetzungen über Machtbeziehungen beinhalten und kontinuierlich in der Erinnerung weiterverarbeitet werden. Dabei werden Erfahrungen in dem Maße transformiert, in dem Erwachsene in dynamischen Prozessen neue Identitäten verhandeln. Diese rekonstruierten Erinnerungen und die gleichzeitig multiplen Positionierungen, die sie beinhalten, sind für die aktuellen und zukünftigen Identitäten und Praktiken der GesprächspartnerInnen von zentraler Bedeutung. Viele GesprächspartnerInnen trafen beispielsweise Entscheidungen darüber, wie sie ihre eigenen Kinder aufziehen wollten, auf der Grundlage ihrer Rekonstruktion des Einflusses, den sie der eigenen Kindheit auf ihre Identitäten zuschrieben.

Narrative Analysen gelten in der Theorie als Möglichkeit, Vergangenheit, Gegenwart und Zukunft miteinander zu verknüpfen (Rosenthal 2006). Sie bieten jedenfalls einen Zugang zu der Weise, in der das Imaginierte in der Entwicklung von Identitäten und Praktiken wirksam wird. Die Narrative der GesprächspartnerInnen über das Imaginäre (d. h. darüber, was hätte geschehen können/geschehen wäre, wären die Umstände andere gewesen) sind ebenso wie die Rekonstruktionen von Erfahrungen intersektionelle heuristische Werkzeuge.

Die Erzählungen der GesprächspartnerInnen machen deutlich, dass die von ihnen in verschiedenen Kontexten erfahrenen Brüche für die Verhandlung ihrer Identitäten von zentraler Bedeutung gewesen sind. Solche Brüche liefern häufig die Bedingungen, unter denen die Narrative entwickelt werden (Riessmann 2008). In allen oben zitierten Beispielen enthielten die erzählten Brüche Erfahrungen mit Geschwistern und unterstützen damit die Auffassung, dass es multiple Geschwisterkulturen und -emotionen gibt, und damit ‚nichtgeteilte' soziale Umwelt unter Geschwistern (Dunn und Plomin 1990).

Intersektionalität ist also durchaus dazu geeignet, die Mehrebenenanalyse psychosozialer Komplexität (vgl. Yuval-Davis 2006) sowie die Analyse der Art, wie Machtgefälle im Rahmen wechselseitig konstituierter sozialer Kategorien organisiert werden, voranzubringen. Zwar ist Intersektionalität nicht das einzige theoretische Gerüst, mit dem sich solche Analysen betreiben lassen. Aber sie stellt doch ein besonders fruchtbares epistemologisches und ontologisches Konzept dar, das als Heuristik zur Theoretisierung und Analyse der situativen, komplexen Wege dienen kann, auf denen Kategorien ko-konstituiert werden. Sie ermöglicht Analysen, die konzeptuell und analytisch vielschichtig und frei von Formelhaftigkeit sind. Sie ist darüber hinaus eine feministische demokratische Theorie, deren Formulierung allein schon gute, komplexe Analysen mit Entwicklungsmöglichkeiten anregt, die ihrerseits Optionen für die Fortentwicklung einer ganzen Reihe von Disziplinen zeigen. Diese wiederum erweisen sich insofern als fruchtbar, als sie Wege zu einer Begegnung mit empirischen Ergebnissen eröffnen (Collins 1990, 1998; Davis 2008). Es wäre daher Bonnie Dill, Amy McLaughlin und Angel Nieves (2007) zuzustimmen, wenn sie betonen: „Intersektionalität ist einzigartig in ihrer Vielseitigkeit und Fähigkeit, neues Wissen zu produzieren [...], die Wurzeln von Macht und Ungleichheit [offenzulegen] und dabei ein aktivistisches Programm sozialer Gerechtigkeit weiterzuverfolgen."

Der Text basiert auf der Übersetzung von Michael Esch.

Literatur

Ali, Suki (2003): Mixed-Race, Post-Race. Gender, New Ethnicities and Cultural Practices. Oxford: Berg.

Anthias, Floya (2008): Thinking through the lens of translocational positionality: an intersectionality frame for understanding identity and belonging. In: *Translocations: Migration and Social Change: An Inter-Disciplinary Open Access E-Journal,* 4(1), 5–20.

Anthias, Floya (2009): Translocational Belonging, Identity and Generation: Questions and Problems in Migration and Ethnic Studies. In: *Finnish Journal of Ethnicity and migration 4*(1), 6–15.

Beisel, Nicola und Tamara Kay (2004): Abortion, race and gender in nineteenth-century America. In: *American Sociological Review* 69(4), 498–518.

Bourdieu, Pierre (1984): Distinction. Cambridge, MA: Harvard University Press.

Bruner, Jerome (1990): Acts of Meaning (the Jerusalem-Harvard Lectures). Cambridge, Mass.: Harvard University Press.

Bruner, Jerome (1991): The Narrative Construction of Reality. In: *Critical Inquir 8*(1), 1–21.

Buitelaar, Marjo (2006): „I Am the Ultimate Challenge“: Accounts of Intersectionality in the Life-Story of a Well-Known Daughter of Moroccan Migrant Workers in the Netherlands. In: *European Journal of Women's Studies 13*(3), 259–276.

Caballero, Chamion; Edwards, Rosalind und Shuby Puthussery (2008): Parenting ‚mixed‘ children: difference and belonging in mixed race and faith families. York: Joseph Rowntree Foundation.

Choo, Hae Yeon und Myra Marx Ferree (2010): Practicing intersectionality in sociological research: A critical analysis of inclusions, interactions and institutions in the study of inequalities. In: *Sociological Theory* 28(2), 129–149.

Collins, Patricia Hill (1990): Black Feminist Thought: Knowledge, Consciousness, and the Politics of Empowerment. Boston: Unwin Hyman.

Collins, Patricia Hill (1998) Fighting Words: Black Women and the Search for Justice. Minneapolis: University of Minnesota.

Crenshaw, Kimberlé W. (1989): Demarginalizing the Intersection of Race and Sex: A Black Feminist Critique of Antidiscrimination Doctrine, Feminist Theory, and Antiracist Politics. In: *University of Chicago Legal Forum,* 139–168.

Cunningham, Julie (1997): Colored existence: Racial identity formation in light-skin blacks. In: *Smith College Studies in Social Work 67*(3), 375–400.

Dahl, Izabela und Thor Malin (2009): Oral history, constructions and deconstructions of narratives: Intersections of class, gender, locality, nation and religion in narratives from a Jewish woman in Sweden. *Journal, 3*(Juni). Online: http://www.nottingham.ac.uk/shared/shared_enquire/PDFs/3rd_Dhal_and_Thor_Final.pdf (02.06.2010).

Davis, Kathy (2007): The Making of Our Bodies, Ourselves: How Feminism Travels Across Borders. Durham, NC: Duke University Press.

Davis, Kathy (2008): Intersectionality as Buzzword: A Sociology of Science Perspective on What Makes a Feminist Theory Successful. In: *Feminist Theory 9*(1), 67–85.

Dill, Bonnie Thornton; McLaughlin, Amy und Angel David Nieves (2007): Future directions of feminist research: Intersectionality. In: Hesse-Biber, S. N. (Hrsg.) Handbook of Feminist Research: Theory ad Praxis. London: Sage.

Dunn, Judy und Robert Plomin (1990): Separate lives: Why siblings are so different. New York: Basic Books.

England, Sarah (2009): Mixed and multiracial in Trinidad and Honduras: rethinking mixed-race identities in Latin America and the Caribbean. In: *Journal*, 1–19. Online: http://dx.doi.org/10.1080/01419870903040169 (Letzter Zugriff 02.06.2010).

Fisher, Walter R. (1987): Human communication as narration: Toward a philosophy of reason, value, and action. Columbia: University of South Carolina Press.

Gressgård, Randi (2008): Mind the gap: intersectionality, complexity and ‚the event'. In: Theory and Science 10(1), 1–16.

Hernández, Tanya Katerí (2008): The Intersectionality of Lived Experience and Antidiscrimination Empirical Research. In: Nielsen, L. B. und L. Robert (Hrsg.): Handbook of Employment Discrimination Research. New York: Springer, 325–335.

Ifekwunigwe, Jayne O. (Hrsg.) (2004): ‚Mixed race' studies: A reader. London: Routledge.

Ken, Ivy (2008): Beyond the Intersection: A New Culinary Metaphor for Race-Class-Gender Studies. In: *Sociological Theory 26*(2), 152–172.

Knapp, Gudrun-Axeli (2005): ‚Race, Class, Gender: Reclaiming Baggage in Fast Travelling Theories'. In: *European Journal of Women's Studies 12*, 249–265.

Lewis, Gail (2000): ‚Race', Gender, Social Welfare: Encounters in a postcolonial society. Cambridge: Polity.

Lewis, Gail (2009). Animating Hatreds: Research Encounters, Organisational Secrets, Emotional Truths. In: Gill, R. und R. Ryan-Flood (Hrsg.): Secrecy and Silence in the Research Process: Feminist Reflections. London: Psychology Press.

Ludvig, Alice (2006): Differences Between Women? Intersecting Voices in a Female Narrative. In: *European Journal of Women's Studies 13*(3), 245–258.

Lugones, María (1994): Purity, Impurity, and Separation. In: *Signs: Journal of Women in Culture and Society 19*(2), 458–476.

Lutz, Helma (2009) Coexisting inequalities and other pitfalls of the debate on intersectionality, Vortrag gehalten auf der Konferenz ‚Celebrating Intersectionality'. 21.1.2009.

Lykke, Nina (2005): Intersectionality Revisited: Problems and Potentials. In: *Kvinnovetenskaplig tidskrift 2*(3), 7–17.

MacIntyre, Alasdaire (1984): After Virtue: A Study in Moral Theory, 2d ed. Notre Dame University of Notre Dame Press.

McAdams, Dan (2006): The Redemptive Self: Stories Americans live by. New York: Oxford University Press.

Mixed-Child. (undated) The Pulse of the Mixed Community: Our Stories, Our Experiences: Defining who we are, Gemini. Online: http://www.mixedchild.com/Celebrities/Celeb_Quotes/Gemini.htm (Letzter Zugriff 02.06.2010).

Prins, Baukje (2006): Narrative Accounts of Origins: A Blind Spot in the Intersectional Approach. In: *European Journal of Women's Studies 13*(3), 277–290.

Rattansi, Ali und Ann Phoenix (2005): Rethinking youth identities: Modernist and postmodernist frameworks. In: *Identity: An International Journal of Theory and Research* 5(2), 97–123.

Riessman, Catherine K. (2002): Analysis of personal narratives. In: Gubrium, J. F. und J. A. Holstein (Hrsg.): Handbook of Interview Research. Thousand Oaks CA: Sage Publications, 695–710.

Riessman, Catherine K. (2008): Narrative Methods for the Human Sciences. Thousand Oaks Ca: Sage.

Rosenthal, Gabriele (2006): The Narrated Life Story: On the Interrelation Between Experience, Memory and Narration. In: Milnes, K.; Horrocks, C.; Kelly, N.; Roberts, B. und D. Robinson (Hrsg.): Narrative, Memory and Knowledge: Representations, Aesthetics and Contexts. Huddersfield: University of Huddersfield Press, 1–16.

Song, Miri (2009): Siblings in ‚mixed race' families. In: Klett-Davies, M. (Hrsg.): Putting Sibling Relationships on the Map: A Multi-Disciplinary Perspective. London: Family and Parenting Institute.

Staunaes, Dorthe (2003): Where have all the subjects gone? Bringing together the concepts of intersectionality and subjectification. In: *NORA 11*(2), 101–110.

Taylor, Yvette (2009): Complexities and Complications: Intersections of Class and Sexuality. *Journal of Lesbian Studies 13,* 189–203.

Turkheimer, Eric und Mary Waldron (2000): Nonshared environment: A theoretical, methodological, and quantitative review. In: *Psychological Bulletin 126*, 78–108.

Verloo, Mieke (2006): Multiple inequalities, intersectionality and the European Union. In: *European Journal of Women's Studies* 13(3), 211–228.

Wetherell, Margaret (1998): Positioning and interpretative repertoires: Conversation analysis and post-structuralism in dialogue. In: *Discourse and Society 9*, 387–412.

Yuval-Davis, Nira (2006): Belonging and the politics of belonging. In: *Patterns of Prejudice,* 4(3), 197–214.

III. Intersektionalität vorantreiben: Potentiale, Grenzen und kritische Fragen

Jenseits der Dichotomie von Anerkennung und Umverteilung: Intersektionalität und soziale Schichtung

Nira Yuval-Davis

Die „Politik der Anerkennung“ als Alternative und/oder Ergänzung zur sozialistischen „Politik der Umverteilung“ – um Nancy Frasers (2000) Begriffe zu verwenden – ist in den 1970er und 1980er Jahren immer wichtiger geworden. Grund dafür waren eine Vielzahl historischer, sozialer und politischer Entwicklungen – etwa der Niedergang der älteren sozialistischen Bewegung und der Zusammenbruch der Sowjetunion und all dessen, was diese in globaler Politik unterstützt hatte.

Insbesondere lag dies an der wichtigen Rolle, die identitätspolitische Bewegungen – in Bezug auf Geschlecht, „Rasse“, indigene Völker, Sexualität und Behinderung, um nur einige zu nennen, in immer mehr sozialen Feldern gespielt haben. Sozial- und Politiktheoretiker wie Charles Taylor (1992) und Michael Walzer (1992) haben argumentiert, dass das Bedürfnis nach Anerkennung eine der Triebkräfte hinter nationalistischen und anderen identitätsbezogenen (oder „subalternen“) politischen Bewegungen sei. So behauptet Taylor (1992: 32), dass der Bedeutungszuwachs von „Anerkennungspolitik“ im öffentlichen Raum das Resultat zweier einander vermeintlich widersprechender Annahmen sei, die jede für sich immer wichtiger werden: Einerseits geht es um Menschenrechte und die Annahme, dass jeder das Recht auf eine universelle Würde und Anspruch auf den gleichen Respekt hat; andererseits um Individualisierung, wonach verschiedene Individuen und Gruppen jeweils verschiedene, einzigartige Identitäten besitzen.

Sozialistische Feministinnen wie Nancy Fraser (2000), Seyla Benhabib (2002) und andere haben diesen Argumenten zwar eine gewisse Gültigkeit zugestanden – bestehen aber zugleich darauf, dass nicht jeder Anspruch auf Anerkennung respektiert werden sollte. Sofern Identitätspolitik nicht von einer Politik der Umverteilung ergänzt werde, könne der emanzipatorische und progressive Charakter einer solchen Anerkennung verloren gehen.

Ohne die Bedeutung von Frasers Beitrag für eine feministische – und allgemein emanzipatorische – Politik in Frage zu stellen, argumentiere ich in diesem Beitrag, dass die Dichotomie von Anerkennungs- und Umverteilungspolitik zwar als heuristisches Instrument hilfreich ist, um einige Schwächen und Stärken von Identitätspolitik zu beleuchten, letztendlich potenziell jedoch irreführend ist.

Weiterhin wird argumentiert, dass die Politik der Intersektionalität beide Seiten dieser Dichotomie aufnehmen und zugleich über sie hinausgehen kann. Die Binarität von Anerkennung und Umverteilung fand in letzter Zeit auch Anerkennung als genuin feministischer Beitrag zur soziologischen Schichtungstheorie und führte dazu, Klasse neu zu denken (Crompton und Scott 2005). Aus denselben Gründen, aus denen ich in diesem Beitrag dafür plädiere, die Politiken der Anerkennung bzw. Umverteilung durch eine Politik der Intersektionalität zu ersetzen, oder besser gesagt, sie in ihr aufzuheben, plädiere ich auch dafür, Intersektionalität als den relevantesten aktuellen Beitrag der soziologischen Theorie zum Thema Klasse/Schichtung anzuerkennen.

In diesem Sinne unterstützt dieser Essay die These von Leslie McCall (2005: 1771), dass Intersektionalität „der wichtigste theoretische Beitrag ist, den die Frauenforschung, gemeinsam mit verwandten Feldern, bisher geleistet hat". Der folgende Abschnitt erörtert Intersektionalität zunächst allgemein und untersucht anschließend, wie sich das Konzept zu den Themen „Anerkennung" und „Umverteilung" verhält und welchen Beitrag es zu soziologischen Klassen-/Schichtungstheorien leisten kann.

Intersektionalität

Dass der Intersektionalitätsansatz eine weit zurückreichende Geschichte hat, ist allgemein akzeptiert. bell hooks (1981) wählte die wegweisende Forderung nach Anerkennung Sojourner Truths von 1851, einer befreiten Sklavin, – „Bin ich etwa keine Frau?" [*Ain't I a woman?*] – als Titel ihres ersten Buchs, in dem sie die Tendenz *weißer* Feministinnen zurückwies, die Unterdrückung von Frauen zu homogenisieren. Sojourner Truth sprach auf einer Versammlung von SklavereigegnerInnen und argumentierte, dass sie zwar aufgrund ihrer Position in der Gesellschaft hart arbeiten, schwere Lasten tragen müsse usw., dass sie deswegen jedoch nicht weniger Frau und Mutter sei als Frauen privilegierterer Herkunft, die als schwach sowie hilfe- und schutzbedürftig konstruiert wurden; als Ergebnis dessen, was die Gesellschaft als ‚weiblich' betrachtete.

Tatsächlich wurde die Intersektionalitätsanalyse, bevor sie zum Mainstream wurde, viele Jahre lang hauptsächlich von schwarzen und anderen rassifizierten Frauen getragen: Von ihrer gesellschaftlichen Warte aus war es nicht nur irreführend, sondern geradezu absurd, wenn Feministinnen und andere nach dem Beginn der zweiten Welle des Feminismus versuchten, die soziale Lage oder die Unterdrückung von Frauen zu „homogenisieren", und sie insbesondere als analog zu jener der Schwarzen zu betrachten. Wie bell hooks in der Einleitung zu ihrem Buch spöttisch bemerkte, impliziere dies, dass „alle Frauen Weiße und alle Schwarzen Männer sind".

Das, was heute als Intersektionalitätsanalyse bezeichnet werden kann, wurde jedoch ungefähr zur gleichen Zeit von einigen europäischen und post-kolonialen Feministinnen entwickelt (z. B. Bryan et al. 1985; James 1986; Lutz 1991). So behauptete Sandra Harding in ihrer Analyse der parallelen Entwicklung der feministischen Standpunkttheorie, dass die

> „... (F)eministische Standpunkttheorie ganz offensichtlich eine Idee war, deren Zeit gekommen war, da die meisten dieser AutorInnen unabhängig voneinander arbeiteten und ohne die Beiträge der anderen zu kennen. (Die Standpunkttheorie würde selbst nach einer solchen Sozialgeschichte der Ideen verlangen, nicht wahr?)“ (Harding 1997: 389)

Dies galt offensichtlich auch für die Entwicklung der Intersektionalitätstheorie. Meine eigene Arbeit im Bereich Intersektionalität begann ebenfalls in den frühen 1980er Jahren, auch wenn wir das Thema damals noch „soziale Spaltungen“ nannten. Damals begann ich in Zusammenarbeit mit Floya Anthias (z. B. 1983, 1992), durch Geschlecht und Ethnizität bedingte Ungleichheiten im Südosten Londons zu untersuchen; gleichzeitig debattierte ich mit Schwarzen britischen Feministinnen, die damals in der „Organisation für Frauen afrikanischer und asiatischer Herkunft“[1] organisiert waren, über die Frage, wie das, was man heute den Intersektionalitätsansatz nennen würde, theoretisch richtig zu erfassen sei. Wie ich vor kurzem in einem Artikel (2006a) argumentierte, beschäftigen sich diejenigen, die Intersektionalitätsanalyse betreiben, heute immer noch mit denselben grundsätzlichen Fragen, über die wir damals debattierten; auch, nachdem Intersektionalität zum Mainstream geworden ist und von den UN, der EU und zahlreichen anderen politischen Organisationen anerkannt wird, die sich in vielen Ländern für Gleichberechtigung einsetzen. Einige der Differenzen zwischen denjenigen, die das Konzept der Intersektionalität anwenden, ergeben sich daraus, dass sie aus verschiedenen Disziplinen kommen und es für verschiedene Zwecke einsetzen.[2]

Ich skizziere nun die Hauptmerkmale des intersektionellen Ansatzes, den ich anwenden möchte, um die Dichotomie von Anerkennung und Umverteilung in der feministischen und soziologischen Theorie zu überwinden. Dabei erkenne

---

[1] Organisation for Women of African and Asian Descent (OWAAD), gegründet 1978 in Großbritannien, existiert heute nicht mehr.

[2] In einem Panel über Intersektionalität auf der Konferenz der American Sociological Association im August 2009 beklagte Kimberlé Crenshaw, dass diejenigen, die den Begriff Intersektionalität für andere Zwecke verwenden als den juristischen, für den sie ihn ursprünglich entwickelt hatte, ihre Arbeit ungerechtfertigt kritisierten. Ihre Absicht war es, diskriminierte Gruppen, wie Schwarze Frauen, juristisch sichtbar zu machen. Dieser Einwand ist berechtigt, und ich möchte klarstellen, dass mein Ansatz und meine Entwicklung des Intersektionalitätsbegriffs darin besteht, ihn auf die soziologische und feministische Theorie zu übertragen; eine Kritik an Crenshaws juristischer Theorie ist damit nicht impliziert.

ich durchaus an, dass auch andere intersektionelle Ansätze, die für andere Zwecke genutzt werden können, ihre Berechtigung haben, und dass viele Feministinnen, einschließlich meiner selbst, angesichts des Begriffs „Intersektionalität" ein gewisses Unbehagen verspüren.

Intersektionalität ist ein metaphorischer Begriff: Im Englischen weckt er die Vorstellung einer „Straßenkreuzung" [*intersection*]. Die genaue Zahl dieser Straßen ist dabei unbestimmt oder umstritten – je nachdem, wer den Begriff benutzt und wie viele soziale Ungleichheitsachsen in der konkreten Analyse berücksichtigt werden. Wie ich unten ausführlicher zeige, kann die Zahl sehr verschieden ausfallen, nämlich zwischen zwei und unendlich. Kumkum Bhavnani (2008) benutzte kürzlich in einem Vortrag den Begriff „Konfigurationen" als alternative Metapher; sie wollte damit betonen, dass es um fließende, miteinander verwobene Stränge geht, für die die Metapher von der „Kreuzung" viel zu rigide und fixiert erscheint. Davina Cooper (2004: 12) erklärt, dass sie statt „Intersektionalität" den Begriff „soziale Dynamik" verwendet, da sie in ihrer Terminologie die wandelbare Art berücksichtigen wolle, auf die Ungleichheitsbeziehungen bei verschiedenen Aspekten des gesellschaftlichen Lebens eine Rolle spielen. Zwar stimme ich all diesen Vorbehalten zu, die auch für die theoretische Erfassung von Intersektionalität in diesem Artikel wichtig sind; trotzdem möchte ich den Begriff beibehalten. Er ist so verbreitet, dass man trotz all dieser Vorbehalte davon ausgehen kann, dass intuitiv verstanden wird, worum es geht, sobald er auftaucht.[3]

Zunächst müssen hier die beiden Hauptpositionen zum Intersektionalitätsansatz, der in diesem Artikel verwendet wird, geklärt werden. Die erste Position schließt an eine Unterscheidung McCalls an: sie trennt zwischen „interkategorialen" und „intrakategorialen" Ansätzen.[4] Die zweite Position bezieht sich auf die Grenzen des intersektionellen Ansatzes und damit auf die Anzahl der sozialen Kategorien, die in die intersektionelle Analyse einfließen sollen.

Inter- oder Intra-Kategorien?

Nach McCall (2005) unterscheiden sich verschiedene Studien, die intersektionelle Ansätze verwendet haben, durch die Verwendung eines interkategorialen oder ei-

[3] In dieser Hinsicht ähnelt der Begriff „Intersektionalität" einem anderen Begriff, den ich häufig verwende, nämlich „Fundamentalismus". Die Mitglieder der Organisation „Women Against Fundamentalism", deren Mitbegründerin ich bin (siehe Sahgal und Yuval-Davis, [1992] 2001), benutzen den Begriff, obwohl sie anerkennen, dass er auf manche Art irreführend und oft rassifizierend ist und zur Überhöhung von „innerer Sicherheit" benutzt wird. Jedoch erlaubt kein anderer verfügbarer Begriff, die erörterten Themen so intuitiv eindeutig zu benennen.

[4] Yuval-Davis spart hier McCalls dritten Ansatz, den der „antikategorialen Komplexität" aus (A. d. Hrsg.).

nes intrakategorialen Ansatzes. Mit „interkategorial“ meint sie eine Konzentration auf die Art, wie Intersektionen verschiedener sozialer Kategorien, wie „Rasse“, Geschlecht, Klasse usw., konkretes soziales Verhalten oder die Verteilung von Ressourcen beeinflussen.

Intrakategoriale Studien hingegen interessieren sich weniger für die Beziehungen zwischen den verschiedenen sozialen Kategorien, sondern problematisieren die Bedeutung und die Grenzen der Kategorien selbst: so fragen sie, ob schwarze Frauen in der Kategorie „Frauen“ enthalten sind, oder nach den wechselnden Ein- und Ausschlusskriterien, nach denen jemand an einem bestimmten Ort und zu einer bestimmten Zeit als „schwarz“ gilt.

Aus meiner Sicht schließen sich diese beiden Ansätze nicht gegenseitig aus; ich plädiere daher für einen Intersektionalitätsansatz, der die Sensibilität und Dynamik des intrakategorialen Ansatzes mit der sozioökonomischen Perspektive des interkategorialen Ansatzes kombiniert. Wie ich an anderer Stelle (2006b) argumentiert habe, betrachte ich es als entscheidend, eine analytische Unterscheidung zwischen verschiedenen Facetten von Gesellschaftsanalyse zu treffen: zwischen den Positionierungen von Menschen in sozioökonomischen Machtgefügen [*grids of power*], den erfahrungsbedingten identifikatorischen Perspektiven von Menschen darauf, „wo sie hingehören“, und ihren normativen Wertsystemen. Diese verschiedenen Facetten[5] sind aufeinander bezogen, doch lassen sie sich nicht reduktionistisch auseinander herleiten. Mehr noch, obwohl ich die Intersektionalitätsanalyse als ein Produkt der feministischen Standpunkttheorie betrachte, behaupte ich, dass kein direkter Kausalzusammenhang zwischen der Standortabhängigkeit der Perspektiven von Menschen und deren kognitiver, emotionaler und moralischer Perspektive auf das Leben besteht: Menschen, die in dieselben Familien hineingeboren werden, denselben sozioökonomischen Hintergrund und denselben geografischen Standort haben, können verschiedene Identitäten und politische Ansichten haben (siehe z. B. Phoenix' Untersuchung von Geschwistern gemischter Herkunft in diesem Band); und schließlich können Menschen sich demselben „rassischen“ oder ethnischen Kollektiv zugehörig fühlen, dabei sehr unterschiedliche sozioökonomische Hintergründe haben und diese Identitätskategorien auch politisch und normativ verschieden bewerten; und schließlich können Menschen die gleichen politischen Wertsysteme teilen, aber sehr verschiedenen Hintergründen entstammen und verschiedenen Identitätsgruppen angehören. Darum genügt es nicht, interkategoriale Tabellierungen aufzustellen, um die Positionen und Lebenseinstellungen von Menschen vorherzusagen, geschweige denn zu verstehen.

[5] In früheren Arbeiten (z. B. 2006a, 2006b) habe ich diese verschiedenen analytischen Dimensionen als „Ebenen“ bezeichnet. Der Begriff „Ebenen“ setzt jedoch eine Hierarchie voraus und scheint ein Überbleibsel des alten marxistischen Basis-Überbau-Modells zu sein. Ich danke Cass Balchin für den Hinweis.

Die Grenzen intersektioneller Analyse und intersektioneller Kategorien

Um noch einmal McCall zu zitieren (2005: 1774): „Durch ihre Konzentration auf die Subjektivitäts- und Unterdrückungserfahrungen schwarzer Frauen hat die Intersektionalitätstheorie die Frage ausgeblendet, ob alle Identitäten intersektionell sind, oder ob nur gegenseitig marginalisierte Subjekte eine intersektionelle Identität haben." Tatsächlich definiert Kimberlé Crenshaw (1989: 139) Intersektionalität als „die Multidimensionalität der gelebten Erfahrungen marginalisierter Subjekte." Andere schwarze Feministinnen (z. B. Thornton Dill 1983; Bryan et al. 1985) verbleiben ebenfalls in den Grenzen der Trias „Rasse", Klasse und Geschlecht. Philomena Essed (1991) beschränkt die Analyse gar auf zwei Dimensionen: „vergeschlechtlichte Rassismen" [*gendered racisms*] und „rassifizierte Sexismen" [*racist genderisms*]. Wieder andere haben jeweils die spezifischen Kategorien hinzugefügt, für die sie sich interessieren, wie etwa Alter (z. B. Bradley 1996), Behinderung (z. B. Oliver 1995; Meekosha und Dowse 1997), (Nicht-) Sesshaftigkeit (z. B. Lentin 1999) oder Sexualität (z. B. Kitzinger 1987). In anderen Werken jedoch haben Feministinnen versucht, vollständige Listen zu entwickeln und viel mehr Kategorien darin aufzunehmen: so identifiziert Helma Lutz (2002) vierzehn Kategorien, Charlotte Bunch (2001) sechzehn. Floya Anthias und ich (1983, 1992; siehe auch Yuval-Davis 2006a, 2010a) argumentieren vehement dafür, dass sich die Intersektionalitätsanalyse nicht auf jene beschränken sollte, die sich an den vielfältigen Rändern der Gesellschaft befinden, sondern dass sie alle Mitglieder der Gesellschaft einschließen sollte – Intersektionalität sollte somit als *der* theoretische Bezugsrahmen für die Analyse sozialer Schichtung bzw. Klassen betrachtet werden.

In *Das Unbehagen der Geschlechter* (1990) kritisiert Judith Butler das „etc.", das oft am Ende langer (und verschiedener) Listen sozialer Ungleichheitskategorien steht, die von Feministinnen aufgezählt werden. Sie betrachtet dieses „etc." sowohl als „Zeichen der Erschöpfung als auch der Tatsache, dass der Prozess der Signifikation an sich unbegrenzbar ist" (Butler 1991: 210; siehe auch den Beitrag von Paula Irene Villa in diesem Band). Wie Fraser (1997) und Knapp (1999) klarstellen, ist eine derartige Kritik nur innerhalb des identitätspolitischen Diskurses zulässig, wo verschiedene soziale Positionierungen oder Standorte mit einer Identifikation mit bestimmten sozialen Gruppen korrespondieren. Wenn keine solche Verbindung stattfindet, kann Butlers Aussage, dass „‚der Prozess der Signifikation an sich unbegrenzbar ist', reduktionistisch sein, wenn sie ohne klare Kriterien generalisiert wird", wie Knapp zu Recht feststellt. Er laufe dann „Gefahr, historisch konstituierte ‚faktische' Differenzen einzuebnen bzw. unsichtbar zu machen und damit auf eigene Weise ‚Differenz' zu unterdrücken" (Knapp 1999: 130).

Knapps Kritik an Butler zeigt erneut, dass es von entscheidender Bedeutung ist, die verschiedenen analytischen Dimensionen, in denen soziale Ungleichheiten untersucht werden müssen, voneinander zu trennen. Trotzdem bleibt die Frage bestehen, ob es in einer konkreten historischen Situation jeweils eine spezifische, begrenzte Anzahl sozialer Ungleichheitskategorien gibt, die das Raster aus Machtbeziehungen konstituieren, in dem die verschiedenen Mitglieder der Gesellschaft positioniert sind.

Wie ich an anderer Stelle erwähnte (2006a), habe ich auf diese Frage zwei verschiedene Antworten, die sich nicht gegenseitig ausschließen. Die erste Antwort lautet: Zwar gibt es in konkreten historischen Situationen und in Bezug auf konkrete Menschen bestimmte Ungleichheitskategorien, die für die Konstruktion ihrer spezifischen Verortungen wichtiger sind als andere, doch gibt es bestimmte Ungleichheitskategorien, wie Geschlecht, Phase im Lebenszyklus, Ethnizität und Klasse, die das Leben der meisten Menschen an den meisten sozialen Orten prägen, während von anderen Ungleichheitskategorien, wie Behinderung[6] oder Staatenlosigkeit, global gesehen eher weniger Menschen betroffen sind. Gleichzeitig jedoch sind diese (und andere, hier nicht erwähnte) Ungleichheitskategorien für jene, die von ihnen betroffen sind, von entscheidender Bedeutung, und man muss tatsächlich dafür kämpfen, sie sichtbar zu machen. Dies ist ein Fall, in dem Anerkennung – von sozialen Machtdifferenzen, nicht von sozialen Identitäten – politisch wirklich von entscheidender Bedeutung ist. Daher ist die Antwort auf die Frage, wie viele Ungleichheitskategorien es in jedem historischen Kontext gibt, nicht notwendigerweise pauschal zu beantworten – sie ist sowohl das Ergebnis eines politischen Kampfes als auch eines analytischen Prozesses.

Dies bildet die Überleitung zu meiner zweiten Antwort. Sie bezieht sich auf das, was Castoriadis als die „kreative Vorstellungskraft“ bezeichnet hat (1987; siehe auch Stoetzler und Yuval-Davis 2002), die jeglichen sprachlichen und sonstigen sozialen Bedeutungskategorien zugrunde liegt. Auch wenn bestimmte gesellschaftliche Umstände die Konstruktion solcher Bedeutungskategorien vereinfachen mögen, ist sie letztendlich ein Produkt menschlicher kreativer Freiheit und Autonomie. Ohne konkrete soziale AkteurInnen, die bestimmte analytische und politische Merkmale konstruieren und auf sie verweisen, wäre der Rest von uns nicht in der Lage, sie zu unterscheiden. Ein Regenbogen enthält das gesamte Farbspektrum, aber wie viele Farben wir unterscheiden können, hängt von unserem spezifischen sozialen und sprachlichen Umfeld ab. Eben aus diesem Grund geht es bei Anerkennungskämpfen immer auch um Konstruktionsprozesse – und eben aus diesem Grund ist es so wichtig, die Beziehungen zwischen Positionierungen, Identitäten und politischen Werten zu untersuchen. Dies jedoch wird unmöglich, wenn sie alle auf dieselbe ontologische Ebene reduziert werden.

[6] In den Disability Studies wird ‚Behinderung‘ nicht als eine den Individuen anhaftende Eigenschaft, sondern als gesellschaftliche Strukturkategorie aufgefasst, wodurch diese Ungleichheitsdimension ebenfalls allgegenwärtige Bedeutung erlangt (Anm. d. Hrsg.).

Der Kampf um Anerkennung ist daher für jede Analyse von Intersektionalität inhärent wichtig. Kommen wir nun zu der von Nancy Fraser (2000) und anderen getroffenen Differenzierung zwischen Anerkennungs- und Umverteilungspolitik.

Das Dilemma „Anerkennung vs. Umverteilung"

In der Einleitung zu ihrem Plädoyer „gegen die Anerkennung" stellt Lois McNay (2008) klar, dass sie weder gegen „Anerkennung" im Hegelschen Sinne sei, welche für die dialogische, verkörperlichte Konstruktion von Subjektivität von entscheidender Bedeutung ist (siehe auch Yuval-Davis 2010b), noch gegen die Anerkennung von Identitätsansprüchen in sozialen und politischen Auseinandersetzungen, die bei sozialen und politischen Transformationsprozessen eine wichtige Rolle gespielt haben. Ihre Kritik an der „Anerkennung", mit der ich übereinstimme und die unten noch ausführlicher dargelegt wird, richtet sich vielmehr gegen „Anerkennung" als „Interpretationsschema, das die zentrale Bedeutung von Identitätsansprüchen für so viele wichtige politische Auseinandersetzungen erklärt" (McNay 2008: 2). Dieser Gedanke gewann größeren theoretischen Einfluss durch Charles Taylors Buch über die Politik der Anerkennung (1992; siehe auch Walzer 1992) und etablierte Identitätspolitik in der soziologischen und politischen Theorie.

Nancy Fraser (1997) kritisierte nicht den Begriff der Anerkennung als solchen; vielmehr fragte sie nach Möglichkeiten, wie Ansprüche auf Anerkennung ihrer eigenen Identitäten und Kulturen, die Menschen als kollektive Akteure geltend machen, mit dem traditionelleren sozialistischen Bemühen um die Umverteilung von Wohlstand zur Kompensation von Klassenungleichheiten in Einklang gebracht werden können.

Crompton und Scott (2005) behaupten, Fraser folge damit der Weberschen Unterscheidung von Wirtschaft und Kultur. Tatsächlich ist ihr Ziel jedoch etwas anders: Sie unterscheidet zwischen dem, was sie „Anerkennung" nennt, und Umverteilung, während sie sich mit den Dilemmata von Gerechtigkeit und Moral unter „postsozialistischen" Umständen auseinandersetzt. Ihr Grundargument lautet, dass es bei bestimmten, jedoch nicht allen, kollektiven Identitäten, die nicht Klassenidentitäten sind, nicht nur um Anerkennung, sondern tatsächlich auch um die ungleiche Verteilung von Wohlstand geht. Daher bezeichnet sie Geschlecht und „Rasse" als bivalente Kollektivitäten, die quer zu der Achse „Umverteilung/Anerkennung" verlaufen – während die Kategorie „Klasse" sich nur auf das Umverteilungsmodell bezieht, und die Kategorie „verachtete Sexualitäten" (so ihre Bezeichnung) nur auf das Modell der sozialen und kulturellen Anerkennung. Ich bin mir jedoch sicher, dass sie zustimmen würde, dass derartige Generalisierungen jeweils historisch und räumlich spezifisch sind; sie sind nicht in jeder Situation per se gültig, sondern unterlaufen ständig Anfechtungs- und Wandlungsprozesse.

Der wichtigste Punkt ist hier jedoch, dass Fraser, wenn es um die Anerkennung und Umverteilung geht, kollektive Identitäten analytisch gleichsetzt. Sie funktionieren jedoch sehr unterschiedlich und gehören, wie oben bereits erwähnt, zu verschiedenen analytischen Facetten sozialer Ungleichheit. Auch wenn Menschen sich exklusiv einer einzigen Identitätskategorie zurechnen können – als Frauen, als Schwarze, als Homosexuelle usw. – wird ihr sozialer Standort dennoch immer entlang multipler, sich kreuzender, wenn auch sich gegenseitig konstituierender Kategorien sozialer Macht konstruiert. Wenn eine Identitätsgruppe soziale und politische Anerkennung gewinnt, kann dies durchaus positive Auswirkungen auf die soziale Lage der Menschen haben, die sich mit ihr identifizieren und/oder identifiziert werden, oder sie sogar grundlegend verändern (auch wenn solch ein positiver Wandel oft nur eine dominante Minderheit unter den Angehörigen der Gruppe betrifft). Dennoch dürfen die beiden Aspekte nicht gleichgesetzt werden.

Während der Kampf um Anerkennung oftmals eine Reifizierung und Essentialisierung, oder mit Gayatri Spivak (1993) gesprochen, zumindest einen „strategischen Essentialismus" beinhaltet, kann die Vermengung der verschiedenen analytischen Facetten durchaus dazu dienen, intersektionelle Machtbeziehungen zwischen den Mitgliedern der Identitätsgruppe zu verdecken: Sehr häufig können diejenigen, die an vorderster Front Anerkennungskämpfe führen, sich besser artikulieren, sind besser ausgebildet, besser vernetzt und auch sonst besser mit Ressourcen ausgestattet als die übrigen Mitglieder der jeweiligen Gruppe; ihre soziale Lage unterscheidet sich somit in vielerlei Hinsicht erheblich von der Anderer. Sie müssen daher eher als ihre „AnwältInnen" denn als RepräsentantInnen betrachtet werden (Yuval-Davis 1994, 1997). Wie McNay (2008: 8) feststellt, ist „die normative Kraft, mit der die Idee der Anerkennung, ausgestattet wird, auch die Ursache einer zentralen Schwäche .... Die normative, ‚messianische' Kraft, die dem Ideal der gegenseitigen Anerkennung innewohnt, beschränkt seine Verwendung als analytisches Instrument, mit dem erklärt werden könnte, wie Macht ungleiche Identitäten erzeugt." Darum ist ein intersektioneller Analysemodus, der zwischen den verschiedenen analytischen Facetten sozialer Ungleichheit differenziert und die Verbindungen zwischen ihnen in verschiedenen historischen Kontexten untersucht, viel systematischer und universeller einsetzbar als ein Modell, das einfach nur Anerkennung und Umverteilung gegenüberstellt. Eine solche genuin soziologische Perspektive macht es – im Gegensatz zu der einer Moralphilosophin – auch einfacher, die innere Dynamik von Identitätsgruppen zu dekonstruieren und zu analysieren.

Schichtung und Klasse

Der Begriff der Schichtung, genauer gesagt der sozialen Schichtung, bzw. Klassen, bezieht sich auf die verschiedenen Hierarchiepositionen von Individuen und Gruppen in den Machtrastern der Gesellschaft. Traditionell waren die „Gesellschaften", auf die sich Theorien sozialer Schichtung und Klassentheorien beziehen, stets nationale Gesellschaften innerhalb staatlicher Grenzen. Im Gegensatz dazu muss heute jede Schichtungstheorie mit umfassendem Anspruch globale und regionale Schichthierarchien genauso berücksichtigen wie nationale und lokale Hierarchien, da sie kontinuierlich in Frage gestellt werden und sich wandeln. Dies gilt natürlich ebenso für alle anderen Analysen von Intersektionalität: Ich finde es z. B. problematisch, dass bei der Konstruktion „schwarze Frau" automatisch davon ausgegangen wird, dass es sich um eine Angehörige einer schwarzen Minderheit handelt, die in einer *weißen* westlichen Gesellschaft lebt, obwohl die meisten schwarzen Frauen in der heutigen Welt schwarze Frauen in schwarzen Gesellschaften sind. Dies hat weitreichende Implikationen für die globale Analyse intersektioneller Stratifizierung; worauf ich später zurückkommen werde.

An dieser Stelle kann kein Überblick über die soziologische Literatur zu Schichtung bzw. Klasse gegeben werden; ganz allgemein gesprochen waren die beiden wichtigsten Ansätze traditionell die auf Marx bzw. Weber[7] zurückgehenden; in den letzten Jahren ist ein alternativer, von Bourdieu (z. B. 1984, 1997a) inspirierter Ansatz hinzugekommen. In einem Panel über Intersektionalität auf der ISA-Konferenz in Durban (2006) argumentierte Helma Lutz, dass die Bourdieusche Perspektive das Potenzial habe, die Analysen von Intersektionalität zu revolutionieren. Im Folgenden werde ich die marxistischen und weberianischen Schichtungs- und Klassenansätze nur grob und sehr allgemein zusammenfassen; da Bourdieu weniger bekannt ist, beschreibe ich seinen Ansatz etwas detaillierter.

Der marxistische Ansatz verortet Menschen in der Klassenstruktur aufgrund ihrer Beziehung zu den Produktionsmitteln. Eine wichtige Debatte betraf hierbei die Frage, ob es sich bei dieser Beziehung grundsätzlich um eine Eigentumsbeziehung handelt, oder ob Eigentum selbst nur ein spezifischer Fall der Ausübung von Kontrolle über die Produktionsmittel einer konkreten Gesellschaft ist. Diese umfassendere Definition war Grundlage nuancierterer marxistischer Analysen, die z. B. auch die Macht der Direktoren von Staatsbetrieben im sowjetischen System berücksichtigen, oder von Managern in multinationalen Konzernen, deren Aktien ständig den Besitzer wechseln und an denen keine einzelne Person, Familie oder Unternehmen die Mehrheit hält.

[7] Zu Überblicksdarstellungen über die umfangreiche soziologische Literatur über Schichtung siehe z. B. Devine et al. 2005; Esping-Anderson 1993; Giddens 1971; Levine 1998; Parkin 1974.

Weberianische Ansätze differenzieren dagegen drei Arten von Schichtungsachsen – Ökonomie, Macht (politische Macht, die aber auch von physischer Macht getragen wird) und Status. Über die Frage, in welcher Beziehung diese Achsen zueinander stehen und in wieweit sie gegeneinander austauschbar sind, wurde viel diskutiert; ebenso darüber, in wieweit die Verteilung von Menschen entlang dieser Schichtungsachsen tatsächlich separate Klassen mit scharfen Grenzen produziert, deren Konflikt für den marxistischen Ansatz von so zentraler Bedeutung ist. Allgemein jedoch tendierte man dazu, den Gesamteffekten der unterschiedlichen Positionen von Menschen in der Schichtstruktur einen Einfluss auf die Verschiedenheit ihrer „Lebenschancen" zuzuschreiben. In Großbritannien etwa wurde daraus zu Volkszählungszwecken eine Liste von Kategorien abgeleitetet, die auf Berufen basiert (Goldthorpe et al. 1980).

Bourdieu (1997a) entwickelte eine „Soziologie der Praxis", die Ungleichheiten als Ergebnis eines Wechselspiels zwischen eingeübten Praxen und institutionellen Prozessen identifiziert, die zusammen weitreichende Ungleichheiten verschiedener Art erzeugen. Sein Ansatz basiert auf der begrifflichen „Dreieinigkeit" von *Feld* (= fließende Strukturen), *Kapital* (das in bestimmten Feldern von Menschen mit dem entsprechenden Habitus mobilisiert werden kann) und *Habitus* (der ihre Kompetenz zur Partizipation in den jeweiligen Feldern ermöglicht). Die Handlungen von Menschen werden demnach nicht dadurch determiniert, dass sie ihre Zugehörigkeit zu einer bestimmten Kategorie konstruieren, sondern indem sie sich durch taktische und strategische Entscheidungen im Feld von anderen absetzen (Devine und Savage 2005).

Sowohl marxistische als auch weberianische Analysen treffen eine Grundunterscheidung zwischen einer strukturellen und einer subjektiven Interpretation stratifizierter sozialer Macht, unterscheiden sich allerdings in der Art und in dem Ausmaß, in dem beide verknüpft sind. Marx unterscheidet zwischen der „Klasse an sich" und der „Klasse für sich", die Teil der Beziehungen zwischen Basis und Überbau sind, während Weber zwischen sozialen Klassen, Statusgruppen und politischen Partien unterscheidet, zwischen denen keine notwendig kausale Beziehung stehen muss.

In Bourdieus theoretischem Ansatz verschwindet diese scharfe Unterscheidung zwischen den verschiedenen Ebenen, da er Konsum nicht nur als die Folge von Klassenungleichheit sieht; vielmehr ist Konsum auch Teil der Konstruktion von Klassen, wobei kulturelle und soziale Formen von Kapital ebenso eine Rolle spielen wie ökonomisches Kapital. Obwohl Bourdieu dem Ökonomischen in seinen früheren Schriften noch Priorität einräumt, trat dies in seinem späteren Werk in den Hintergrund. Die Zugehörigkeit zu Klassen (und zu Fraktionen innerhalb der Klassen) ist ein Kontinuum, an dessen einem Ende diejenigen stehen, die am besten mit ökonomischem und kulturellem Kapital ausgestattet sind, während am anderen Ende diejenigen stehen, die in beiderlei Hinsicht am stärksten unterprivilegiert sind.

Der Habitus ist die Beziehung zwischen der Fähigkeit, klassifizierbare Praktiken und Werke hervorzubringen, und der Fähigkeit, zwischen diesen Praktiken und Produkten zu differenzieren und sie zu bewerten (Geschmack). Hierdurch wird die repräsentierte gesellschaftliche Welt, der Raum des Lebensstils konstituiert; hierdurch erzeugen Praktiken und Produkte ein System von Distinktionszeichen. Der Habitus ist eine Notwendigkeit, die internalisiert und in eine Disposition verwandelt wird, die sinnvolle Praktiken und sinnstiftende Wahrnehmungen hervorbringt. Verschiedene Lebensumstände produzieren verschiedene Habitus. Auf diese Weise versuchte Bourdieu (1997b: 119), den „Gegensatz zwischen der Sicht, die wir gleichermaßen als realistisch, objektivistisch oder strukturalistisch bezeichnen können, einerseits und der konstruktivistischen, subjektivistischen, spontaneistischen Sicht andererseits hinter sich [zu] lassen. Jede Theorie des sozialen Universums muss die Vorstellung, die die Akteure von der sozialen Welt haben, und, genauer, den Beitrag, den sie zur Konstruktion der Weltsicht und demzufolge zur wirklichen Konstruktion dieser Welt liefern, in sich einbegreifen" (Bourdieu 1997b: 119).

Diese konstruktivistische Perspektive ist von entscheidender Bedeutung, wenn wir die Beziehung zwischen Intersektionalität und Schichtung/Klasse verstehen wollen: Indem Bourdieu in seiner Theorie der Produktion wie dem Konsum einen Einfluss auf die Schichtungsstruktur der Gesellschaft zugesteht und „Klassengrenzen" als sprachliche Konventionen behandelt, umgeht er das „Problem", dass „objektiv existierende" Klassen sich anscheinend weigern, so zu empfinden und zu handeln, wie sie „sollten" – ein Problem, von dem sowohl marxistische als auch Weberianische klassen- und schichtungstheoretische Ansätze betroffen sind (Devine et al. 2005). Einige Formulierungen Bourdieus lassen sich durchaus als Intersektionalitätsanalysen lesen, obwohl er – worauf Helma Lutz (2006) hingewiesen hat – nicht eingestand, diesbezüglich in der Schuld der feministischen Theorie zu stehen. Lutz verweist darauf, dass Bourdieu, obwohl er Geschlecht in seinem Werk durchgängig als wichtigen Aspekt des Klassenhabitus erwähnt, „männliche Herrschaft" (2001) erst in seinem Spätwerk als Sonderfall sozialer Ungleichheit analysiert. Männliche Herrschaft ist für ihn die „paradigmatische Form symbolischer Herrschaft" (Bourdieu und Wacquant 1996: 208), deren wichtigste Merkmale Ungleichheit und Unterordnung sind. Das Fortbestehen der männlichen Herrschaft ist Bourdieu zufolge das Ergebnis einer kontinuierlichen Täuschung über die symbolische Gewalt der Geschlechterordnung. Die vorherrschende Ordnung der Geschlechter ist ebenso sehr ein Produkt des Habitus wie sie eine symbolische Ordnung ist, die überhöht, sorgsam bewacht und als legitime männliche Macht anerkannt wird, während sie symbolische Gewalt fehldeutet bzw. verbirgt. Männliche Herrschaft funktioniert im Grunde wegen eines „konformen Verhaltens der Akteure" – Männer *und* Frauen reproduzieren dieses Wechselspiel verfestigter Strukturen auf der individuellen und institutionellen Ebene.

Das Konzept der männlichen Dominanz ist vor allem deshalb interessant, weil Bourdieu hier sehr detailliert herausarbeitet, wie eine physische Ordnung zu einer sozialen und symbolischen Ordnung wird; „Verkörperlichung“ war für die feministische Theorie stets ein zentrales Thema, insbesondere in den von Spinoza beeinflussten Arbeiten von Elizabeth Gross (1993) und anderen.

Eine Schlussfolgerung daraus: Das Schicksal sozialer Klassen, verstanden als Kollektive, die durch Praktiken sozialer Klassifizierung konstituiert werden, ist mehr denn je von der historischen Wechselhaftigkeit des Diskurses über Klassen abhängig. Ich komme unten auf diesen Punkt zurück – denn obwohl ich insgesamt dem Vorschlag zustimme, Schichtung bzw. Klasse intersektionell zu begreifen, finde ich Bourdieus Gleichsetzung von sozialen Kollektiven und kategorischen Verortungen entlang von Machtachsen problematisch.

Die Bourdieusche Perspektive fragt nicht nur danach, inwieweit Kultur, Raum und Subjektivität für die theoretische Erfassung von Schichtung wichtig sind, sondern auch, wie diese Themen integriert werden sollten. Die Intersektionalitätsanalyse hingegen beschäftigt sich auch mit anderen Formen „symbolischer Macht“ als der Macht von Maskulinität – wie etwa der Macht von Kategorien wie „Rasse“, Ethnizität, Nationalität, körperlicher Leistungsfähigkeit, Sexualität usw., und insbesondere mit den Beziehungen zwischen ihnen.

Die Bourdieusche Triade von Feld, Kapital und Habitus liefert ein analytisches Instrument, mit dem eine solche umfassende Intersektionalitätsanalyse zumindest auf der Mikroebene durchgeführt werden kann, doch bleibt die ursprüngliche Priorisierung von Klassendifferenzen in Bourdieus Schriften bestehen: Ihnen wird eine grundlegende Bedeutung für die Analyse von Schichtung bzw. Klasse zugewiesen, selbst nachdem Bourdieu die Kultur, und später noch die Macht der Männlichkeit, in sein analytisches Modell aufgenommen hat (wobei letztere nicht sonderlich gut in das Modell integriert wird).

Intersektionalität als Schichtungstheorie: Skizze eines Fazits

In diesem letzten Abschnitt möchte ich sehr allgemein und „ins Unreine“ skizzieren, wie ich mir den Intersektionalitätsansatz als akzeptierten Teil einer soziologischen Schichtungstheorie vorstelle.

Wie oben ausgeführt, schlage ich vor, die von Nancy Fraser und anderen getroffene Unterscheidung zwischen Anerkennung und Umverteilung in einer Intersektionalitätsanalyse aufzuheben; diese sollte sensibel sein dafür, dass ein und dieselbe soziale Kategorie verschieden konstruiert werden kann – einerseits als intersektioneller sozialer Standort, andererseits als Modus sozialer Identifikation. Kollektive Identitäten wie „verachtete Sexualitäten“ (um Frasers Ausdruck zu verwenden) können in bestimmten sozialen und historischen Kontexten akzeptiert und „anerkannt" werden; doch können diese Identitäten Menschen nicht nur daran hindern, Zugang zu bestimmten Berufen zu finden, sondern in anderen Kontexten geradezu lebensgefährlich sein. Wie Henriette Gunkel (2010) in ihrer Studie zu Südafrika gezeigt hat, können Homosexuelle aus verschiedenen „Rassen", Klassen, Altersgruppen und Kulturen in ein und derselben Gesellschaft sehr unterschiedlich behandelt werden.

Die Betonung der Tatsache, dass die verschiedenen Machtachsen in konkreten sozialen Situationen, sowie die Positionierungen von Individuen und Gruppen entlang dieser Achsen variabel und umstritten sind, ist charakteristisch für den oben erwähnten intrakategorialen Intersektionalitätsansatz. In dieser Hinsicht ist die Bourdieusche Perspektive für den von mir befürworteten intersektionellen Bezugsrahmen in Schichtungstheorien förderlich. Doch obwohl ihr Fokus auf das Alltagsleben, auf Subjektivitäten, auf Nuancen und minuziöse Änderungen für den, wie Crompton und Scott (2005) es nennen, „Fallstudienansatz der Schichtungsforschung" wichtig sein könnte, wird gerade dieser Schwerpunkt problematisch, sobald wir versuchen, einen allgemeineren, globaleren Überblick zu gewinnen. Gerade ein solcher Überblick ist aber nötig, um zu validen Beobachtungen zu gelangen, die die Verzerrungen des ethnozentrischen Blicks vermeiden. In anderen Arbeiten (z.B. 1994, 2007) habe ich die Problematik der feministischen Binsenweisheit „das Persönliche ist politisch" erörtert. Dieser Satz wird allzu oft nicht nur als Aussage über den politischen Charakter intimer Beziehungen interpretiert, sondern auch dahingehend, als müsse politische Arbeit unbedingt auf persönlicher Erfahrung basieren. Aus diesem Grund habe ich mich für transversale Dialoge eingesetzt, die Grenzen und Begrenzungen überschreiten und Menschen mit verschiedenen, standortgebundenen Sichtweisen einbinden – jedoch innerhalb gemeinsamer normativer Grenzen. Darin sehe ich die einzige epistemologische Grundlage für die „Annäherung an die Wahrheit" im Sinne von Patricia Hill Collins (1990).

Mein Argument lautet, dass ein intersektioneller Ansatz zum Verständnis von Schichtung bzw. Klasse einen Analysemodus verlangt, der Untersuchungen von Einzelfällen und Variablen kombiniert und sensibel für situierte Kontexte ist, der aber gleichzeitig nicht in die Falle eines Relativismus gerät, der vergleichende Beurteilungen unmöglich macht.

McCalls interkategoriale, vergleichende Forschungsmethodologie auf der strukturellen Ebene muss durch eine vergleichende intrakategoriale Forschung ergänzt werden, die untersucht, ob und wie die verschiedenen analytischen Dimensionen aus den verschiedenen, standortabhängigen Perspektiven von Menschen mit unterschiedlichen Identitäten und normativen politischen Ansichten miteinander verbunden sind. Mit anderen Worten: Wir müssen die Vorannahmen sowohl von fallorientierten und variablenorientierten Methodologien auf den Prüfstand stellen, jede Naturalisierung von sozial konstruierten Ungleichheiten zurückweisen und jede Priorisierung irgendeiner Ungleichheitskategorie, sei es Klasse oder Geschlecht, kritisch hinterfragen. Dies könnte zu komplexen, vielschichtigen Methodologien führen, die eine Kooperation zwischen WissenschaftlerInnen erforderlich machen würde, die an verschiedenen Standorten ähnliche Ansätze verfolgen. Allerdings bewegt sich die politische Ökonomie der europäischen Forschungslandschaft bereits in diese Richtung – und wir sollten zumindest in der Lage sein, uns dies für eine geeignete intersektionelle Schichtungsforschung zunutze zu machen.

übersetzt von Thorsten Möllenbeck

Literatur

Anthias, Floya und Nira Yuval-Davis (1983): Contextualizing Feminism: Gender, Ethnic and Class Divisions. In: *Feminist Review* 15, 62–75.

Anthias, Floya und Nira Yuval-Davis (1992): Racialized Boundaries: Race, nation, gender, colour and class and the anti-racist struggle. London: Routledge.

Benhabib, Seyla (2002): The Claims of Culture. Princeton: Princeton University Press.

Bhavnani, Kumkum (2008): The shape of water. Paper presented at the University of East London, Centre of Narrative Studies Series.

Bourdieu, Pierre (2001): Masculine Domination. Stanford, CA: Stanford University Press.

Bourdieu, Pierre (1984): Distinction: a Social Critique of the Judgement of Taste. London: Routledge & Kegan Paul.

Bourdieu, Pierre (1997a): Cultural Theory: Critical Investigations. London: Sage.

Bourdieu, Pierre (1997b): Der Tote packt den Lebenden. Schriften zu Politik & Kultur 2, Hamburg: VSA-Verlag.

Bourdieu, Pierre und Wacquant, Loïc J. D. (1996): An Invitation to Reflexive Sociology. Chicago: University of Chicago Press.

Bradley, Harriet (1996): Fractured Identities: the changing patterns of inequality. Cambridge: Polity Press.

Bryan, Beverley; Dadzie, Stella und Suzanne Scafe (1985): The heart of the race: Black women's lives in Britain. London: Virago.

Bunch, Charlotte for the Center for Women's Global Leadership. (2001): A women's human rights approach to the World Conference Against Racism. Online: www.cwgl.rutgers.edu/globalcenter/policy/gcpospaper.html (Letzter Zugriff 02.06.2010).

Butler, Judith (1990): Gender Trouble: Feminism and the subversion of identity. New York: Routledge.

Butler, Judith (1991): Das Unbehagen der Geschlechter. Frankfurt am Main: Suhrkamp.

Castoriadis, Cornelius (1987): The imaginary institution of society. Cambridge: Polity Press.

Collins, Patricia Hill (1990): Black Feminist Thought. New York: Routledge.

Cooper, Divina (2004): Challenging Diversity. Cambridge: Cambridge University Press.

Crenshaw, Kimberlé W. (1989): Demarginalizing the Intersection of Race and Sex: A Black Feminist Critique of Antidiscrimination Doctrine, Feminist Theory, and Antiracist Politics. In: *University of Chicago Legal Forum,* 139–168.

Crompton, Rosmary und John Scott (2005): Class analysis: beyond the cultural turn. In: Devine F. et al. (Hrsg.): Rethinking class: culture, identities and life styles. London: Palgrave Macmillan, 186–203.

Devine, Fiona; Savage, Michael; Scott, John und Rosmary Crompton (Hrsg.) (2005): Rethinking class: culture, identities and life styles. London: Palgrave Macmillan.

Devine, Fiona und Michael Savage (2005): The cultural turn, sociology and class analysis. In: Devine, F. et al. (Hrsg.): Rethinking class: culture, identities and life styles. London: Palgrave Macmillan, 1–23.

Esping-Andersen, Gøsta (Hrsg.) (1993): Changing Classes: Stratification and Mobility in Post-Industrial Societies. London: Sage.

Essed, Philomena (1991): Understanding Everyday Racism: An interdisciplinary Theory. Newbury Park, CA: Sage.

Fraser, Nancy (1997): Justice Interruptus. New York: Routledge.

Fraser, Nancy (2000): ‚Rethinking Recognition'. In: *New Left Review* 3, 107–120.

Giddens, Anthony (1971): Capitalism and Modern Social Theory: an Analysis of the Writings of Marx, Durkheim & Max Weber. Cambridge: Cambridge University Press.

Goldthorpe, John H.; Llewellyn, Catriona und ClivePayne (1980): Social Mobility and Class Structure in Modern Britain. Oxford: Clarendon Press.

Gross, Elizabeth (1993): Bodies and Knowledges: Feminism and the Crisis of Reason. In: Alcoff, L. und E. Potter (Hrsg.): Feminist Epistemologies. London: Routledge, 187–216.

Gunkel, Henriette (2010): The Cultural Politics of Female Sexuality in South Africa. London: Routledge.

Harding, Sandra (1991): Whose Science Whose Knowledge? Ithaca: Cornell University Press.

Harding, Sandra (1997): ‚Comment on Hekman's „Truth & Method: Feminist Standpoint theory revisited"'. In: *Signs.* 22(2), 382–391.

hooks, bell (1981): Ain't I a Woman? Black Women and Feminism. Boston, MA: South End Press.

James, Selma (1986): Sex, Race & Class. London: Centerpress, Housewives in Dialogue Series.

Kitzinger, Celia (1987): The Social Construction of Lesbianism. London: Sage.

Knapp, Gudrun-Axeli (1999): Fragile foundations, strong traditions, situated questioning: critical theory in German-speaking feminism. In: O'Neill, M. (Hrsg.): Adorno, culture and feminism. London: Sage, 119–141.

Lentin, Ronit (1999): Constitutionally excluded: citizenship and (some) Irish women. In: Yuval-Davis, N. und P. Werbner (Hrsg.): Women, Citizenship and Difference. London: Zed Books, 130–144.

Levine, Rhonda F. (1998): Social Class and Stratification: Classic Statements and Theoretical debates. Lanham, Maryland: Rowman & Littlefield Publishers.

Lutz, Helma (1991): Migrant women of Islamic background – images and self images. *MERA*: Working Papers, 11.

Lutz, Helma (2002): Intersectional analysis: a way out of multiple dilemmas? Paper to the International Sociological Association Congress, Brisbane, July.

Lutz, Helma (2006): Can intersectionality help? Paper to the International Sociological Congress, Durban.

McCall, Leslie (2005): The Complexity Of Intersectionality. In: *Signs* 30(3), 1771–1800.

McNay, Lois (2008): Against Recognition. Cambridge: Polity.

Meekosha, Helen und Leanne Dowse (1997): Enabling citizenship: gender, disability and citizenship in Australia. In: *Feminist Review* 57, 49–72.

Oliver, Michael (1995): Understanding Disability: From Theory to Practice. London: Macmillan.

Parkin, Frank (Hrsg.) (1974): The Social Analysis of Class Structure. London: Tavistock.

Sahgal, Gita und Nira Yuval-Davis (Hrsg.) (1992/2001): Refusing Holy Orders: Women and Fundamentalism in Britain. London: Virago; WLUML.

Skeggs, Beverley (2004): Class, self, culture. London: Routledge.

Spivak, Gayatri (1993): Outside in the teaching Machine. London: Routledge.

Stoetzler, Marcel und Nira Yuval-Davis (2002): Standpoint Theory, Situated Knowledge & the Situated Imagination. In: *Feminist Theory* 3(3), 315–334.

Taylor, Charles (1992): Multiculturalism and ‚the Politics of Recognition'. Princeton: Princeton University Press.

Thornton Dill, Bonnie (1983): Race, class & gender: Prospects for an all-inclusive sisterhood. In: *Feminist Studies* 9(1), 131–150.

Walzer, Martin (1992): Spheres of Justice: a Defence of Pluralism and Equality. New York: Basic Books.

Yuval-Davis, Nira (1994): Women, Ethnicity and Empowerment. In: *Feminism and Psychology* 4(1), 179–197.

Yuval-Davis, Nira (1997): Gender & Nation. London: Sage Publications.

Yuval-Davis, Nira (2006a): Intersectionality and feminist politics. In: *European Journal of Women's Studies* 13(3), 193–209.

Yuval-Davis, Nira (2006b): Belonging and the politics of belonging. In: *Patterns of Prejudice* 40(3), 196–213.

Yuval-Davis, Nira (2007): Human/Women's rights and feminist transversal politics. In: Ferree, M.M. und A.M. Tripp (Hrsg.): Transnational Feminisms: Women's Global Activism and Human Rights. New York: New York University Press, 275–295.

Yuval-Davis, Nira (2010a im Erscheinen): Intersectional Politics of Belonging. London: Sage.

Yuval-Davis, Nira (2010b im Erscheinen): Theorizing Identity: Beyond the ‚Self' and ‚Other' Dichotomy. In: *Patterns of Prejudice*, July 2010.

Zeitlin, Maurice (1974): Corporate ownership and control: The large corporation & the capitalist class. In: *American Journal of Sociology* 79(5), 1073–1119.

Verkörperung ist immer mehr

Intersektionalität, Subjektivierung* und der Körper[1]

Paula-Irene Villa

Im täglichen Leben leben, handeln und fühlen wir immer in einem körperlich-somatischen Daseinszustand. Ausgehend von dieser eher trivialen Feststellung möchte ich vorschlagen, das Konzept der Intersektionalität von der *somatischen* Seite des sozialen Lebens her zu denken. Um dies zu tun, werde ich einige konzeptuell-theoretische Überlegungen über Subjektwerdung, ihr Scheitern sowie deren körperliche Dimensionen vorstellen, und diese anhand einiger Illustrationen, die hauptsächlich aus der Subkultur des argentinischen Tangos stammen, nachvollziehbarer machen. Dabei wird es vor allem darum gehen, das Für und Wider von Intersektionalität im Rahmen soziologischer Analysen der Verknüpfungen zwischen Diskurs und seinen Normen auf der einen Seite, den verkörperten Praktiken auf der anderen zu diskutieren. Meines Erachtens läuft das Konzept der Intersektionalität Gefahr, einen alten, reduktionistischen Fehler der Sozialtheorie zu reproduzieren, nämlich die Suche nach Ordnung als Eigenheit der ‚Makro'-Ebene und ihre gewissermaßen determinierende Projektion auf die Ebene der Praxis. Umgekehrt ausgedrückt: Die körperliche Dimension jeglicher sozialen Praxis zeigt, dass ‚Handeln' notwendig mehr – und damit etwas anderes – ist als die *Einverleibung* theoretisch und analytisch definierter, zentraler sozialer Kategorien; egal, wie viele solcher Kategorien es geben mag. Damit soll die Notwendigkeit und Bedeutung intersektioneller Perspektiven keinesfalls geleugnet werden. Es scheint mir aber wichtig, daran zu erinnern, dass *Kategorien* von Differenz und Ungleichheit ihrer eigenen, kategorialen bzw. strukturellen Logik folgen – und

---

* [Die Autorin verwendet den englischen Begriff ‚subjection' entsprechend der lateinischen Wortwurzel und ähnlich wie Judith Butler in einem Doppelsinn: Einerseits als *Subjektwerdung*, wodurch in bestimmten sozialen Rollen Subjektstatus beansprucht werden kann, andererseits als Vorgang der *Unterwerfung* unter die normativen diskursiven Regeln, die diesen Status konstituieren. Er wird hier mit *Subjektivierung* übersetzt, während der von der Autorin ebenfalls verwendete Begriff *subjectivation* als *Subjektwerdung* wiedergegeben wird. Anm. d. Ü.]

[1] Ich bin Nina Degele, Sabine Hark, Gudrun-Axeli Knapp, Sybille Küster und den Studierenden meines Seminars ‚Intersektionalität' am Institut für Soziologie der LMU München im Sommersemester 2009 dankbar für lehrreiche und inspirierende Diskussionen. Außerdem danke ich den Herausgeberinnen des vorliegenden Bandes für ihre sehr hilfreichen Kommentare, Fragen und Hinweise, ohne die einige zentrale Thesen dieses Beitrags weitaus oberflächlicher geraten wären.

Handeln seiner eigenen, praktischen Logik einschließlich deren physischer Dimension. Beide Logiken hängen in hohem Maße voneinander ab, d. h. sie konstituieren sich gegenseitig, aber sie sind nicht identisch, und sie lassen sich nicht aufeinander reduzieren. Ich plädiere also für die Notwendigkeit, die uneindeutige Natur, die Instabilität und (auch theoretische) Konstruiertheit von Kategorien sichtbar zu halten, und ich werde versuchen zu zeigen, dass ein wesentlicher Grund dafür im somatischen Aspekt konkreten sozialen Handelns liegt.

Das Scheitern der Personen beim Versuch, Subjekt zu werden

Bei der Konzeptualisierung von Personen, Individuen und Subjekten konzentriere ich mich auf eine post-strukturalistische Perspektive. Gleichzeitig argumentiere ich durchaus kritisch gegenüber neueren (Neo)Foucaultsche Ansätze, wie sie sich in jüngster Zeit in den Gender Studies zunehmender Beliebtheit erfreuen. Folgen wir Butler (2001), die sich stark auf Foucault, aber auch auf Althusser und Lacan stützt, wenn sie das Subjekt denkt, dann ist eine konkrete Person niemals identisch mit einem Subjekt (Butler 2001: 15 f.). In ihren Schriften unterscheidet Butler klar zwischen Subjekten und Individuen, wobei die ersteren eine Art adrette und ordnungsgemäß intelligible diskursive Positionen darstellen, letztere hingegen gewissermaßen unordentliche Komplexitäten. Subjektpositionen werden in sozial anerkannten und gültigen sozialen Titeln wie Frau, ManagerIn, Vater, Schwuler/Lesbe, SoziologIn usw. zum Ausdruck gebracht, die in hohem Maße von Normen konstituiert werden. Folgen wir Butler – und hier kommen wir zu meiner Kernthese –, so verkörpern Personen Normen nicht unmittelbar. Normen regulieren vielmehr die Bedingungen, unter denen konkrete Handlungen von konkreten Personen intelligibel, d. h. anerkennbar sind:

> „Eine Norm ist weder das Gleiche wie eine Regel noch wie ein Gesetz. Eine Norm wirkt innerhalb sozialer Praktiken als impliziter Standard der *Normalisierung*. […] Normen können explizit sein oder auch nicht. Wenn sie aber als normalisierendes Prinzip in der sozialen Praxis fungieren, bleiben sie in der Regel implizit und sind schwer zu begreifen. […] Die Norm regiert die soziale Intelligibilität einer Handlung. Aber sie ist mit der Handlung, die sie regiert, nicht identisch. […] Die Norm regiert die Intelligibilität, sie ermöglicht, dass bestimmte Praktiken und Handlungen als solche erkannt werden können.“ (Butler 2009: 73)

Das bedeutet: Personen können nur insoweit sozial geachtet und anerkannt[2] werden, wie ihre Handlungen den impliziten, in hohem Maße diffusen Normen folgen, die in sozialen Kategorien wie Frau, Deutsche/r, MigrantIn, Elite usw. enthalten sind und die ihrerseits Materialisierungen sozialer Kernstrukturen von Ungleichheit und/oder Differenz wie Geschlecht, Klasse, Sexualität (usw.?) darstellen. In anderen Worten: Wir handeln immer *als* jemand. Wir handeln als Mensch, als AkademikerIn usw. Die konkreten empirischen Individuen sind nicht einfach sozialen Titeln *unterworfen*, wenn sie irgendeine Form sozialer Sichtbarkeit – und damit Anerkennung – erreichen wollen. Sie werden in gleicher Weise durch die Annahme dieser diskursiven Positionen *ermächtigt*. Wir alle müssen den anscheinend klar umrissenen Titeln gerecht werden, die ein ordentlicher Diskurs bereitstellt, um irgendeine Art von Akteursstatus und von Identität zu erreichen. Ermächtigung qua Subjektstatus ist hier der Schlüsselbegriff: Wir sollen *nicht* als Personen oder Individuen in der grenzenlos komplexen Bedeutung des Wortes handeln, sondern immer im Namen einer Subjektposition. Wir sprechen, reden, handeln, werden anerkannt *als* jemand.[3]

So weit die Norm, das Ideal – oder vielleicht sogar: die Ideologie. Aber selbstverständlich sind wir alle sehr viel mehr als die Positionen, die durch den Diskurs definiert und in Organisationen wie – in meinem Falle, beim Schreiben dieses Textes – Wissenschaft und Akademie institutionalisiert sind. Personen des wirklichen Lebens sind – verglichen mit der Ordnung des Diskurses – chaotisch, unordentlich, diffus, vielschichtig, dynamisch. Ein recht anschauliches Beispiel für die Spannung zwischen Subjektpositionen und empirischen Individuen ist der Kampf von Frauen darum, in der Wissenschaft ‚Subjekte von Gewicht' zu werden. Dieser illustriert auch die normative, gar ideologische Einbettung tatsächlicher Subjektpositionen: Die vorherrschende Vorstellung vom ‚Wissenschaftler' ist, dass es sich weder um ein ‚Er' noch um eine ‚Sie' handelt, sondern um ein ‚Es': ein Neutrum hinsichtlich Ethnizität oder ‚Rasse', Alter, Sexualität usw. Die moderne Wissenschaft beruht auf einem Bild des wissenschaftlichen Subjekts, das eine reine Verkörperung von Intellekt, Genie, harter Arbeit, Aufopferung sein soll. Mit anderen Worten, WissenschaftlerInnen werden – oder wurden – implizit und explizit als ‚Inkarnation' objektiver Neutralität gedacht. Dies gilt selbstverständlich nicht bloß für WissenschaftlerInnen als zentrale Subjekte der Moderne, sondern lässt sich auf *alle* zentralen Subjektmodelle der Moderne übertragen: BürgerInnen, KonsumentInnen, ArbeiterInnen, BürokratInnen, Organisationsmitglieder, PolitikerInnen usw. Alle modernen Subjekte sind laut den miteinander verschränkten,

---

[2] Ich verwende den Begriff ‚Anerkennung' hier im philosophischen Sinne, wie er in der jüngeren kritischen Sozialtheorie entwickelt wurde (Honneth und Fraser 2003).

[3] Zu einer ausführlichen Erörertung dieser Fragen siehe Villa 2006 und Villa 2010.

spezifischen modernen Diskursen von Rationalität, Gleichheit, Freiheit, Meritokratie ‚neutrale' Subjekte.

Allerdings haben umfangreiche feministische Studien in vielen Bereichen gezeigt, dass all diese Positionen realiter insofern vergeschlechtlicht sind, als sie auf einem modernen Diskurs beruhen, der das Universale als männlich und die Frau/das Weibliche als das geschlechtliche und sexualisierte ‚Andere' bestimmt. Kurz: Ein Weiblicher Wissenschaftler war – und teilweise: ist – ein Oxymoron, ein Widerspruch in sich. Eine Frau zu sein heißt, ein Geschlecht zu sein, was nach normativer Tradition (und institutionalisierter Ausschlusspolitik) tendenziell unvereinbar damit ist, Wissenschaftler zu sein.[4] Diese Art der Logik erfahren wir auch heute noch – trotz der verschiedenen Wellen von Feminismus und Frauenbewegung, und trotz der zahlreichen unterschiedlichen, mehr oder weniger erfolgreichen Programme für Wissenschaftlerinnen auf allen Ebenen – , beispielsweise in den aktuellen politischen Debatten über Frauen und Wissenschaft in Deutschland: In der öffentlichen Diskussion darüber, wie die Zahl der Frauen an den Hochschulen, insbesondere auf den höheren Posten, gesteigert werden kann, werden Frauen als Mütter angesprochen. Die Politik wird so ausgerichtet, dass sie den Bedürfnissen von Müttern an der Hochschule gerecht wird. Universitäten richten Kinderbetreuungsprogramme oder die berüchtigten Dienste für ‚Doppelkarriere-Paare' ein. Auf diese Weise werden Frauen immer wieder als Mütter vereigentlicht, d. h. essentialisiert. Wie die bisherigen Ergebnisse intersektioneller Analyse zeigen, reicht die Kategorie ‚Frau' eben nicht aus, um die komplexen strukturellen Kräfte und Logiken zu begreifen, von denen konkrete Erfahrungen konstituiert werden. Dies gilt für jede Person, sei sie eine arbeitende Frau, die ‚zufällig' schwarz ist, oder einen deutschen Außenminister, der zudem schwul ist. Und es gilt ganz sicher für Frauen in der Wissenschaft. Die aktuelle deutsche Debatte über ‚Frauenmangel' in den Berufseliten (z. B. an den Hochschulen) richtet sich implizit und höchst erfolgreich an *weiße*, der Mittelklasse entstammende, heterosexuelle, nichtmigrantische usw. Frauen. Sie tut dies, indem sie jegliche Ungleichheit oder Klassenproblematik ebenso effektiv unsichtbar macht wie Bezugnahmen auf Ethnizität/‚Rasse' oder Sexualität. Die erwähnten politischen Maßnahmen – Büros für ‚Doppelkarriere-Paare' oder der Fokus auf Kinderbetreuungsmöglichkeiten für Wissenschaftlerinnen – adressieren jedoch uneingeschränkt das heterosexuelle, der Mittelklasse angehörende, *weiße*/deutsche Subjekt.[5]

---

[4] Dies ist freilich eine äußerst reduzierte Fassung einer der Kernfragen von Modernität und Geschlecht sowie von anderem ‚Anderssein'. Differenzierter dazu siehe Harding 2008; Honegger 1992; Schiebinger 1989.

[5] Das gleiche gilt für jüngere Debatten über Demographie und Geburtenraten in Deutschland. Wenn man genauer hinschaute, bestand das Haupt-‚Problem' nicht darin, dass in Deutschland nicht genügend Kinder geboren würden, sondern vor allem in der ‚Qualität' des Nachwuchses: Die gut ausgebildeten,

In genau diesem Sinne sind intersektionelle Analysen von kaum zu überschätzender Bedeutung: Sie befassen sich mit der Komplexität der individuellen sozialen Position, die sich, wenn vom Blickwinkel der Praxis aus betrachtet, niemals auf nur eine Achse oder einen Aspekt reduzieren lässt. Zwar ist diese Einsicht im Rahmen der Debatte um Intersektionalität unbestritten. Ich halte es aber für wichtig, sensibel dafür zu bleiben, dass das Konzept aus einer praktischen oder erfahrungsbezogenen Basis entstanden ist. Anders gesagt: Die Dynamik der Intersektion entsteht aus der Komplexität von Erfahrungen.[6] Ich werde auf diesen Punkt noch zurückkommen.

Ist Sehen Glauben? Tangosubjekte

Ein weiteres, recht pittoreskes und sehr eindeutiges Beispiel für die äußerst komplexe Dynamik der Praxis sind die verrückten, fiebrigen, rauschhaften und irgendwie merkwürdigen Tango-Paare, die wir in Werbezetteln und Anzeigen für tourende Tangoshows und Tangounterricht sehen. Viele dieser Bilder zeigen Subjektpositionen, die sich ganz offensichtlich als Verkörperungen intersektioneller Subjekte lesen lassen:[7] Tango-Männer und Tango-Frauen sind ganz offensichtlich niemals nur Frau oder Mann. Sie sind äußerst stereotype argentinische – das heißt: exotische, leidenschaftliche, differente, rohe – Geschlechter: Der argentinische Tango ist normativ kodiert als leidenschaftlich, intensiv, sinnlich, authentisch, roh und vor allem ‚anders'. Sein Anderssein, seine Alterität beruht, wenn wir der ikonographischen und semantisch diskursiven Kodierung folgen, auf seinem argentinischen Ursprung, auf seiner ‚Argentinizität'. Argentinien wird als Ursprung imaginiert, und damit als exotischer, primitiver, gleichsam irrationaler und mystischer Ort, unberührt vom Modernismus und seinen ‚Unannehmlichkeiten' wie Rationalismus,

---

der mittleren und oberen Klasse angehörenden deutschen Frauen hatten und haben nicht die Babies, die sich die ökonomischen und politischen Eliten herbeisehnen.

[6] Ferree in diesem Band.

[7] Wegen Urheberrechtsproblemen kann ich hier leider keine Illustrationen hinzufügen. Es lassen sich aber einige unterhaltsame Momente damit verbringen, das Internet nach Tangobildern zu durchsuchen: Geben Sie ‚tango argentino' ein, und Ihre Suchmaschine wird hunderte, wenn nicht tausende Bilder finden, die das gleiche Thema variieren: Ein männlich-weibliches Paar in mehr oder weniger enger Umarmung, sie in einem roten (oder in anderer Form koketten) Kleid, das viel Haut zeigt und mit hochhackigen Schuhen. Er wird höchstwahrscheinlich in einem mehr oder weniger formellen Anzug abgebildet sein, manchmal mit Hut. Sie wird vermutlich von ihm buchstäblich gehalten, oder sie lehnt sich zurück, manchmal fällt sie dabei fast, oder sie schlingt ein Bein um ihn. In den meisten Fällen wird sie zu ihm aufschauen; wenn sie sich von seinem Oberkörper abwendet, geschieht dies meist aus einer Körperposition, die tiefer ist als seine. Dementsprechend wird er in den meisten Fällen größer sein oder wirken, oft beugt er sich über sie.

politischen Wandel, kulturellen Antagonismen und sozialen Bewegungen.[8] Eine der modernen Maläsen, mit denen sich Argentinien angeblich noch nicht angesteckt hat, ist der Feminismus oder, milder ausgedrückt, das politische Problem der Geschlechtergleichheit.[9] Dementsprechend erscheint der Tango diskursiv als Kultur des reinen, rohen, geradezu wilden Geschlechterkampfes in seiner authentischsten Form: Der Mann jagt und/oder verführt die Frau, die Frau widersteht scheinbar, will sich aber letztlich doch hingeben. Nach meiner Erfahrung als Schülerin, Tänzerin und Lehrerin des Tango ist es gerade dieses Phantasma, die scheinbare Reinheit des Geschlechterkampfs innerhalb stereotyper Geschlechterrollen, was den Tango für so viele Menschen in der ganzen Welt anziehend macht. Das Versprechen, das der Tango macht, sein verführerisches Versprechen ist das auf die erlebbare Intensität archaischer heterosexueller Geschlechterrollen abseits aller intellektuellen, politischen und sozialen Komplexitäten. Meiner Ansicht nach ist dieses Versprechen eine Norm, und zwar eine Norm im poststrukturalistischen, Butlerschen Sinne: unerreichbar, aber gleichwohl konstitutiv für konkrete, köperliche Handlungen.

So weit, so banal und so vollständig übereinstimmend mit Foucault und Butler. Bis hierher könnten wir versucht sein, TangotänzerInnen als somatische Verkörperungen dieser phantasmatischen Diskurse zu denken. Wir könnten so meinen, dass das konkrete Handeln – das Tanzen, die Verwendung des Raums in Lokalen, in denen Tango stattfindet, die Interaktion auf und neben der Tanzfläche, der Tanzunterricht, Workshops usw. – von den beschriebenen Normen determiniert ist. Allgemeiner gefasst: Wir könnten Personen, Individuen oder das Selbst soziologisch als ein Ergebnis von Normen beschreiben. Das Selbst wäre dann die Repräsentation eines Subjekts.

Mind the Gap: Praktiken und Normen

Wirkliche, empirische Subjektivierung funktioniert aber nicht auf diese Weise. Ich *bin* nicht WissenschaftlerIn – nicht immer, nicht vollständig, nicht endgültig. Ebenso wenig *bin* ich Mutter: nicht immer, nicht vollständig, nicht endgültig. Und auch im Tango scheitern die Menschen ständig daran, den Subjekten gerecht zu

[8] Linda Supik hat mich darauf hingewiesen, dass die Konzepte ‚primitiv‘ und ‚natürlich‘ möglicherweise ungenau sind, da – und hierin stimme ich völlig mit ihr überein – der mit dem Tango verknüpfte Symbolismus eng an Urbanität und an das Spiel mit dem ‚Artifiziellen‘ gebunden ist. Gleichwohl würde ich darauf bestehen wollen, dass es eine unterschwellige Phantasie gibt, in der ‚Argentinien‘ im postkolonialen Sinne als das ‚Andere‘ Europas erscheint. Nochmals Dank für die hilfreichen und inspirierenden Kommentare der Herausgeberinnen!

[9] Für eine brilliante Analyse des Tango als kulturelles Produkt und Praxis im Kontext ökonomischer und politischer transnationaler Zirkulation siehe Savigliano 1994.

werden, die sie sein sollten – und klagen dementsprechend häufig über Frustrationen, Trübsinn, Ängstlichkeit, unerwartete Gefühle usw.[10] Gleichzeitig sind sich die Tango-Menschen der Lücke zwischen Normen und Erfahrung im Tango durchaus bewusst. Diese Kluft ist eines der wichtigsten Themen auf allen Ebenen der Tango-Kultur: Jedes Gespräch über Tango dreht sich früher oder später darum, wie mit dem ‚Anderssein' des Tango umzugehen ist. Tango auszuüben wird als unterschiedlich von dem erfahren, was die Bilder und Geschichten über Tango erzählen. Das praktische ‚Tun' wird als etwas anderes als das, was erlernbar ist, *gewusst*. Mehr noch: Die Kluft zwischen Diskurs und Erfahrung ist einer der Hauptantriebe dafür, dass die Tango-Szene lebendig und dynamisch bleibt. Sie bildet ein konstitutives Element einer ‚post-traditionalen' Gemeinschaft, die weder durch schriftlich fixierte Normen definiert noch auf ererbte Traditionen gestützt ist. Anders ausgedrückt: Was und wer Tango ist, muss ständig verhandelt werden, und diese Verhandlungen finden sowohl somatisch als auch sprachlich statt. Interessanterweise drehen sie sich implizit um das, was in der Theorie häufig ausgegrenzt wird: das ‚Supplement' (Derrida 1983, bes. 244–282). Was sind die – charakteristischen und definierenden – ‚Kern'-Eigenschaften des Tango, und was sind ‚Beifügungen' oder gar Verunreinigungen dieses Kerns? Und weiter: Wie ist mit Erfahrungen umzugehen, die systematisch von hegemonialen Normen und Bildern abweichen? Sind sie ein Hinweis auf einen Mangel an Übung und Wissen? Oder werden sie als die eigentlich normale Erfahrung akzeptiert, als das ‚wahre Ding' im Gegensatz zu den idealisierten, normativen Bildern? Diese Fragen halten die Tango-Szene ‚auf Trab', weil sie niemals durch klare und stabile Antworten zum Schweigen gebracht werden können. Jeder Definitionsversuch führt zu weiteren Fragen und weiteren instabilen Konzepten; die Bedeutung entzieht sich. Wie ich an anderer Stelle gezeigt habe (Villa 2009, 2010), ist die beständige Infragestellung dessen, was Leute tun, wenn sie Tango ausüben, nicht nur Teil eben dessen, was Leute tun, wenn sie Tango ausüben (so beteiligen sich alle Tango-TänzerInnen am ‚Tango-Gespräch', bei dem Stil, Orte, Geschichte, lokale Szenen, Musik, PartnerInnen, Kleidung, Reisen, Schritte, sinnliche Erfahrungen usw. diskutiert oder die vielen Bilder und Begriffe kommentiert werden, die in den Medien über Tango zirkulieren). Es ist auch ein Bestandteil des Wissens, das TangotänzerInnen produzieren und auf das sie zurückgreifen.

Allerdings tendiert die Sozialtheorie – ebenso wie ich selbst in meinen früheren soziologischen Untersuchungen über den Tango – durch ihren Fokus auf normative Diskurse und Strukturen dazu, diese komplexe Logik der Praxis zu übersehen. Wie ich bereits betont habe, ist dies noch nicht unbedingt ein Fehler. Es wird aber in dem Moment zum Problem, wo beide Dimensionen miteinander vermischt werden.

---

[10] Als ausführlichere Diskussion des Scheiterns der Subjektwerdung, wie sie in der argentinischen Tangokultur beobachtet werden kann, siehe Villa 2009.

Ich denke, dass die hier knapp skizzierte Tango-Erfahrung die Logik jeder Praxis illustriert. Es ist also die verstörende praxeologische ‚Wirklichkeit', die (alle) Kategorien herausfordert. Im Bestreben, die angenommenen Hauptdimensionen sozialer Ordnung – d. h. im Rahmen der intersektionellen Theorie die Trias von ‚Rasse', Klasse und Gender – benennen zu können, ist das ‚usw.' eine Art theoretischer Rhetorik, die auf der einen Seite die Komplexität der Praktiken und Erfahrungen anerkennt, sie aber auf der anderen Seite tendentiell aus dem Blickfeld räumt.[11] Diese provokative Bemerkung bringt mich von der Tanzfläche zurück zur Theorie.

Die Suche nach Kategorien – ein „Wille zum Wissen"?

Die angeführten Beispiele – das Oxymoron weiblicher Wissenschaftler und die Kluft zwischen Diskurs und Praxis im Tango – lassen folgendes vermuten: Auf der Ebene des Diskurses ist Intersektionalität sinnvoll, und auch ich habe über die Amalgamierung von Geschlecht, Klasse und Ethnizität/Nationalität/Regionalismus im Tango gearbeitet (Villa 2002). Es stellt sich aber die Frage, ob die Kategorien, die wir verwenden (und verwenden müssen), wenn wir mit dem Konzept Intersektionalität arbeiten wollen, geeignet sind, die Praxis zu begreifen. Sehen wir, was in der Praxis geschieht, in den intersubjektiven Mikropolitiken des Alltagshandelns, wenn wir die intersektionelle Brille aufsetzen? Können wir das komplexe ‚Tun' der Menschen mit den – zugegebenermaßen komplexen und verschränkten – Kategorien beschreiben, die uns das Raster Intersektionalität bietet? Oder reduzieren wir erneut die tatsächliche Komplexität und Spezifizität von Praxis auf eine ausgewählte Gruppe von Kategorien, von denen wir annehmen, sie seien (wie die allgemein akzeptierte Trias Geschlecht, ‚Rasse', Klasse) ‚Kern'-Dimensionen moderner sozialer Struktur? Reproduzieren wir dann, wenn das Hauptaugenmerk auf hegemonialen Normen liegt, nicht die Schwachstelle, auf die so viele Ansätze innerhalb der (feministischen) Genderforschung kritisch hingewiesen haben, nämlich die Blindheit für tatsächliche Komplexität und deren normative Dimensionen? Dies sind meine Hauptfragen. Und es scheint mir, dass diese Fragen die jüngste Debatte über Intersektionalität umtreiben, ohne dass sie ausbuchstabiert würden: Es zeigt sich durchaus die Tendenz, die fließende und sich verschiebende Natur praktischen Handelns abzutun, indem man in den ‚usw.'-Modus wechselt. Alles, was nicht in die drei zentralen, kanonisierten Kategorien ‚Rasse', Klasse und Gender passt, wird mit dem magischen ‚et cetera' gebannt. Und selbst wenn wir dreizehn Kategorien verwenden würden (Lutz und Wenning 2001): Würden diese ausreichen, um die spezifische Logik des Handelns zu beschreiben? Wäre es nicht sinnvoller, den

[11] Zum (‚deutschen') Bestehen auf einer strukturellen Perspektive siehe Klinger 2003 und Knapp 2005. Soiland 2008, die Erwiderung von Knapp 2008 und andere diskutieren genau diesen Punkt.

intersektionellen Ansatz mehr in einem prozessualen und damit stärker politischen Sinn zu verwenden, indem wir betrachten, wie unendlich komplexe Interaktionen vergeschlechtlicht, rassifiziert, (hetero-)sexualisiert, klassifiziert werden?

Ich stelle diese Fragen aus zwei Gründen in so scharfer Form. Erstens: Nicht weil ich naiv wäre und davon ausginge, dass (ökonomische, politische und historisch gewachsene soziale) Strukturen (der Beherrschung) das Eine sind und konkrete Handlungen von Personen das Andere. Ich bin ganz im Gegenteil mit AutorInnen wie Bourdieu, Butler, Goffman und Foucault tief davon überzeugt, dass soziale Strukturen soziales Handeln konstituieren und begrenzen, und dass gleichzeitig soziales Handeln soziale Strukturen produziert und gleichzeitig gestaltet. Diese Prozesse sind zutiefst geprägt von Macht, Dominanz und sozialer Ungleichheit (d. h., zum Beispiel geschlechtsspezifisch): Nicht alle Handlungen bringen die gleichen strukturellen Effekte hervor, nicht alle Strukturen beeinflussen alles Handeln in gleichem Maße. Aber wenn wir über die inhärente gegenseitige Konstituierung von Strukturen und Praxen nachdenken, scheint es mir äußerst wichtig zu sein, die Unterschiede zwischen beiden Logiken zu bewahren und zu untersuchen. Wir können soziale Strukturen nicht beschreiben, indem wir konkrete Handlungen rekonstruieren, und wir können Handlungen nicht als einfache Materialisierungen von Strukturen betrachten. Wie schon gesagt, das mag trivial und einfach scheinen – ich würde dem auch zustimmen. Gleichwohl scheint es mir prinzipiell notwendig, die komplexe Verschränkung von Struktur und Handeln zu Ende zu denken, und ich halte es für unabdingbar, dies im Rahmen von Intersektionalität zu tun. Sonst hätten sich Gender- und feministische Theorie erneut dem Vorwurf der Exklusion durch Reduktionismus zu stellen. Und schlimmer noch: durch einen Reduktionismus, der sich selbst für universal, neutral, alles einschließend hält. Das hatten wir bereits: Bin ich dieser Name [‚am I that name'?]? Diese Kategorie? Ist das, was ich tue und erfahre, sichtbar in der ‚hohen Theorie'? Wie Leslie McCall (2005) betont, zielt das ‚antikategoriale' Moment bei intersektionellen Ansätzen auf genau dieses Problem. Aber die antikategoriale Kritik droht in der intersektionellen Theorie marginalisiert zu werden.

Mein zweiter Punkt ist: Ich möchte (einfach) die erwähnten Aspekte, soweit sie in der deutschen Debatte über Intersektionalität von besonderer Bedeutung sind, thematisieren. Es gibt eine beträchtliche und inspirierende Reihe von Arbeiten amerikanischer, britischer und vieler anderer internationaler KollegInnen, die die komplexen Dynamiken intersektioneller Analysen kritisch bearbeiten, insbesondere in qualitativen empirischen Studien; im deutschen Kontext sind solche Ansätze eher selten (Degele und Winker 2009). Zwar gibt es kritische Haltungen gegenüber dem Insistieren darauf, dass endliche kategoriale Strukturen bestimmt werden müssten (Lutz und Wenning 2001; Walgenbach 2007). Interessanterweise konzentriert sich die ‚deutsche' (im Sinne von: deutschsprachige) Debatte über Intersektionalität aber auf Sozialtheorie (im Sinne von ‚Makrosoziologie'), das heißt auf ,Gesellschaftstheorie' (Klinger 2003; Knapp 2005, 2008). Das ist selbstverständlich nicht ,falsch' oder bereits an sich ein Problem. Es will mir aber scheinen, dass es innerhalb dieser Debatte einen Mangel an Sensibilität für das reduktionistische Moment der akzeptierten Trias Klasse/,Rasse'/ Geschlecht und einen Mangel an Sensibilität für die teil-autonome, komplexe Logik sozialen Handelns gibt. Letztere erscheint mir überschattet von einem „Willen zum Wissen" (Foucault) im Hinblick darauf, wie die moderne Gesellschaft im Bereich ihrer Strukturen funktioniert.[12]

Ein programmatischer Vorschlag: Scheitern als Struktur

Um die komplexen Intersektionen (sic!) intersektioneller Strukturen und ,diffuser' Handlungen zu Ende zu denken, schlage ich vor, einen konzeptuellen Rahmen zu verwenden, der zumindest beide Dimensionen und die Unterschiede zwischen ihnen sichtbar hält. Ich wende mich also wieder Butlers Konzeptualisierung der Subjektivierung zu, gebe ihr aber eine somatische Wendung, die m. E. entscheidend ist:

Es gibt im Verhältnis zwischen Subjekten und Personen ein systematisches ,Scheitern'. Wenn wir Prozesse der Subjektivierung näher (d. h.: auf soziologische Weise) betrachten, sehen wir ein beständiges Scheitern von Personen bei ihrem Versuch, Subjekte zu *sein*. Da die jeweiligen regulativen Normen der einzelnen Subjekte dynamisch, verhandelbar und undurchsichtig sind und wir immer, zu jedem Zeitpunkt, viel mehr sind als die jeweilige Subjektposition, die wir einnehmen wollen/müssen, kann die Subjektivierung – im Sinne einer kohärenten, eindeutigen, stabilen und intelligiblen Verkörperung eines Subjekts – nur scheitern. Personen sind, im Vergleich mit Subjekten, exzessiv. Sie zeigen einen Überschuss an Komplexität, an Emotionen, an Bedürfnissen und Begehren, einen Überschuss an biographischer Erfahrung. Die unterdrückten, blockierten Spuren dessen, was wir sein könnten, was wir waren oder was wir sein möchten, suchen alle Prozesse der Subjektivierung heim. Das, was ausgeschlossen wurde, verschwindet nicht und kann auch nicht als Verlust betrauert werden. Butler argumentiert, indem sie sich auf Freuds Auffassung von Melancholie stützt, dass das Verworfene und Ausgeschlossene blockiert, aber auch anwesend bleiben muss. Wir sollen und müssen danach streben, Subjektpositionen gerecht zu werden, aber letztendlich kann uns dies nicht gelingen – zumindest nicht in einem engeren Sinne, der Stabilität, kohärente Identität und Angemessenheit bedeutet. Wir stolpern immer wieder über das, was aus den häufig so engen, sozial akzeptablen Orten, die die

---

[12] Von einem anderen Blickwinkel aus formuliert Gressgard (2008) eine ähnliche Kritik. Sie verweist auf die Notwendigkeit, die Problemfelder Komplexität und Multiplizität zu durchdenken, um die Fallstricke des Reduktionismus zu vermeiden.

Diskurse anbieten, ausgeschlossen wird. Infolgedessen scheitern die Personen daran, Subjekte zu werden.

Fassen wir diesen ersten Teil zusammen: Subjektivierung ist in diesem an Butler und Foucault anschließenden Rahmen ein hochambivalenter Prozess, in den sich jede reale Person hineinbegeben muss, wenn sie sozial (an)erkennbar werden will. Es gibt einfach keinen anderen Weg, der zum Akteursstatus führt. Das Ziel besteht – natürlich wieder im Idealfall – darin, ein Subjekt zu verkörpern. Das heißt, eine Soziologin, ein Mann, eine Mutter, ein Hetero nicht zu werden, sondern zu *sein*. Aber leider funktioniert das nie so, wie es soll.

Mimesis: Scheitern durch Tun auf dem Gipfel der Performativität

Verkörperung ist immer fragil und transitorisch, niemals endgültig. Subjekte implizieren nicht einfach nur regulative Normen, sie implizieren regulative Normen der Verkörperung. Eine Subjektposition innezuhaben bedeutet, einen Titel zu verkörpern. So bedeutet, ein Mann oder eine Frau zu sein notwendigerweise, einen männlichen oder weiblichen Körper zu haben. Das klingt trivial, aber wir haben genügend historische und empirische Hinweise darauf, dass die Verkörperung des Geschlechts äußerst komplex, fragil ist und vor allen Dingen niemals vollständig erreicht wird. Wir erfahren viel über die nicht enden wollenden Bemühungen, sozial als Mann oder als Frau erkennbar zu sein, aus ethnologisch-methodologischen Arbeiten (Garfinkel 1967; Hirschauer 1989): Die übliche Körperpflege beinhaltet Zupfen und Rasieren, Kleidung und Mimik, Liften und Absaugen, Sport und Diät, ‚Auftakeln', in-Szene-setzen und Vorführen. Und so weiter. Es gibt immer mehr und anderes, das getan werden könnte, denn die wirklichen Körper sind immer irgendwie irgendetwas ‚zu': zu dick, zu dünn, zu groß, zu laut, zu aggressiv, zu schüchtern, zu weich, zu stark, zu rund, zu eckig, zu blass, zu dunkel, zu … Darüber hinaus sagen sowohl fortgesetzte empirische Studien als auch theoretische Überlegungen zur ‚intersektionellen' Logik der ‚Herstellung von Differenz' einiges über die Komplexität des Alltagshandelns aus (West undFenstermaker 1995). Dies ist im Kontext des Tango ziemlich offensichtlich. Aber auch in zahlreichen Studien über Transsexuelle sind die ‚offensichtlichen' und scheinbar ‚extremen' Formen der Manipulation des Körpers letztlich Beispiele für etwas, was alle tun; der Unterschied besteht darin, dass die meisten dieser Strategien im Rahmen halbbewusster, prä-reflexiver Habitualisierungen angewandt werden, die auf lebenslangen Sozialisierungsprozessen beruhen. Für die Individuen, die sich ein exotisches Tango-Geschlecht oder ein normalisiertes *weißes* deutsches Soziologieprofessorinnen-Geschlecht oder irgendein anderes Subjekt zulegen, bedeutet dies, in andauernden Prozessen der Verkörperung praxeologisch verwickelt zu sein. Den Körper als „Repräsentation des Sozialen, als ein Symbol und Indikator von

Status und Subjektwerdung" (so die OrganisatorInnen einer Sektion auf einer kürzlich abgehaltenen Konferenz) zu sehen ist daher nur bedingt überzeugend. Körper bezeugen nämlich in gleichem Maße das Scheitern ‚des Sozialen' auf der Ebene des Individuums. Zumindest verweisen sie auf die Komplexität, Fragilität und Konstruiertheit der Sozialität.

Nun gibt es viele Möglichkeiten, Verkörperung zu theoretisieren und zu untersuchen. Anstatt diese in ihrer Vielfalt ausführlich zu besprechen, möchte ich an dieser Stelle die einmal eingeschlagene Richtung beibehalten und einige somatische Aspekte zum Konzept Subjektwerdung hinzufügen.

Zu diesem Zwecke scheint mir das Konzept ‚performative Mimesis' hilfreich zu sein. Mimesis ist ein traditionsreicher Begriff, der hauptsächlich in der Ästhetik und Philosophie (Gebauer und Wulf 1992; Horkheimer und Adorno 2003; Metscher 2003) gebräuchlich ist. In den letzten Jahren hat aber auch das Interesse an den sozialen Aspekten der Mimesis zugenommen: AutorInnen wie Gebauer und Wulf (1992, 1998, 2003), EthnologInnen und SozialtheoretikerInnen, aber auch Butler (1995: 149) reflektieren über den Aussagewert des Konzeptes.[13] Was bedeutet Mimesis in diesem Rahmen? Mimetische Handlungen, schreiben Gebauer und Wulf, sind solche praktischen Handlungen, die in einem gewissen Umfang eine vorangegangene Handlung ‚imitieren' oder ‚nachahmen'. Die Bewegung meines Arms beim Schreiben ist die Nachahmung der Bewegung eines anderen Armes, wie ich sie vielleicht bei einem Freund/einer Freundin, in einem Film, auf der Bühne oder in einem Traum gesehen habe. Körperliche Bezugnahmen auf frühere Welten sind zwangsläufig mimetisch. Wir haben ein Bild von Heidi Klum als weiblichem Subjekt und versuchen, sie nachzuahmen (sofern wir das wollen). Wir sehen einen erfolgreichen Kollegen bei einer Sitzung und versuchen, als Teil unserer eigenen Subjektivierung, wie er zu sein: ebenso überzeugend zu sprechen wie er, ebenso selbstsicher zu lächeln, uns in der gleichen stimmigen Art zu kleiden, vielleicht sogar die gleiche angesagte Nahrung zu uns zu nehmen, damit wir im Milieu aufgehen. TangotänzerInnen versuchen, auszusehen wie die Bilder, sich zu bewegen wie die anderen TänzerInnen, die Drehung nachzuahmen, die der Lehrer oder die Lehrerin ihnen gezeigt hat. Aber es bleibt ebenso selbstverständlich wie meist unberücksichtigt, dass eine Bewegung niemals eine exakte Kopie einer anderen ist. Es ist ja gerade die Eigenheit mimetischer Akte, dass sie niemals ‚Mimikri' oder mechanische Replikationen sind, sondern körperliche Akte, die, indem sie sich auf Handlungen, Bedeutungen und Bilder außerhalb des Akts selbst beziehen, Bedeutung unweigerlich variieren, verschieben, neu erschaffen und (re)produzieren. Um nochmals von der Tanzfläche aus zu argumentieren: Das Bild der ‚leidenschaftlichen' Umarmung, wie sie im Tango-Bild zu sehen ist, fungiert

[13] Zu einer ausführlichen Diskussion des Gebrauchs des Begriffs Mimesis bei Butler siehe Bell (1991: 85–112) und Möhring 2001.

als eine Art ‚Original' abseits der konkreten Bewegungen des tanzenden Paares auf der Tanzfläche, und im gemeinsamen, impliziten Bemühen, *wie* das Bild zu sein/fühlen/auszusehen und sich zu bewegen hat, verändern die Bewegungen, die tatsächlich vom konkreten Paar ausgeführt und erfahren werden, das Bild, weil die Personen, der Kontext, die Situation sich vom ikonographischen Bild unterscheiden. Mimetische Akte sind also „Variation" (Gebauer und Wulf 1998), und das kann auch gar nicht anders sein:

> „Ihre Gleichheit liegt in der Variation; genau dies ist typisch für mimetische Akte. Kein einheitliches theoretisches Prinzip ermöglicht ihre Identifikation als Handlungen des gleichen Typs. Sie finden in immer wieder anderen Situationen statt; sie bringen nie dieselben Resultate hervor. Die Gründe für diese unvermeidlichen Variationen sind die Verschiedenheit der Handlungssituationen, die Beteiligung des Körpers, die je eigene Genese, das Fehlen oder die Unmöglichkeit genauer Aufführungsregeln. [...] Es ist wie mit der Unterschrift: Jeder Mensch hat eine charakteristische, authentische und wiedererkennbare Signatur, aber niemals schreibt man seinen Namen zweimal in exakt derselben Weise." (Gebauer und Wulf 1998: 13 f.)

Wegen der Einzigartigkeit jeder Situation und jeder Person in der einzelnen Situation sind Nachahmungen niemals 1:1-Kopien. Vielmehr variieren mimetische Bemühungen der *‚Anähnlichung'* immer die nachgeahmte Geste. Und genau hierin liegt ihre performative Dimension. Immer, wenn wir wie oder als etwas sein wollen – Frau, Wissenschaftlerin, Vater, Heterosexuelle/r, Tango-Mann – schaffen wir notwendigerweise neue Bedeutungen und Verkörperungen dieser ‚Titel'. Die Neuheit mag kaum wahrnehmbar sein, gleichsam mikroskopisch klein, aber sie ist gleichwohl vorhanden.

Dies gilt um so mehr, als Körper keine Objekte sind, oder wenigstens nicht nur. Wirkliche Körper sind im wirklichen sozialen Leben keine ‚Dinge', sie sind keine statischen Entitäten, sondern fortlaufende Transformationen. Verkörperung ist immer Verkörperung als sozialer Prozess, der sich über Zeit und Raum erstreckt und zahlreiche Schichten der individuellen sozialen Existenz in je spezifischen Schattierungen in sich einschließt. Bilder sind Körper, entmenschlichtes Fleisch ist Körper.[14] Aber davon abgesehen, im Reich des Sozialen agieren wir in und treffen wir auf Prozesse der Verkörperung. Und Verkörperung ist weder statisch noch monothematisch. Wenn wir einander begegnen, in intersubjektiven Situationen von Angesicht zu Angesicht interagieren, betreiben wir Verkörperung. Wir sehen nicht einfach einen Soziologen/eine Soziologin, sondern wir sehen alt oder jung, hübsch oder hässlich, Frau oder Mann oder ähnliches, wir sehen Klasse,

[14] Für eine Kritik des ‚Körpers' als Objekt siehe Horkheimer und Adorno 2003: 266 ff.

Sexualität usw. Und wir handeln dementsprechend. Verkörperung an sich ist ihrer Form nach intersektionell, und wegen ihrer mimetischen Dimension geht sie über jeden kategorialen Rahmen hinaus. Dies ist besonders offensichtlich in empirischen Arbeiten über Verkörperung und wird dort gleichwohl nicht hinreichend berücksichtigt – und noch viel weniger in den Debatten über Subjektivierung. Egal welches Bild wir betrachten wollen oder auf welche Praxis wir unseren empirischen Blick richten möchten: Wir werden niemals *den* subjektivierten Körper finden. Wir werden niemals *das* verkörperte Subjekt in Form des/der Schwarzen, der Frau, des/der TangotänzerIn finden. Statt dessen finden wir komplexe Verkörperungen. Und dieser Komplexität können wir nicht beikommen, indem wir sie intersektionell einhegen.

Anstelle einer Schlussfolgerung: Misstraut dem Hype

Intersektionalität, so wie ich sie verstehe, ist ein Begriff, der seine Wurzeln zum Teil in der Analyse von empirischen Erfahrungen, von Praktiken hat. Diese Herangehensweise lässt sich bis zur berühmten Rede Sojourner Truths (Truth 1851, hooks 1981) zurückverfolgen, in der sie den hegemonialen und weitgehend unhinterfragten Begriff von ‚Frau' (*weiß*, hauptsächlich der mittleren und oberen Klasse angehörend, bürgerlich) in der Ersten Frauenbewegung der USA angriff, indem sie über ihre Erfahrungen als ehemalige Sklavin, Mutter, schwarze Person berichtete.[15] Die Bezugnahme auf eigene Erfahrungen, die über zeitgenössische politische Kategorien (Subjektpositionen) hinausgingen, war einer der Hauptantriebskräfte der zunehmenden Komplexität feministischer Praxis *und* Theorie, unabhängig davon, ob es sich um materielle/ökonomische Bedingungen, ‚Rasse' oder Ethnizität und Fragen der Nationalität oder um Sexualität handelte. Nicht ohne Grund war der Ausgangspunkt in Crenshaws grundlegendem Text (Crenshaw 1989) eben die Unmöglichkeit, konkrete Erfahrungen von Marginalisierung, Diskriminierung und Gewalt (Crenshaw 1994) angemessen zu beschreiben, wenn nur eine Kategorie zur Verfügung steht. Sie ‚passen' auch nicht in zwei Kategorien, zumindest nicht, wenn diese in getrennten, parallelen Analysen angewandt werden:

> „Mein Ziel bestand damals [in Crenshaw 1989, P.-I. V.] darin, deutlich zu machen, das viele Erfahrungen, die Schwarze Frauen machen, sich nicht unter die traditionellen Begriffe von ‚Rassen-' oder Geschlechtsdiskriminierung fassen lassen, wenn diese Begriffe so wie bisher verstanden werden, und dass die Intersektion von Rassismus und Sexismus in das Leben Schwarzer Frauen in einer Weise hineinwirkt, die nicht

[15] Zur Diskussion der ‚Wahrheit' Truths im Rahmen der Debatte über Intersektionalität siehe Brah und Phoenix 2004.

> auf den Begriff gebracht werden kann, wenn die ‚Rassen'- oder Gender-Dimensionen dieser Erfahrungen einzeln betrachtet werden." (Crenshaw 1994, ohne Seitenangabe)

Ich bin davon überzeugt, dass dies für weitaus mehr Kategorien gilt als in diesen Zeilen erwähnt werden, d. h. nicht ‚nur' für ‚Rasse' und Geschlecht:

> „Ich sollte von vornherein klarstellen, dass Intersektionalität hier nicht als eine neue, totalisierende Theorie der Identität angeboten werden soll. Und ich habe auch nicht die Absicht, zu unterstellen, dass Gewalt gegen Frauen *of Color* sich allein durch den jeweiligen begrifflichen Rahmen von ‚Rasse' und Gender, der hier verwendet wurde, erklären ließe. Tatsächlich sind Faktoren, die ich nur gestreift oder gar nicht erwähnt habe, wie Klasse oder Sexualität, häufig ebenso stark daran beteiligt, die Erfahrungen von Frauen *of Color* zu prägen. Meine Betonung der Intersektionen zwischen ‚Rasse' und Geschlecht sollen lediglich aufzeigen, dass es notwendig ist, multiple Quellen von Identität in Betracht zu ziehen, wenn darüber nachgedacht wird, wie die soziale Welt konstruiert ist." (Crenshaw 1994, ohne Seitenangabe)

Gleichzeitig bin ich davon überzeugt, dass es weder hinreichend ist, der Analyse von Erfahrungen eine mehr oder minder große Zahl an Kategorien hinzuzufügen, noch die ‚Arithmetik' der Kategorien zu beenden, indem diese auf das reduziert werden, was von manchen als Kernkategorien sozialer Strukturen angesehen wird. Die Kraft des Konzepts Intersektionalität – eine Kraft, die es zweifellos noch hat und derer wir insbesondere im ethnozentrischen, farbenblinden und heteronormativen Kontext der Gender Studies im deutschsprachigen Raum dringend bedürfen – liegt darin, dass es mit der Berücksichtigung der konkreten Komplexität sowohl der Normen/Strukturen als auch der Praktiken Ernst macht. Niemand ist jemals nur ein Geschlecht. Keine geschlechtliche Norm ist jemals ausschließlich geschlechtsbezogen. Keine Klassenposition bleibt unberührt von Geschlechter- oder ‚Rassen'-Fragen. Und so fort. Das (zugegeben triviale) Beispiel des argentinischen Tango zeigt, dass Geschlecht im Tango immer, unausweichlich, notwendigerweise heteronormativ ist, bestimmt wird durch normative Konstruktionen von ‚Alterität' (argentinisch) und in komplexer Weise markiert wird durch Klasse. Aber es zeigt auch, dass auf der praktischen Ebene, wo mimetische Prozesse der Verkörperung eine entscheidende Rolle spielen, Kategorien wie Sexualität, Gender, Klasse, ‚Rasse' oder Ethnizität usw. körperliche Praktiken konstituieren und diese eben nicht determinieren. Erfahrungen gehen notwendigerweise über die kategorialen Bedingungen, in die sie eingebettet sind, hinaus.

Das „usw.", das uns allen aus theoretischen, politischen und alltäglichen Diskursen bekannt ist, wird in meinen Augen stark unterschätzt. Die Analyse von Verkörperungsprozessen – im Tango oder anderswo – macht recht deutlich, dass dieses usw. *notwendig* ist. Wir werden es niemals loswerden, und der gegenteilige Versuch könnte eine herrschaftliche Geste sein, eine Geste, die eine Form ordentlicher theoretischer Analyse auf den Thron heben will, weil diese für angemessener gehalten wird als die diffuse Logik konkreten Handelns. Diskurs ist Ordnung, zumindest so weit wir ihn kennen und sicherlich in der Moderne, selbst in seinen hohen, post- oder reflexiven Formen.[16] Die Sozialtheorie tendiert dazu, diese ordnenden Ambitionen zu reproduzieren, indem sie diejenigen Kategorien sucht, die *wirklich* wesentlich sind. Und auch wenn ich eher skeptisch bin, ob dies der richtige Weg ist, Sozialtheorie – insbesondere feministische Sozialtheorie – zu betreiben, halte ich es für möglich, dass er auf der Makro-Ebene, d. h. der Ebene des Diskurses selbst, der sozialen Strukturen und der historischen Prozesse in der *longue durée*, gangbar ist.

Aber auf der Ebene der Verkörperung ist Intersektionalität nur von begrenztem Nutzen. So lange sie als heuristischer Rahmen verwendet wird, als eine Art Gedächtnisstütze, um die Komplexität und Intersektion vieler konstitutiver Kategorien bewusst zu halten, ist sie äußerst wertvoll. Was aber die Analyse von Interaktionen, besonders in ihren somatischen Dimensionen, angeht, würde ich vorschlagen, diejenigen Kategorien, die soziale Strukturen konstituieren, zu de-ontologisieren, um sie zu prozessualisieren. Das würde bedeuten, den Blick darauf zu richten, wie außerordentlich komplexe körperliche Praktiken von den AkteurInnen selbst innerhalb dieser Kategorien interpretiert werden. Wie verleihen Menschen ihren Praktiken in spezifischen sozialen Situationen Sinn, und welche Kategorien verwenden sie dafür? Wie werden also Praktiken vergeschlechtlicht, rassifiziert, sexualisiert, klassifiziert? Wenn wir diesen komplexen – und nicht selten ideologischen – Übergang außer Acht lassen, könnte der theoretische Rahmen Intersektionalität die notwendigerweise fragile, instabile, schlüpfrige Natur dessen verdecken, was wir für ontologisch gegeben halten. Genau deshalb plädiere ich nochmals dafür, nicht zu vergessen, was Intersektionalität nach McCall (2005) war oder sein könnte: eine kritische Haltung gegenüber den Kategorien, ja sogar eine antikategoriale Wendung.

Als feministische Soziologin mit starker Affinität zu *queer*-Positionen und mit Migrationshintergrund weiß ich, dass immer weitaus mehr eine Rolle spielt als auf den ersten Blick evident ist. Wenn wir mit Prozessen der Verkörperung – eher als mit *dem* Körper – zu tun haben, wird dies ebenfalls sehr deutlich. Ich hoffe daher, dass Intersektionalität nicht zu einem Intersektional*ismus* wird, der dann Komplexität zugunsten von Ordnung und ordentlicher Theorie objektiviert.

Der Text basiert auf der Übersetzung von Michael Esch.

[16] Ich beziehe mich hier auf die Arbeiten von Bauman (2005) und seine Analyse der Moderne als historischer Ära sowie der modernen Theorie.

Literatur

Bauman, Zygmunt (2005): Moderne und Ambivalenz. Hamburg: Hamburger Edition.
Bell, Vikki (1999): Feminist Imagination: Genealogies in Feminist Theory. London et al: Sage.
Brah, Avtar und AnnPhoenix (2004): Ain't I A Woman? Revisiting Intersectionality. In: *Journal of International Women's Studies* 5(3), 75–86.
Butler, Judith (1995): Körper von Gewicht. Die diskursiven Grenzen des Geschlechts. Berlin: Berlin Verlag .
Butler, Judith (2001): Psyche der Macht. Das Subjekt der Unterwerfung. Frankfurt a. M.: Suhrkamp.
Butler, Judith (2009): Die Macht der Geschlechternormen. Frankfurt a. M.: Suhrkamp.
Crenshaw, Kimberlé W. (1989): Demarginalizing the Intersection of Race and Sex: A Black Feminist Critique of Antidiscrimination Doctrine, Feminist Theory and Antiracist Politics. In: *University of Chicago Legal Forum 1989*, 139–167.
Crenshaw, Kimberlé (1994): Mapping the Margins: Intersectionality, Identity Politics, and Violence Against Women of Color. In: Fineman, M. A. und R. Mykitiuk (Hrsg.): The Public Nature of Private Violence. New York: Routledge, 93–118. Online: http://www.wcsap.org/Events/Workshop07/mapping-margins.pdf (Letzter Zugriff 02.06.2009).
Degele, Nina und Gabriele Winker (2009): Intersektionalität. Zur Analyse sozialer Ungleichheiten. Bielefeld: transcript.
Derrida, Jacques (1983): Grammatologie. Frankfurt a. M.: Suhrkamp.
Garfinkel, Harold (1967): Studies in Ethnomethodology. Malden: Blackwell Publishers.
Gebauer, Gunter und Christoph Wulf (1992): Mimesis: Kultur – Kunst – Gesellschaft. Reinbek b. Hamburg: Rowohlt.
Gebauer, Gunter und Christoph Wulf (1998): Spiel – Ritual – Geste. Mimetisches Handeln in der sozialen Welt. Reinbek b. Hamburg: Rowohlt.
Gressgard, Randi (2008): Mind the Gap: Intersectionality, Complexity and ‚the Event'. In: *Theory & Society*, 10(1), ohne Seitenangabe. Online: http://theoryandscience.icaap.org/content/vol10.1/Gressgard.html (Letzter Zugriff: 02.06.2010).
Harding, Sandra (2008): Sciences from Below: Feminisms, Postcolonialisms, and Modernities. Duke University Press.
Hirschauer, Stefan (1989): Die interaktive Konstruktion von Geschlechtszugehörigkeit. In: *Zeitschrift für Soziologie* 8, 100–118.
Honegger, Claudia (1992): Die Ordnung der Geschlechter. Die Wissenschaften vom Menschen und das Weib. Frankfurt a. M./New York: Campus.
Honneth, Axel und Nancy Fraser (2003): Redistribution or Recognition? A Political-Philosophical Exchange. New York: Verso.
hooks, bell (1981): Ain't I a Woman? Black Women and Feminism. Boston, MA: South End Press.
Horkeimer, Max und Theodor W. Adorno (2003) (Orig. engl. 1944/dt. 1969): Dialektik der Aufklärung. Philosophische Fragmente. Frankfurt a. M.: Suhrkamp (Th. W. Adorno Gesammelte Schriften, Bd. 3).

Klinger, Cornelia (2003): Ungleichheit in den Verhältnissen von Klasse, Rasse und Geschlecht. In: Knapp, G.-A. und A. Wetterer (Hrsg.): Achsen der Differenz. Gesellschaftstheorie und feministische Kritik II. Münster, 14–48.

Knapp, Gudrun-Axeli (2005). „Intersectionality" – ein neues Paradigma feministischer Theorie? Zur transatlantischen Reise von „Race, Class, Gender". In: *Feministische Studien* 23, 68–81.

Knapp, Gudrun-Axeli (2008): Kommentar zu Tove Soilands Beitrag. In: *querelles-net* 26; Online: http://www.querelles-net.de/index.php/qn/article/view/695/703 (Letzter Zugriff 02.06.2010).

Lutz, Helma und Norbert Wenning (2001): Differenzen über Differenz. Einführung in die Debatten. In: Dies. (Hrsg.): Unterschiedlich verschieden. Differenz in der Erziehungswissenschaft. Opladen: Leske und Budrich, 11–24.

McCall, Leslie (2005): The Complexity of Intersectionality. In: *Signs: Journal of Women in Culture and Society* 30(3), 1771–1800.

Metscher, Thomas (2003): Mimesis. Bielefeld: transcript.

Möhring, Maren (2001): ‚...ein nackter Marmorleib'. Mimetische Körperkonstitution in der deutschen Nacktkultur oder: wie lässt sich eine griechische Statue zitieren? In: Gutenberg, A. und R. J. Poole (Hrsg.): Zitier-Fähigkeit. Findungen und Erfindungen des Anderen. Berlin: Erich Schmidt Verlag, 215–233.

Savigliano, Marta (1994): Tango and the Political Economy of Passion. Westview Press.

Schroer, Markus (2001): Das Individuum der Gesellschaft. Synchrone und diachrone Theorieperspektiven. Frankfurt a. M.: Suhrkamp.

Schiebinger, Londa (1989): The Mind has no Sex? Women in the Origins of Modern Science. Harvard: University Press.

Soiland, Tove (2008): Die Verhältnisse gingen und die Kategorien kamen. *Intersectionality* oder Vom Unbehagen an der amerikanischen Theorie. In: *querelles-net* 26. Online: http://www.querelles-net.de/index.php/qn/article/view/694/702 (Letzter Zugriff 02.06.2010).

Truth, Sojourner (1851): Ain't I a Woman? Online: http://en.wikipedia.org/wiki/Ain't_I_a_Woman%3F (Letzter Zugriff 02.06.2010).

Villa, Paula-Irene (2002): Tanz die Leidenschaft! Argentinischer Tango zwischen Phantasma, Anrufung und Herzklopfen. In: *Berliner Debatte Initital. Zeitschrift für Sozialwissenschaftlichen Diskurs* 13, 111–119.

Villa, Paula-Irene (2006): Scheitern – Ein produktives Konzept zur Neuorientierung der Sozialisationsforschung. In: Bilden, H. und B. Dausien (Hrsg.): Sozialisation und Geschlecht. Theoretische und methodologische Aspekte. Opladen/Farmington Hills: Barbara Budrich, 219–238.

Villa, Paula-Irene (2009): „Das fühlt sich so anders an..." Zum produktiven ‚Scheitern' des Transfers zwischen ästhetischen Diskursen und tänzerischen Praxen im Tango. In: Klein, G. (Hrsg.): Translationen. Bielefeld: transcript, 105–122.

Villa, Paula-Irene (2010, i. E.): Subjekte und ihre Körper. In: Wohlrab-Sahr, M. (Hrsg.): Kultursoziologie. Paradigmen – Methoden – Fragestellungen. Wiesbaden: VS.

Walgenbach, Katharina (2007): Gender als interdependente Kategorie. In: Walgenbach, K.; Dietze, G.; Hornscheidt, A. und K. Palm (Hrsg.): Gender als interdependente Kategorie. Neue Perspektiven auf Intersektionalität, Diversität und Heterogenität. Opladen: Barbara Budrich, 23–65.

West, Candace und Sarah Fenstermaker (1995): Doing Difference. In: *Gender and Society* 9(1), 8–37.

„Intersectional Invisibility": Anknüpfungen und Rückfragen an ein Konzept der Intersektionalitätsforschung

Gudrun-Axeli Knapp

In ihrem Text „The Intersectionality of Race and Gender Discrimination" (Crenshaw 2000) geht die amerikanische Juristin und Menschenrechtsaktivistin Kimberlé Crenshaw von der These aus, dass innerhalb des Menschenrechtsdiskurses weder die geschlechtsbezogenen Aspekte rassistischer Diskriminierung noch die rassistischen Implikationen der geschlechtsbezogenen Diskriminierung angemessen begriffen sind. Sie nennt dieses systematische Überblenden „Intersectional Invisibility". In meinem Beitrag stelle ich zunächst Crenshaws wesentliche Argumente vor, insbesondere ihre Überlegungen zur Problematik der „Intersectional Invisibility", die sie auf einer primär antidiskriminierungspolitischen Folie reflektiert. Anschließend werde ich darstellen, wie das Konzept der „Intersectional Invisibility" in der amerikanischen Sozialpsychologie aufgegriffen wurde. Hier geht es um Wechselwirkungen und Interferenzen auf der Ebene der Fremdwahrnehmung und Kategorisierung von Individuen und Gruppen, um sozialpsychologische Prozesse der Herstellung von Über-Sichtbarkeit und Unsichtbarkeit und deren Abhängigkeit von unterschiedlich kombinierten Formen der Gruppenzugehörigkeit. Das Beispiel aus der Sozialpsychologie zeigt, in welcher Weise fachliche Spezialisierungen die transdisziplinär geprägte Intersektionalitätsdiskussion durch Ausdifferenzierung bestimmter Aspekte der Thematik weiterbringen können. In diesem Fall ist es die Forschung zu Konstruktionsprozessen sozialer Zugehörigkeit und zu kognitiven Urteilsheuristiken, die Crenshaws Überlegungen ergänzen und mit einem sozialpsychologischen Akzent vertiefen. Allerdings werden dabei auch fachspezifische Engführungen sichtbar, die ich aus einer sozialpsychologisch/subjekttheoretischen und einer soziologisch/gesellschaftstheoretischen Perspektive kommentiere. Dabei gehe ich von der Frage aus, welche Anknüpfungspunkte das Konzept der „Intersectional Invisibility" für eine feministische Forschung bietet, die den komplexen Vermittlungen von Geschlechterverhältnissen mit anderen Verhältnissen sozialer Teilung Rechnung trägt. Das Verständnis von „Intersectional Invisibility" kann erweitert werden durch einen gesellschaftstheoretisch informierten Blick auf Strukturzusammenhänge, die den Einblick in ihr Gewordensein und damit auch ihre spezifische Herrschaftsförmigkeit verstellen. In der Begründung des Sinns und der Notwendigkeit der Ausarbeitung eines makro- bzw. gesellschaftstheoretischen Begriffsrahmens wird jedoch zugleich erkennbar, dass die intersektionelle Perspektive nicht nur den Horizont der Gesellschaftsanalyse erweitert, sondern zugleich die Möglichkeit unterminiert, ohne Kurskorrekturen an überkommene Formen der Gesellschaftstheorie anzuknüpfen (Knapp 2008). Umgekehrt wird aber ebenso deutlich, dass der Versuch der gesellschaftstheoretischen Öffnung/Fundierung einer intersektionellen Forschungsperspektive die Möglichkeit deplausibilisiert, sich mit einem „gruppistisch" (Brubaker 2007) gefassten Verständnis sozialer „Kategorien" zu bescheiden (zu einer kontroversen Diskussion dieser Problematik siehe: Querelles-Net Forum 2008). Das hat Folgen für die Konzeptionalisierung von „Intersectional Invisibility".

Formen der Entnennung: Intersektionelle Unsichtbarkeit – Über-Inklusion – Unter-Inklusion

Kimberlé Crenshaw spricht von „Intersectional Invisibility", um das systematische Über- und Ausblenden von Differenzen innerhalb diskriminierter Gruppen (*Intra-Group-Difference*) durch die gängigen Konzepte von *„Race- and Gender-Discrimination"* zu bezeichnen. Ihr Text „The Intersectionality of Race and Gender Discrimination", dessen erste Version für ein *„Expert Group Meeting on Gender and Race Discrimination"* formuliert wurde, das 2000 in Zagreb/Kroatien stattfand, formuliert einen Leitfaden, der es erlauben soll, die interaktiven Effekte zwischen beiden Diskriminierungsformen in praktischer Absicht zu identifizieren. Die spezifischen Probleme rassistisch marginalisierter Frauen würden unsichtbar, wenn sie alternativ entweder nur als Ausdruck geschlechtlicher Dominanzverhältnisse *oder* als Ausdruck rassistischer Unterdrückung bestimmter Gruppen aufgefasst und politisch bzw. juristisch auch alternativ addressiert werden. Im Kontext solcher Verdeckungen, so Crenshaw, entstehen die Zwillingsprobleme von „Über-Inklusion" und „Unter-Inklusion", und nirgendwo würden diese Probleme deutlicher als in der Frage der Intra-Gruppen-Differenz.

Mit dem Begriff der „Über-Inklusion" bezeichnet Crenshaw den Vorgang, dass ein Problem oder eine Lage, die spezifisch und überproportional bestimmte Teilgruppen ethnisch oder rassistisch kategorisierter Frauen betrifft, schlicht als „Frauenproblem" adressiert wird. Das führt zu einer unzureichenden Problemanalyse mit der Folge, dass auch die politischen Handlungsempfehlungen unzureichend sind. Als Beispiel führt sie den Diskurs über Frauenhandel auf, der die Problematik in einem Gender-Rahmen begreift, ohne zu berücksichtigen, dass die Wahrscheinlichkeit, Opfer von Frauenhändlern zu werden, für bestimmte Gruppen von Frauen größer ist als für andere. Der Parallelbegriff der „Unter-Inklusion" bezeichnet den entgegengesetzten Vorgang, dass ein Problem, das eine bestimmte Untergruppe (*subset*) von Frauen *als Frauen* betrifft, nicht als vergeschlechtlichtes Problem (*gendered problem*) in einer ethnisierten Artikulationsform gesehen werden kann, weil der geschlechtsbezogene Aspekt durch die ethnische Rahmung völlig überdeckt wird und/oder weil es nicht die Erfahrungen von Frauen der dominanten gesellschaftlichen Gruppen reflektiert, nach deren Maß gemeinhin die Konturen sexistischer Diskriminierung definiert sind. In ihrem Text entwickelt Crenshaw ein, wie sie es nennt, *„provisional framework“*, das es von Mehrfachdiskriminierung betroffenen Menschen erlauben soll, diese Erfahrung zur Sprache zu bringen.

Wer fällt auf – wer wird übersehen? Vor- und Nachteile intersektioneller Gruppenzugehörigkeit

In der amerikanischen Psychologie ist das Konzept der „Intersectional Invisibility“ mit fachspezifischen Akzentsetzungen ausgearbeitet worden. In ihrem Artikel *„Intersectional Invisibility: The Distinctive Advantages and Disadavantages of Multiple Subordinate-Group Identities“* entwickeln die SozialpsychologInnen Valerie Purdie-Vaughns und Richard P. Eibach (2008) die These, dass die Zugehörigkeit zu *mehreren* untergeordeten Gruppen eine Person „unsichtbar“ macht im Vergleich zu denjenigen, die nur *einer* untergeordneten Gruppe zugehören. In der erstgenannten Kategorie finden sich zum Beispiel weibliche, heterosexuelle Mitglieder einer ethnischen Minderheitengruppe; schwule/bisexuelle männliche Angehöriger einer ethnischen Minderheit; weiße, lesbische/bisexuelle Frau u. a. m.. Für die zweite Kategorie stehen der weiße Mann, der schwul ist; die weiße heterosexuelle Frau oder heterosexuelle männliche Angehörige einer ethnischen Minderheit. Purdie-Vaughns und Eibach begründen diese These mit Hilfe der kognitiven Sozialpsychologie, der Vorurteils- und Stereotypenforschung und mit einem Fokus auf Fragen sozialer Identitätskonstruktion. Dabei interessiert sie insbesondere, wie psychologische *Biases* in der Fremdwahrnehmung mit kulturellen Deutungsmustern und Ideologien interagieren. Aus ihrer Sicht tragen androzentrische, ethnozentrische und heterozentrische Ideologien dazu bei, dass Menschen mit *„multiple subordinate identities“* als nicht-prototypische Mitglieder ihrer jeweiligen „Identitätsgruppe“ wahrgenommen werden. Diese Personen erfahren dann das, was bei Purdie-Vaughns und Eibach, „Intersectional Invisibility“ heißt. Es gibt zahlreiche Berührungen zu Crenshaws Überlegungen zu „Intersectional Invisibility“ sowie den Konzepten Über-Inklusion und Unter-Inklusion, allerdings konzentrieren sich Purdie-Vaughns und Eibach auf intersektionelle Unsichtbarkeit als Effekt kognitiver Prototypenbildungen, die soziale Wahrnehmungen grundieren und Aufmerksamkeitsökonomien steuern. Die Unsichtbarkeit nicht prototypischer Mitglieder von Gruppen, so Purdie-Vaughn und Eibach in Abgrenzung gegenüber den von ihnen kritisch diskutierten Ansätzen der Mehrfachdiskriminierung, ist verknüpft mit einer spezifischen Mischung von Vorteilen und Nachteilen, die Menschen mit „intersektionellen Identitäten“ erleben.

Die AutorInnen buchstabieren ihre Grundidee anhand verschiedener Konstellationen durch, indem sie sowohl Vorteile als auch Nachteile der „Intersectional Invisibility“ auflisten. Zu den Vorteilen zählen sie zum Beispiel, dass relative Unsichtbarkeit dazu führen kann, dass man weniger stark als die sichtbareren Mitglieder der Gruppe aktive Formen des Diskriminiertwerdens und der Unterdrückung auf sich zieht. Als Illustration wird das Beispiel aus der TV-Serie „Six Feet Under“ zitiert, nach dem zwei ca. fünfzigjährige Frauen auf Diebestour gehen in der Gewissheit, nicht erwischt zu werden, da Frauen dieses Alters „unsichtbar“ seien. Ein weiteres Beispiel bezieht sich auf die oft dokumentierte relative Unsichtbarkeit weiblicher Homosexualität und das im Vergleich zur männlichen Homosexualität geringere Interesse, diese juristisch zu verfolgen. Die in der Ideologie des Androzentrismus begründete Tendenz, Männer als prototypische Gruppenmitglieder zu sehen, wird aus dieser sozialpsychologischen Perspektive dazu führen, dass *subordinate men* öfter als *subordinate women* Opfer aktiver Formen der Unterdrückung werden. Ähnlich wie Kimberlé Crenshaw und teilweise auf deren Überlegungen gestützt, unterscheiden die AutorInnen zwischen Historischer Unsichtbarkeit (*Historical Invisibility*), Kultureller Unsichtbarkeit (*Cultural Invisibility*) Politischer Unsichtbarkeit (*Political Invisibility*) und Rechtlicher Unsichtbarkeit (*Legal Invisibility*).

Zwischenresümee: Desiderate und offene Fragen

In beiden Texten, die jeweils für sich betrachtet die Grenzen fachlicher Spezialisierung produktiv überschreiten, zeigen sich Desiderate, die ich im Folgenden benenne, obwohl mir bewusst ist, dass man von einem antidiskriminierungspolitischen Arbeitspapier (Crenshaw 2000) und einem programmatischen Aufsatz in der Sozialpsychologie (Purdie-Vaughns und Eibach 2008) nicht erwarten kann, dass alle Aspekte ausgearbeitet sind. Ich nenne die Desiderate denn auch im Verständnis einer positiven und die Optionen auslotenden Anknüpfung an die Überlegungen zur intersektionellen Unsichtbarkeit.

Ein erstes Problem betrifft die Konzeptualisierung und Situierung von Differenz in der kulturellen Ordnung der Moderne. Die starke Betonung von Konstruktionen der Gruppen-Identität (*group-identities*), so nachvollziehbar sie aus der Perspektive der jeweiligen Problemstellungen (Diskriminierung/Prototypikalität) auch ist, führt hier zu einer gewissen Verengung. In den Blick geraten, das ist offenkundig bei Purdie-Vaughns und Eibach, nur die kategorienbasierten Typisierungen und Markierungen. Nun ist aber in der feministischen Forschung bekannt, dass die androzentrische Struktur der symbolischen Ordnung sich nicht in der Markierung von Differenzen und Hierarchien erschöpft, sondern ihren Gipfel geradezu darin findet, dass der androzentrische Maßstab selber unmarkiert bleibt und als unmarkierter universalisiert wird, wie etwa im Begriff des Menschen oder der Person. Diese Pointe des Androzentrismus entgeht Purdie-Vaughns und Eibach, obwohl sie sich auf dieses Konzept beziehen. Die Nicht-Markierung des dominanten Allgemeinen ist die Perfektion eines überaus wirksamen Abstraktions- und Exklusionsmechanismus der Moderne, der von dem Pathos der Entpartikularisierung zehrt, das die Voraussetzung und zugleich das Medium der Universalisierung darstellt. Auf der Folie der einmal etablierten Universalismen und in deren Vermittlungszusammenhang sind Konstruktionen des „Besonderen – Minderen – Anderen“ (Knapp 1987) nicht mehr das, was unter vormodernen Bedingungen waren. Die fehlende Markierung des „Menschen“ erschwert es, die Privilegierung, die sich in diesem Allgemeinen verbirgt, sozialen Machtverhältnissen und spezifischen Gruppen zuzuordnen. Die Form der Unsichtbarkeit, die durch diese Form der hegemonialen Entpartikularisierung konstituiert wird, lässt sich mit der auf Gruppenkategorien bezogenen Bezeichnung *inter-section* nicht fassen. Ähnliche Problematiken sind in der *Critical Whiteness*-Debatte verhandelt worden, wonach nur „Schwarze“ oder „People of Color“ mit Kategorien der „Rasse“ belegt werden, „weiße“ Menschen aber in der Regel unmarkiert bleiben. Die jeweils implizierten Relationen sind allerdings zu kontextualisieren und zu historisieren: so geht bekanntlich die Politik der Nationalsozialisten nicht nur mit einer zunehmenden Selbstethnisierung des „deutschen Volkes“ (Küster 2007) einher. Im evolutionistischen und eugenischen Dispositiv des „Rassenkampfes“ ist sie auch mit einer Selbstrassialisierung als Angehörige der „weißen Rasse“ verbunden, die sich als „Rasse“ von Herrenmenschen feiert.

Die changierenden Verhältnisse zwischen 1. unmarkiertem Allgemeinem und markiertem Besonderem (Der Mensch und sein Weib), 2. geschlechtlich markierter aber identitätslogisch-hierarchisch konstruierter Differenz zwischen Besonderem A und Besonderem Nicht-A (Mann = Nicht-Frau), 3. geschlechtlich markierter einfacher Differenz von Besonderem A und Besonderem B (Mann/Frau) und 4. dem situativ-flexiblen und auch mit Substereotypen von Männlichkeit und Weiblichkeit operierenden *„nitty-gritty-of everyday-talk“* sind bisher erst ansatzweise untersucht. Dies gilt erst recht für die Frage der kulturell-symbolischen Formen in denen sich in jeder der vier genannten Hinsichten Interferenzen zwischen unterschiedlichen sozialen Kategorisierungen (z. B. Klasse, Nationalität/Ethnizität, Sexualität) entweder zeigen können oder unsichtbar werden.

Das zweite Desiderat betrifft das Verhältnis von Fragen der *Intra-Subjektivität* und der *Inter-Subjektivität.* Gibt es auch im Selbstverständnis der Subjekte, d. h. im *Binnenverhältnis* der Menschen, Phänomene der „Intersectional Invisibility“? Ich denke hier an Formen der Ausblendung, Verleugnung oder Verdrängung der

Zugehörigkeit zu mehrfach diskriminierten oder privilegierten Sozialkategorien. Damit ist u. a. das Problem der Wahrnehmung, Erfahrung und Verarbeitung von Diskriminierung angesprochen, dessen Einbeziehung für *beide* Texte eine wichtige Erweiterung sein könnte. Zu den schmerzhaftesten Seiten der Mehrfachdiskriminierung gehört ja die Unsicherheit darüber, nicht genau zu wissen, warum und auf welcher Basis „so“ mit einem umgegangen wird: Weil ich eine Frau bin, weil ich Schwarz bin, weil ich bin wie ich bin? Die *intrapsychische* Herstellung von intersektioneller Unsichtbarkeit in der Form von Verdrängung oder Verleugnung, die Abschottung gegenüber der kränkenden Selbstwahrnehmung als Opfer von mehrfacher Abwertung, Geringschätzung und Übersehenwerden, kann eine der individuellen *Coping*-Strategien in der Verarbeitung von Diskriminierung sein. Auf der anderen Seite, der Seite der mehrfach Privilegierten, gehört das kognitive und affektive Entnennen und Verdrängen der Privilegierung geradezu zur psychischen und politischen Aufrechterhaltung des *status quo.* Sozialpsychologisch gesehen öffnet sich hier ein weites Feld von *intra- und inter-subjektiven* „Affektpolitiken“: Es reicht von Ignoranz und kühler Indifferenz über das punktuelle und selektive Zulassen des Gedankens der Privilegierung (etwa als Mann gegenüber Frauen, nicht aber als Deutscher gegenüber Einwanderern) bis hin zur affektbesetzten Verteidigung der Wahrnehmungsbarriere, die einen davon abhält, die eigene privilegierte Position überhaupt zu bedenken, geschweige denn durchzudenken. Zwischen beiden Seiten der intersektionellen Unsichtbarkeit, der Verdrängung multipler Diskriminierung und der Verdrängung multipler Privilegierung, besteht ein „inneres Band“, das die politische Kultur und den Umgang miteinander prägt. Für soziale Lernprozesse und Bündnispolitiken ist die Arbeit an solchen Formen der komplementären intersektionellen Unsichtbarkeit zentral. Wenn Diskriminiertwerden nicht benannt und Diskriminieren nicht erkannt wird, haben wir ein „Problem ohne Namen“(Friedan 1966).

Man könnte die Frage nach den Selbstverhältnissen, die mit dem in der angloamerikanischen Diskussion ebenso populären wie selten explizierten Konzept der *„identity“* bezeichnet werden (Siems 2007), allerdings auch in entgegengesetzter Richtung stellen: Ist es überhaupt sinnvoll, den Intersektionalitätsbegriff auf subjektive Binnenverhältnisse auszudehnen? (Kritisch dazu: Rendtorff 2008) Setzt diese Option nicht einen kategorienbasierten Begriff von „Identität“, d. h. wörtlich Einerleiheit/Mitsicheinssein, theoriearchitektonisch voraus? Einen Begriff, der zu einem reifizierten Verständnis von *„membership categories“* verleitet, das auch durch Multiplizierung und Hybridisierung nicht völlig zu vermeiden ist? Einen Begriff, der vor allem bezogen auf Fragen der Klassenzugehörigkeit spezifische Schwierigkeiten aufwirft? (Skeggs 2004) Einen Begriff, der sich überdies nur begrenzt verträgt mit jenen konfliktdynamisch orientierten Varianten der Sozialpsychologie und der Politischen Psychologie, die sich in Anknüpfung an die Psychoanalyse als Ergänzung oder Alternative zu kognitiven und interaktionistischen Ansätzen anbieten und in der deutschsprachigen feministischen Theorie eine gewisse Rolle spielen. Welche Formen der „Intersectional Invisibility“ sind in den Selbstverhältnissen der Subjekte überhaupt vorstellbar, wenn man berücksichtigt, dass innere und äußere Vergesellschaftung nicht kongruent sind? (Becker-Schmidt 1990) Ist der Identitätsbegriff nicht ein unter bestimmten soziokulturellen und politischen Gesichtspunkten zwar nützlicher, aber letztlich trügerischer und kurzschlüssiger Brückenschlag über diese Kluft? Kurzum: man kommt mit Ansätzen der kognitiven Sozialpsychologie sowie der soziologischen und sozialpsychologischen *Social Identity*-Forschung, die im englischen Sprachraum zu überwiegen scheinen, zu *anderen* sozialpsychologischen Problematiken und Erkenntnissen als mit einer konfliktdynamisch orientierten Sozialpsychologie, für deren Blick auf die Subjekt*konstitution* Geschlecht und Begehren fundamentaler sind als etwa Kategorien von Nationalität oder Klasse. Die letztgenannten Kategorien beeinflussen die Erfahrungen und Selbstwahrnehmungen in anderer Weise als die in den frühesten Nahebeziehungen wurzelnden Unterscheidungen von mir und anderen, die in intime und affektiv aufgeladenene Beziehungen von Abhängigkeit und Anhänglichkeit eingebunden sind. Hat die jeweils spezifische Verankerung der Unterscheidungen in der Subjektgenese und die damit verbundenen affektiven Bindungen und Konfliktdynamiken Auswirkungen auf die Formen ihrer Aktualisierung im Selbstbezug sowie in intersubjektiven Beziehungen im Erwachsenenleben? Wie beeinflussen intersektionelle Aspekte die Formen der Aktualisierung? Wie wirkt sich in diesem Zusammenhang das Phänomen der psychischen Nachträglichkeit aus, das Faktum, dass wir vorgängige Erfahrungen nicht „an sich“ revozieren können, sondern immer nur auf dem Hintergrund *gegenwärtiger* Erlebnis- und Deutungshorizonte? Wenn man „Nachträglichkeit“ einbezieht, haben wir es mit anderen temporalen Strukturen zu tun als denjenigen, die in entwicklungspsychologischen Experimenten zur frühkindlichen Bedeutung von Geschlecht und Rassekategorien unterstellt werden. Die Frage, die ich hier nur aufwerfen, aber nicht beantworten kann, ist die, inwieweit sich die beiden Perspektiven (auf *intra-* und *inter-subjektive* Prozesse) wechselseitig ausschließen oder ob es möglich ist, sie füreinander produktiv zu machen? Ich plädiere für weitere Anstrengungen in die letztgenannte Richtung.

Zu den Desideraten, die sich aus einer *soziologischen* Sicht ergeben, gehört unter anderem, dass die verwendeten Strukturbegriffe nicht erläutert werden. Eine klarere Differenzierung zwischen Phänomenen der Machtdisparität und Machtkonflikten, Herrschaftsformen, Formen der Gouvernementalität, Strukturen der Ungleichheit und Formen der Diskriminierung würde der Diskussion zweifellos gut tun. Auch wenn man analytisch *Diskriminierung* und *Ungleichheit* innerhalb und zwischen *sozialen Gruppen* fokussiert (relative Privilegierung/Depravierung; relative Positionierung von Gruppen in einer Schichtungsstruktur), stellt sich aus soziologischer Sicht die Frage, wie diese Struktur ihrerseits in die Gesamtgesellschaft eingebunden ist: Wie sind spezifische Kategorien von Menschen in den gesellschaftlichen Reproduktionsprozess eingebettet und wie beeinflusst die Form ihrer Einbindung und ihres Handelns unter diesen Bedingungen ihre Positionierung im System der Ungleichheit? Sind „Kategorien“ von Menschen immer „Gruppen“ und wenn ja, in welchem Sinne?

Um solche Fragen in einem umfassenden Verständnis angehen zu können, bedarf es nach meiner Überzeugung zum einen der Klärung des Verständnisses von Ungleichheit. Um die Reproduktionsbedingungen komplexer Ungleichheit in der modernen Gesellschaft begreifen zu können, bedarf es darüber hinaus der Gesellschaftstheorie. Aber dies ist leichter proklamiert als umgesetzt, denn Gesellschaftstheorie gibt es nicht *„as such“*. Es bieten sich unterschiedliche Theorietraditionen im Blick auf Gesellschaft an, deren jeweilige Anschlussfähigkeit für Fragen der Intersektionalität entsprechend verschieden ausfällt. Ich selbst bemühe mich, in kritischer Anknüpfung an Problemstellungen der frühen Kritischen Theorie, Max Webers und Foucaults, Möglichkeiten der Gesellschaftsanalyse auszuloten, die Phänomene sozialer Differenzierung/Modernisierung ebenso berücksichtigt wie historisch sich wandelnde interferierende Formen von Herrschaft und Ungleichheit und die in diesem Zusammenhang auch der spezifischen Form, die Vergesellschaftung unter kapitalistischen Bedingungen „vor aller besonderen Schichtung“ (Adorno 1990) annimmt, Rechnung tragen kann (Knapp 2009). Die Frage, die ich im folgenden Abschnitt aufwerfen möchte, ohne sie allerdings in diesem Rahmen umfassend bearbeiten zu können, gilt den Übertragungsmöglichkeiten des Konzepts der *„Intersectional Invisibility“* in einen weiteren gesellschaftstheoretischen Horizont.

Verstellte Einsichten – herrschaftsförmige Vermittlungen

Wenn es um gesellschaftstheoretische Optionen geht, so lassen sich zwei Hauptrichtungen grob unterscheiden, die vor allem darin divergieren, auf welcher Ebene sie Vergesellschaftungsformen anvisieren:

Handlungstheoretisch orientierte Gesellschaftsanalysen beziehen sich vorwiegend oder ausschließlich auf *Akteure und deren Praxen* mit Blick auf sozialstrukturelle und diskursive Bedingungen ihres Handelns sowie auf Gesellschaft als eines Gefüges von Institutionen als regulierten Praxen. Der Begriff Vergesellschaftung akzentuiert hier die historisch entstandene Formierung von Austausch- und Interdependenzbeziehungen zwischen gesellschaftlichen Akteuren.

Im engeren Sinne *gesellschaftstheoretisch* (auch system- und differenzierungstheoretisch) orientierte Analysen beziehen noch eine darüberliegende Konstruktionsebene ein. Sie fokussieren zusätzlich Formen der historischen Ausdifferenzierung der Gesellschaft in Teilsysteme, Sphären, Sektoren oder Felder sozialer Reproduktion und deren Zusammenhang untereinander. Dementsprechend bezieht sich der Begriff Vergesellschaftung hier nicht (nur) auf die Formen der Einbindung von Akteuren bzw. sozialen Gruppen in den gesellschaftlichen Lebensprozess, sondern auf die Austausch-, Interdependenz- und Regulationsverhältnisse zwischen gesellschaftlich ausdifferenzierten Funktions- oder Teilbereichen. Gefragt wird, wie die unterschiedlichen Sphären sozialer Reproduktion selber vergesellschaftet sind (wie sie miteinander als interdependente zusammenhängen) und wie die Art und Entwicklungsdynamik dieser Vergesellschaftung (ihres Zusammenhangs untereinander) rückwirkt auf Strukturen und Prozesse in den Teilbereichen. Welche Teilbereiche einbezogen werden und aus welcher Perspektive ihr Zusammenhang untereinander konzipiert wird, unterscheidet sich in den Ansätzen. Wirtschaft, Staat, Haushalt/Familie/Intimität, und das Verhältnis von Recht, Wissenschaft und Religion, gehören zu den für ein Verständnis von Vergesellschaftung in der modernen Gesellschaft zentralen Bereichen. Das vieldiskutierte Hauptproblem aller Analysen in dieser Perspektive besteht darin, wie man der Komplexität der Vermittlungen analytisch gerecht werden kann, ohne in deterministische oder funktionalistische Sichtweisen zurückzufallen.

Meine Vermutung ist, dass Fragen der Intersektionalität und damit auch der intersektionellen Unsichtbarkeit sich leichter im Rahmen *handlungs*theoretischer Gesellschaftstheorien verhandeln lassen, die es noch erlauben, auf Personenkategorien zu referieren, dass aber ihre Übersetzung in eine im engeren Sinne gesellschafts- bzw. differenzierungstheoretisch angelegte Begriffsarchitektur auf charakteristische Schwierigkeiten stößt, die es genauer auszuleuchten gilt.

Fragen wir zunächst etwas allgemeiner, wie das *Unsichtbarwerden* sozialer Zusammenhänge oder Herrschaftsverhältnisse in der Soziologie und der Gesellschaftstheorie überhaupt gedacht werden kann und übersetzen das im zweiten Schritt auf die Frage, ob das auch für die Problematik der *intersektionellen* Unsichtbarkeit produktiv gemacht werden kann. Ich unterscheide hierbei zwischen der Thematisierung von Unsichtbarkeit in Sozialtheorien im engeren Sinne (*social theory*) und einer Theorie der Gesellschaft (*theory of society*), wie sie in der kritisch an Marx anknüpfenden frühen Frankfurter Schule gedacht worden ist, auf die sich auch feministische Theoretikerinnen beziehen. Für beide lassen sich charakteristische Konzeptualisierungen von Unsichtbarkeit benennen, die unterschiedliche Formen der Kritik und des ent-dinglichenden Denkens nahe legen.

Das Unsichtbarwerden und Unsichtbarmachen sozialer Zusammenhänge von Macht, Herrschaft und Ungleichheit und deren Interferenzen ist mit unterschiedlichen Begriffen verknüpft worden. Die Formen, in denen sich das Unsichtbarwerden vollziehen kann, reichen von der Naturalisierung, der Normalisierung bis hin zur Verdinglichung des Sozialen. In allen Fällen geht es um die Herstellung eines Scheins von Unmittelbarkeit, d. h. eines Scheins unvermittelter Gegebenheit, Ursprünglichkeit oder Natürlichkeit, der den Einblick in den tatsächlich gesellschaftlich-kulturellen Charakter der Phänomene verstellt. In der jüngeren

Geschlechterforschung aufgegriffene Zugänge zu dieser Problematik sind beispielsweise Mary Douglas' Überlegungen zum „sozial strukturierten Vergessen" (Douglas 1991) oder der Sozialkonstruktivismus von Berger und Luckmann (1969), die der Objektivation sozialer Beziehungen nachgehen und dabei an Marx' Überlegungen zur Entfremdung und Verdinglichung anknüpfen, die sie wissenssoziologisch wenden (Knorr-Cetina 1989).

Die in diesen Ansätzen nahegelegte Methode der systematischen und historisierenden Rekonstruktion gehört, nicht nur in der Soziologie, zu den bevorzugten Verfahren ent-dinglichender Kritik. So könnte man mit einem auf diese Weise erweiterten Verständnis von „Intersectional Invisibility" im Verhältnis von Klasse und Geschlecht für den deutschen Kontext etwa rekonstruieren, wie im Zuge des Hegemonialwerden und Tradierens des Ideals der Ernährer-Hausfrau-Familie zunehmend deren Herkunft aus der bürgerlichen Sozialschicht unsichtbar wird. Mit der Normalisierung, Naturalisierung, politisch-rechtlichen Institutionalisierung und Tradierung bürgerlicher Geschlechtsrollen und Familienkonzepte wird ebenfalls unsichtbar, wie weitgehend die materiellen Bedingungen der Möglichkeit dieser Ehe- und Familienform an eine bestimmte Form der Positionierung in der Ungleichheitsstruktur und an Systeme sozialstaatlicher Absicherung gebunden bleiben. Zur klassenübergreifend tatsächlich gelebten Realität wurde dieses Modell, zumindest gilt das für West-Deutschland, nur für eine kurze Zeit nach dem Zweiten Weltkrieg. Dieses Faktum wird in zeitdiagnostischen Thesen von einer „Ent-Traditionalisierung" der Geschlechterrollen unterschlagen. Insofern handelt es sich bei der Rede von der „Ent-Traditionalisierung" weniger um eine angemessene Diagnose sozialen Wandels, als um eine Rückprojektion und Überverallgemeinerung der westdeutschen Verhältnisse der 50er und 60er Jahre in das 19. Jahrhundert und um die Entnennung der genuin *modernen* und dabei klassenspezifischen Herkunft dieser Familienform und Geschlechterrollen. Das allmähliche Unsichtbarwerden oder sozial strukturierte Vergessen der Klassenherkunft des Ernährer-Hausfrau-Modells geschieht historisch nicht nur auf der ideologischen Ebene. Die hegemonial gewordene Norm wird auch unsichtbar gemacht im Zuge ihrer Übersetzung in Politik und in die Faktualitäten, die diese durch ihre Entscheidungen hervorbringt. In der staatlichen Politik wirkt das Ernährer-Hausfrau-Modell auf vielfältige Weise orientierend, etwa in den Bereichen der Sozialgesetzgebung, der Familiengesetzgebung, der Bildungspolitik oder der Arbeitsschutzgesetzgebung. Es wird nicht nur von Konservativen in strukturwirksame Entscheidungen gegossen, sondern auch von VertreterInnen der Arbeiterbewegung und der Gewerkschaften, die auf dieses Ideal ihre Forderungen nach dem „Ernährerlohn" und ihre Vorstellungen von sozialem Aufstieg gründen. Im deutschen Raum geht die Norm von Ernährer und der Hausfrau im Übergang vom 19. ins 20. Jahrhundert auf vielfältige Weise in die gesellschaftlichen Institutionenregimes, ihre Funktionsweisen und Zeitökonomien mit ein. In Westdeutschland wird sie durch politische Entscheidungen der Nachkriegszeit im Wesentlichen bestätigt. Diese Institutionenregimes werden heute aber in der Regel nicht mehr als klassenübergreifende Strukturierungen des *Geschlechterverhältnisses* wahrgenommen, sondern als geschlechtsneutrale institutionelle Sachverhalte (z. B. Halbtagsschulen, Zweiteilung des Berufsbildungssystems etc.) und als Sachzwänge. Helga Krüger und ihre Mitarbeiterinnen haben die sich darin materialisierende „geronnene Gewalt der Geschichte“ (Marcuse) empirisch untersucht und theoretisch als „Institutionenansatz“ der Geschlechterforschung formuliert. (Krüger 2008; Becker-Schmidt und Krüger 2009; Knapp 2009).

Die historische Rekonstruktion der (unsichtbar gewordenen) Vermittlungen von Klasse und Geschlecht im beschriebenen Sinne ist eine wichtige Form entdinglichender Kritik. Im Folgenden soll darüber hinaus gezeigt werden, wie in der Gesellschaftstheorie, genauer in der Marx'schen Kritik der Politischen Ökonomie und der darauf bezogenen Varianten feministischer Gesellschaftstheorie, das Unsichtbarwerden sozialer Zusammenhänge von Macht, Herrschaft und Ungleichheit konzipiert wird. Hier geht es über das sozial strukturierte Vergessen und die damit verbundenen Formen der Naturalisierung und Ontologisierung hinaus um *objektivierte Verkehrungen* in den sozialen Verhältnissen und deren Funktion bei der Herstellung von Unsichtbarkeit oder gesellschaftlicher Unbewußtheit.

Bei Marx stellen der Fetischcharakter der Ware und das Unsichtbarwerden des nichtkontraktuellen Moments im Äquivalententausch auf dem Markt die wirksamsten und für die entfaltete bürgerlich-kapitalistische Gesellschaft spezifischen Formen des Unsichtbarmachens herrschaftsförmige Vermittlungen dar. Während sich in der Fetischgestalt der Ware „das bestimmte gesellschaftliche Verhältnis der Menschen“ manifestiert „welches hier für sie die phantasmagorische Form eines Verhältnisses von Dingen annimmt“ (Marx MEW 23: 86), entnennt die für die bürgerliche Gesellschaft konstitutive Ideologie des Äquivalententauschs zwischen Arbeit und Kapital die gewaltförmigen Prozesse der „ursprünglichen Akkumulation“, aus denen im Entstehungsprozess der Moderne die Verwandlung von Produktionsmittelbesitz in Kapital und die Form der Lohnarbeit mit dem Arbeitsvermögen als doppelt freier Ware hervorgehen: frei von Produktionsmitteln und frei von feudalen Fesseln, also frei und gezwungen, seine Arbeitskraft zu verkaufen. Das Verdecktsein der ungleichen Ausgangsbedingungen und der Mechanismen ihrer fortgesetzten Steigerung begünstigt den Gleichheitsglauben und die meritokratische Form der Legimitation von Ungleichheit, die den ideologischen Kitt in der modernen Gesellschaft bilden. Gleichzeitig werden jedoch selbst in der Verkehrung Anspruch und Möglichkeit von Gleichheit und Gerechtigkeit aufrechterhalten.

Hinter Marx' Überlegungen, die die gesellschaftlich-ökonomischen Umwälzungen seiner Zeit reflektieren, steckt eine emphatische Vorstellung von erweiterter Vergesellschaftung im modernen industriellen Kapitalismus, in deren Zuge – so seine Annahme – sich eine zunehmende und schließlich politisierbare Diskrepanz zwischen dem gesellschaftlich produzierten Reichtum und dessen privater

Aneignung und Verfügung durch Wenige entwickelt. Wie auch immer problematisch geschichtsteleologischen Prognosen und Entwicklungsannahmen in diesem Zusammenhang sein mögen, ich gehe davon aus, dass Marx' Überlegungen zum Warenfetisch und zum nichtäquivalenten Äquivalententausch wichtige Anstöße zum Verständnis des spezifischen herrschaftsförmigen Charakters von Vergesellschaftung unter kapitalistischen Verhältnissen geben.

Auch andere Gründerväter der Soziologie haben die gesteigerte Form der Vergesellschaftung in der sich formierenden industriekapitalistischen Gesellschaft reflektiert: Emile Durkheim mit Blick auf die zunehmende Arbeitsteilung und wachsende Interdependenz als „mechanische Solidarität" und Max Weber als durch ökonomisch-technische Rationalisierung und bürokratischer Verwaltung sich verselbständigendes „stahlhartes Gehäuse der Hörigkeit". Autoren der frühen Frankfurter Schule, namentlich Adorno und Horkheimer, knüpfen kritisch an Motive von Marx, Weber und Durkheim an und betonen die Dialektik von Individualisierung und Vergesellschaftung in der bürgerlich-kapitalistischen Gesellschaft und die sich darin durchsetzende Herrschaft des Allgemeinen über das Besondere. Gesellschaft erscheint als objektivierter, von instrumenteller Herrschaft und Identitätsdenken durchzogener Zusammenhang wechselseitiger Abhängigkeit, der sich hinter dem Rücken der Menschen als nichtintendierte, systemische Folge ihres Handelns aufbaut. Die kapitalistische Verwertungslogik, die dieser Konstellation ihre besondere Dynamik verleiht, hat sich gegenüber den Akteuren verselbständigt, das Geschehen erscheint irrational, krisenhaft und auch für die Herrschenden als nicht mehr kontrollierbar (Adorno 1966).

Ich erwähne diese Vorstellung von Vergesellschaftung als sich zunehmend verselbständigender Herrschaft des Allgemeinen über das Besondere, um deutlich zu machen, wie weit sich ein solcher, historisch bestimmter Begriff der Vergesellschaftung von der formalen Vorstellung von Gesellschaften als Systemen gruppenbasierter Hierarchien entfernen kann, ja entfernen *muss*, wie sie in der anglo-amerikanischen Intersektionalitätsdiskussion z. B. von Sidanius und Pratto (1999) vertreten wird.

Hier geht es darum, die spezifische Gestalt von *Gesellschaftlichkeit* in der bürgerlich-kapitalistischen Gesellschaft zu begreifen und zugleich die darin strukturell eingelassene Schwierigkeit, diese zu verstehen.

Auf der Folie von Marx' Konzeptualisierung von Unsichtbarkeit als objektiv notwendiger Schein, als Verstellung und Verkehrung des Einblicks in den historisch-spezifischen Charakter von Gesellschaft, an die unterschiedliche Varianten kritischer Gesellschaftstheorie angeknüpft haben, wird aber nicht nur der unterkomplexe Zuschnitt eines gruppenhierarchischen Modells von Gesellschaft und gesellschaftlicher Dominanzverhältnisse deutlich. Es zeigt sich umgekehrt auch, wie stark diese Vorstellung von Vergesellschaftung ihrerseits auf das Verhältnis von Kapital und Arbeit und die entfalteten Formen von Mehrwertproduktion und

Warentausch ausgerichtet und damit auf andere Weise unterkomplex ist und zum Verständnis der modernen kapitalistischen Gesellschaft nicht ausreicht. So wäre etwa der Aspekt der funktionalen Differenzierung der gesellschaftlichen Teilsysteme, der in Modernisierungstheorien die Hauptrolle spielt, deutlich stärker zu veranschlagen, ohne in das umgekehrte Extrem der Übertreibung des „eigenlogischen Prozessierens“ der gesellschaftlichen Systeme und der Unterschätzung ihrer von Herrschaft durchzogenen Kopplung zu verfallen. Außerdem bleibt aus feministischer Sicht als symptomatische Vereinseitigung zu konstatieren, dass die Frage der historischen Vermittlung von Patriarchalismus/Androzentrismus und Kapitalismus und der Einbettung des Geschlechterverhältnisses in den gesamtgesellschaftlichen Reproduktions- und Transformationsprozess ungenügend berücksichtigt sind. Erst in der feministischen Theorie wurden sie mit dem ihnen zukommenden Gewicht auf die Agenda gesetzt. Damit kommt eine dreifache Öffnung ins Spiel: Erstens erweitert Feministische Theorie den Fokus der Gesellschaftstheorie über Fragen der „Arbeit“ hinaus auf Fragen der Generativität und der Sexualität. In den Worten von Ursula Beer geht es um das Verhältnis zwischen der „Wirtschaftsweise“ einer Gesellschaft und der „Bevölkerungsweise“, welche die generative Reproduktion und die damit einhergehenden Politiken der Regulierung von Bevölkerung umfasst (Beer 1990). Diese Regulierung von Bevölkerung erfolgt in der europäischen Moderne im Rahmen von Nationalstaatlichkeit und ist historisch begleitet von ethnozentrischen und rassistischen Ideologien, die Prozesse der Inklusion und Exklusion legitimieren. Dabei wird zweitens auch der Arbeitsbegriff selbst erweitert. In feministischer Sicht muss er selbstverständlich *alle* Formen der gesellschaftlich notwendigen Arbeit einbeziehen, um deren konflikthafte Konstellierung in unterschiedlichen Phasen der gesellschaftlichen Entwicklung bestimmen zu können. In der Care-Debatte stehen diese Fragen auf der Tagesordnung (Lutz 2007). Regina Becker-Schmidt hat in diesem Zusammenhang den auch für empirische Forschung produktiven Vorschlag gemacht, die unterschiedlich zusammengesetzten „Arbeitsensembles“ bestimmter sozialer Gruppen zu untersuchen (Becker-Schmidt 2002). Die feministische Agenda sprengt den überkommenen Horizont der Theorie der Vergesellschaftung in der kapitalistischen Moderne aber nicht nur wegen der Erweiterung des Verständnisses materieller Reproduktion, sondern drittens auch wegen des spezifischen und eigenständigen Bedeutung, die Fragen der symbolischen Ordnung und kultureller Prozesse für die Analyse des Geschlechterverhältnisses zukommt, die in dem Ideologiebegriff der an Marx anknüpfenden Ansätze nicht aufgehen. In der Entwicklung der feministischen Diskussion zeigte sich aber zugleich, dass sich eine solche Erweiterung der Perspektive auf Gesellschaft besser mit den Themen „Arbeit“ und „Generativität“ verbinden lässt als mit „Sexualität“, die in dem überkommenen Rahmen nur in einer auf generative Reproduktion geeichten und damit implizit heteronormativen Weise in den Blick gerät und die Regulierung von Sexualität tendenziell funktionalistisch anvisiert. Dies ist unzureichend und verweist auf die eigenständige Bedeutung des Kulturellen. Ich gehe davon aus, dass der Zusammenhang von „Allianzdispositiv und Sexualitätsdispositiv" (Foucault) für die Gesellschaftstheorie erst noch zu erschließen ist. Mit Foucault und seiner Aufmerksamkeit für Wissen/Macht-Dispositive lassen sich der Begriff der Gesellschaft und das Verständnis von Vergesellschaftung in einer produktiven Weise erweitern (Bublitz 2001).

Schon ein oberflächlicher Blick lässt überdies erkennen, dass die Problematiken von Klasse, Geschlecht/Sexualität, „Rasse", Ethnizität, Nationalität sehr verschieden in den komplexen Zusammenhang von „Wirtschaftsweise" und „Bevölkerungsweise" in der bürgerlich-kapitalistischen Gesellschaft eingebunden sind. Auf der Folie des emphatischen Begriffs von kapitalistischer Vergesellschaftung wird deutlich, dass eine intersektionelle Analyse der historischen Konstitution dieser Form der Gesellschaftlichkeit („vor aller besonderen Schichtung", Adorno) nicht umhin kommt, das spezifische Gewicht, mit dem einzelne Faktoren in ihre Entstehungsgeschichte eingehen, zu klären. Hier entsteht eine „Baustelle" im Feld der Gesellschaftstheorie, von der wegen der Vielzahl an offenen Forschungsfragen und theoriearchitektonischen Problemen noch nicht abzusehen ist, ob da ein komplexerer gesellschaftstheoretischer Neubau entstehen kann oder ob der systematische Anspruch einer Theorie der Gesellschaft zurückgeschraubt werden muß zugunsten konstellativer Analysen. So ist, um nur ein Beispiel zu geben, in der historischen Forschung umstritten, welche Faktorenbündel den Aufbruch europäischer Gesellschaften in die Moderne begünstigt haben und in welchem Sinne und mit Blick auf welche Zeiträume man überhaupt von „*der* europäischen Moderne" sprechen kann (Osterhammel 2009). Zwar spielen im Prozeß der ursprünglichen Akkumulation, des historischen „*take off*" des okzidentalen Kapitalismus, globalgeschichtlich betrachtet der Sklavenhandel und die systematische Ausbeutung von Sklaven eine wichtige Rolle. Die Frage allerdings, wie deren Bedeutung für die Entfaltung der bürgerlich-kapitalistischen Gesellschaft dann länder- oder regionenspezifisch (West-, Nord-, Osteuropa) zu übersetzen und zu gewichten ist, ist nicht geklärt. Dies Problem spitzt sich aus einer globalgeschichtlichen Sicht auf die Entstehung „moderner" Gesellschaften noch einmal zu. Aus einer intersektionellen gesellschaftstheoretischen Perspektive, die davon ausgeht, dass auch „Rasse"/Ethnizität/Nationalität zentrale Teilungs- und Vermittlungsprinzipien im Konstitutionsprozess der europäischen modernen Gesellschaften darstellen, ist dies ein gravierendes Problem.

Für die Frage der Bedeutung des Geschlechterverhältnisses in diesem Zusammenhang sieht die Situation anscheinend etwas günstiger aus, da es hier im Großen und Ganzen viel Übereinstimmung gibt. Schon Max Weber nahm an, dass die historische Separierung von „Hauswirtschaft" und „Betrieb", welche Spezialisierungen sowohl begünstigte als auch erzwang, eine der Bedingungen der Möglichkeit dafür war, dass sich die kapitalistische Verwertungslogik mit ihrer Form der Rationalität und Zeitökonomie radikalisieren konnte. Feministinnen haben diesen Gedanken aufgenommen und weiter ausgearbeitet. Danach hat die bürgerlich-patriarchale Gesellschaft dem Kapital erlaubt, seine Reproduktionskosten zu senken, indem wichtige Voraussetzungen dieser Reproduktion aus der sich ausweitenden marktvermittelten Ökonomie ausgelagert und – klassenübergreifend – an eine Genus-Gruppe delegiert wurden, deren Leistungen fortan als „Naturressource“ zur Verfügung stehen sollten. Die Vorgänge der historischen Trennung und Hierarchisierung sozialer Sphären und der unterschiedlichen Einbindung der Genus-Gruppen in den gesellschaftlichen Reproduktionsprozess bilden eines der Zentren feministischer Gesellschaftsanalyse. Dass die Trennung, Hierarchisierung und unterschiedliche Vergesellschaftung der Genus-Gruppen einerseits klassenübergreifend durchgesetzt, zugleich aber unter klassen- und ethniespezifischen Bedingungen realisiert wird, ist bislang allerdings, zumindest gilt das für den deutschsprachigen Raum, noch nicht mit gleichem Gewicht ausgelotet und theoretisiert worden. Die Intersektionalitätsdiskussion hat hierfür neue Impulse gegeben.

Um die Frage weiter zu konturieren, was „intersektionelle Unsichtbarkeit“ in einem gesellschaftstheoretischen Horizont heißen kann, möchte ich abschließend kurz auf Regina Becker-Schmidts Überlegungen eingehen, die dem Problem des Unsichtbarwerdens herrschaftsförmiger Vermittlungen nachgegangen ist. In expliziter Anknüpfung an Marx' Ausführungen zu Formen der Verkehrung im Verhältnis von Kapital und Arbeit untersucht sie Verkettungen von Benachteiligungen im Leben von Frauen, indem sie den Spuren „falscher Verknüpfungen“ nachgeht. Unter einer „falschen Verknüpfung“ versteht sie, allgemein gesprochen, „ein gesellschaftliches Arrangement, in dem Getrenntes so ineinander verschränkt ist, dass soziale Unstimmigkeiten im Modus des Zusammenschlusses unsichtbar werden und die damit verbundenen sozialen Zumutungen verborgen bleiben“ (Becker-Schmidt 2009). Becker-Schmidt begreift *„fault connections“* (Marx) im Geschlechterverhältnis als Effekte der „doppelten Vergesellschaftung“ von Angehörigen der weiblichen Genus-Gruppe, d. h. ihrer in der Moderne historisch überwiegenden gleichzeitigen Einbindung in zwei Formen gesellschaftlicher Praxis. Die Koppelung von unbezahlter und bezahlter Arbeit im Arbeitsensemble von Frauen ist eine solche „falsche Verknüpfung“, deren historischen und sozialen Voraussetzungen und Kosten entnannt werden. In der sogenannten „Vereinbarkeitsproblematik“ oder der *„Work-life-Balance“*, aber auch in Phänomenen der *„Care-Chain“* (Lutz 2007) manifestiert sich demnach ein durch die Trennung der Praxissphären verstellter, unbegriffener gesellschaftlicher Grundkonflikt: die Unabgestimmtheit von marktvermitteltem und privat organisiertem Reproduktionsprozess in modernen kapitalistischen Gesellschaften. Diese Unabgestimmtheit verweist auf herrschaftsförmige Aspekte sowohl im historischen Prozess der Differenzierung beider Sektoren, in der historisch vorgängige Formen patriarchaler Herrschaft sich mit kapitalistischen Interessen und Imperativen amalgamieren, als auch in der aktuellen Form ihres Zusammenwirkens. Unbegriffen bleibt damit auch, nicht zuletzt infolge androzentrischer Ausblendungen in Wissenschaft und Politik, dass die von Marx beschriebene „falsche Verknüpfung" von Arbeit und Kapital im Arbeitsensemble von Frauen an besonderer Brisanz gewinnt, die eigentlich erst die fatale Widersprüchlichkeit der Organisation der gesellschaftlichen Überlebensprozesse dokumentiert. *Last but not least* wird durch Sphärentrennung und „falsche Verknüpfung" auch das Machtgefälle in der sektoralen Funktionsteilung verdeckt, das sich im Geschlechterverhältnis in der Verstärkung von Disparitäten auswirkt. Die Verkettung „falscher Verknüpfungen" trägt nach Becker-Schmidt in klassen- und ethniespezifischer Weise zur Konturierung und Verschärfung von Problemlagen bei, zugleich aber auch zu deren Verdeckung (Becker-Schmidt 2007).

Ausblick

Wenn Adorno die Aufgabe ent-dinglichenden Denkens darin sieht, „jegliches Seiende als Text seines Werdens" zu lesen, und wenn er in diesem Zusammenhang feststellt: das „Werden verschwindet und wohnt in der Sache, so wenig auf deren Begriff stillzustellen, wie von seinem Resultat abzuspalten und zu vergessen" (Adorno 1966: 60), dann könnte man „intersektionelle Unsichtbarkeit" so übersetzen, dass man sie als eine Art des Verschwundenseins der für das Konstituierte konstitutiven Verhältnisse liest. Mit Adorno könnte man dann fragen, wie vorgängige Herrschaftsformen, Differenzierungen und Ungleichheiten, welche die Entfaltung der bürgerlich-kapitalistischen Moderne ermöglicht und begünstigt haben, „in der Sache" wohnen, wo sie weder auf deren Begriff festzustellen sind noch vergessen werden können. Und man könnte fragen, welche Faktoren den Einblick in diese Zusammenhänge verstellen. Aus feministischer Sicht geht es dann unter anderem darum, wie das Geschlechterverhältnis und seine Veränderungen in die historische Konstitution dieses kapitalistischen Verwertungszusammenhangs eingebettet ist, der bekanntlich von Ressourcen zehrt, die er selbst nicht herstellt. Nancy Fraser hat jüngst in ihrem Aufsatz „Feminismus, Kapitalismus und die List der Geschichte" auf die, auch in der Governance-Diskussion seit einiger Zeit diskutierte, irritierende Möglichkeit hingewiesen, dass das feministische Emanzipationsprojekt selbst verwickelt ist in die Entstehung des post-Fordistischen, neoliberalen und transnationalen Kapitalismus der Gegenwart (Fraser 2009). Ich denke, dass diese Art der „Dialektik feministischer Aufklärung" und die Konsequenzen, die sich für feministische Theorie und Kritik daraus ziehen lassen, nur begriffen werden können in einem um intersektionelle Perspektiven erweiterten gesellschaftstheoretischen Rahmen.

Dem Selbstanspruch nach darf die „moderne Gesellschaft“ nicht auf Verhältnissen basieren, die ihrem eigenen Begriff widersprechen. Ungleichheit ist demnach in der modernen Gesellschaft nur akzeptabel, wenn sie meritokratisch legitimiert werden kann. Die an Marx und die frühe Frankfurter Schule anknüpfenden feministischen Gesellschaftsanalysen verweisen dagegen jenseits von Gleichheitsglauben und Meritokratie auf herrschaftsförmige Vermittlungen in den Grundstrukturen der modernen Gesellschaft und auf Formen ihrer Verdeckung. In der deutschsprachigen feministischen Theorie wurden Zusammenhänge von Kapitalismus und Patriarchalismus/Androzentrismus, Klasse und Geschlecht bisher am ausführlichsten untersucht. Unter dem erweiterten Gesichtspunkt einer kritischen Archäologie der (Europäischen) Moderne geht es darüber hinaus auch darum zu fragen: welche Rolle die Geschichte von Kolonialismus, Sklaverei und Imperialismus in der Konstitution dieser gesellschaftlichen Formation gespielt haben und in welcher Weise deren Nachwirkungen die Gegenwart prägen. Dabei darf der Fokus auf Herrschaft und Ungleichheit sich allerdings selbst nicht verabsolutieren. Die spezifischen Ausprägungen von Herrschaft und Ungleichheit in der *Moderne* erschließen sich umfassend nur, wenn auch die tatsächlich erreichten Formen institutioneller Differenzierung ernst genommen und nicht vorab zu stark relativiert werden, sei es durch die ausschließliche Konzentration auf Fragen von Herrschaft und Ungleichheit oder durch Basis-Überbau-Konstruktionen.

In diesem Zusammenhang wäre auch die Verstärkung einer historisch-zeitdiagnostischen Dimension vonnöten, die ich in diesem Ausblick nur andeuten kann. Zwar sind die oben behandelten Formen der Naturalisierung, Ontologisierung und Verdinglichung, wie sie mit der industriegesellschaftlichen Moderne aufkamen, nach wie vor zentrale Faktoren in der Produktion gesellschaftlicher Unbewusstheit. Gleichwohl ist unübersehbar, und dies führt zu Ungleichzeitigkeiten im Gefüge sozial strukturierten Vergessens und damit auch der „Intersectional Invisibility“, dass sich im 21. Jahrhundert, unter dem Einfluß neuer Verfahren der Gouvernementalität und zunehmender Medialisierung, ältere Varianten der Ontologisierung und Naturalisierung mit neuartigen Formen verbinden, sie konterkarieren, herausfordern, auf paradoxe Weise verstärken usw. Zur Signatur der gegenwärtigen Gesellschaft gehört vielleicht weniger als je zuvor die Herstellung eines Scheins von Unveränderbarkeit und Naturgegebenheit – obwohl diese Formen der Ontologisierung zum einen fortbestehen, zum anderen, bei genauerem Hinsehen, auch schon früher, an der Schwelle zum 20. Jahrhundert, im Rahmen evolutionistischer und eugenischer Ideen und Programme umgearbeitet worden waren. Die damit verbundene Ideologie der Machbarkeit ist mit dem Übergang ins 21. Jahrhundert sowohl radikalisiert als auch in ihrem Einzugsbereich ausgeweitet worden: der ontologische Schein der Gegenwart zehrt von der Suggestion unendlicher Plastizität der menschlichen Natur und unbegrenzter Flexibilität und Bindungslosigkeit von *„Zero-Drag-Employees“* (Hochschild 2002), denen niemand am Rockzipfel oder den Hosenbeinen hängt.

Mit diesen Fragen sind zahlreiche Herausforderungen verbunden. Unter anderem geht es darum, sich Klarheit zu verschaffen über die unterschiedlichen raumbezogenen Implikationen der Frage nach Formen von Herrschaft, Ungleichheit und Differenz. Worin unterscheiden sich die räumlichen Axiomatiken, die den Blick auf Klasse, Geschlecht, Nation/Ethnizität *implizit* strukturieren? Ruft die Frage nach dem Geschlechterverhältnis und nach Formen patriarchaler Herrschaft, wie dies vergleichende Forschung nahe legt, andere zeitlich-räumliche Rahmungen auf den Plan als die Frage nach Klassenverhältnissen und Kapitalismus bzw. Nationalstaatlichkeit und die damit verbundenen Systeme ethnisch-rassistischer Ein- und Ausgrenzung? Was bedeutet das in den verschiedenen Hinsichten unter den Bedingungen zunehmender Transnationalisierung? Gibt es intersektionelle Pfadabhängigkeiten in verschiedenen Gesellschaften, denen vergleichende Forschung sich zu widmen hätte? (Gottschall 2009) Ein *spatial turn* im angedeuteten Sinne würde die feministische Intersektionalitätsdiskussion bereichern. Dies gilt bezüglich der für komparative bzw. konnektive feministische Forschung zentralen Frage nach der Kontextbezogenheit von Wissensproduktion. Hier geht es um eine größere Sensibilität für das Problem, in welcher Weise soziohistorische Resonanzräume die Räsonierräume von Theorie beeinflussen (Knapp 2008, 2009; Davis und Evans 2010). Darüber hinaus ermöglicht eine verstärkte Aufmerksamkeit für die geschichts-räumlichen Implikationen von Theoriebildung, und dies gilt in spezifischer Weise für die intersektionelle Makroperspektive auf gesellschaftliche Zusammenhänge und für zeitdiagnostische Entwürfe, die Herausbildung einer größeren Sensibilität für die Grenzen der Geltungsansprüche, die man legitimerweise mit den eigenen Aussagen und auf den jeweiligen Abstraktionsniveaus der Theorie verbinden kann. Das verspricht Orientierungswissen für die Gratwanderung zwischen der Skylla einer Formalisierung soziologischer Theorie im Dienste des wissenschaftlichen Universalitätsanspruchs bzw. der Steigerung begrifflicher Systematik auf der einen, die oft mit Blindheit gegenüber dem Besonderen bezahlt werden, und der Charybdis partikularen, historistisch und kulturalistisch eingehegten Kontextwissens auf der anderen Seite, das die eigene Vermitteltheit durch übergreifende Zusammenhänge von Differenzierung, Herrschaft und Ungleichheit nicht mehr denken kann.

Literatur

Adorno, Theodor W. (1966): Negative Dialektik. Frankfurt a. M.: Suhrkamp.
Adorno, Theodor W. (1990): Gesellschaft, in: Gesammelte Schriften 8, Soziologische Schriften 1, Frankfurt a. M.: Suhrkamp, 9–20.
Becker-Schmidt, Regina (1990): Vergesellschaftung – innere Vergesellschaftung. Individuum, Klasse, Geschlecht aus der Perspektive der Kritischen Theorie. In: Zapf, W. (Hrsg.): Die Modernisierung moderner Gesellschaften. Verhandlungen des 25. Deutschen Soziologentages in Frankfurt a. M.. Frankfurt a. M./New York: Campus, 383–395.
Becker-Schmidt, Regina (1998): Trennung, Verknüpfung, Vermittlung: Zum feministischen Umgang mit Dichotomien. In: Knapp, G.-A. (Hrsg.): Kurskorrekturen. Feminismus zwischen Kritischer Theorie und Postmoderne. Frankfurt a. M./New York: 84–126.
Becker-Schmidt, Regina (2002): Theorizing Gender Arrangements In: dies. (Hrsg.): Gender and Work in Transition. Globalization in Western, Middle and Eastern Europe. Opladen: Leske und Budrich, 25–49.
Becker-Schmidt, Regina (2007): „Class“, „gender“, „ethnicity“, „race“; Logiken der Differenzsetzung, Verschränkungen von Ungleichheitslagen und gesellschaftliche Strukturierung. In: Klinger, C., G.-A. Knapp und B. Sauer (Hrsg.): Achsen der Ungleichheit. Zum Verhältnis von Klasse, Geschlecht und Ethnizität. Frankfurt a. M.: Campus, 56–84.
Becker-Schmidt, Regina und Helga Krüger (2009): Krisenherde in gegenwärtigen Sozialgefügen: Asymmetrische Arbeits- und Geschlechterverhältnisse – vernachlässigte Sphären gesellschaftlicher Reproduktion. In: Aulenbacher, B. und A. Wetterer (Hrsg.): Arbeit. Perspektiven und Diagnosen der Geschlechterforschung. Münster: Westfälisches Dampfboot, 12–42.
Becker-Schmidt, Regina (2009): Vortragsmanuskript Kassel, November 2009.
Becker-Schmidt, Regina und Gudrun-Axeli Knapp (1987): Geschlechtertrennung – Geschlechterdifferenz. Suchbewegungen sozialen Lernens, Bonn: Verlag Neue Gesellschaft.
Beer, Ursula (1990): Geschlecht, Struktur, Geschichte. Soziale Konstituierung des Geschlechterverhältnisses. Frankfurt a. M./New York: Campus.
Benhabib, Seyla (1999): Kulturelle Vielfalt und demokratische Gleichheit. Politische Partizipation im Zeitalter der Globalisierung. (Horkheimer-Vorlesungen) Frankfurt a. M.: Fischer.
Berger, Peter und Thomas Luckmann (1969): Die gesellschaftliche Konstruktion der Wirklichkeit. Eine Theorie der Wissenssoziologie. Frankfurt a. M.: Fischer Taschenbuch.
Brubaker, Rogers (2007): Ethnizität ohne Gruppen. Hamburg: Hamburger Edition.
Bublitz, Hannelore (2001): Geschlecht als historisch singuläres Ereignis: Foucaults poststrukturalistischer Beitrag zu einer Gesellschafts-Theorie der Geschlechterverhältnisse. In: Knapp, G.-A. und A. Wetterer (Hrsg.): Soziale Verortung der Geschlechter. Gesellschaftstheorie und feministische Kritik. Münster: Westfälisches Dampfboot, 256–288.
Crenshaw, Kimberlé W. (2000): The Intersection of Race and Gender Discrimination. Backgroundpaper for the United Nations Regional Expert Group Meeting (21.–24. November, Zagreb, Croatia).

Davis, Kathy und Mary Evans (Hrsg.) (2010, i. E.): Transatlantic Conversations.

Douglas, Mary (1991): Wie Institutionen denken. Frankfurt a. M.: Suhrkamp.

Fraser, Nancy (2009): Feminismus, Kapitalismus und die List der Geschichte. In: *Blätter für deutsche und internationale Politik* 08, 43–57.

Friedan, Betty (1966): Der Weiblichkeitswahn. Ein vehementer Protest gegen das Wunschbild von der Frau. Reinbek bei Hamburg: Rowohlt.

Gottschall, Karin (2009): Arbeitsmärkte und Geschlechterungleichheit – Forschungstraditionen und internationaler Vergleich. In: Aulenbacher, B. und A. Wetterer (Hrsg.): Arbeit. Perspektiven und Diagnosen der Geschlechterforschung. Münster: Westfälisches Dampfboot , 120–138.

Hochschild, Arlie Russell (2002): Keine Zeit. Wenn die Firma zum Zuhause wird und zu Hause nur Arbeit wartet. Wiesbaden: VS.

Knapp, Gudrun-Axeli (1987): Arbeitsteilung und Sozialisation. Konstellationen von Arbeitsvermögen und Arbeitskraft im Lebenszusammenhang von Frauen. In: Beer, U. (Hrsg.): Klasse Geschlecht, Feministische Gesellschaftsanalyse und Wissenschaftskritik. Bielefeld: AJZ-Verlag/FF1, 236–274.

Knapp, Gudrun-Axeli (2008): Verhältnisbestimmungen: Geschlecht, Klasse, Ethnizität in gesellschaftstheoretischer Perspektive. In: Klinger, C. und G.-A. Knapp (Hrsg.): ÜberKreuzungen. Fremdheit, Ungleichheit, Differenz. Münster: Westfälisches Dampfboot, 138–171.

Knapp, Gudrun-Axeli (2009): Fort – Da. Geschlecht in ungleichzeitigen Konstellationen. In: Binswanger, C.; Bridges, M. und B. Schnegg (Hrsg.): Gender Scripts. Widerspenstige Aneignungen von Geschlechternormen. Frankfurt a. M./New York: Campus, 23–42.

Knorr-Cetina, Karin (1989): Spielarten des Konstruktivismus. Einige Notizen und Anmerkungen. In: *Soziale Welt* 40(1/2), 86–96.

Krüger, Helga (2008): Lebenslauf: Dynamiken zwischen Biographie und Geschlechterverhältnis. In: Becker, R. und B. Kortendiek (Hrsg.): Handbuch Frauen- und Geschlechterforschung. Theorie, Methoden, Empirie, 2. Auflage. Wiesbaden: VS, 212–221.

Küster, Sybille (2007): Staatsangehörigkeit in Deutschland: Historische Aspekte der Nationalisierung und Ethnisierung von „Fremdheit“. In: Klinger, C.; Knapp, G.-A. und B. Sauer (Hrsg.): Achsen der Ungleichheit. Zum Verhältnis von Klasse, Geschlecht und Ethnizität. Frankfurt a. M./New York: Campus, 193–210.

Lutz, Helma (2007): Vom Weltmarkt in den Privathaushalt. Die neuen Dienstmädchen im Zeitalter der Globalisierung. Opladen/Farmington Hills: Barbara Budrich.

Marx, Karl (MEW 23): Das Kapital. Kritik der politischen Ökonomie. Erster Band. In: Karl Marx, Friedrich Engels: Werke. Band 23. Berlin: Dietz Verlag 1988.

Osterhammel, Jürgen (2009): Die Verwandlung der Welt. Eine Geschichte des 19. Jahrhunderts. München: C. H. Beck.

Purdie-Vaughns, Valerie und Richard P. Eibach (2008): Intersectional Invisibility: The Distinctive Advantages and Disadvantages of Multiple Subordinate-Group Identities. In: *Sex Roles* 59, 377–391.

Querelles-Net: Nr. 26 (2008) Dimensionen von Ungleichheit, Forumsdiskussion zu Tove Soiland: Die Verhältnisse gingen, die Kategorien kamen. Intersectionality oder Vom Unbehagen an der amerikanischen Theorie.

Rendtorff, Barbara (2008): Warum Geschlecht doch etwas „Besonderes“ ist. In: Klinger, C. und G.-A. Knapp (Hrsg.): ÜberKreuzungen. Fremdheit, Ungleichheit, Differenz. Münster: Westfälisches Dampfboot, 68–87.

Sidanius, John und Felicia Pratto (1999): Social Dominance: An Intergroup theory of social hierarchy and oppression. New York: Cambridge University Press.

Siems, Siebo (2007): Die deutsche Karriere kollektiver Identität. Vom wissenschaftlichen Begriff zum massenmedialen Jargon. Münster: Westfälisches Dampfboot.

Skeggs, Beverly (2004): Class, Self, Culture. London: Routledge.

Postscriptum: Intersektionalität – Offenheit, interne Kontroversen und Komplexität als Ressourcen eines gemeinsamen Orientierungsrahmens

Katharina Walgenbach

Der vorliegende Sammelband vereinigt die Beiträge europäischer und US-amerikanischer WissenschaftlerInnen, die sich zum größten Teil bereits seit Jahrzehnten mit Fragen der Wechselwirkungen sozialer Kategorien auseinandersetzen. Gleichzeitig sind *alle* AutorInnen professionsbiographisch in der Geschlechterforschung verortet. Ihre Beiträge in diesem Sammelband zeigen, dass intersektionale Perspektiven zwar Geschlecht nicht als Masterkategorie setzen, sondern gleichwertig mit anderen Dimensionen sozialer Ungleichheiten analysieren, aber dennoch mit einem *normativen commitment* (Davis) bezüglich feministischer Theorietraditionen bzw. Theoriebildung einhergehen. Dies unterscheidet Intersektionalität auch von alternativen Konzepten wie bspw. Heterogenität oder Diversity. Folglich will Intersektionalitätsforschung nicht Geschlechterforschung ersetzen, sondern diese bereichern.

Wie Kathy Davis in diesem Sammelband ausführt, ist es umstritten, ob Intersektionalität eine Theorie, ein Konzept oder Analyseperspektive sein soll. Sie selbst bezeichnet Intersektionalität als Theorie, wobei sie argumentiert, dass die üblichen Gütekriterien wie Kohärenz oder Widerspruchsfreiheit wissenssoziologisch gesehen für den Erfolg einer Theorie weniger entscheidend sind als deren Potenzial, auf drängende Fragen zu antworten, neue Perspektiven zu ermöglichen und durch ihre Offenheit bzw. Ambiguität vielfache Anschlussmöglichkeiten zu bieten.

Die von Davis angeführten Erfolgskriterien erinnern an die Paradigmadefinition von Thomas S. Kuhn, der Paradigmen als gemeinsamen Orientierungsrahmen einer *scientific community* begreift.[1] D. h. Paradigmen stellen ein Set von Begriffen, theoretischen Interventionen, Prämissen, Problemstellungen und Lösungsvorbildern zur Verfügung, die als gemeinsamer Orientierungsrahmen fungieren und neue Forschungsperspektiven eröffnen. Um sich zu etablieren, müssen Paradigmen überzeugendere Problemlösungen bieten als konkurrierende Grundannahmen, ihre Leistungen müssen innovativ und offen genug sein, um beständige AnhängerInnen

[1] Es geht mir nicht darum, gegen Davis Verwendung des Terminus Theorie im Zusammenhang mit Intersektionalität zu argumentieren. Ich denke, dass die Vieldeutigkeit des Theoriebegriffs diese Bezeichnung durchaus zulässt.

zu finden und diese vor ausreichend ungelöste bzw. als bedeutsam identifizierte Probleme zu stellen (Kuhn 1973: 25 ff.).

Im Gegensatz zu Andrea Bührmann bin ich der Ansicht, dass Intersektionalität durchaus als Paradigma bezeichnet werden kann. Nach Bührmann befindet sich Intersektionalität in einem „vor-paradigmatischen Zustand", denn es würde an einer allgemein geteilten Gründungsnarration, einem klar umrissenen Forschungsfeld und einer kohärenten methodisch-methodologischen Forschungsrichtung mangeln (Bührmann 2009: 30 f.). Nimmt man die Beiträge dieses Sammelbandes zur Grundlage, so lässt sich diese Diagnose meines Erachtens nicht belegen: Es besteht ein allgemeiner Konsens, die eigene Theorietradition in den politisch-theoretischen Differenzdebatten innerhalb der Geschlechterforschung bzw. Frauenbewegungen zu sehen, die zu einer Kritik eindimensionaler bzw. additiver Perspektiven führte. Dies macht einen bedeutsamen Teil des *normativen commitments* aus, welcher mit der Debatte über Intersektionalität einhergeht. Das Forschungsfeld bzw. der gemeinsame Gegenstand sind Macht-, Herrschafts- und Normierungsverhältnisse, die soziale Strukturen, Praktiken und Identitäten (re-)produzieren. Zu deren Analyse werden nicht allein mehrere soziale Kategorien einbezogen, sondern auch deren Wechselwirkungen fokussiert.

Dieser kritische Fokus auf Machtverhältnisse unterscheidet Intersektionalität erneut von Begriffen wie Heterogenität oder Diversity, die wesentlich deutungsoffener angelegt sind. Letztere können sowohl Fragen sozialer Ungleichheit adressieren als auch Differenzen als positive Ressourcen herausstellen. Dies wird bspw. in Publikationstiteln deutlich wie *„Heterogenität. Unterschiede nutzen – Gemeinsamkeiten stärken"* (Becker et al. 2004) oder *„Diversity. Das Potenzial von Vielfalt nutzen – den Erfolg durch Offenheit steigern"* (Stuber 2004). Unklar bleibt damit die Zielperspektive von Konzepten wie Heterogenität bzw. Diversity: sollen Machtverhältnisse kritisiert bzw. nivelliert werden oder wird für eine Kultur der Anerkennung von Differenzen plädiert?

Im Gegensatz zu Bührmann sehe ich die diversen Analysezugänge in der Intersektionalitätsforschung, die McCall in interkategoriale, intrakategoriale und antikategoriale Ansätze ordnet (McCall 2005), zudem nicht als vor-paradigmatisches Problem, sondern als besonderes Potenzial von Intersektionalität. Nach Kuhn ist Offenheit ein besonders produktives Merkmal von Paradigmen: WissenschaftlerInnen könnten „[...] in der *Identifizierung* eines Paradigmas übereinstimmen, ohne sich über seine vollständige *Interpretation* oder *abstrakten Formulierung* einig zu sein oder auch nur versuchen, eine solche anzugeben" (Kuhn 1973: 58; Herv. d. Verf.).

In den deutschsprachigen Gender Studies gibt es durchaus Theorien, die ebenfalls auf Fragen sozialer Heterogenität abzielen. Doch Ansätze wie *Doing Difference* (Fenstermaker und West), *Achsen der Ungleichheit* (Klinger und Knapp) oder *Dreifache Vergesellschaftung* (Lenz) können eventuell gerade deshalb keine vergleichbare Anzahl von WissenschaftlerInnen zusammenführen, da sie nicht offen genug angelegt sind. Sie bieten keinen übergeordneten Orientierungsrahmen, sondern rekurrieren auf bestimmte Theorietraditionen (z. B. Ethnomethodologie oder Kritische Theorie) und verbleiben vornehmlich auf der Mikroebene, Mesoebene oder Makroebene.[2] Das Paradigma Intersektionalität hingegen lässt sich für alle drei Ebenen produktiv machen und wie die Beiträge in diesem Sammelband zeigen, werden diese Ebenen miteinander in Beziehung gesetzt.

Paradigmen modellieren mit ihrem gemeinsamen Orientierungsrahmen eine *spezifische Perspektive* auf wissenschaftliche bzw. soziale Probleme. Dies macht ebenfalls Ludwik Flecks Begriff des Denkstils deutlich, mit dem er bereits in den 1930er Jahren wichtige Impulse für die Paradigmatheorie Kuhns offerierte. Unter Denkstil verstand Fleck die Bereitschaft für „solches und nicht anderes Sehen“ (Fleck 1993: 85). Denkstile verweisen demnach auf ein gerichtetes Wahrnehmen. Gleich Metaphern fordern Paradigmen dazu auf, *etwas als etwas zu sehen* (Walgenbach 2000: 194–240).

Un/Sichtbarkeiten von Wechselbeziehungen

Das Paradigma Intersektionalität ermöglicht es folglich, *etwas als etwas zu sehen*. So ist die Analyse von Un/Sichtbarkeiten ein bedeutsames Thema in diesem Sammelband. Kimberlé Crenshaw führte 1989 den Begriff *Intersectionality* ein, mit dem sie auf die marginalisierten Erfahrungen Schwarzer Frauen im Antidiskriminierungsrecht, feministischer Theorie und antirassistischer Politik aufmerksam machte. Wenn *gender* oder *race* als exklusive bzw. distinkte Kategorien konzeptualisiert werden, so Crenshaw, dann bleiben die intersektionalen Diskriminierungserfahrungen von Schwarzen Frauen unsichtbar. Um diese multidimensionalen Erfahrungen sichtbar zu machen, führt Crenshaw die Metapher einer Straßenkreuzung ein:

> „Nehmen wir als Beispiel eine Straßenkreuzung, an der der Verkehr aus allen vier Richtungen kommt. Wie dieser Verkehr kann auch Diskriminierung in mehreren Richtungen verlaufen. Wenn es an einer Kreuzung zu einem Unfall kommt, kann dieser von Verkehr aus jeder Richtung verursacht worden sein – manchmal gar von Verkehr aus allen Richtungen gleichzeitig. Ähnliches gilt für eine Schwarze Frau, die

[2] Den hier angeführten Autorinnen soll nicht unterstellt werden, sie würden den anderen Ebenen keine Bedeutung zuweisen. Der derzeitige Stand der Ausarbeitungen der angeführten Theorien zeigt m. E. jedoch einen deutlichen Schwerpunkt auf *eine* dieser Ebenen. Doch wie der Beitrag von Knapp in diesem Band zeigt, wird das Paradigma Intersektionalität von denselben Autorinnen gegenwärtig dazu genutzt, an vorherige Arbeiten anzuknüpfen und neben der Makroebene, auch Verbindungen zur Meso- und Mikroebene aufzuzeigen.

an einer „Kreuzung“ verletzt wird; die Ursache könnte sowohl sexistische als auch rassistische Diskriminierung sein.“ (Crenshaw in diesem Band, S. 38)

Nach Crenshaw lassen sich manche Diskriminierungserfahrungen Schwarzer Frauen demnach weder durch *gender* noch *race* allein erklären, sondern nur durch den Fokus auf deren Überkreuzung (Crenshaw 1989: 149). An diese Metapher angelehnt finden sich in der Intersektionalitätsforschung häufig heuristische Termini wie Verschränkungen, Schnittpunkte, Durchkreuzungen, Überschneidungen oder Achsen. Im Sinne Kuhns ließe sich die Metapher der Straßenkreuzung auch als paradigmatischer Lösungsvorschlag interpretieren. Denn nach Kuhn operieren Paradigmen auf zwei Bedeutungsebenen: zum einen bilden sie ein System gemeinsam geteilter Überzeugungen, zum anderen stellen sie auch exemplarische Problemlösungen bzw. Musterbeispiele zur Verfügung. Sie ermöglichen es damit, eine Aufgabe so zu sehen, wie eine bereits gelöste (Kuhn 1973: 186 u. 201). Auch bei Ludwik Fleck findet sich der Begriff des denkstilgebundenen Gestaltsehens, den er als Produkt kooperativer Praxis begreift (Fleck 1993: 54 ff. u. 175 ff.).

Der paradigmatische Lösungsvorschlag, Intersektionalität als Straßenkreuzung zu konzeptualisieren, ist allerdings umstritten. Alternative Entwürfe favorisieren bspw. offenere Konzepte, die sich in Termini wie ‚Konfigurationen‘ (Gutiérrez Rodríguez 1996) oder ‚soziale Dynamiken‘ (Cooper 2004) ausdrücken. Ich selber habe an anderer Stelle argumentiert, dass die Metapher der Straßenkreuzung Crenshaws Plädoyer, *gender* bzw. *race* nicht isoliert voneinander zu analysieren, nicht deutlich genug zum Ausdruck bringt. Denn visuell wird mit den sich kreuzenden Straßen suggeriert, dass soziale Kategorien einen ›genuinen Kern‹ hätten, der sich mit weiteren Kategorien ›verkettet‹ oder ›verschränkt‹. Alternativ habe ich den Begriff *interdependente Kategorien* vorgeschlagen, der nicht allein von Interdependenzen bzw. wechselseitigen Abhängigkeiten *zwischen* Kategorien ausgeht (Gutiérrez Rodríguez 1996: 170), sondern zugleich soziale Kategorien als *in sich* heterogen strukturiert konzeptualisiert (Walgenbach 2005: 48, 2007: 58 ff.). Ich denke, dass diese Überlegungen mit Crenshaws Kritik an feministischer Theoriebildung konform gehen, da der Begriff interdependente Kategorie herausstellt, dass Themen wie Familie, Gewalt oder Frauenrechte nicht aus der Perspektive eines homogenen Kollektivs abgeleitet werden können.

Während sich im Hinblick auf Crenshaws paradigmatischen Lösungsvorschlag eine interne Kontroverse verzeichnen lässt, ist Intersektionalität als Oberbegriff bzw. gemeinsamer Orientierungsrahmen weithin akzeptiert. Wie Nira Yuval-Davis in diesem Band pragmatisch argumentiert, hat der Begriff Intersektionalität den Vorteil, dass er breit rezipiert wird und sofort ein intuitives Verständnis über den Gegenstand der Debatte hervorruft. Hinzuzufügen wäre, dass Intersektionalität sich eindeutig der feministischen Theoriebildung zuordnen lässt, während Termini wie ‚Konfigurationen‘ oder ‚Interdependenzen‘ auch in anderen wissenschaftlichen Kontexten eine, wenn auch anders konnotierte, Verwendung finden. Mit der Akzeptanz von Intersektionalität als übergeordnetem Orientierungsrahmen sollte aus meiner Sicht die Debatte, inwiefern Begriffe wie Überschneidungen, Interdependenzen oder interdependente Kategorien die Multidimensionalität von Machtverhältnissen adäquat fassen, allerdings nicht beendet werden.

Intersektionalität lenkt den Blick auf Wechselwirkungen sozialer Kategorien und hat das Potenzial, unterschiedliche Formen von Un/Sichtbarkeit zu adressieren. Dies ermöglicht es bspw. Gudrun-Axeli Knapp in ihrem Beitrag, ganz unterschiedliche Formen von Un/Sichtbarkeit herauszuarbeiten wie die Unsichtbarkeit bzw. Nicht-Markierung von Männlichkeit oder Whiteness in der Moderne sowie das Problem der Wahrnehmung bzw. subjektiven Verarbeitung multipler Diskriminierung und Privilegierung. Gesellschaftstheoretische Perspektiven, so Knapp, können zudem unterschiedliche Formen der Invisibilisierung von Machtverhältnissen und sozialen Konstruktionsprozessen von Zugehörigkeiten sichtbar machen, indem sie die Strategien der Naturalisierung, Normierung oder Verdinglichung des Sozialen kritisch rekonstruieren. Im Sinne ihres Plädoyers für eine stärkere Hinwendung zu gesellschaftstheoretischen Fragen in der Intersektionalitätsforschung geht es Knapp insbesondere um eine kritische Analyse der unsichtbaren Vermittlungen zwischen Machtverhältnissen sowie um das Sichtbarmachen „der für das Konstituierte konstitutiven Verhältnisse" (Knapp in diesem Band, S. 238).

Kira Kosnick und Dubravka Zarkov beziehen sich ebenfalls auf unterschiedliche Formen von Un/Sichtbarkeit. Zarkov zeigt in ihrem Beitrag, dass die mediale Sichtbarkeit von sexualisierter Gewalt gegen Männer in Kriegen (sowie die medialen Repräsentationen der jeweiligen TäterInnen) abhängig ist von *Kontexten.* Des Weiteren lassen sich nach Zarkov die Dynamiken der kontextabhängigen Un/Sichtbarkeiten nicht mit dem Fokus auf Geschlecht allein erklären, sondern nur durch die Analyse von Wechselbeziehungen zwischen Ethnizität, Heteronormativität und Geschlecht.

Kosnick arbeitet heraus, dass die Subjektposition des queeren Türken nahezu unsichtbar im hegemonialen Diskurs bleiben muss, da hier unterschiedliche Formen der Zugehörigkeit gleichzeitig adressiert werden, die in der deutschen Dominanzkultur als sich gegenseitig ausschließende Kategorien konzeptualisiert werden. Die Projektion von Homophobie auf islamische Länder trägt wiederum zur Invisibilisierung von Zwangsheterosexualität und verweigerten Rechten für Lesben, Schwule und Queer People in der Bundesrepublik Deutschland bei. Doch auch die Visibilisierung des ‚schwulen Türken', wie in dem von Kosnick angeführten Theaterstück *„Jenseits – bist du schwul oder bist du Türke?"*, ist *an sich* noch nicht progressiv, sondern dient im angeführten Fall lediglich der okzidentalen (Selbst-)Repräsentation als modern, individualistisch und aufgeklärt (vgl. Said 1981; Dietze, Brunner und Wenzel 2009). Die Hervorhebung der Verknüpfung sozialer

Kategorien ohne machtkritischen Impetus ist für sich demnach noch keine intersektionale Perspektive.

Schließlich fragt Paula-Irene Villa in diesem Band, ob makrotheoretische Perspektiven auf Intersektionalität die körperlichen Dimensionen sozialer Praxis nicht unsichtbar machen bzw. auf eine Verkörperung sozialer Strukturen reduzieren. Im Rekurs auf Butler stellt sie heraus, dass Individuen niemals vollständig durch Subjektpositionen beschrieben sind, vielmehr führt die Leerstelle zwischen ihnen zu einem ‚systematischen Scheitern'. Individuen zeigen einen Überschuss an Komplexität, biographischen Erfahrungen und Emotionen. Folglich bezeugen Körper nach Villa auch das ‚Scheitern des Sozialen' auf der Ebene des Individuums. Villa plädiert deshalb dafür, in intersektionalen Analysen immer auch die uneindeutige Natur, Instabilitität und prozessualen Konstruktionsprozesse von Kategorien sichtbar zu halten.

Strukturelle Privilegien und Intersektionalität

Obgleich Crenshaw mit dem Begriff Intersektionalität auf marginalisierte Subjektpositionen, Erfahrungen und Identitäten hinweisen wollte, können auch strukturelle Privilegien zum Gegenstand intersektionaler Analysen werden. Die Beiträge in diesem Sammelband, die sich auf Männlichkeiten (Bereswill und Neuber, Hearn, Zarkov), Heteronormativität (Kosnick, Zarkov) oder Okzidentalismus (Kosnick) beziehen, sind dafür ein illustratives Beispiel. Dabei zeigt sich erneut das Potenzial von Intersektionalität gegenüber Begriffen wie Doppeldiskriminierung oder Mehrfachunterdrückung, die weitaus begrenztere Analyseperspektiven nahelegen.

Unter Privilegien verstehe ich zunächst die strukturelle Dominanz eines sozialen Kollektivs, die sich sehr unterschiedlich ausdrücken kann: in dem bevorzugten Zugang zu Ressourcen, in der Gewissheit privilegierter Subjekte, dass die gesellschaftlichen Institutionen zugunsten des eigenen Kollektivs operieren, in der machtvollen Position, sich selbst der sozialen Norm zugehörig fühlen zu können, die eigenen Werte als universell anzusehen oder die eigene *soziale* Position als ‚natürlich gegeben' wahrzunehmen. Für die Privilegierten selbst bleiben die strukturellen Bevorzugungen dabei oft unsichtbar (vgl. Walgenbach 2005).[3]

Wie Crenshaws Beitrag in diesem Band demonstriert, sind Privilegien seit vielen Jahrzehnten Gegenstand der Kritik in den Gender Studies, Critical Race Studies oder Queer Theory. Der gesellschaftliche Zwang, die eigene Diskriminierung sichtbar zu machen, führte allerdings auch dazu, dass Privilegien *selbst* selten

[3] Dieser Befund, der bspw. in den Critical Whiteness Studies herausgearbeitet wurde (Frankenberg 1993), stellt die qualitative Forschung zu Intersektionalität vor besondere Herausforderungen, wenn sie die subjektiven Deutungsmuster von Befragten analysiert.

zum zentralen Gegenstand kritischer Analysen wurden. Seit den 1990er Jahren gibt es allerdings eine Reihe von Studien, die Heteronormativität, Whiteness oder Männlichkeit in den Mittelpunkt ihrer Analyse stellen.

Die Verbindung zwischen Privilegien und Intersektionalität lässt sich produktiv in mindestens zwei Richtungen auflösen: zum einen ermöglicht sie es, Wechselbeziehungen zwischen Dominanzverhältnissen aufzuzeigen (sowie komplexe Wechselbeziehungen zwischen Diskriminierung *und* Privilegierung). D. h. Männlichkeit, Whiteness, Bildungsprivilegien, Ability oder Heteronormativität werden ebenfalls zum Bestandteil der intersektionalen Analyse. Zum anderen lässt es eine intersektionale Perspektive nicht zu, Privilegien lediglich als monolithischen Block zu analysieren. In den Blick geraten damit auch marginalisierte Männlichkeiten oder privilegierte homosexuelle Subjektpositionen.

Die Beiträge von Bereswill und Neuber, Zarkov, Kosnick und Hearn nehmen marginalisierte Männlichkeiten zum Ausgangspunkt ihrer intersektionalen Analyse. Durch die verbreitete Rezeption von Connells Unterscheidung zwischen hegemonialer, komplizenhafter, marginalisierter und untergeordneter Männlichkeit trifft der Gedanke der Wechselwirkungen sozialer Kategorien in der kritischen Männerforschung auf einen vorbereiteten Boden (Connell 1999). Gerade untergeordnete und marginalisierte Männlichkeiten bringt Connell in einen Zusammenhang mit Klasse, Ethnizität und Sexualität. Sein Analysemodell bezieht sich allerdings primär auf Beziehungen bzw. Handlungsmuster *zwischen* Männern. Hier gilt es für intersektionale Ansätze, die Perspektive um komplexe Geschlechterbeziehungen zu erweitern sowie die Wechselbeziehungen von sozialen Kategorien auch im Zusammenhang mit hegemonialer und komplizenhafter Männlichkeit aufzuzeigen.

Nimmt man marginalisierte bzw. untergeordnete Männlichkeiten zum Ausgangspunkt intersektionaler Analysen, dann stellt sich, so Zarkov, der feministischen Theoriebildung zudem die Frage nach der Reformulierung von Opfer-Täter-Konzepten. Obwohl solche Hinterfragungen in der Geschlechterforschung nicht neu sind, spitzt Zarkovs Analyse der medialen Repräsentation von Lynndie England als Täterin im Kontext sexualisierter Gewalt gegenüber männlichen Gefangenen in Abu Ghraib diese Problemstellung auf schmerzliche Weise zu. Zu vergleichbaren Fragestellungen kommen Mechthild Bereswill und Anke Neuber, die den Zusammenhang von Devianz, Marginalisierung und Geschlecht zum Ausgangspunkt ihrer Analyse nehmen. Sie fragen: sind Frauen grundsätzlich gegenüber Männern in einer deklassierten Position? Gerade vor dem Hintergrund aktueller Wandlungsprozesse von Geschlechterverhältnissen stellt sich nach Ansicht der Autorinnen die Frage, ob die ‚patriarchale Dividende' (Connell) heute noch für alle männlichen Positionen ausgeschüttet wird. Intersektionale Analysen können solche Fragen aufgreifen, allerdings birgt der Fokus auf multiple Formen von Männlichkeiten auch die Gefahr des Relativismus, so Jeff Hearn. Die Herausforderung ist demnach, dass Intersektionalität die kritische Analyse von strukturellen Privilegien nicht verstellt, sondern bereichert.

Komplexe Analyseperspektiven: Wechselbeziehungen sozialer Kategorien und Analyseebenen

Leslie McCall verweist auf die erhebliche Steigerung von Komplexität durch intersektionale Analysen, die im Prinzip in gängigen Artikel- und Vortragsformaten schwer adäquat zu bearbeiten sind (McCall 2005). Die Komplexität beginnt bereits mit der Auswahl und Gewichtung von Kategorien. Welche Kategorien werden relevant gesetzt und welche bleiben auf ein et_cet_era[4] reduziert (Walgenbach 2007: 41–44)? In diesem Sammelband wird Gender in allen Beiträgen zentral gesetzt, während Ethnizität/'Rasse' und Klasse bereits unterschiedlich gewichtet werden. Myra Marx Ferree führt diese unterschiedliche Gewichtung auf soziohistorische Prozesse des *Framings* zurück: Während der Kampf um Frauenrechte in Europa historisch eingebettet war in Diskursen über Klassenwidersprüche, ökonomische Verhältnisse und institutionalisierte Organisationsformen, entwickelte sich dieser in den USA in enger Verbindung mit dem Kampf für die Abschaffung der Sklaverei und der Anerkennung von Schwarzen als Individuen (Dietze im Ersch.). Vor diesem Hintergrund lässt sich der besondere US-amerikanische Fokus auf Identitätspolitiken in der Intersektionalitätsforschung besser verstehen. Ferrees Framing Analyse vermag allerdings auch zu erklären, warum der Einbezug von Ethnizität/'Rasse' in der europäischen Geschlechterforschung auf Widerstände trifft, da mit ihm eher eine Abwertung von Geschlecht verbunden wird.

Knapp plädiert dafür, die elaborierten Diskussionen über Geschlecht und Klasse in der deutschsprachigen feministischen Theoriebildung um eine Aufarbeitung der europäischen bzw. deutschen Geschichte des Rassismus und Kolonialismus zu erweitern. Gleichzeitig weisen die Herausgeberinnen dieses Bandes in der Einleitung auf die Gefahr hin, dass intersektionale Perspektiven Fragen von ‚Rasse'/Ethnizität wieder in den Hintergrund treten lassen könnten. Hier manifestiert sich, dass Migrations- und Rassismusforschung in der deutschen Geschlechterforschung immer noch ein marginalisierter Status zugewiesen wird.

Kosnick und Hearn plädieren in diesem Sammelband für eine Erweiterung der Triade *Gender*, *Race* und *Class*. Kosnick legt in ihrem Beitrag dar, dass Sexualität ebenfalls eine Kategorie ist, die Gesellschaft fundamental strukturiert. Hearn plädiert für eine Integration der Kategorien Alter, Virtualität und Transnationalität in die intersektionale Analyse. Auf den ersten Blick mag es beliebig erscheinen,

---

[4] Die Unterstriche sind hier in Anlehnung an queertheoretische bzw. dekonstruktivistische Schreibweisen gesetzt, mit denen auf Leerstellen bzw. ausgeschlossene Subjekte verwiesen werden soll, die sich nicht in das dichotome System der Zweigeschlechtlichkeit einfügen (Herrmann 2005). Ermutigt durch Antje Hornscheidts Überlegungen, Unterstriche als „irritierende Querlesungen" auch in Bezug auf Interdependenzen einzusetzen (Hornscheidt 2007: 69), soll der Terminus et_cet_era auf die Un/Sichtbarkeiten verweisen, die eine solche Begriffsverwendung mit sich bringt.

welche Kategorien in der Intersektionalitätsforschung fokussiert werden, gemeinsam ist intersektionalen Beiträgen allerdings, dass es immer Kategorien sind, die mit gesellschaftlichen Machtverhältnissen in Verbindung gebracht werden.

An dieser Stelle lässt sich erneut auf einen Unterschied zu den Konzepten Heterogenität bzw. Diversity verweisen. So kann es in Diversity Trainings durchaus vorkommen, dass soziale Zugehörigkeiten wie ‚Migrantin' oder ‚Vegetarierin' gleichgesetzt und damit relativiert werden. Rudolf Leiprecht und Helma Lutz haben deshalb vorgeschlagen, dass intersektionale Theoriebildung sich an bestimmten ‚Mindeststandards' orientieren sollte, die bspw. festlegen, dass soziale Kategorien als Resultat von Machtverhältnissen analysiert werden (Leiprecht und Lutz 2005: 221 ff.). Wenn sich die Intersektionalitätsforschung auf diese ‚Mindeststandards' einigen sollte, wäre meines Erachtens zu überlegen, ob man sich von dem verbreiteten *Differenz*begriff verabschiedet, da er polysemisch angelegt ist und disparate Bedeutungsebenen anspricht wie Gleichwertigkeit, qualitative Verschiedenheit oder horizontale Ungleichheit (Diehm 2002: 163 f.). Stattdessen wäre es eventuell präziser, den Begriff soziale Ungleichheit*en* bzw. Machtverhältnisse durchgängig zu verwenden.

Liest man die Beiträge in diesem Sammelband, scheint sich das Problem der Komplexität allerdings nicht allein im Hinblick auf die Anzahl von Kategorien sowie deren Wechselbeziehungen zu stellen, sondern ebenfalls in Bezug auf die Berücksichtigung unterschiedlicher *Analyseebenen*. Machtverhältnisse lassen sich nicht auf eine Ebene reduzieren und deshalb bewegen sich intersektionale Analysen auf unterschiedlichen Ebenen wie soziale Strukturen, Institutionen, symbolische Ordnungssysteme, soziale Praktiken oder Subjektformationen. Manche Autorinnen legen einen Schwerpunkt auf soziale Strukturen und zeigen von dort aus Wechselbeziehungen zu den anderen Analyseebenen auf (z. B. Yuval-Davis), manche beginnen mit einem Fokus auf Identitäten, subjektiven Deutungsmustern oder Repräsentationen und kontextualisieren diese innerhalb gesellschaftlicher Strukturen (z. B. Crenshaw, Phoenix, Bereswill und Neuber, Zarkov). Manche bemühen sich wiederum um eine gleichwertige Gewichtung innerhalb der Artikel (Knapp, Kosnick) oder versuchen ihre Analyse quer dazu zu formulieren (Villa). Dabei werden die Ebenen nur analytisch voneinander getrennt und auch hier nach Wechselbeziehungen gefragt. Denn jede Untersuchung, so Ann Phoenix, die auf einer Ebene beginnt, trägt gleichzeitig zur Analyse der anderen Ebenen bei.

Der intersektionale Fokus auf Machtverhältnisse bedeutet dabei nicht, dass diese als determinierende Makrofaktoren konzeptualisiert werden. Exemplarisch sei auf den Beitrag von Phoenix verwiesen, die anhand von Interviews herausarbeitet, dass Individuen historisch, lokal und sozial sehr unterschiedlich innerhalb von Machtverhältnissen positioniert sind, dass sie diese Positionierung unterschiedlich verarbeiten (z. B. Reproduktion, Widerstand, Transformation) und sich die subjektive Bedeutung von sozialen Kategorien im Lebensverlauf ändern kann. Gemeinsam mit Villa geht es Phoenix hier um die Betonung von *Agency* in intersektionalen Analysen. Auf diese Weise aktivieren intersektionale Analysen die alte sozialwissenschaftliche Frage nach der Verbindung zwischen Struktur und Handlung.

Schließlich deutet sich in manchen Beiträgen eine weitere Komplexitätsdimension an. Denn aktuelle gesellschaftliche Entwicklungen, die häufig mit Schlagwörtern wie Neoliberalismus, Informationsgesellschaft, Gentechnologie, Globalisierung etc. umschrieben werden, verändern nicht allein Konzepte von Geschlecht, Ethnizität oder Klasse (Bereswill und Neuber, Knapp), sondern generieren womöglich neue Formen von sozialer Ungleichheit (Hearn). Folglich stehen intersektionale Analysen vor der Herausforderung, die komplexe Gleichzeitigkeit von Wandel und Beharrungsvermögen sozialer Ungleichheitsverhältnisse an der Schwelle zum 21. Jahrhundert auszuloten (Bereswill und Neuber).

Schluss

Die Beiträge in diesem Sammelband zeigen, dass Intersektionalität einen gemeinsamen Orientierungsrahmen bietet, der ganz unterschiedliche Fragen, theoretische Ansätze, Analyseebenen und soziale Kategorien miteinander verbindet. Die Offenheit, Unschärfe und Ambiguität erklärt nach Kathy Davis gerade den akademischen Erfolg von Intersektionalität. Dadurch fühlen sich WissenschaftlerInnen mit unterschiedlichen Theorie- und Methodenzugängen angesprochen, neue Fragen und Forschungsprobleme werden stimuliert und neue Synthesen gesucht. Intersektionalität bietet Anschlüsse, die eigenen Arbeiten auf neue Territorien auszuweiten und bisherige *blind spots* als analytische Ressource zu nutzen.

Die Potenziale des Paradigmas Intersektionalität ließen sich auch noch für weitere Bereiche nachweisen, wie bspw. die Geisteswissenschaften (Hornscheidt 2007; Dietze, Haschemi Yekani und Michaelis 2007), UN-Menschrechtsdebatten über internationale Frauenrechte (Yuval-Davis 2009) oder pädagogische Interventionen (Stuve und Busche 2007; Czollek und Weinbach 2007; Garske 2009). Angesichts dieser Produktivität stellt sich die Frage, ob nicht gerade die internen Kontroversen um Kategorien, theoretische Zugänge, Analyseebenen etc. innerhalb eines gemeinsamen Orientierungsrahmens die Debatte über Intersektionalität intellektuell vital hält.

Literatur

Becker, Gerold; Lenzen, Klaus-Dieter; Stäudel, Lutz; Tillmann, Klaus-Jürgen; Werning, Rolf und Felix Winter (Hrsg.) (2004): Heterogenität: Unterschiede nutzen – Gemeinsamkeiten stärken. Seelze: Friedrich.

Bührmann, Andrea (2009): Intersectionality – ein Forschungsfeld auf dem Weg zum Paradigma? Tendenzen, Herausforderungen und Perspektiven der Forschung über Intersektionalität. In: *Gender. Zeitschrift für Geschlecht, Kultur und Gesellschaft* 2, 28–44.

Cooper, Davina (2004): Challenging Diversity. Rethinking Equality and the Value of Difference. New York: Cambridge University Press.

Crenshaw, Kimberlé W. (1989): Demarginalizing the Intersection of Race and Sex: A Black Feminist Critique of Antidiskrimination Doctrine, Feminist Theory, and Antiracist Politics. In: *The University of Chicago Legal Forum* 139, 139–167.

Czollek, Leah Carolaz und Heike Weinbach (2007): Lernen in der Begegnung. Theorie und Praxis von Social Justice Trainings. Düsseldorf: Informations- und Dokumentationszentrum für Antirassismus e. V.

Connell, Robert W. (1999): Der gemachte Mann. Konstruktion und Krise von Männlichkeiten. Opladen: Leske und Budrich.

Diehm, Isabell (2002): Pädagogische Arrangements und die Schwierigkeit, Differenz zu thematisieren. In: Heinzel, F. und A. Prengel (Hrsg.): Heterogenität, Integration und Differenzierung in der Primarstufe. Opladen: Leske und Budrich, 162–170.

Dietze, Gabriele; Haschemi Yekani, Elahe und Beatrice Michaelis (2007): „Checks and Balances". Zum Verhältnis von Intersektionalität und Queer Theory. In: Walgenbach, K.; Dietze, G.; Hornscheidt, A. und K. Palm (Hrsg.): Gender als interdependente Kategorie. Neue Perspektiven auf Intersektionalität, Diversität und Heterogenität. Opladen: Budrich, 107–140.

Dietze, Gabriele; Brunner, Claudia und Edith Wenzel (Hrsg.) (2009): Kritik des Okzidentalismus. Transdisziplinäre Beiräge zu (Neo-)Orientalismus und Geschlecht. Bielefeld: transcript.

Dietze, Gabriele (2010 i. E.): Weiße Frauen in Bewegung. Genealogien und Konkurrenzen von Race- und Genderpolitiken. Bielefeld: transcript.

Fleck, Ludwik (1993): Entstehung und Entwicklung einer wissenschaftlichen Tatsache. Frankfurt a. M.: Suhrkamp.

Frankenberg, Ruth (1993): White Women, Race Matters. The Social Construction of Whiteness. London: Routledge.

Garske, Pia (2009): Politische Bildung und Interdependenz gesellschaftlicher Ungleichheiten. In: Mende, J. und S. Müller (Hrsg.): Emanzipation in der politischen Bildung. Theorien – Konzepte – Möglichkeiten. Schwalbach/Ts.: Wochenschau, 155–179.

Gutiérrez Rodríguez, Encarnación (1996): Frau ist nicht gleich Frau, nicht gleich Frau … Über die Notwendigkeit einer kritischen Dekonstruktion in den feministischen Forschung. In: Fischer, U. L.; Kampshoff, M.; Keil, S. und M. Schmitt (Hrsg.): Kategorie: Geschlecht?. Empirische Analysen und feministische Theorien. Opladen: Leske und Budrich, 163–190.

Herrmann, Steffen Kitty (2005): Queer(e) Gestalten. Praktiken der Derealisierung von Geschlecht. In: Haschemi, Y. E. und B. Michaelis (Hrsg.): Quer durch die Geisteswissenschaften. Perspektiven der Queer Theory. Berlin: Querverlag, 53–72.

Hornscheidt, Antje (2007): Sprachliche Kategorisierungen als Grundlage und Problem des Redens über Interdependenzen. Aspekte sprachlicher Normalisierung und Privilegierung. In: Walgenbach, K.; Dietze, G.; Hornscheidt, A. und K. Palm (Hrsg.): Gender als interdependente Kategorie. Neue Perspektiven auf Intersektionalität, Diversität und Heterogenität. Opladen: Budrich, 65–106.

Kuhn, Thomas S. (1973): Die Struktur wissenschaftlicher Revolutionen. Frankfurt a. M.: Suhrkamp.

Leiprecht, Rudolf und Helma Lutz (2005): Intersektionalität im Klassenzimmer. Ethnizität, Klasse, Geschlecht. In: Leiprecht, R. und A. Kerber (Hrsg.): Schule in der Einwanderungsgesellschaft. Schwalbach/Ts.: Wochenschau, 218–234.

McCall, Leslie (2005): The Complexity of Intersectionality. In: *Signs. Journal of Women in Culture and Society* 3, 1771–1800.

Said, Edward (1981): Orientalismus. Frankfurt a. M./Berlin/Wien: Ullstein.

Stuber, Michael (2004): Diversity. Das Potenzial von Vielfalt nutzen – den Erfolg durch Offenheit steigern. München: Luchterhand.

Stuve, Olaf und Mart Busche (2007): Gewaltprävention und Intersektionalität in der Bundesrepublik Deutschland – Ein Überblick. Online: http://www.dissens.de/isgp/docs/isgp-intersektionalitaet_und_gewaltpraevention.doc (Letzter Zugriff 02.06.2010).

Walgenbach, Wilhelm (2000): Interdisziplinäre System-Bildung. Eine Aktualisierung bildungstheoretischer Ansätze mit Musterbeispielen, empirischen Studien und Implementationsstrategien. Frankfurt a. M.: Lang.

Walgenbach, Katharina (2005): „Die weiße Frau als Trägerin deutscher Kultur“ Koloniale Diskurse über Geschlecht, ‚Rasse‘ und Klasse im Kaiserreich. Frankfurt a. M./New York: Campus.

Walgenbach, Katharina (2007): Gender als interdependente Kategorie. In: Walgenbach, K.; Dietze, G.; Hornscheidt, A. und K. Palm (Hrsg.): Gender als interdependente Kategorie. Neue Perspektiven auf Intersektionalität, Diversität und Heterogenität. Opladen: Budrich, 23–64.

Yuval-Davis, Nira (2009): Intersektionalität und feministische Politik. In: *Feministische Studien* 1, 51–66.

Autorinnen und Autoren

Mechthild Bereswill, Prof. Dr., ist Professorin für Soziologie sozialer Differenzierung und Soziokultur am Fachbereich Sozialwesen der Universität Kassel. Ihre Forschungsschwerpunkte sind Feministische Theorien; soziale Ungleichheiten; soziale Kontrolle und qualitative Methodologien.

Kimberlé W. Crenshaw, Prof., J. D., LL. M., ist Professorin für Rechtswissenschaften an der University of California (UCLA) sowie an der Columbia School of Law, New York, in den USA. Ihre Forschungsschwerpunkte sind „Rasse“ und Recht, Critical Race Studies, Verfassungsrecht und Bürgerrechte.

Kathy Davis, Prof. Dr., ist Senior Researcher am Institut für Geschichte und Kultur an der Universität Utrecht in den Niederlanden. Ihre Forschungsschwerpunkte sind zeitgenössische feministische Zugänge zu Körper, Schönheitskultur und kosmetischer Chirurgie, Biografie als Methodologie, Reflexivität und kritische Theorie, Intersektionalität und transnationaler Feminismus.

Myra Marx Ferree, Prof. Dr., ist Martindale-Bascom Professorin für Soziologie und Direktorin des Center for German and European Studies an der University of Wisconsin, Madison in den USA. Ihre Forschungsschwerpunkte sind Frauenbewegungen, Globale Feminismen, Politischer Diskurs, Gleichstellungspolitiken, Kämpfe um Intersektionalität.

Jeff Hearn, Prof. Dr., ist Professor für Gender Studies (Critical Studies on Men) an der Linköping Universität, in Schweden sowie Professor für Management und Organisation an der Hanken School of Economics in Finnland; und Professor für Sociology an der Universität Huddersfield in Britannien. Seine Forschungsschwerpunkte sind Männer, Geschlecht, Sexualität, Gewalt, Organisationen, Management, Transnationalisierung und Postkolonialismus.

Maria Teresa Herrera Vivar, M. A., ist wissenschaftliche Mitarbeiterin am Fachbereich Gesellschaftswissenschaften der Goethe Universität Frankfurt. Sie promoviert über Selbstorganisierungsprozesse lateinamerikanischer Haushaltsarbeiterinnen. Ihre Forschungsschwerpunkte sind Gender und Migration, postkoloniale Theorie, Rassismusforschung, Intersektionalitätsforschung, Biographieforschung.

Gudrun-Axeli Knapp, Prof. Dr., war bis April 2010 Professorin am Institut für Soziologie und Sozialpsychologie der Leibniz Universität Hannover. Ihre Forschungsschwerpunkte sind die Sozialpsychologie der Geschlechterdifferenz, Soziologie des Geschlechterverhältnisses, komplexe Ungleichheit/Intersektionalität, Zahlreiche Veröffentlichungen zu Entwicklungen feministischer Theorie und Fragen der Interferenz von Klasse, Geschlecht, Ethnizität.

Kira Kosnick, Prof., Ph. D., ist Professorin für Soziologie mit den Schwerpunkten Kultur und Kommunikation am Fachbereich Gesellschaftswissenschaften der Goethe Universität Frankfurt. Ihre Forschungsschwerpunkte sind transnationale Migration, urbane Ethnizität, Politiken der Diversität, migrantische Medien.

Helma Lutz, Prof. Dr., ist Professorin für Soziologie mit dem Schwerpunkt Frauen und Geschlechterforschung am Fachbereich Gesellschaftswissenschaften der Goethe Universität Frankfurt. Ihre Forschungsschwerpunkte sind Frauen- und Geschlechterforschung; Migrationsforschung, Intersektionalitätsforschung, Rassismus- und Ethnizitätsforschung, Qualitative Forschungsmethoden/Biographieforschung.

Anke Neuber, Dr., ist Soziologin und wissenschaftliche Mitarbeiterin am Fachbereich Sozialwesen der Universität Kassel. Gegenwärtig habilitiert sie zum Thema Devianz und Geschlecht. Weitere Forschungsschwerpunkte sind Geschlechterforschung, feministische Theorien und Ansätze der Männlichkeitsforschung, Gewaltforschung, Methoden qualitativer Sozialforschung, Biographieforschung.

Ann Phoenix, Prof. PhD. Dr. h. c., ist Direktorin am Thomas Coram Research Unit, Institute of Education, der University of London. Ihre Forschungsschwerpunkte sind Psychosoziales, einschließlich Mutterschaft, soziale Identitäten, junge Menschen, Rassifizierung und Gender.

Linda Supik, M. A., ist wissenschaftliche Mitarbeiterin am Fachbereich Gesellschaftswissenschaften der Goethe Universität Frankfurt. Sie promoviert über die Erhebung ethnischer Daten im britischen Zensus. Ihre Forschungsschwerpunkte sind Rassismus- und Ethnizitätsforschung, Intersektionalitätstheorie, Postkoloniale Theorie, Kritik der Statistik, Geschlechterforschung.

Paula-Irene Villa, Prof. Dr., ist Lehrstuhlinhaberin für Soziologie/Gender Studies am Institut für Soziologie der LMU München. Ihre inhaltlichen Schwerpunkte sind soziologische und feministische/Geschlechtertheorien, Körper und Praxen der Verkörperung, Kultur, Elternschaft.

Katharina Walgenbach, Dr. päd., ist Postdoktorandin am Institut für Erziehungswissenschaft der Justus-Liebig-Universität Gießen. Ihre Forschungsschwerpunkte sind Intersektionalität/Interdependenzen, Sozialisation, Jugend, Bildung und soziale Ungleichheiten, Privilegienforschung

Nira Yuval-Davis, Prof. Dr., ist Direktorin des Research Centre on Migration, Refugees and Belonging (CMRB) an der School of Humanities and Social Sciences der University of East London, Britannien. Ihre Forschungsschwerpunkte sind theoretische und empirische Aspekte intersektioneller Nationalismen, Rassismen, Fundamentalismen, Staatsbürgerschaften, Identitäten, Zugehörigkeit(en) und Geschlechterbeziehungen.

Dubravka Zarkov, Dr., ist Assoziierte Professorin mit dem Schwerpunkt Gender, Konflikt und Entwicklung am International Institute of Social Studies/EUR (Den Haag/Rotterdam). Ihre Forschungsschwerpunkte sind mediale Repräsentationen von Krieg und Gewalt; Gender, Ethnizität, Sexualität und gewalttätiger Konflikt; Globalisierung, Entwicklung und Krieg, Intersektionelle Analyse, Diskursanalyse.